AF648103

STEFAN FRANZEN

Ohren auf Weltreise

Mit 366 globalen Musikgeschichten durchs Jahr

hannibal
www.hannibal-verlag.de

Der Autor:
Stefan Franzen, geboren 1968, erkundet als Autor von Radiosendungen (SWR, SRF, Deutschlandfunk, WDR), Journalist für Fachzeitschriften (Jazz thing, Folker) und Programmtexter für Philharmonien seit 30 Jahren die Musikkulturen aller Erdteile. Er ist Kurator und Beirat bei Festivals und Jurymitglied beim Preis der Deutschen Schallplattenkritik. Seine besondere Liebe gilt der Szene Brasiliens und Portugals.

Impressum

Erstausgabe 2024

Hannibal Verlag, ein Imprint der KOCH International GmbH, A-6604 Höfen
www.hannibal-verlag.de

ISBN 978-3-85445-773-2
Auch als E-Book erhältlich mit der ISBN 978-3-85445-774-9

Cover Design: Michael Bergmeister, www.bw-works.com
Grafischer Satz: Thomas Auer
Deutsches Lektorat und Korrektorat: Dr. Matthias Auer

Printed in Germany

Stefan Franzen

OHREN AUF WELTREISE

Mit 366 globalen Musikgeschichten durchs Jahr

Die Reiseroute

„Als ich in den 1960ern Musik entdeckte, war ich noch wie vom Donner gerührt. Mein ganzer Körper wurde Ohr, es war, als ordnete sich meine molekulare Struktur neu. Heutzutage müssen wir uns neu erziehen. Wir müssen uns ausdrücklich dazu bewegen, an einen Platz zu gehen, wo Musik gemacht wird. Wir müssen wieder lernen, die Augen zu schließen, ruhig zu werden. Uns vergegenwärtigen, dass das, was wir gerade hören, uns so noch nie erreicht hat. Ich möchte wieder überrascht werden von Musik."

– Bobby McFerrin

für Marlies – für Herbert
nicht nur, weil sie mir meine erste Platte geschenkt haben.

Vom Glück globalen Hörens

„Der Weltraum – unendliche Weiten“: Das geheimnisvolle Intro aus der Kultserie *Raumschiff Enterprise* kennen wir alle. Der Weltraum – das ist vor allem aber auch unendliche Stille. Im Vakuum hört man nach dem Maßstab menschlicher Ohren: nichts. Auch wenn uns viele Science-Fiction-Filme mit vorbeibretternden Raumschiffen das Gegenteil vorflunkern. Schätzen wir uns also glücklich, dass wir auf einem Planeten mit Atmosphäre leben, in der sich Schall fortpflanzen kann – nicht nur als Geräusch oder Lärm, sondern auch als Musik. Okay, es gibt Schnittmengen, wie schon Wilhelm Busch wusste.

Manchen sind kleine Teilstrecken in diesem weitverzweigten musikalischen Wegenetz genug. Des einen Herz schlägt für Symphonien, eine andere begleitet Deutsch-Rap durch den Alltag. Eine interessiert sich ausschließlich für Oper, der zweite nur für irischen Folk, die dritte für Jazz. Bei mir ist das anders. Vielleicht ist meine Neugier auf Töne von überallher so groß, weil ich musikalisch in eine etwas ungünstige Epoche hineingeboren wurde. Während der Großtaten der Rockmusik in den Sechzigern und Siebzigern war ich noch ein bisschen zu klein. Meine Pubertät begleitete dann die lustige Neue Deutsche Welle, und Mitte der Achtziger wurde Pop oft richtig langweilig. Es war ein Glücksgefühl, eine Art Erlösung, als sich gegen Ende des Jahrzehnts etwas tat: Musikerinnen und Musiker reckten ihre Ohren zu anderen Erdteilen hin, experimentierten mit unerhörten Klängen. Dafür gab es auch schnell ein Verkaufsetikett: „Weltmusik“. Oft war das ziemlich postkolonialistisch behaftet: Man bediente sich der Klänge aus Afrika, Lateinamerika und Asien eben als Zierwerk, Begegnungen auf Ohrenhöhe waren anfangs in der Minderzahl. Aber dieser Worldpop sorgte auch dafür, dass einige bereit waren, den Ur-Stoff zu entdecken: Flamenco und Fado, Salsa und Samba, Raga und Maqām. Ein Ur-Stoff, der sich selbst ständig weiterentwickelt, alles andere als museal war und ist. Zu diesen Entdeckergeistern zähle ich auch mich – bis heute.

Bald 40 Jahre nach der Erfindung der „Weltmusik“ wird nun oft ihr Ende beschworen. Die Rasanz der globalen Vernetzung hat längst andersartige Töne hervorgebracht, eine „Weltmusik 2.0“. Die wird nur noch selten von Studiopulten in Paris, London oder New York gesteuert, sondern überall von Laptops zu Hause. Sie findet längst mehr auf YouTube und in Social Media statt als auf CD, kommt aus den migrantisch geprägten Vorstädten Europas, entsteht in den Metropolen Afrikas, Lateinamerikas und Asiens. Gleichzeitig graben junge DJs und Plattensammler heftig nach altem Afro-Funk, Latin-Sounds oder Gypsy-Pop der 1960er und 70er. Ein Gegengift zum Zeitalter kühler Technisierung: Der warme Sound einer Platte ist wieder gefragt – auch bei den Jungen. Kategorien werden immer überflüssiger. Die Weltmusik-Themen von einst gibt es durchaus weiterhin, vom Tuaregrock über Bossa Nova bis Balkan Beatz. Daneben aber eine unüberschaubare Menge neuer Stile und die Besinnung auf gut abgehangenen Pop anderer Erdteile. Und man muss und sollte das alles endlich nicht mehr „Weltmusik“ nennen.

Wenn Sie mit Ihren Ohren auf Weltreise gehen, werden Sie feststellen: Dieses Buch ist ganz weit weg von einem Lexikon einer wie auch immer gearteten Musik der Welt. Die Routen, die wir entlangfahren, sind nicht so gesteckt, dass kein Land zu kurz kommt oder jedes Genre unbedingt berücksichtigt wird. Sie finden hier auch keine trockene theoretische Abhandlung, die Musiksysteme erschöpfend erklärt – das kann die im Anhang gelistete Literatur besser. Vielmehr halte ich meine Ohren immer dahin, wo sie kleine spannende Geschichten erlauschen können. An stilistische Grenzgebiete besonders gern. An den sanften Zaun zum Jazz, zur Klassik, zum Pop. Er hat überhaupt keinen Stacheldraht, und man kann ruhig immer mal wieder drübersteigen – auch wenn das hier eben kein Buch über Jazz, Klassik oder Pop ist.

An- und aufregend, bereichernd, manchmal sogar beglückend – so sollen diese kurzen Stopps auf unserer globalen Reise sein. Sie können Ihnen nur als ein erstes akustisches Aufblitzen dienen, Sie neugierig machen. Ein akustisches Rundum-Sorglos-Wellness-Paket ist *Ohren auf Weltreise* aber nicht. Dieses Buch erscheint in einer Zeit, in der blinder Hass, Kriege und Krisen die Nachrichten beherrschen. Oft berichtet die Musik, die Sie hier entdecken können, auch von Rassismus und neokolonialem Gebaren, von Genozid und einer bedrohten Natur. So ist die Welt im Jahre 2024 – in fernen Gefilden und auch vor unserer Haustür. Doch auch aus niederschmetternden Ereignissen kann große Musik entstehen, die nicht nur machtlos kommentiert, sondern sich einmischen will.

Sie werden außerdem merken: Unsere Reisebegleitung ist mehrheitlich weiblich. Das geschah ungeplant. Es ist offenbar so, dass viele der aufregenden Klangnuancen auf diesem Planeten, viele der engagierten Stimmen von Sängerinnen und Instrumentalistinnen stammen. Ein „Quotenproblem" gibt es in der globalen Musik nicht.

Keineswegs nur ein Nebengleis ist auf diesen Seiten die spirituell gefärbte Musik. Auf religiöse oder gar konfessionell gebundene Klänge kommt es mir dabei nicht an, obwohl wir auch da hin und wieder mal einen Kurzstopp einlegen. Mich interessiert weniger die Musik, die in fester Überzeugung von einer göttlichen Existenz ruht. Sondern die, die sucht und fragt, zweifelt und verzweifelt, manchmal ahnt, sich glühend sehnt, manchmal wieder allen Glauben verliert. So entsteht nach meiner Überzeugung eine Kunst, die berühren und erschüttern kann. Geschichten, die einem mal das Herz herausreißen, es aber auch ein kleines bisschen heilen können. Und das vermag auch ganz stille Musik – denn in der Stille lässt sich oft ein ganzes Universum erlauschen.

In einer Zeit, in der physisches Reisen immer schwieriger wird, sogar ökologisch verantwortungslos sein kann, ist es fantastisch, dass wir einfach unsere Ohren losschicken können. Gerade, weil vieles in der durchdigitalisierten Welt immer ähnlicher wird, wenn Algorithmen den persönlichen Geschmack ersetzen, gibt es abseits der Klicks und Likes versteckte Strömungen zu entdecken. Wohin diese Sie tragen werden, an welchen zufälligen oder gewollt angepeilten Küsten Sie landen, das bestimmen Sie selbst! Dieses Buch können Sie als chronologischen Kalender lesen, Sie können aber auch an jedem beliebigen Tag zusteigen und mit den Querverweisen jederzeit alternative Verbindungen „buchen".

Zwischen diesen Buchdeckeln tönt also das Lob unserer Verschiedenheit. Denn wenn wir die Diversität verlieren, verlieren wir unsere Menschlichkeit, sagte die beninische Sängerin Angélique Kidjo kürzlich in einem Interview. Man darf nicht auf den oft gehörten Satz hereinfallen, Musik sei „eine universell verständliche Sprache". Sie ist es meiner bescheidenen Meinung nach nicht, und es gehört ein bisschen Anstrengung dazu, sich in andere Tonsysteme und Klangsprachen einzufühlen. Ein gutes Training für Respekt vor dem Anderen, dem Fremden.

Etliche der vorgestellten Musikerinnen und Musiker durfte ich während der letzten 30 Jahre treffen – zu Hause bei mir in Freiburg, aber auch zwischen Accra und Montréal, Rio und Istanbul, Geilo und Girona. Aus einleuchtenden Gründen haben wir uns in jüngerer Zeit eher am Bildschirm verabredet. Aber ganz egal, ob im selben Raum oder über 10.000 Kilometer hinweg: Was diese Künstlerinnen und Künstler mir mit ihrer meist wunderbaren Offenheit erzählt haben, fließt belebend in meine kurzen Geschichten ein.

Noch immer bin ich weit entfernt davon, den Ozean an Klängen, über den ich hier schreibe, bis in seine Tiefen zu begreifen. Manchmal habe ich am Ufer nur den Zeh ins Wasser gehalten, an anderen Stellen durfte ich ein paar Schwimmzüge ins Weite wagen. Bei all dem bin ich immer noch ein Staunender. Staunen ist der erste Impuls zum Verstehen-Wollen. Und dieses Staunen möchte ich an Sie weitergeben – jeden Tag.

Stefan Franzen

Playlists

Wo immer möglich, wurde die im Text beschriebene Version eines Musikstücks ausgesucht, in Einzelfällen können diskographische Angaben differieren. Bei nicht vorhandenen Stücken empfiehlt sich ein Gegencheck bei verschiedenen Streamingdiensten oder ein Blick auf die Liste auf meinem Blog greenbeltofsound.de.

Youtube

Blog des Autors

Spotify

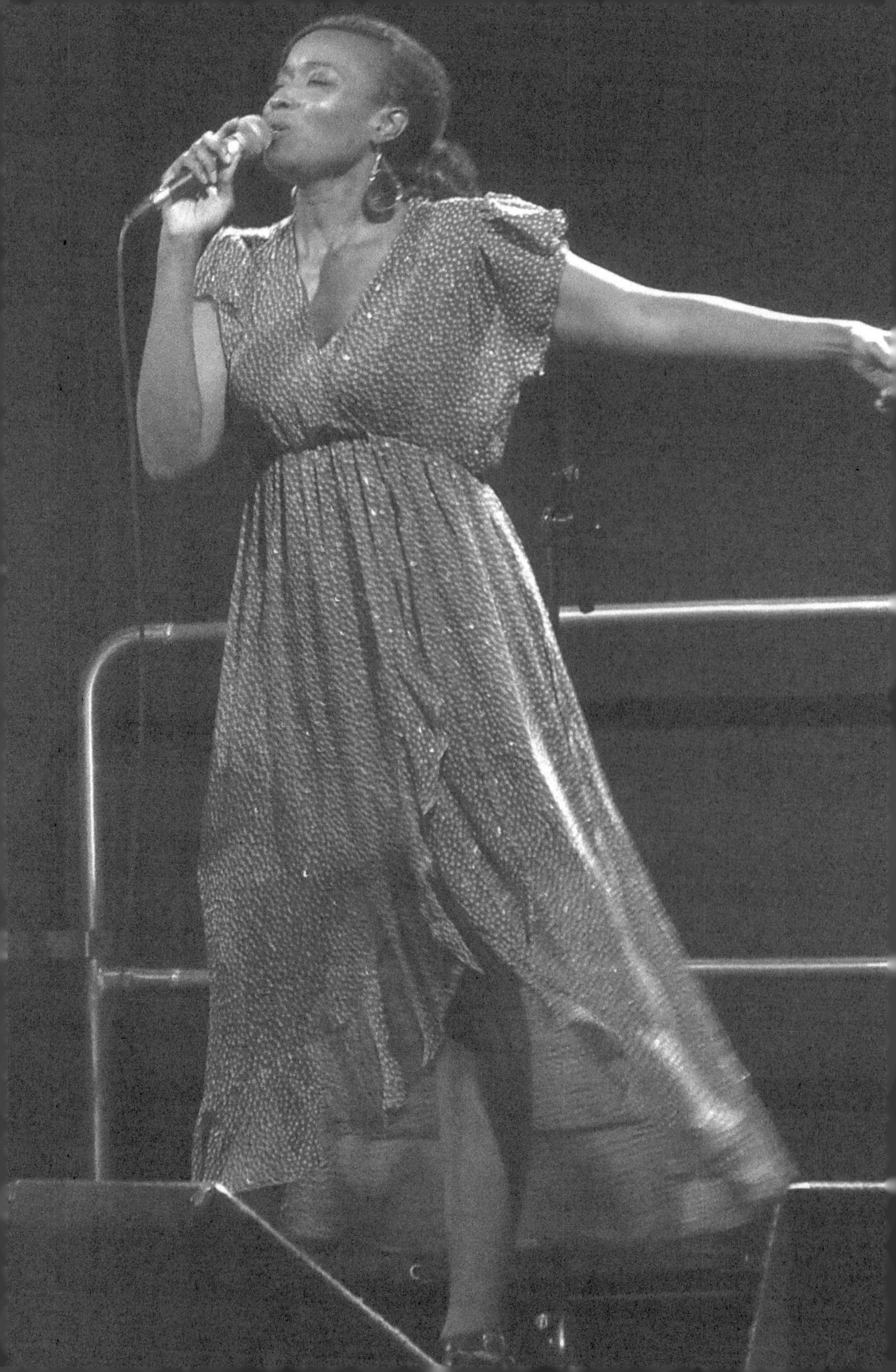

JANUAR

Glücksbringer von Gloria

1. Januar

Gloria Estefan, Kuba/USA (*1957)
„ABRIENDO PUERTAS“
(*Abriendo Puertas*, Sony 1995)

Ein Buch mit Musik aus aller Welt sollte man standesgemäß auf einem anderen Erdteil beginnen. Für den Neujahrstag setzen wir also Segel in die Karibik, wo während der Weihnachts- und Jahreswendzeit ganz andere Lieder angestimmt werden als in unseren Breiten.

Wenn Sie wie ich in den 1980ern pubertiert haben, dann wird Ihnen auf Schuldiscos auch „Doctor Beat“ und „Conga“ von der Miami Sound Machine ins Tanzbein gefahren sein. Diese Phase hatte die Kubanerin Gloria Estefan allerdings schon hinter sich gelassen, als sie begann, auf verschiedenen Soloalben ihre Wurzeln auszugraben. 1995 veröffentlichte sie *Abriendo Puertas*, und dafür schöpfte sie aus dem Reichtum karibischer und südamerikanischer Klänge, baute mit ihrem Team um Ehemann Emilio aber brandneue Stücke aus diesem Fundus. Mit ihm will sie auch die Einheit Lateinamerikas hörbar machen.

So treffen im Titelstück Stile aufeinander, die ansonsten nicht unbedingt etwas miteinander zu tun haben – aber die Synthese gelingt perfekt: Die wiegenden Akkordeonlinien stammen aus dem kolumbianischen Vallenato, einer Musikform, die in der Atlantikregion und im Tal von Valledupar beheimatet ist. Und dann mischt Señora Estefan den Vallenato mit typischen Salsa- und Mambo-Farben: mit kehligen Antwortchören und einem knackigen Blechbläsersatz, der schließlich in einem atemberaubenden Trompetensolo gipfelt. Eine grandiose Art und Weise, das neue Jahr mit seinen Veränderungen hoffnungsfroh zu begrüßen.

Und jetzt, wo die Türen einmal so schwungvoll geöffnet sind: Herzlich willkommen im faszinierenden Reich der globalen Klänge!

Andalusische Friedenshymne

2. Januar

Enrique Morente, Spanien (1942–2010)
„ESTRELLA“
(*Despegando*, CBS 1977)

1492: Kolumbus „entdeckt“ Amerika. In Europa allerdings beginnt das Jahr mit einem anderen bedeutenden Datum: Der letzte maurische Herrscher Boabdil übergibt am 2. Januar dem spanischen König Ferdinand V. die Schlüssel der Stadt Granada und der darüber gelegenen Festung Alhambra. Damit ist das Ende der arabischen Herrschaft auf der iberischen Halbinsel endgültig besiegelt.

Heute ist Granada vor allem für die Musik der Roma (3. September) bekannt, die in diesen Breiten Gitanos heißen. Bis spät ins vergangene Jahrhundert hinein wurden sie geächtet und sind auch heute oft noch marginalisiert. Ohne die Gitanos würde der Flamenco in der heutigen Form jedoch nicht existieren. Sein Zentrum in Granada ist der Sacromonte, ein Hügel hinter der Altstadt Albaicín, dort waren sie oft in Höhlen ansässig. Zwar existieren diese „Cuevas“ immer noch, sind aber meistens zu touristischen Flamenco-Restaurants umfunktioniert. Bis heute bringt der Sacromonte dennoch exzellente, weltweiten Ruhm erntende Flamenco-Musiker hervor. Und der Clan der Morentes ist nicht nur einer der bekanntesten, sondern auch künstlerisch sehr produktiv. Schlendert man durch Granada, stößt man irgendwann auf einen Charakterkopf, der in einer eindrucksvollen Wandmalerei verewigt ist: Patriarch Enrique Morente, (†2010), Erneuerer des Flamenco-Gesangs, des Cante Jondo: Als Erster setzte er Verse des Dichters Federico García Lorca (19. August) zu Musik, schrieb eine Flamenco-Messe mit gregorianischem Choral, ging Teamworks mit den bulgarischen Frauenstimmen (27. November) ein. Eines seiner fantastischsten Stücke ist für mich die 1977 entstandene glühende Friedenshymne „Estrella“.

Stern, nimm mich mit in eine Welt mit mehr Wahrheiten,
Wir werden die schwarzen Wolken aufbrechen
die uns täuschen und verfolgen,
wir werden eine neue Welt ohne Gewehre oder Gifte öffnen.

Tropischer Schlummertrunk

3. Januar

Marcos Valle, Brasilien (*1943)
„DORME PROFUNDO“
(*O Compositor E O Cantor*, Odeon 1965)

Dass Sie gleich am Anfang dieses Kalendariums wegdösen, liegt mir fern! Aber heute, am Internationalen Tag des Schlafes, kann ich nicht widerstehen, Ihnen mein allerliebstes Schlummerlied vorzustellen. Es kommt aus Brasilien, wo jetzt gerade Hochsommer ist, und in der schwül-tropischen Mittagshitze kann man schon mal einnicken. Dann aber zumindest musikalisch kultiviert.

Marcos Valle gilt als der ewige Sunnyboy der Bossa Nova, und dazu passt sein Welthit „Summer Samba“ („So Nice“) von 1966, der auch heute noch in Dutzenden von Coverversionen um den Globus reist. Valle ist ein Spätzünder: Als die Bossa, die uns im Verlauf des Jahres noch häufiger begegnen wird, schon wieder abebbt, startet der Multiinstrumentalist und passionierte Surfer richtig durch. Mit dem großen Easy-Listening-Meister Sergio Mendes tourt er durch die USA, lässt sich dort auch vorübergehend nieder. Doch die Furcht, für den Vietnamkrieg eingezogen zu werden, lässt ihn nach Brasilien zurückkehren.

In der Heimat veröffentlicht er das Erfolgsalbum *Samba ’68* und schickt sich nicht nur an, in die Fußstapfen des Bossa-Erfinders Antônio Carlos Jobim (8. Dezember) zu treten: Immer wieder ein bisschen neu erfindet er sich in den Folgejahrzehnten, nimmt clever den Zeitgeist in seine Musik auf – bis hin zu kräftigen Hip-Hop- und Drum’n’Bass-Färbungen.

„Dorme Profundo“ („Schlaf tief“) erschien auf seinem zweiten Album und hat alles, was man sich von einem wirkungsvollen Wiegenlied erwartet: elegante Gitarrenakkorde, schmelzende Streicher, gestreicheltes Schlagzeug und eine schmeichelnde, beruhigende Stimme. Dass das Ganze dann nicht in Kitsch abrutscht, so was gelingt nur in Brasilien. (Psst, Geheimtipp: Die Version von Valles Kollegin und Landsfrau Márcia ist noch einlullender!)

Anwältin der Menschlichkeit

4. Januar

Awa Ly, Senegal (*1977)
„CLOSE YOUR EYES"
(*Safe & Sound*, Rising Bird Music 2020)

Mitten im schlimmen Corona-Sommer 2020: Eine Sängerin aus dem Senegal sitzt mit ihrem Gitarristen auf einer winzigen Bühne. Ihr Charisma leuchtet in dieser Duo-Performance so stark, dass der Mensagarten Freiburg zu Tränen gerührt ist – eine kleine Insel der Hoffnung im fast lahmgelegten Kulturleben. Mit Awa Ly, die heute Geburtstag feiert, möchte ich die Reihe mit schwarzafrikanischen Klangkünstlerinnen beginnen, die die Welt mit spannender und selbstbewusster Arbeit bereichern.

In Paris aufgewachsen, in Rom lebend, mit Dakar im ständigen Austausch: Die kosmopolitische Songwriterin nährt ihre Lieder aus diesem Dreieck. Vor ihrer Hinwendung zur Musik war sie in Italien auf der Leinwand zu sehen. Auf der Konzertbühne allerdings schauspielert sie gar nicht: Selten habe ich eine Musikerin erlebt, die so unerschrocken auftritt, aber sich gleichzeitig nicht scheut, ehrliche Verletzlichkeit zu zeigen. Die kommt besonders zum Ausdruck, wenn es um ihr Herzensanliegen, das Engagement für Geflüchtete geht. Awa Ly sieht sich als Anwältin der Menschlichkeit, die mit jedem Song kleine Fragen mit auf den Weg gibt, Fragen nach dem Platz des Einzelnen in seiner Umgebung, in der Natur, im Universum.

„Diese Innenschau fehlt heute oft", sagt sie. Ein schönes Sinnbild dafür ist das Video zu ihrer Single „Close Your Eyes". Lange Reihen von Menschen stehen da in einer Lagerhalle, starren auf ihre Smartphones, doch ihre Augen sind verbunden. „Das Smartphone ist nur ein Symbol für alle Bildschirme, Radios, Zeitungen, aus denen gefilterte Infos auf uns einströmen. Es ist wichtig, dass wir uns selbst befragen, wie viel davon uns guttut. Der feine Unterschied zwischen anschauen – und hinschauen." Ein großes Vorbild für Awa Ly ist die sudanesische Freiheitsaktivistin Alaa Salah, die durch flammende Reden die Bevölkerung wachrüttelte – und die sie im Clip zu „Close Your Eyes" verkörpert.

Vogelkonzert aus Bamako

5. Januar

Rokia Traoré, Mali (*1974)
„TUIT TUIT“
(*Beautiful Africa*, Nonesuch 2013)

Um den Internationalen Tag des Vogels zu würdigen, kann man aus einer riesigen Palette von Songs auswählen. In jedem Land der Erde gibt es entsprechende musikalische Hommagen an die fliegenden Sänger. Gefiedert geht also die gestern eröffnete Serie mit selbstbewussten afrikanischen Frauen in Mali weiter, mit Rokia Traoré, die ein besonders schönes Vogellied eingespielt hat.

Traoré stammt aus dem Volk der Bambara, steht aber als in Belgien aufgewachsene Diplomatentochter zwischen den Welten. Aus dieser besonderen Biografie heraus kann sie ganz anders auf die Musik ihrer ersten Heimat Mali blicken. Ihre Arrangements waren anfangs ganz fein gesponnen und akustisch, mit der Spießlaute Ngoni, einem Vorläufer des Banjos (26. März), und Kalebassen-Perkussion. Nachdenkliche, philosophische Texte schrieb sie dazu. Auf einer anderen Platte tauchte unvermittelt das Kronos Quartet (15. November) auf, um die afrikanischen Klänge mit Streichern zu bereichern. Und dann – wie auf der Scheibe *Beautiful Africa* geschehen – schnallt sie sich plötzlich eine elektrische Gretsch-Gitarre um, mit der sie richtig rockige Töne anschlägt.

„Tuit Tuit“ kommt genau von dieser Platte und ist kein zart tirilierender Birdsong, sondern drückt spielerisch-rockig ihre Verbundenheit mit der Savannen-Natur aus. „In Bamako habe ich ein ganz kleines Haus mit einem großen Garten, ich fühle mich sehr wohl mit den Tieren, wenn sie frei sind“, erzählte sie mir. „Gegenüber Menschen offenbare ich nicht alle meine Gedanken, ich teile sie lieber mit dieser Welt der Natur und mit den Vögeln, die mich jeden Morgen um sechs wecken.“ Und welche Arten ahmt Madame Traoré hier nach? Ornithologen mit Spezialgebiet Westafrika vor …

Abschied mit Dudelsack

6. Januar

Alan Stivell, Bretagne (*1944)

„KIMIAD“

(*Chemins De Terre*, Fontana 1973)

Ein Urgestein des Folk-Revivals – so muss man das heutige Geburtstagskind bezeichnen. Der Bretone Alan Stivell hat seit den 1960ern die keltische Musik bewahrt und zugleich revolutioniert. Er holte die seit Jahrhunderten vergessene Bardenharfe wieder aus der Mottenkiste, arrangierte alte bretonische Melodien und Tänze für eine ordentlich scheppernde Rockband. Stivell wurde dadurch zur Ikone des neu erwachten bretonischen Selbstbewusstseins, beschäftigte sich aber auch mit den keltischen „Bruderkulturen“, sang auf Walisisch, Irisch und Schottisch. Und er hatte schon immer einen globalen Horizont.

„Seit meiner Kindheit bin ich von der Idee beflügelt, dass es eines Tages zwischen den verschiedenen Völkern keine Grenzen mehr geben wird“, verriet er mir 1998. „Das drückt sich schon auf meinen frühen Alben aus, wo unvermittelt plötzlich eine indianische Flöte oder eine indische Tabla neben der Harfe auftauchen können. Trotzdem soll jedes Volk aber an seiner Autonomie festhalten, auch im musikalischen Sinne.“

In späteren Jahren legte er auch mal gern neblige Keyboard-Teppiche unter seine Musik, und das brachte ihm den Ruf eines Klang-Esoterikers ein. Nicht ganz fair, denn Stivell ist im Herzen immer ein „homme politique“ geblieben, der schon früh Ideen formulierte, die immer noch aktuell sind. In unserem Gespräch gab er sich sogar kämpferisch: „Es gilt, einem Le Pen, der sich einen Dreck um Eigenständigkeiten schert, zu zeigen, dass man einer indigenen Kultur verpflichtet sein kann. Ich glaube, dass ein gesunder Internationalismus nur in einem vereinten Europa erreicht werden kann.“ Das klingt auch heute noch brandaktuell.

Hier kommt ein früher Klassiker aus seinem Album *Chemin De Terre*: In „Kimiad“ singt das lyrische Ich zu Dudelsack-Begleitung vom Abschiedsschmerz, denn es muss seine geliebte Heimat, die Bretagne, verlassen.

Zuflucht in der Engelsstadt

7. Januar

Rhiannon Giddens, USA (*1977)
„ANGEL CITY"
(*Tomorrow Is My Turn*, Nonesuch 2015)

In diesem Buch wird es immer wieder um die Kraft des Songschreibens gehen, denn ein richtig guter Song ist für mich ein besonders schöner Aspekt der Musik der Welt.

Ein Song ist ein Stück ganz persönliches Leben, konzentriert auf zwei bis sechs Minuten. Ein Song kann deinen Tag retten oder dir das Herz brechen. Erinnert dich an höchstes Glück und tiefsten Schmerz, tränkt dich mit Erlebnissen, Gefühlen, Farben und sogar Gerüchen eines einzigartigen Moments. In einem großen Song kannst du eine Melodie finden, die dich so mitnimmt, dass sie dir in allen Gliedern reißt, sie kann offene Wunde sein oder auch ungeschminkte Seligkeit.

Eröffnen wir die Songwerkstatt zum Ausklang der Weihnachtszeit mit einem Lied über die „Engelsstadt" von Rhiannon Giddens aus North Carolina. Zusammen mit ihrer Kollegin Leyla McCalla (22. Februar) ist die Sängerin und Banjospielerin eines der prominentesten Gesichter der neuen amerikanischen Folkbewegung. Als *mixed race woman* nimmt sie nie ein Blatt vor den Mund, wenn es darum geht, gegen die Ungerechtigkeiten anzusingen, die bis heute den African Americans widerfahren. Und sie reißt beherzt die Trennlinien zwischen Country, Folk, Blues und Soul nieder.

„Wenn du einen der Fäden der amerikanischen Musik rausnimmst, dann kollabiert sie. Das war der Gedanke hinter dem Album *Tomorrow Is My Turn*. Denn diese Songs kommen aus einer gemeinsamen Welt: Country-Leute wie Jimmy Rodgers haben den Blues gesungen, und Bluesmen haben Country gesungen. Kategorisierungen? Die haben doch nur die Plattenfirmen vorgenommen." Am Ende der Platte steht – als Dank an ihre Mitmusiker und an die guten Seelen in schwierigen Zeiten – die Eigenkomposition „Angel City". Es ist mein Lieblingssong auf dem Album, weil er zeigt: Einige wenige Akkorde zu einer starken Melodie genügen, um drei Minuten für die Ewigkeit zu schaffen.

Wüstensöhne der Zukunft
8. Januar

Imarhan, Algerien
„ACHINKAD"
(*Aboogi*, City Slang 2022)

Um den 8. Januar herum startete im Norden von Mali, in der Oase Essakane nahe Timbuktu, seit 2001 das Festival Au Désert: Das musikalische Wüstenspektakel entzündete sich ursprünglich an der Idee der traditionellen Meetings der Tuareg, wurde aber bald global. Regelmäßig machten sich Rockbands aus Europa und den USA auf den Weg, um mit den Berber-Nomaden zu jammen und sich im Wüstenblues zu schulen. Denn in dieser machtvollen Musik, die dem US-Blues so ähnlich ist, fanden Altrocker wie Robert Plant von Led Zeppelin oder Chris Eckman von den Walkabouts viele Anknüpfungspunkte. Der Unruhen in Mali wegen wanderte das Festival ab 2013 ins Exil an verschiedene Orte – und konnte bis heute nicht nach Essakane zurückkehren.

Der Tuareg-Rock aber blüht weiter, und er hat sich stilistisch aufgefächert. Die spannendste Band der 2020er ist für mich Imarhan aus dem algerischen Karawanenstützpunkt Tamanrasset. Imarhan übersetzt sich mit „die, die mir etwas bedeuten", und dabei geht es selbstverständlich um den Zusammenhalt der blauen Ritter der Wüste, der auch in ihrer jüngsten Geschichte wieder gefordert ist: In Tamanrasset leben viele Flüchtlinge des Volkes, die vor den jüngsten islamistischen Umtrieben in Mali geflohen sind. Sie, die seit Jahrzehnten um Eigenständigkeit und mehr Rechte kämpfen, zahlreiche verheerende Dürrejahre durchstehen mussten, sind Verlierer im aktuellen Sahara- Konflikt.

Imarhan arbeiten weniger mit der rockigen Wall of Sound, die viele ihrer Bruder-Bands pflegen. Ihnen kommt es mehr auf bedächtige Akustikgitarren-Riffs an, die sie zur klangvollen Poesie in ihrer Sprache Tamasheq setzen, sie wirken Tupfer von Flamenco und Country ein. Und bei ihren Bühnenauftritten tragen die sechs Musiker statt des traditionellen Tagelmust (einer Kombination aus Turban und Schleier) auch mal gern Jeans, T-Shirt und Baseballkappe.

Samba-Apokalypse

9. Januar

Mau Mau, Italien
„ADORÈ"
(*Bàss Paradis*, EMI 1994)

Bei besonders abenteuerlichen Mischungen von Musikstilen bin ich immer etwas vorsichtig. Ist das Ergebnis wirklich etwas Spannendes, Ansteckendes, etwas Eigenes oder Neues? Oder wird hier einfach ein künstlicher Eintopf zum Brodeln gebracht, der schnell als fauliges Potpourri erkaltet, wenn er eine Weile vor sich hin gärt? Bei der heutigen Band brodelt es auch nach fast 30 Jahren in meinen Ohren weiter, wenn ich ihr Meisterwerk *Bàss Paradis* auflege. Und dabei kommen sie aus einer Stadt, die man auf einer Liste der kulturellen Schmelztiegel der Welt jetzt nicht ganz so weit oben ansiedeln würde: aus Turin.

Bereits 1990 formierte sich dort Mau Mau um den Sänger und Gitarristen Luca Morino. In ihrem Sound finden sich nicht nur alle mediterranen Einflüsse von Andalusien bis zum Balkan, auch afrikanische Tupfer und lateinamerikanische Rhythmen kann man erlauschen. Und doch verbindet sich alles zu einem Klang, der ganz typisch für nur diese eine Band ist. Dazu singen die Norditaliener im sehr charakterstarken piemontesischen Dialekt. Mau Mau sind damit Pioniere der Mestizo-Welle, die mit Manu Chao erst ein paar Jahre später so richtig über den Globus rollen wird.

Als diese sagenhafte Scheibe 1994 erschien, hatte ich beim freien Radio Dreyeckland eine Weltmusiksendung, und diese Platte spielte ich in jenem Jahr in Endlos-Rotation. Besonders ein Stück hatte es mir damals angetan: das mächtig polternde „Adorè", das daherkommt wie eine gewaltige Karnevalsparade im Samba-Rhythmus. Allerdings mischen sich auch ganz schön apokalyptische Bilder hinein und die Heiligen einer katholischen Feiertagsprozession. Ich finde, das alles passt doch optimal ins Januar-Niemandsland zwischen Weihnachtszeit und Fastnacht. Wildes Tanzvergnügen wünsche ich!

Anrufung des Pockengottes

10. Januar

Orchestre Poly-Rythmo De Cotonou, Benin
„MI NI NON KPO"
(*The Vodoun Effect*, Analog Africa 2008)

Sind Sie bereit für einen ersten Ausflug in den afrikanischen Pop der goldenen Ära? In den späten 1960ern und die ganzen 1970er hindurch vibrierte fast ganz Schwarzafrika mit einer Tanzmusik, die in jedem Land eine andere Färbung hatte. Lokale Farben verschmolzen mit Funk und Soul, denn in der Ära von James Brown waren die im ghanaischen Accra genauso angesagt wie im angolanischen Luanda.

Seit der Jahrtausendwende sind Vinyl-Verrückte aus dem sogenannten „Westen" in Hinterhöfen, Lagerhallen und bei Privatsammlern unterwegs, um die Schallplatten-Schätze aus jener Zeit zu heben, zu digitalisieren und neu zu veröffentlichen. Manche gehen dabei wie koloniale Raubritter zu Werke, andere sorgen dafür, dass die heute schon steinalten Musikerinnen und Musiker ihre Tantiemen bekommen. Und manchmal führt das sogar dazu, dass Pop-Giganten von damals jetzt wieder auf die Bühne gehen.

Das ist in den 2010ern der Fall gewesen beim legendären Orchestre Poly-Rythmo de Cotonou, einer Big Band, die von 1969 bis 1985 sage und schreibe 500 Aufnahmen gemacht hat. Ihre Spezialität: die Rhythmen, Melodien und Instrumente der Vodoun-Rituale – wie etwa die ein Meter fünfundsiebzig große Trommel Sato, Glocken und Hörner – mit modernem Gitarren- und Keyboard-Sound aufzupeppen.

Dass ich diese Musik am 10. Januar platziere, hat natürlich einen Grund: Heute feiert man in Benin den Tag des Vodoun. Bei uns wird Vodoun (oder auch Voodoo) oft mit aufgespießten Puppen und schwarzer Magie in Verbindung gebracht. Dabei ist diese Naturreligion ein komplexes Glaubenssystem, das den Menschen in erster Linie helfen soll – und nicht etwa schaden. In „Mi Ni Non Kpo" hat das Orchestre einen Rhythmus namens Sakpata aufgegriffen. Er wird im Vodoun immer dann gespielt, wenn der Gott beschworen wird, der vor Pocken schützen soll. Das Gitarrenriff trifft meinen Gehörgang jedes Mal wie ein Blitzschlag!

Kosmopolitin aus Nuuk
11. Januar

Nive Nielsen, Grönland (*1979)
„TULUGAQ“
(*Feet First*, Glitterhouse Records 2015)

„Schön kühl hier!“, ruft Nive Nielsen aus, als wir uns auf die Steinstufen in der Rudolstädter Heidecksburg setzen. Gerade hat sie mit ihrer Band The Deer Children unter der heißen Julisonne ein Konzert gespielt – nicht ihre Temperaturen. Nielsen stammt aus der grönländischen Hauptstadt Nuuk, und sie ist die Blaupause für die moderne Inuit-Frau des 21. Jahrhunderts: studiert, weitgereist, dreisprachig, Indiepop-Sängerin, Hollywood-Schauspielerin – und trotzdem den Wurzeln ihrer Kultur verbunden.

Ihre Musik ist geprägt von unbekümmerten Arrangements um ihre helle Stimme, E-Gitarren, Glockenspiel, Streichern, Trompeten, Kinderchören, singender Säge und lustigem Synthesizer. Immer wieder singt sie auch im westgrönländischen Idiom Kalaalisut, wie in „Tulugaq“: „Doch auf Kalaalisut zu dichten ist für mich schwieriger als auf Englisch, ich kenne die Sprache besser und überdenke meine Worte mehr. Das kommt immer dann an die Oberfläche, wenn ich mal länger zu Hause in Nuuk bin. Auf Reisen allerdings denke ich sogar auf Englisch.“

Was das Überleben der Inuit-Kultur betrifft, zeichnet sie ein ernüchterndes Bild. Der traditionelle Kehlkopfgesang Katajjaq wurde den Inuit bei der christlichen Missionierung durch Dänemark weggenommen, nur im Norden, in der Thule-Region, blieb der Trommeltanz erhalten. Seine Elemente kann man ansatzweise noch in der rhythmischen Vertracktheit des ansonsten fast kindlichen Pop von Nive Nielsen hören.

So naiv die Musik tönen mag, in ihren Texten erzählt Nielsen vom drohenden Uranabbau oder ihrer Sorge über den Klimawandel. Sie erinnert sich, dass in ihrer Kindheit die Leute nicht aus den Häusern kamen, weil der Schnee so hoch war. „Heute musst du dir noch die wenigen Stellen suchen, wo du überhaupt Ski fahren kannst. Jedes Jahr geht der Rückgang schneller.“ Sind Nielsens Songs Klänge eines untergehenden Volkes? Es liegt auch an uns, das zu verhindern.

Ein Kraftort und ein Panamahut

12. Januar

Lakou Mizik, Haiti
„PANAMA'M TONBE"
(*Wa Di Yo*, Cumbancha 2014)

Am 12. Januar 2010 wird Haiti von einer furchtbaren Erdbebenkatastrophe heimgesucht. 300.000 Tote sind zu beklagen und eine völlig zerstörte Infrastruktur. Doch wie so oft kommen Überlebensimpulse aus der Musik. Die Geschichte der neun Musiker von Lakou Mizik liest sich wie ein Protokoll unbezähmbaren Lebenswillens, eine Anleitung zur Auferstehung.

Der Gitarrist Steeve Valcourt berät in der Hauptstadt Port-au-Prince mit dem Sänger Jonas Attis und dem amerikanischen Produzenten Zach Niles, wie die Musikkultur Haitis in diesem am Boden liegenden Land bewahrt werden könnte. Es schält sich die Idee heraus, eine haitianische Supergroup auf die Beine zu stellen. Dafür wählen sie die herausragendsten Musiker aus allen Bereichen aus: Sänger aus dem Gospel, Blechbläser aus dem Rara, der haitianischen Karnevalsmusik, Drummer aus dem Voodoo (der, siehe vorgestern, ursprünglich aus Benin stammt). Jede und jeder von ihnen hat eine bewegende bis erschütternde Geschichte über das Erdbeben zu erzählen.

Unter dem Motto „Wa Di Yo", („Sag ihnen, wir sind noch hier!") schaufeln die neun Musiker mit ihren optimistischen, ausgelassenen, berührenden und auch mal bissigen Songs Haiti buchstäblich aus den Trümmerhaufen. Die Gruppe wird zu einem Kraftort, einem „Lakou", wie er im Voodoo heißt. Der Song „Panama'm Tonbe" ist einer der leichtfüßigeren im Repertoire, und die Sängerin Nadine Remy geleitet in dieses bekannte Traditional Haitis: Es erzählt, wie 1896 dem haitianischen Präsidenten Florvil Hyppolite der Panamahut vom Kopf gesegelt sein soll, woraufhin er an einem Schlaganfall starb. Ein verlorener Hut gilt seitdem als Unglücksbringer, und im Text kehrt der Wunsch wieder, Haiti mit all seinen Problemen möge bewahrt bleiben vor Panamahüten, die sich selbständig machen!

Göttliches Brausen

13. Januar

Aretha Franklin, USA (1942–2018)
„AMAZING GRACE"
(*Amazing Grace*, Atlantic 1972)

Es ist ein schmuckloser Raum für einen Gottesdienst. Ursprünglich war die New Temple Missionary Baptist Church ja auch ein Kino. Sie liegt mitten in Watts, dem Problembezirk von Los Angeles schlechthin, wenige Jahre zuvor Zentrum verheerender Rassenunruhen. Doch als am Abend des 13. Januar 1972 eine Sängerin an den Altar tritt, ereignet sich an diesem unscheinbaren Ort Musikhistorie.

Die Sängerin heißt Aretha Franklin. In den letzten fünf Jahren hat sie sich bei Atlantic Records von einer erfolglosen Jazz- und Popsängerin zur weltweit gefeierten Queen of Soul gemausert. Sie ist jetzt die musikalische Ikone der Bürgerrechtsbewegung und der schwarzen Frauen. Doch ihr Leben war in diesen Jahren auch eine Achterbahnfahrt: Eine toxische Ehe, der Mord an ihrem Freund Martin Luther King, Alkoholprobleme und der nicht verarbeitete Missbrauch während der Kindheit lasten auf ihrer Seele. Sie spürt: Es ist der richtige Zeitpunkt, zu ihren Wurzeln im Gospel zurückzukehren.

„Wir geben hier kein Konzert, das ist ein Gottesdienst", sagt Reverend James Cleveland zu den Anwesenden, unter die sich auch neugierig Mick Jagger und Charlie Watts von den Rolling Stones gemischt haben. Und was dann passiert, muss man als göttliches Brausen beschreiben: Der Southern California Choir und eine Soul-Band um den Schlagzeuger Bernard Purdie machen aus den Baptistenhymnen und stürmischen Erweckungsgesängen der Pfingstkirche einen revolutionär neuen Gospel, sogar weltliche Popsongs werden in der heiligen Sphäre neu geboren.

Arethas Stimme wird im Wechselspiel mit dem Chor von einem unbegreiflichen Feuer erfasst, sie erreicht Spitzentöne, die durch Mark und Bein gehen, gipfelnd im Titelsong der später erscheinenden Doppel-LP. Niemand, egal ob gläubig oder nicht, kann „Amazing Grace" ohne seelische Erschütterung hören – für mich gehören diese Minuten zu den kostbarsten Aufnahmen dieses Planeten.

Eine Kerze auf der Avenue Bourghiba

14. Januar

Emel Mathlouthi, Tunesien (*1982)
„KELMTI HORRA"
(*Kelmti Horra*, World Village 2012)

Eine junge Frau im leuchtend roten Mantel erhebt sich aus der riesigen Menschenmenge auf der Avenue Bourguiba von Tunis. Sie hält eine Kerze in der Hand und beginnt zu singen, erst noch zaghaft und vorsichtig, dann mit immer festerer Stimme:

Wir sind freie Menschen, die keine Angst haben, wir sind Geheimnisse, die niemals sterben,
und denen, die Widerstand leisten, leihen wir unsere Stimme,
in ihrem Chaos sind wir das Leuchtfeuer.

„In dem Moment hatte ich keine Ahnung, was passieren würde, ich war sehr ängstlich. Doch schließlich sang ich aus vollem Herzen, war glücklich darüber, dass mein Song ‚Kelmti Horra' den großen Tag erleben durfte", erinnert sich Emel Mathlouthi. Sie ist die Stimme der Revolution, mit der das tunesische Volk am 14. Januar 2011 den Diktator Ben Ali zur Flucht zwingt und auch für andere Länder den Aufbruch zum „Arabischen Frühling" gibt. Nach der Revolution veröffentlicht sie ihr Debüt: Viele der Stücke sind geprägt von elektronischer Kühle und Schwere, verwurzelt aber sind die Rhythmen in der tunesischen Tradition. Mathlouthis Stimme strahlt dabei eine große Verletzlichkeit aus. „Es sind Lieder, die meine Schmerzen, meinen Tränen in sich tragen", sagt sie über ihr Werk.

Der spannende und spannungsreiche Spagat zwischen Elektronik und Empfindsamkeit ist Mathlouthis Werk in der Wahlheimat New York bis heute erhalten geblieben. „Ich will eine lebendige Zeugin bleiben für das, was in Tunesien vor sich geht. Und mit meiner Musik eine Brücke bauen zwischen der tunesischen Jugend und den anderen Völkern." Heute ist in Tunesien wie in vielen arabischen Ländern die Aussicht auf nachhaltige demokratische Veränderung verflogen, Korruption und Gewalt sind wieder am Ruder. Umso wehmütiger wirkt Mathlouthis Freiheitslied von 2011, das von einem Moment des Aufbruchs kündete.

Besuch beim Eismann

15. Januar

Terje Isungset, Norwegen (*1964)
„MELLOM FJELL“
(*Winter Songs*, All Ice Music 2010)

Wer diesen Mann kennenlernen will, muss sich warm anziehen. Der Norweger Terje Isungset ist der „Ice Man“, und das im schönsten, klingenden Sinne. Schon immer hatte der Schlagzeuger eine Vorliebe für die Elemente, baute Instrumente aus Stein oder Holz, schuf damit seine eigene Volksmusik, die genauso archaisch wie experimentell klingt. Schließlich entdeckt er das Wasser, auf dem sich in gefrorener Form am besten musizieren lässt. Das ist kein Witz: Isungset modelliert anfangs Perkussionsinstrumente und Marimbaphone aus Eis, später dann sogar Eishörner, Eistrompeten. Auch vor Harfen und Fiedeln aus Eis scheuen er und sein Team nicht zurück.

Bestaunen und hören kann ich diese eisigen Artefakte beim Ice Music Festival in seinem Heimatort Geilo im südnorwegischen Hochland, auf halber Strecke zwischen Oslo und Bergen. Dort lädt

Isungset immer Mitte Januar, zum ersten Vollmond des Jahres, Gastmusiker aus dem skandinavischen und samischen Folk (6. Februar/18. März), Pop und Jazz in eine Freiluft-Eisarena ein. Bei klirrenden Minusgraden lausche ich mitten in der nordischen Sternenwinternacht einer Musik, die feingewoben und surreal wirkt. Genauso unwirklich klingt der Publikumsapplaus aus dicken Handschuhen: Er erinnert mich eher an Pferdegetrappel.

„Das Eis ist Herr über mich, nicht umgekehrt!“, sagt Isungset bedeutungsvoll in seinem Iglu neben der Bühne. „Ich versuche nur, die Seele des Eises hörbar zu machen, Stücke zu finden, die schöne Töne hervorbringen und ‚singen‘. Wie die Instrumente klingen, hängt von der Qualität des Eises ab; wenn es richtig kalt ist, produziert es den größten Klangreichtum: Die Bässe werden klarer und fülliger, die Höhen brillanter und knisternder.“ In „Mellom Fjell“ formen Iceofon, Glasharmonika und die Stimme von Lena Nymark ein kristallines Klanggebilde.

Cello-Flug zum Gewölbe

16. Januar

Matthieu Saglio, Frankreich/Spanien (*1977)
„L'APPEL DU MUEZZIN"/„LES CATHÉDRALES"
(*El Camino De Los Vientos*, ACT 2020)

Heute, am Tag der Weltreligionen, möchte ich Ihnen zeigen, wie sich religiöse Gräben zumindest durch ein Instrument überwinden lassen. Der Franzose Matthieu Saglio, seit vielen Jahren im spanischen Valencia ansässig, zaubert auf seinem Cello Grenzen zwischen Erdteilen und Glaubensrichtungen weg. Klassisch ausgebildet, aber global interessiert, hat er anfangs eine Fusion seines Instruments mit dem Flamenco erprobt. Danach wurde er in ganz Europa bekannt mit dem Trio NES, hier spielte er an der Seite der Algerierin Nesrine, ebenfalls Cellistin. Seine Qualitäten als Komponist sind regelmäßig in Soundtracks für Theater oder Fernsehen zu hören. Aber als Solist hat er mich am meisten überzeugt, als sein Album *El Camino De Los Vientos* erschien.

Diese Scheibe unternimmt eine anregende Reise durch mediterrane Gefilde und darüber hinaus, durch die Souks des Maghreb, durch Schwarzafrika und den lateinamerikanischen Tango. Über die Inspiration sagt Saglio: „Der Titel bezieht sich auf den Charakter der Winde, die ja stets wechseln, unvorhersehbar sind, man kann nicht vorhersagen, woher sie kommen, wohin sie gehen, so ist das auch mit dem Wind der Kreativität."

Während auf den meisten Stücken Gäste im Zusammenspiel mit Saglio zu hören sind, umrahmt er die Reise mit zwei Solo-Einlagen, die himmelsgewandte Züge tragen. „Am Anfang ertönt der allmorgendliche Ruf des Muezzins, es ist der Start in den Tag, und der hat eine spirituelle Prägung. Auch wenn es ein fiktives, erfundenes Gebet ist, eine Melodie, die ich selbst ersonnen habe. Und am Ende steht ein Solostück namens ‚Les Cathédrales': Ich stelle mir dabei einen Cellisten vor, der ganz allein in einer Kathedrale sitzt, und der Klang seines Instruments fliegt hinauf zum Gewölbe." Ich empfehle, beide Stücke nacheinander zu hören.

Von Vivaldi in den Dschungel

17. Januar

Witch'n'Monk (UK/Kolumbien)
„OUTCHANT"
(*Witch'n'Monk*, Tzadik 2020)

Es ist der 17. Januar 2023: Mitglieder des Philharmonischen Orchesters Freiburg sitzen auf der Bühne des Jazzhauses – seltsam genug – und spielen Antonio Vivaldis „Winter". Sie interpretieren ihn allerdings in der Neufassung des deutschen Komponisten Max Richter, der das Stück in eine sphärische Minimal-Music-Richtung gestupst hat. Organisiert hat diesen Ausbruch des Orchesters aus den heiligen Theaterhallen hinein in die Club-Atmosphäre der neue Generalmusikdirektor André de Ridder. Er ist der Meinung: „Kategorien in der Musik sind richtig, aber man sollte sie als gleichwertig betrachten." De Ridder ist ein engagierter Vermittler zwischen Klassik, World, Jazz und Pop, wie es sie im etablierten Musikbetrieb leider immer noch zu wenig gibt. Ich habe ihn in Toronto entdeckt, als er eine Uraufführung mit dem Kronos Quartet leitete. Dass er jetzt in Freiburg wirkt: ein Glücksfall.

Nach dem Vivaldi-Vorspiel klettern zwei verrückte Musiker auf die Bühne. Sie: eine Sopranistin mit exaltierter, durchgedrehter Stimme, die zudem einen Zwitter aus E-Gitarre und Bass umhängen hat. Als Künstlerin nennt sie sich Heidi Heidelberg. Er, Mauricio Velasierra, hantiert mit den traditionellen Andenflöten Quena und Mohzeños, die er durch Effektgeräte schickt und die auch mal wie alte Dampfloks röcheln. Zusammen firmieren sie unter dem Namen Witch'n'Monk.

Ihre Version von Richard Wagners „Feuerzauber" trabt macht- und geheimnisvoll wie durch einen dunklen Urwald, und Franz Schuberts „Gretchen am Spinnrade" schmettert Heidelberg mit dem Gestus einer Rocklady. Das Stück „Outchant" haben sie eigens für diesen Abend so arrangiert, dass sich ein Streichquintett, Posaune und Oboe vom Orchester dazugesellen können. Die Textur ist verblüffend, der Dialog gelingt. An diesen Abend denke ich gern zurück: Viel mehr solcher Abenteuerspielplätze zwischen Klassik und experimentellem Pop müsste es geben.

Ironie in der unterirdischen Stadt

18. Januar

Kate & Anna McGarrigle, Kanada (1946–2010/*1944)
„COMPLAINTE POUR SAINTE CATHÉRINE"
(*Kate & Anna McGarrigle*, Warner 1975)

Dieses Schwesternpaar hat die Musik der kanadischen Provinz Québec in den internationalen Popzirkus getragen. Ihre Songs reichen von tränenreichen Balladen bis zu gewitzten Einflüssen aus der Folkmusik der Acadiens, der französischsprachigen Bewohner. Und die sind ganz stark zu hören in dieser genauso verrückten wie rätselhaften „Klage der heiligen Katharina". Worum geht's?

Bei „Sainte Cathérine" denken die Einheimischen von Montréal in allererster Linie nicht an die Heilige, sondern an die berühmte Einkaufsstraße in Downtown. Und die gibt es sozusagen zweimal, nämlich über und unter der Erde: Wegen der starken Temperaturschwankungen zwischen minus und plus 40 Grad haben die Planer im Zentrum eine unterirdische Stadt angelegt. Und genau dort sucht das lyrische Ich Schutz und trägt mit leicht ironischem Ton seine Ansichten zu Politik und Gesellschaft vor. Dazu wird auch noch das spießige Leben der Québecois ganz schön auf die Schippe genommen: Samstags geht man brav zum Eishockey, und sonntags wird der Hund spazieren geführt.

Und die Musik? Ein folkiger Rundgesang mit Akkordeon, Fiddle und Harmonika. Und natürlich dieser immer wiederkehrende jaulende Quintsprung, der schon sehr klagend klingt, aber auf eine satirische Art und Weise. An der provençalischen Form der Complainte hat sich Komponist Philippe Tatartcheff vielleicht auch ein wenig orientiert, als er den Text schrieb: Wie bei den Troubadouren gliedert er seine Verse in Couplet und Refrain. Die McGarrigles haben hier eine wahre Starbesetzung der Rockgeschichte gewonnen: Tony Levin am Bass, Steve Gadd an den Drums, David Spinoza an der Gitarre.

Kate McGarrigle ist heute im Jahre 2010 verstorben, das Erbe der Schwestern haben schon lange ihre Kinder Rufus und Martha Wainwright angetreten. Bei beiden hört man stark das Timbre der Mutter durch – machen Sie mal den Vergleichstest!

Brasil-Legende im Breisgau

19. Januar

Ralf Schmid, Deutschland (*1969)/Ivan Lins, Brasilien (*1945)
„TODO MUNDO"
(*Cornucopia*, Moosicus 2012)

Manche Menschen meiner Heimatstadt Freiburg werden flapsig als „Breisgau-Brasilianer" bezeichnet. Dazu zählen die Fußballer des SC, wenn sie sich mal wieder auf Spitzenplätze in der Bundesliga hochzaubern – oder auch so mancher Musiker, der sich an brasilianischen Rhythmen versucht.

Gern gelten lasse ich das Prädikat für Ralf Schmid. Denn der an der Musikhochschule dozierende Komponist, Arrangeur und Pianist hat sich feinnervig in Bossa-Nova- und Samba-Welten eingefühlt. „Ich mag es nicht, wenn Europäer brasilianischer sein wollen als die Brasilianer selbst. Deshalb habe ich es zunächst vermieden, solche Musik zu machen", sagte er mir. „Aber der Background war sehr stark, denn mein Vater spielte immer brasilianische Musik, und so wurde das auch ein Teil von mir." Schmid hat die Klangwelt etlicher Brasil-Stars aus seinem Hörwinkel heraus bereichert. Zu ihnen zählt die Sängerin Paula Morelenbaum (8. Dezember) oder eine Legende der Música Popular Brasileira, Ivan Lins. Auch er ist wie Schmid ein Multitalent: Komponist, Arrangeur, Pianist und Sänger.

Am 19. Januar 2011 klingelt mein Telefon. Ob ich für ein Interview in die Freiburger Innenstadt kommen wolle, fragt Ralf Schmid, denn dort sitze in einer Hotellobby besagter Ivan Lins. Der Weltstar im beschaulichen Städtle? Tatsächlich, bestens gelaunt treffe ich ihn an – und ich bin völlig perplex ob seiner tiefen Sprechstimme, wo er doch beim Singen in ein abenteuerliches Falsett klettert. Lins und Schmid berichten mir, dass sie mit der SWR Big Band gerade ein Projekt aufgleisen, für das Lins einen ganzen Turm unveröffentlichter Songs mitgebracht hat. *Cornucopia*, das „Füllhorn", entsteht daraus: raffinierte Bläserarrangements, garniert mit einem südafrikanischen Chor und dem deutschen Hip-Hop-Jazzer Joo Kraus an der Trompete. „Dass ich für Ivan arrangiert habe, das ist, als ob ein Traum in Erfüllung gegangen wäre", gab Ralf Schmid damals zu.

Fernöstlicher Erlebnispark

20. Januar

Mitsune, Japan/Australien/Deutschland/Griechenland
„HAZAMA"
(*Hazama*, Eigenverlag)

Immer um diese Zeit herum im Januar wird die seit 1861 etablierte deutsch-japanische Freundschaft gefeiert. Sie geht auf Handelsbeziehungen im preußischen Reich zurück. Heute aber schauen wir uns die kulturellen Brückenschläge zwischen den beiden Staaten an, die es zum Glück auch gibt. Etwa in Gestalt der Band Mitsune aus Berlin.

Musik aus Japan hat es irgendwie nie so richtig in die Global-Pop-Szene geschafft. Umso erfreulicher, dass dieses Quintett fernöstliche Traditionen mit einer völlig unerwarteten zeitgenössischen Perspektive kombiniert. Ihre Herkunft ist multinational: Japan, Australien, Griechenland, Deutschland. Im Fokus steht die dreisaitige, mit Schlangen-, Katzen- oder Hundehaut bespannte Shamisen, eine Kastenspießlaute, die eine Weiterentwicklung der chinesischen Sanxian ist. Vor mehr als 400 Jahren kam sie nach Japan. Historisch war die Shamisen vor allem in verschiedenen Formen des Erzähl- und Puppentheaters gefragt, und sie gilt auch als das Instrument der Geishas.

Aus diesem Kontext herausgelöst wird es von Shomi Kawaguchi, Tina Kopp und Youka Snell, den drei Damen, die den Kern von Mitsune bilden: Geradezu muskelbepackt, zeitweise ein wenig „punkig" sind die Arrangements, in denen die kernigen Zupf-Riffs vorwärtstreiben. Darüber legen die drei einen kraftgeladenen, augenzwinkernden, mit süßlichen Harmonien spielenden Chor. Unterstützt werden die Frauen von einer kleinen Rhythmusgruppe an Bass und Schlagzeug, und die kann sich auch mal zum geräuschhaften, perkussiven „Erlebnispark" auswachsen. Mal groovt es richtig, mal wird martialisch galoppiert, zart wird es beim berühmten Kirschblütenlied „Sakura". Gelegentlich treten Gastmusiker an Cello, Flöte, dem arabischen Hackbrett Qanun oder Bassgitarre hinzu. Und plötzlich tut sich die japanische Laute mit einem Banjo zur Country-Musik zusammen – oder tanzt gar einen Tango.

Die Sonne im Kopf

21. Januar

Lô Borges, Brasilien (1945–1982)
„O TREM AZUL“
(*Meus Momentos*, EMI 1994)

Auch wenn das Land nur noch ein winziges Eisenbahnnetz hat, unter den vielen Eisenbahnliedern der Welt gehören die aus Brasilien zu meinen liebsten. Zum Beispiel dieses großartige: „O Trem Azul“, der blaue Zug, er stammt aus der Feder der beiden Songwriter Lô Borges und Ronaldo Bastos (heute geboren!), beide Mitbegründer der „Clube da Esquina“-Bewegung. Diese Bewegung aus der Stadt Belo Horizonte im Bundesstaat Minas Gerais (26. Oktober) verband bildgewaltige, teils psychedelische Poesie mit einem verschachtelten Rock-Sound à la Genesis. Aus dieser Kombi ergibt sich eine sehr lyrische, irgendwie fast sakrale Stimmung, typisch für die Musik des Bundesstaates Minas Gerais.

Ob Borges einen bestimmten blauen Zug gemeint hat? Tatsächlich gibt es einen „Trem Azul“ in Brasilien, er fährt im Staat Rio de Janeiro und verkehrt zwischen den Orten Miguel Pereira und Conrado. Ungünstig aber, dass die Strecke erst 1986 eröffnet wurde, sie konnte den Song also nicht inspiriert haben. Denn der „Trem Azul“ erschien im Original im Jahr 1972 und wurde in der Folge von vielen weiteren Künstlern der brasilianischen Popszene (der Música Popular Brasileira oder kurz: MPB) aufgegriffen.

„Du nimmst den blauen Zug, die Sonne im Kopf, die Sonne nimmt den blauen Zug, dich im Kopf“ – vielleicht spielten bei der Dichtung ein paar gute Gräser eine inspirierende Rolle. Also rätseln Sie lieber nicht zu lange, was das heißen soll, sondern genießen Sie diese Songperle aus einer vergangenen Ära Brasiliens – am besten in zwei Versionen: In der des Urhebers Lô Borges und in der von Elis Regina, die am 16. Oktober noch intensiver vorbeischaut.

Der Garten und der Gospel

22. Januar

Lizz Wright, USA (*1980)

„I REMEMBER, I BELIEVE“

(*Fellowship*, Verve 2010)

Für sie harre ich sogar ein paar Stunden im strömenden Regen aus. Als Lizz Wright 2012 beim Stimmen-Festival Lörrach auftritt, sitze ich mit meiner Familie unter einem Himmel, der drei Stunden lang alle Schleusentore weit geöffnet hat. Sie blickt von der Bühne auf ein Meer von Regenponchos und lächelt: „You look so beautiful.“ Am Ende haben wir alle Schwimmhäute zwischen den Fingern. Doch dieser Abend, an dem sie uns über die dicken Regenwogen hinwegträgt, ist das wert.

Lizz Wright, Tochter einer Organistin und eines Pfingstkirchenpastors aus Georgia, ist das, was man *down to earth*, geerdet, nennen könnte: „Ich komme aus einer Familie von sehr talentierten Gärtnern, in der Zeit der Sklaverei waren meine Vorfahren Landpächter“, erzählte sie mir 2011. „Sie haben alle im Umkreis ernährt, egal, was gerade los war in der Welt. Denn sie hatten dieses Wissen über die Ordnung in der Natur.“

Der Garten und die Kochkunst sind für Lizz Wright „eine heilende und kreative Sprache“. Das lässt sich besonders auf ihrem Album *Fellowship* herauslauschen, man schmeckt förmlich den Mutterboden ihrer musikalischen Wurzeln. Da ist viel Gospel dabei, den sie mit Band und Kammerchor interpretiert und mit einer innigen Glut. Die Linie zwischen sakral und weltlich wird öfters auch mal mutig überschritten, auch in der Musik von Jimi Hendrix und Eric Clapton findet Wright „Heiliges“.

Denn Dogmen sind ihre Sache nicht: „Richtig verstandene Religion und wahrer Glaube führen nicht zu Versteckspielen und Ignoranz, wie das bisher oft der Fall war. Sie führen zu Neugier auf den anderen, zu Mut und Mitgefühl.“ In diesem Sinne ist unser Geburtstagskind Lizz Wright eine Sängerin, die 60 Jahre nach dem Civil Rights Movement im versöhnenden Geiste weiterwirkt, die Vergangenheit aber nie vergisst. Etwa in „I Remember, I Believe“, einem berührenden Gospelsong aus ihrer eigenen Feder.

Von der Transkei in die Welt

23. Januar

Simphiwe Dana, Republik Südafrika (*1980)
„NDIREDI"
(*Zandisile*, Skip 2006)

An einem Abend im November 2006 ist die Zeitenwende in der südafrikanischen Musik zum Greifen nah. Als Vorprogramm für Miriam Makeba (1. Februar) ist sie bei der Basler AVO Session gebucht, aber sie stiehlt der „Mama Africa" glatt die Show: Das Auditorium hält den Atem an, als Simphiwe Dana (sprich: sim'pieweh), heute im Jahr 1980 geborene Pfarrerstochter aus Johannesburg, die Bühne mit anmutigem Stolz und charmantem Charisma ausfüllt. Und mit einer Stimme wie ein heranrollender Soul-Hurricane.

Aufgewachsen ist sie als armes Mädchen in einem Dorf der Transkei ohne Strom und fließendes Wasser. Sie erinnert sich an wilde Tiere und schwarze Magie. Die Musik der weiten Welt kennt sie noch nicht, nur die Zeremonien der Dorfbevölkerung und den Gospel der lokalen Kirche. Aus ihm bezieht sie ihr Erbe, dann aber auch Inspirationen aus Soul und dem Jive, einer Jazz-Variante Südafrikas. Ab und an stiehlt sich ein nervöser House-Beat hinein, auch die Folklore des Xhosa-Volks schwebt durch die Harmonien.

„Ich will weg von der Schublade ‚Südafrika'", bekennt Dana. „Meine Musik umspannt den ganzen Kontinent. Noch mehr: Ich möchte schwarze Kultur von überall auf der Welt präsentieren, aus Afrika und der Diaspora." Ihre Stimme ist dafür ein grandioses Werkzeug: Sie beginnt meist bedächtig, mit tiefem Timbre, lässt Raum für beschwörende Hintergrundchöre. Und dann schwingt sie sich umso wirkungsvoller mit schmerzlicher Inbrunst zu einer Vokal-Explosion auf.

Die Liedkunst von Simphiwe Dana hat oft eine politische Dimension, spricht von der Gewalt der Schwarzen untereinander, vom Verrat des ANC an seinem Volk. „Im Moment gibt es keine Partei, die uns zur Freiheit führen kann. Wir müssen alle zusammenstehen und diese Partei gründen. We are the people", sagte sie mir 2010 in trotzigem Optimismus. Das noch immer so verletzliche Südafrika wurde selten so selbstbewusst eingefangen wie bei ihr.

Etwas verstimmtes Zauberer-Treffen

24. Januar

DaWang Gang, VR China
„FOUR WAYS"
(*Huang Qiang Zou Ban – Wild Tune Stray Rhythm*, JARO 2013)

Heute ist – nach unserem Kalender – einer der frühestmöglichen Termine für das chinesische Neujahrsfest. Obwohl China mit Riesenschritten die ökonomische Weltherrschaft übernimmt, kennen die meisten von uns chinesische Popmusik nur aus der Kitsch-Beschallung in Schnellimbissen. Die hat wenig zu tun mit der kreativen Szene im Reich der Mitte. Nicht erst in den letzten Jahren hat sich eine Sparte von Underground-artiger Musik herausgebildet, die die Traditionen in ungewöhnliches Licht setzen.

Song Yuzhe stammt aus dem Nordosten Chinas und war zunächst in der Pekinger Punkrock-Szene aktiv. Es schlossen sich Wanderjahre durch Tibet an, er ließ sich von Nomaden in ihre Musik einweisen, stellte ein improvisierendes Musikerkollektiv auf die Beine, musizierte mit Mitgliedern der Pekingoper. Mit einem derart reichen Erfahrungsschatz ausgestattet gründete er 2009 DaWangGang, ein freies Kollektiv mit Künstlern aus Peking, der Inneren Mongolei und einer indisch-französischen Sängerin namens Rani. Seine sperrigen und gleichzeitig ungeheuer spannenden Songs grenzen manchmal fast an ein Hörspiel. Wir haben es hier mit Vertretern aus der mutigen Generation von Folk-Avantgardisten zu tun, die den kulturellen Beschränkungen Chinas kleine Eskapaden abtrotzt.

Song Yuzhe und Band fassen ihre Klangtableaus unter dem Titel „Huang Quiang Zou Ban" zusammen. Frei übersetzt bedeutet das „etwas verstimmte Musik" – ein aus der Pekingoper entlehnter Begriff. Ein einziges Album haben DaWangGang bislang erst herausgebracht, aber das hat es in sich: Da werden wir beispielweise in „Four Ways" Zeuge einer Begegnung von zwei Zauberern, mit beschwörender Baritonstimme, Obertongesang, wehmütigen Spießfiedeln und Schamanentrommel.

OK, sollten Sie es trotzdem lieber ein bisschen traditioneller haben wollen, blättern Sie gern einen Monat vor: Am 21. Februar ist der spätestmögliche Termin für das chinesische Neujahr.

Der leuchtende Soul von Edinburgh

25. Januar

Blue Rose Code, Schottland
„OVER THE FIELDS“
(*The Water Of Leith*, Navigator Records, 2017)

Heute begehen Schotten in aller Welt den Robert Burns Day. Sie ehren damit ihren größten Poeten (1759–1796), der mit einer unermesslichen Zahl an Gedichten und Volksliedern den Kanon schottischer Lyrik begründet hat. Man isst beim Burns Supper das berühmte – und bei Nicht-Schotten äußerst umstrittene – Haggis, frittierte Schafsinnereien. Und man trägt natürlich Burns-Verse vor, wirft in einem streng ritualisierten Ablauf neckische Trinksprüche in die Runde. Burns hat zu seiner Zeit Tonschöpfer wie Beethoven und Schumann begeistert, und bis heute lassen sich Musiker aus der Folkszene, aber auch darüber hinaus vom kultisch verehrten Nationaldichter inspirieren.

Ich habe mir die Frage gestellt, wie Robert Burns schreiben würde, wenn er noch unter uns weilte. Gibt es einen Musiker, der in ähnlicher Weise tiefempfundene Verse fürs 21. Jahrhundert dichtet? Melodien, in denen sich Landschaft und Innenleben spiegeln, aber von einer zeitgenössischen Warte aus? Ziemlich rasch war für mich klar: Ein solcher Burns der Moderne könnte Ross Wilson aus Edinburgh sein, der unter dem Pseudonym Blue Rose Code wirkt.

Wilson und seine Band fangen feine seismische Regungen zwischen Volkslied, akustischer Popballade und Jazz in einem seelenvollen Ton auf, in ihrem Gepäck sind Fiddle und Dudelsack, aber auch Blechbläser und Bebop. Das ist in Schottland ziemlich einzigartig. Dazu kommt eine Stimme, die nackt und verletzlich ist. Wilson hat auch nie einen Hehl um seine Erkrankung gemacht: Sehr offen geht er damit um, dass er unter Depressionen leidet.

In der fließenden Ballade „Over The Fields“ ehrt Ross Wilson den 2017 verstorbenen Kollegen John Wetton (Wetton war mal Leadsänger der Bombast-Rocker Asia), mit einem mild leuchtenden Arrangement aus Streichern, Akkordeon und Pedal Steel-Gitarre. Das kann man ganz ergriffen auf sich wirken lassen. Auch ohne Schafsinnereien im Bauch.

Graphic-Novel-Heldin

26. Januar

Sahra Halgan, Somaliland (*1972)
„HIDDO“
(*Waa Dardaaran*, Buda Musique 1991)

Es gibt Länder, die gibt es gar nicht. Somaliland ist so eines: Ein einziger Staat, Taiwan, hat es bislang offiziell anerkannt. Wie kommt das?

Somaliland war britisches Protektorat, vereinigte sich 1960 aber mit der englischen Ex-Kolonie Somalia. Neun Jahre später kam es in Somalia zum Putsch, eine sozialistische Diktatur wurde errichtet, 1977 griff man Äthiopien an, um die dortigen Minderheiten zu „befreien“. Der Vorstoß endete in einer Niederlage. Nun kam es in verschiedenen Landesteilen Somalias zum Aufbegehren gegen die Militärführung. In der aufständischen Region Somaliland eskalierte die Situation ab 1988 mit Bombardierungen der Guerillas. Am heutigen 26. Januar im Jahre 1991 brach nach dem Sturz des Diktators Barre das Staatsgefüge zusammen. Somaliland proklamierte seine Unabhängigkeit, begann einen friedlichen Wiederaufbau.

Dass man unter solchen politischen Umständen Musik machen kann, scheint unvorstellbar. Die Löwennatur Sahra Halgan ist das lebende Gegenbeispiel. Sie fing als Teenagerin an zu singen, obwohl das für Frauen als verpönt galt. 1988 wurde sie mit sechzehn Jahren als Krankenschwester an die Front abkommandiert. Nach dem Ende der Gewalt im Norden ging Halgan ins Exil nach Lyon. Sie schlug sich mit Gelegenheitsjobs durch und konnte nach einiger Zeit als Musikerin Fuß fassen. 2015 kehrte sie nach einer gewissen politischen Stabilisierung nach Somaliland zurück und gründete ein Kulturzentrum in ihrer Heimatstadt. Ihre erschütternde Geschichte hat sie in Zusammenarbeit mit zwei Zeichnern als Graphic Novel veröffentlicht.

Unermüdlich setzt sich Sahra Halgan mit ihren Auftritten international für ein großes Ziel ein: Ihre Heimat Somaliland soll endlich anerkannt werden. Ihr Gesang, der unter den Spielarten in der ostafrikanischen Popmusik durch eine besonders charakterstarke Art des Vibratos herausragt, ist ein fantastisches Transportmittel dafür.

Musik am dunkelsten Ort

27. Januar

Esther Bejarano, Deutschland (1924–2021)
„SHTIL, DI NAKHT IS OYSGESTHERNT"
(*Lider fars Leben – Lieder für das Leben*, Moriba 1995)

Am heutigen Tag der Befreiung des Konzentrationslagers Auschwitz können wir uns ins Gedächtnis rufen, was für eine Bedeutung die Musik an einem der dunkelsten Orte der Menschheitsgeschichte hatte. In Auschwitz-Birkenau gab es ein Mädchenorchester, geleitet wurde es von Alma Rosé, der Nichte Gustav Mahlers (18. Mai). Zwei der Orchestermitglieder waren die Cellistin Anita Lasker-Wallfisch und die Akkordeonistin Esther Bejarano.

Man kann nicht einmal ansatzweise erfassen, was diese jungen Frauen Tag für Tag durchmachten. Wie spielt oder dirigiert man, wenn der Horizont die Gaskammer ist? Wenn das Publikum aus den eigenen Mördern besteht? Oder aus den Mitgefangenen, bei deren Hinrichtung man musizieren muss? Man spielt gegen den Tod an, man spielt ums Überleben, fürs Überleben. Es ist ein Wunder, dass die Laienmusikerinnen am Abgrund der Hölle die Kraft hatten, große klassische Werke von Puccini, Verdi oder Dvořák zu erarbeiten.

Alma Rosé hat Auschwitz-Birkenau nicht überlebt, sie fiel mutmaßlich einer Vergiftung zum Opfer. Anita Lasker-Wallfisch und Esther Bejarano überlebten, beide machten und machen (Lasker-Wallfisch lebt bei Druckschluss noch, Bejarano starb 2021 mit 96 Jahren) die Aufklärung der kommenden Generationen zu ihrer Aufgabe. Esther Bejarano hat über Gedenkveranstaltungen und Schulbesuche hinaus auch die Musik dafür zu Hilfe genommen. In ihren letzten Lebensjahren wurde sie mit der Microphone Mafia noch zur mutigen Rapperin, davor sang sie mit ihrer Tochter Edna Widerstandslieder.

Aus diesem Repertoire stammt auch „Shtil, die Nakht is oysgesthernt", ein Text, der vom Kampf der jüdischen Partisanen in Litauen erzählt und den Hirsch Glik auf die Melodie eines russischen Volksliedes dichtete. Bejarano blieb bis zu ihrem Tod ungebrochen kämpferisch. Ihre Maxime: „Ich singe so lange, bis es keine Nazis mehr gibt!" Sie hätte immer noch viel zu tun.

Metaphernreiche Zugfahrt

28. Januar

Dina El Wedidi, Ägypten (*1987)
„ALIVE"
(*Slumber*, Kirkelig Kulturverksted 2018)

Der 28. Januar ging als „Tag des Zorns" in die ägyptische Revolution von 2011 ein. Junge Aktivisten belagerten den Tahrir-Platz in Kairo, um den Sturz des Autokraten Hosni Mubarak herbeizuführen. Wie wir heute feststellen müssen, ist nicht nur in Ägypten von den Errungenschaften des „Arabischen Frühlings" wenig übrig geblieben. Immerhin: Etliche junge Musikerinnen und Musiker, die auf den Bühnen der Aufständischen sangen, haben nach der Revolution eine internationale Karriere gestartet – in ihrer Heimat dagegen kämpfen sie erneut gegen Zensur an.

„Lasst uns träumen" hieß der Hit der Jugend, der damals auf dem Tahrir erklang, und mit am Mikrofon stand die Sängerin Dina El Wedidi. Sie ist ein leuchtendes Beispiel für die weibliche Seite des kulturellen Aufbruchs in den arabischen Ländern. El Wedidi hat traditionelle Stile Ägyptens zu einer neuen Folkmusik gebündelt, und sie kombiniert elektronische Popmusik und arabische Musikvokabeln. Das spiegelt sich auf ihrem Album *Slumber* aufregend wider.

Die 30-minütige Suite hat El Wedidi ausschließlich aus Geräuschen von ägyptischen Zügen und Bahnhöfen gebaut. „Ich war neugierig auf das Thema Sounddesign. Für mich war die Frage: Wie kann ich den Zug zu einem Instrument formen, wie die Melodien, Harmonien und Rhythmen finden?" Sie sammelte Rattern, Tuten und Quietschen zwischen Kairo und Alexandria, im Schlafwagenzug nach Luxor, im Bummelzug nach Assuan.

Aus der Geräuschkollektion wuchs eine fantastische, techno-artige Eisenbahnsymphonie. Die auch eine Reflektion über die Spannungen ist, die frau in einem autoritären, instabilen Staat tagtäglich aushalten muss. Ihre Texte übers Gefangensein, über die Hassliebe zur Heimat, aber auch über Migräneattacken spiegeln das in Metaphern wider. „Ägypten ist ein großartiger Ort, um Ideen zu empfangen", resümiert Dina El Wedidi. „Doch um durchzuatmen, muss ich von Zeit zu Zeit außer Landes gehen."

Aus Iberiens Kühlschrank

29. Januar

Berrogüetto, Galicien
„PERMAFROST"
(*10.0*, Berrogüetto Musica 2006)

Minusgrade, hoher Schnee, dicke Eiszapfen, aufgesprungene Lippen, blaue Zehen: Ende Januar herrschte noch in meiner Kindheit manchmal Schockstarre in der Natur. Als Winterfan leide ich seelisch unter dem Fehlen der Kontemplation fördernden Kälte. Und daher serviere ich heute ein eisiges Instrumental. Es stammt aus der Nordwestecke Spaniens, die Gegend, die sicher zu den kältesten der iberischen Halbinsel zählt. Eine Region, die ähnlich wie eine andere Nordwestecke Europas, die Bretagne, das keltische Erbe hochhält.

Die Band Berrogüetto hat mich für die Musik Galiciens erstmals in den späten 1990ern begeistert. Ich kannte diese Klanglandschaften schon aus Irland, Schottland und der Bretagne, doch hier sind ins Keltentum einige andere Facetten eingewoben: der ganz besondere Dudelsack, die Gaita, die sich kräftiger anhört als die irischen Uilleann Pipes (16. Dezember), nicht ganz so keck wie die Northumbrian Pipes (2. Oktober), weniger kieksend als der bretonische Binioù Kozh und ganz und gar nicht militärisch wie die schottischen Highland Bagpipes. Dazu gibt es die markanten Gesänge der Frauen, die sich mit der eckigen Rahmentrommel Adufe begleiten. Die wird während des Spiels auch mal effektvoll in die Höhe geworfen.

Galiciens Folkmusiker von heute sind Meisterinnen und Meister darin, traditionelle Melodien neu und ganz dicht orchestral zu adaptieren. Berrogüettos „Permafrost", eine Schöpfung des Gaita-Spielers Anxo Pinto, schleicht sich erst mit einer schönen, melancholischen Winternostalgie-Melodie an und baut dann eine immer massivere Klangwand auf. Das Stück lässt einen bibbernd an die Vergnügungen des Winters zurückdenken, aber gleichzeitig kann man die Tanzbeine auch nicht stillhalten. Und das garantiert, dass es einem dann auch schnell wieder warm wird.

Ein Manifest im Palletten-Dress

30. Januar

Gaye Su Akyol, Türkei (*1985)
„İSTIKRARLI HAYAL HAKIKATTIR“
(*İstikrarlı Hayal Hakikattir*, Glitterbeat 2018)

Es dürfte immer weniger Künstlerinnen und Künstler geben, die den Mut haben, sich unverblümt zu den politischen Zuständen in der Türkei zu äußern. Und während ich diese Zeilen schreibe, ist klar, dass es in den nächsten Jahren noch schwerer wird: Eine Mehrheit des türkischen Volkes hat sich vor kurzem seinen eigenen Diktator wieder neu gewählt. Viel Arbeit für Gaye Su Akyol also, die in der Istanbuler Popszene ein Enfant Terrible ist: Zwischen Feminismus, Hippie-Kultur und glamouröser Rock-Attitüde hat sie sich unerschrocken eine Nische geschaffen.

Als Begleittext zu ihrer CD *İstikrarlı Hayal Hakikattir* veröffentlichte sie eine Art Manifest, in dem sie zwar den Machthaber nicht beim Namen nennt, aber trotzdem Tacheles redet: „Das ist ein extrem feministisches, revolutionäres und idealistisches Album“, stellt sie klar. „Die Existenz und Kraft der Frauen muss betont werden in einer Welt, die sich durch die Zurschaustellung männlicher Macht selbst karikiert.“ Auf dem Cover ihres Werks inszeniert sich Akyol im grünen Palletten-Dress vor einer Fantasiewelt. Denn die ist es, die uns retten kann: „Wir sind erbärmlich standardisierte, unrebellische Roboter der neuen Welt. Wir müssen eine Gegenrealität schaffen, um das organisierte Böse herauszufordern. Beständiges Träumen ist dafür das beste Rezept.“

Ihre musikalischen Mittel sind tatsächlich traumgleich: Mit ihrer melismatisch-lasziven Stimme versetzt sie uns in einen Schwebezustand zwischen orientalischem Psychedelic-Rock und klassischem türkischen Gesang. Aber sie gräbt sich dabei auch in dunkle Wave-Gefilde vor, gespickt mit finsteren Keyboards. Auf der Bühne ist Gaye Su Akyols wildes Bosporus-Cabaret noch mal eine Spur abenteuerlustiger. In Basel schwebte sie uns einmal im Fledermauskostüm entgegen. Eine musikalische Traumfabrik, die dem Autokraten in Ankara noch manchen Dorn ins greise Ohr setzen dürfte.

Nachmittagsplausch in Rio

31. Januar

Joyce Moreno, Brasilien (*1948)
„FEMININA“
(*Feminina*, EMI 1980)

An der Geschichte der Bossa Nova wirkten viele Frauen mit, doch fast immer in der Rolle der Muse und Sängerin. Erst Ende der 1960er tritt eine Künstlerin mit eigenen Songs ins Spotlight – ihre selbstbewusste Lyrik aus Frauensicht ist damals fast ein Skandal. Quasi im Alleingang begründet die heute geborene Joyce Moreno das Genre des weiblichen Autoren-Pops Brasiliens.

2005 lädt Joyce mich nach Rio ein, eine Homestory über ihre Plattensammlung ist meine Mission. Als der Cafézinho im Tässchen dampft, fängt sie an zu erzählen: „Die Bossa Nova hat meine ganze Jugend geprägt, und João Gilberto (10. Juli) mein Gitarrenspiel in harmonischer Weise wesentlich beeinflusst. Die rhythmischen Raffinessen aber, die habe ich von den Bahianern im Nordosten.“ Nach Exiljahren in Europa während der Militärdiktatur spielt sie 1977 in einer Bar in New York. Dort hört sie der deutsche Arrangeur Claus Ogerman, bis dahin in Diensten von Tom Jobim (8. Dezember), Frank Sinatra und Jazzpianist Bill Evans. „Wir wären dafür gestorben, mit Claus eine Aufnahme zu machen“, beteuert Joyce, „aber wir waren damals nur ein Haufen Hippies.“ Doch der Anzugträger ist überzeugt von der jungen Wilden, bucht die legendären Columbia-Studios.

Kernstück der Session wird „Feminina“, einer der leichtfüßigsten Canções im brasilianischen Musikkosmos. Ogerman lässt die Brasilianer ungerührt jammen. Erst nach den Aufnahmen will er „Verbesserungen“ einfügen, und überhaupt: Joyce solle doch besser auf Englisch singen. Geht gar nicht, befindet die, und so bleiben die New Yorker Aufnahmen bis 2022 in der Schublade. Den Durchbruch schafft Joyce mit „Feminina“ trotzdem, sie nimmt es in Rio 1980 einfach nochmals auf. Aus einem Gespräch mit Tochter Clara entstand das Stückchen: Die fragte Mutter Joyce nämlich, was das eigentlich ausmache, das Frau-Sein. An einem dunklen Wintermorgen wirkt der dahinfliegende Song wie eine Tageslichtlampe.

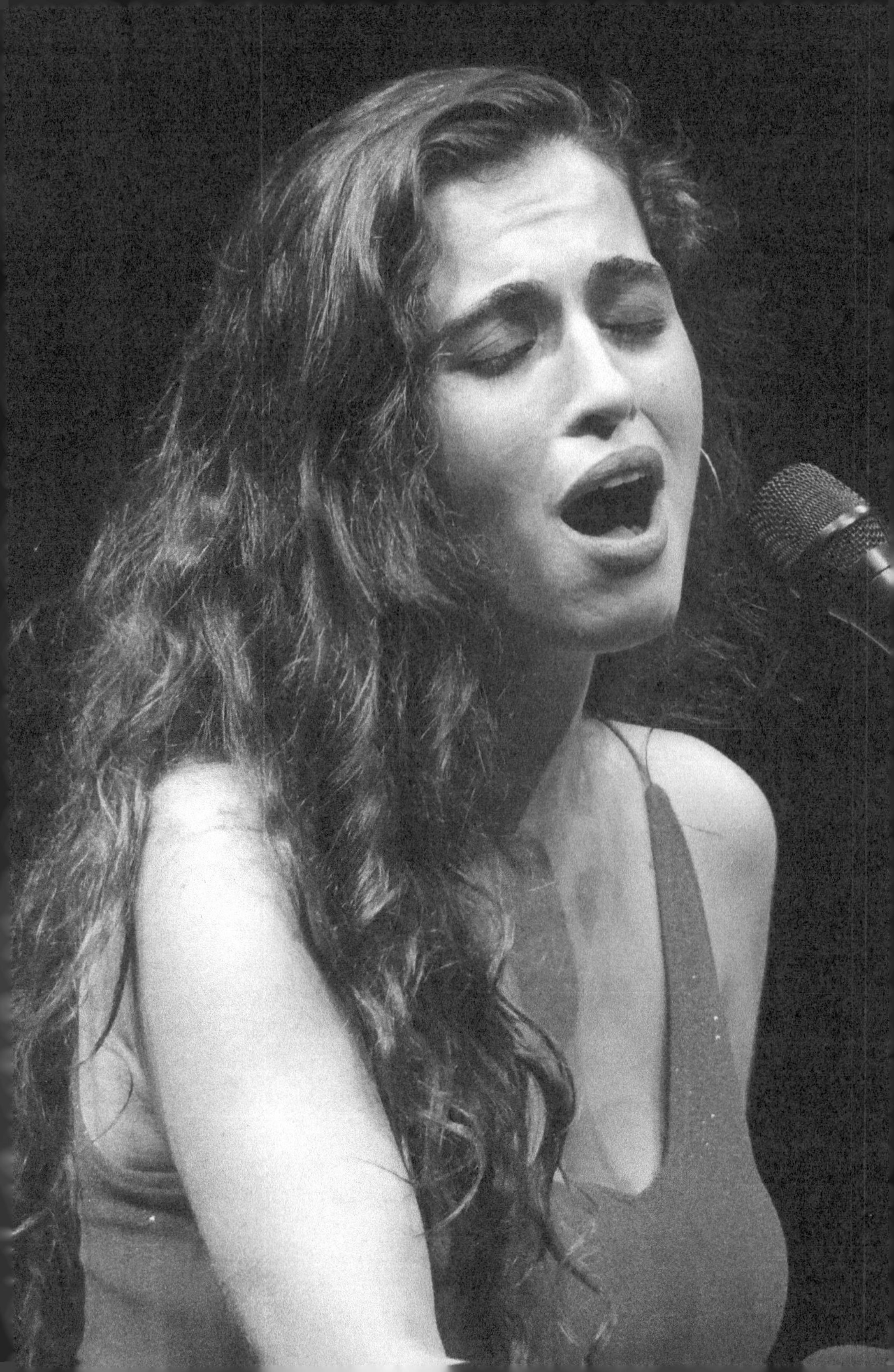

FEBRUAR

Gespräche mit Miriam

1. Februar

Somi Kakoma, USA/Ruanda/Uganda (*1981)
„MBOMBELA“
(*Zenzile – The Reimagining Of Miriam Makeba*, Salon Africana 2022)

Im Februar begehen die USA seit dem Jahr 1976 den Black History Month. Den ganzen Monat hindurch ehrt man die Errungenschaften der African Americans in der Geschichte der Staaten. Daher soll der Monatsbeginn einer Künstlerin gehören, die für die bereichernde kulturelle Beziehung zwischen dem afrikanischen Kontinent und den USA steht.

Somi Kakoma, Tochter ruandischer und ugandischer Eltern, ist Komponistin, Sängerin und Theaterfrau und verfasst in Harvard ihre Doktorarbeit über schwarze Identität in der Musik. Jedes ihrer Alben ist ein Konzeptwerk über diese Identität, jedem geht eine akribische Recherche vor Ort voraus, sei es im nigerianischen Lagos oder in Harlem. Für ihr ehrgeizigstes Projekt hat sie sich einer Hommage an die 2008 verstorbene Miriam Makeba verschrieben und dabei die Songs der großen Südafrikanerin geradezu neu erfunden, mal mit jazziger Note, mal aus der Perspektive des heutigen Afropop.

„Miriam Makeba war die erste afrikanische Frau, die globale Aufmerksamkeit bekam. Ich profitiere enorm von diesem Raum, den sie geöffnet hat“, erklärte mir Somi. „Ich stellte mir die Frage: Wie würden sich ihre Songs heute anhören, im Sound des 21. Jahrhunderts? Wie würden sie klingen, wenn Miriam meine Zeitgenossin wäre? Ich wollte sie nicht bloß imitieren, ich wollte, dass ein Gespräch zwischen ihrer und meiner Stimme entsteht.“

Mit vielen Gästen aus anderen Staaten ist Somis Tributalbum an die große „Mama Africa“ auch eine panafrikanische Angelegenheit geworden: Makebas Anliegen, den ganzen Kontinent zu vertreten und zu verknüpfen, schwingt immer mit. Mich hat umgehauen, was Somi mit ihrer sehr souligen Adaption aus „Mbombela“ gemacht hat. Oberflächlich betrachtet nur ein lautmalerisches Lied über eine Eisenbahnfahrt, geht es um erzwungene Migration während der Apartheid. Das Original hat die Südafrikanerin 1965 mit Harry Belafonte aufgenommen.

Samba für die Meeresgöttin

2. Februar

Daniela Mercury, Brasilien (*1965)
„SÓ NO BALANÇO DO MAR"
(*Sol Da Liberdade*, BMG 2000)

Das heute im Jahr 1549 gegründete Salvador da Bahia war die erste Hauptstadt Brasiliens und gilt mit seinen 365 Kirchen als das schwarze Rom. Nun ja, der Vergleich hinkt, denn über die katholische Prägung hinaus ist Salvador nach wie vor Zentrum des Candomblé. In diesen afro-brasilianischen Ritualen feiert die mehrheitlich schwarze Bevölkerung ihre Verbindung zu den Orixás: Gottheiten, die sehr menschlich erscheinen und denen bestimmte Charakterzüge, Heilkräfte, Farben und Wochentage zugeordnet sind.

Heute ist der Tag von *Iemanjá* (sprich: jeman-dschaa), der Göttin des Meeres, die auch als Orixá-Entsprechung zur Heiligen Maria gilt. Immer am 2. Februar, dem katholischen Maria-Lichtmess-Tag, gibt es daher in Salvador farbenprächtige Prozessionen mit überlebensgroßen Statuen der Göttin, die liebevoll auf Boote gesetzt und in die Allerheiligenbucht hinausgeleitet werden. Die afrikanische Kultur Bahias hat sich natürlich auch in der Musik niedergeschlagen und im Pop eine ganz knallige, tanzbare Form gefunden: den Samba-Reggae und die Música Axé (sprich: a-schä, das steht für gute, von den Göttern gesandte Energie).

Noch bevor ich die Bossa Nova entdeckte, war diese Musik in den Neunzigern mein erster Zugang zu brasilianischen Tönen. Und besonders die Musik einer Frau hat mich damals „weggefegt", denn sie zapft ein schier unerschöpfliches Energiereservoir an: Daniela Mercury. Viele ihrer Livekonzerte habe ich miterlebt und war danach komplett außer Puste und nassgeschwitzt. Ja, es ist Partymusik – aber auf verdammt hohem Niveau!

Mercurys Version von „Só No Balanço Do Mar" aus der Feder ihres Rock-Kollegen Lenine (der heute zufällig auch Geburtstag feiert) hat all das, worüber ich oben gesprochen habe: mitreißende Energie, muskulöse afro-brasilianische Rhythmen – und obendrauf noch einen Text, in dem ein Fischer Salvadors enge Beziehung zum Meer und *Iemanjá* preist.

Der größte Fanclub der Erde

3. Februar

Oum Kalthoum, Ägypten (1898–1975)
„ENTA OMRI“
(*Enta Omri*, Sono Cairo 1964)

Es muss eine der größten Menschenansammlungen im 20. Jahrhundert gewesen sein, und sie galt der beliebtesten Musikerin der Erde. Nein, nicht etwa Madonna oder Helene Fischer. Die Dame hieß Oum Kalthoum (sprich: um kulsum), und ihrem Sarg folgten an diesem 3. Februar 1975 vier Millionen Menschen. Über Jahrzehnte spielten die arabischen Radiosender jeden Abend ihre Musik, und dann hörten die Menschen vom Maghreb bis in den Irak dieser dunklen, majestätischen Stimme mit Andacht zu. Das kann wohl keine Sängerin des Westens von sich sagen.

Ihre bis zu einer Stunde dauernden Stücke schrieben berühmte ägyptische Poeten für sie, und sie handeln – wie könnte es anders sein – immer von der Liebe. Allerdings von einer Liebe in einer sehr verfeinerten Form, einer, die nicht nur von Ewigkeitsschwüren und Beteuerungen begleitet wird, sondern auch von den Düften der Rosen und des Jasmin, von den Verheißungen der Nacht. In „Enta Omri“ heißt es unter anderem: „Du bist mein Leben, dessen Dämmerung mit deinem Licht beginnt. Was immer meine Augen vor dir erblickten, es war verschwendete Zeit. Du bist schöner als meine Träume, nimm mich mit in deine Süße. Weit, weit weg von diesem Universum.“

Was Oum Kalthoum – immerhin schon mit zarten 66 Jahren – aus diesen Versen macht, lässt sich in einem Mitschnitt aus den 1960ern im Internet verfolgen. Aus den tiefen Anfangstönen arbeitet sie sich mit vielen Verzierungen in höhere Lagen empor, jeder Ton ist ein neues Ereignis, frenetisch beseufzt und beklatscht vom – natürlich – männlichen Publikum. Das großartige Orchester mit Streichern, Akkordeon, Kastenzither und Perkussion liefert ihr die ornamentreiche Leinwand. Hält das im schnelllebigen 21. Jahrhundert noch jemand aus, wo wir auf dem Smartphone schon oft nach Sekunden ein Musikstück wegdrücken, wenn es uns nicht auf Anhieb gefällt? Probieren Sie's doch mal selbst …

Erinnerungen an den Libanon

4. Februar

Gabriel Yacoub, Frankreich (*1952)
„LE PLUS RAPIDE DES OISEAUX"
(*Quatre*, Boucherie Productions 1994)

Die Leuchtgestalt der bretonischen Musik haben Sie mit Alan Stivell (6. Januar) schon kennengelernt. Tatsächlich scheint es, als hätten die Klänge der Bretagne während des Folk-Revivals der 1970er alle anderen Traditionen in Frankreich überlagert. In ganz Gallien? Nein! Denn da gab es diesen einen Mann, der mit seiner Folk-Supergroup in den gesamten Siebzigern „La Douce France" auf den Kopf gestellt hat: Gabriel Yacoub und seine Band Malicorne. Von edel-höfisch bis zupackend rockig, mit ausgefeilten Streicherarrangements und kernigen Chorsätzen bildete diese Band einen nicht-keltischen Gegenpol zu Stivell, mit dem Yacoub nichtsdestotrotz auch phasenweise zusammenarbeitete.

Gabriel Yacoub hat es in den 1990ern, nach dem Aus von Malicorne, geschafft, weiterhin mit einem überzeugenden, zeitgenössischen Folkrock am Ball zu bleiben. Mich haben diese Soloalben sogar noch mehr überzeugt. Sein Œuvre „Quatre" von 1994 lief bei mir damals in Endlosschleife. Was mir vor allem gefiel, war die clevere Verbindung aus zentralfranzösischem Volkslied, Chanson (ein umwerfendes Cover des Jacques Brel-Stücks „Regarde Bien, Petit!" etwa) und Anklänge an das Erbe seines libanesischen Vaters. So findet sich im Stück „Le Plus Rapide Des Oiseaux" das arabische Hackbrett Qanun Seite an Seite mit einer *vielle à roue*, einer Drehleier, dem Instrument par excellence nicht nur der französischen Spielleute. Großer, detailverliebter Folkrock ohne unnötigen Bombast: Herzlichen Glückwunsch zum Geburtstag, Gabriel Yacoub!

Verflochten wie Rosengelee

5. Februar

Shujaat Husain Khan & Katayoun Goudarzi, Indien/Iran
„ONE"
(*This Pale*, Lycopod Records 2021)

Mit Musik den Weg zu Gott finden – das ist mir sehr sympathisch. Bei den Sufis, den islamischen Mystikern, deren Bruderschaften von Marokko bis Indonesien verwurzelt sind, ist das eine zentrale Vorstellung. Und wenn es um mystische Erlebnisse geht, also die Verschmelzung des Menschen mit dem Göttlichen, sind Landesgrenzen völlig unerheblich. Das war auch ein Wesenskern in der Lehre des heute im Jahr 1927 verstorbenen Lehrers und Musikers Hazrat Inayat Khan, der mit der Gründung des Internationalen Sufi-Ordens viel für die Verbreitung dieser Gedankenwelt in ganz Europa getan hat.

In Indien haben die Sufi-Musiker seit Jahrhunderten immer wieder die persische Tradition angezapft. Aktuell ist Shujaat Hussain Khan der führende Vertreter, wenn es um indisch-iranische Teamworks geht. Seine Aufnahmen mit dem Stachelgeigenspieler Kayhan Kalhor (19. Mai) lege ich Ihnen wärmstens ans Herz, sie berühren mich wie wenig andere Musik aus Zentralasien. Ähnlich geht es mir bei seinen gemeinsamen Unternehmungen mit Katayoun Goudarzi, die auch in eine ganze Reihe von CDs mündeten. *This Pale* ist der bisherige Höhepunkt ihrer Zusammenarbeit. Goudarzi nähert sich der Poesie des großen Sufi-Mystikers Rumi mit schlichten und klaren, in sich ruhenden Gesangslinien. Ihrer Stimme begegnet Khan mit einer fließenden Virtuosität, hinzu treten Flöte und das indische Trommelset Tabla. Mehr braucht es nicht. Pure Liebe in Tönen, und irdischer fließt mit göttlichem Eros zusammen.

Wir sind verflochten wie Rosengelee,
ich habe seine Eigenschaften angenommen und er meine.
Du bist in einem Meer der Hoffnungslosigkeit, hast dich selbst aufgegeben.
Du wirst aus diesem Meer wieder auftauchen, wenn du meine Perle ergriffen hast.

Kehliger Neckgesang

6. Februar

Wimme Saari, Sápmi (*1959)
„IRAS – SKITTISH“
(*Gierran*, Zen Master Records 1997)

Joik, der charakteristische Gesang der Sámi, der skandinavischen Ureinwohner, hat hohen Wiedererkennungswert: Er ist nicht nur eine lautmalerische Vokaltechnik, sondern auch eine sehr persönliche, herzblutende Widmung. Denn ein Joik ist immer Ausdruck eines individuellen Gefühlszustands, „gejoikt“ werden die Natur, Tiere und Menschen, neuerdings sogar Objekte der technischen Welt.

Mit jedem erdenklichen Genre hat sich der Joik mittlerweile auf Tuchfühlung vorgewagt, mit dem Jazz, mit Folk, Pop oder mit zeitgenössischem Songwriting, auch Flirts mit Electronica sind keine Seltenheit. Pionier für diese letzte Abteilung ist ohne Zweifel Wimme Saari aus dem finnischen Teil Sápmis, der zweite große Erneuerer der Musik der Sámi nach Mari Boine (18. März). Mit seinem finnischen Produzentenpartner Tapari Rinne kombiniert er den Joik mit Techno-Ästhetik und frei fließenden, experimentellen Soundscapes. Archaisch und kreatürlich klingen seine Stücke.

Als 1997 Wimmes Album *Gierran* erschien, traf mich das wie ein kleiner Donnerschlag. Mir wurde klar, was sich mit den scheinbar einfach gestrickten Melodien des Joik im modernen Klanggewand alles anstellen lässt. Wimme und Rinne entwerfen mit Synthesizer, Holzbläsern und ein bisschen Ukulelen-Zupfen weite Klanglandschaften, die mal den Gang durch die moosige Tundra, einen Wirbelwind oder einen Regenbogen darstellen. Die emotionalen Momentaufnahmen tragen Titel wie „Verzückung“ und „Vision“ – oder „Iras“, „neckisch“: Auch das werden Sie beim Hören ganz leicht nachvollziehen können.

Bis heute kämpfen die Sámi nach jahrhundertelanger Verfolgung und Unterdrückung um Anerkennung und politische Mitbestimmung. Ein kleiner Erfolg in ihrem Kampf ist mit dem 6. Februar 1917 verbunden: Damals trafen sich Vertreter ihres Volkes aus Norwegen, Schweden und Finnland erstmals zu einer gemeinsamen Konferenz – der heutige Tag gilt als ihr Nationalfeiertag.

Bienenbedeckte Eurydike

7. Februar

Irina Björklund, Schweden/Finnland (*1973)
„NATACHA'S BEE SONG"
(OST *Honey Baby*, DVD: Future Films)

Seit vielen Jahren fasziniert mich der Orpheus-Mythos. Immerhin gilt der griechische Sagenheld als der größte Sänger aller Zeiten: Er konnte mit seinem Gesang die Sonne aufgehen lassen, wilde Tiere handzahm machen und ganze Felsblöcke weichkriegen. Aber seine geliebte Eurydike aus der Unterwelt zurückholen? Fehlanzeige. Gerade dieses tragische Ende hat den Orpheus-Mythos über die Jahrhunderte für alle Musikgenres und für die Filmgeschichte so attraktiv gemacht.

Etwa bei Jean Cocteau oder auch in *Orfeo Negro*, den Regisseur Marcel Camus in Rio angesiedelt hat. Eine der originellsten Adaptionen aber stammt vom finnischen Celluloid-Meister Mika Kaurismäki aus dem Jahr 2004 und nennt sich *Honey Baby*. In die deutschen Kinos hat sie es leider nie geschafft. „Ich liebe den Film von Camus, unterbewusst mag das eine Rolle gespielt haben, dass ich auch einen Orpheus-Film machen wollte", erzählte mir Kaurismäki. „Aber der Mythos hat ja auch viel mit Klang zu tun: Orpheus war ein Musiker, und mich faszinieren Musiker wahrscheinlich, weil ich selbst nichts spielen kann."

Kaurismäki verwandelt den Mythos in ein Roadmovie, das die Zuschauer von Halle an der Saale bis in einen Techno-Club nahe Murmansk mitnimmt. Der Finne belebt auch einen spannenden Seitenstrang des Orpheus-Mythos neu: In der Sage stellt Aristaios, der Sohn Apollos und Besitzer eines Bienenstocks, der Eurydike nach. Von ihr zurückgewiesen sorgt er dafür, dass die Schöne einen tödlichen Schlangenbiss abbekommt. Orpheus rächt sich durch die Zerstörung seines Bienenstocks.

Aber auch dieses Motiv wandelt Kaurismäki ab: Bei ihm trägt Orpheus in fast archetypischen Bildern die tote Geliebte durch eine einsame Landschaft, ihr Körper wird schließlich ganz von den Insekten in Besitz genommen. Und dazu ertönt dieses wundersame russische Bienenlied, gesungen von der Darstellerin Irina Björklund, unserem heutigen Geburtstagskind.

Schräge Geigen aus Stone Town

8. Februar

Rajab Suleiman & Kithara, Sansibar

„CHUNGU"

(*Chungu*, Buda Musique 2013)

„Wozu bin ich in der Welt, wenn ich nicht Sansibar zu sehen bekomme", heißt es in Alfred Anderschs *Sansibar oder der letzte Grund*. Nicht nur die Deutschen, zu deren „Einflussgebiet" das Gewürz-Archipel vor der Küste Tansanias sage und schreibe fünf Jahre lang gehörte (bis sie es bei den Briten 1890 unter anderem für Helgoland eintauschten), haben Sehnsuchtsgefühle bei diesem Namen. Und wie hört sich die dazugehörige Musik dieser nach Nelken, Zimt und Pfeffer duftenden Inseln an?

Als kitschige Klangtapete taugt sie nicht: Der Sound der Taarab-Orchester kann in unseren Ohren erst einmal ziemlich schräg ankommen. Begünstigt durch uralte Handelsrouten ist die sansibarische Swahili-Kultur ein Hybrid aus arabischen, schwarzafrikanischen und indischen Einflüssen. Die seefahrenden Europäer, allen voran die Portugiesen, habe ihre Spuren aufgeprägt, im 18. Jahrhundert setzte sich das omanische Sultanat auf den Inseln fest. Man schickte Musiker zur Ausbildung nach Kairo, wo europäische Geigen in Mode waren.

Und so treffen in den Insel-Orchestern heute arabische Instrumente wie die Laute Oud, die Kastenzither Qanun und die Flöte Ney auf afrikanische Trommeln, einen Bass aus einer Teekiste, und auf Akkordeons und Violinen, die in der tropischen Hitze nie so ganz lupenrein klingen! Das ergibt einen wiegenden Orchesterklang, der regelrecht besoffen machen kann – nicht umsonst könnte man „Taarab" auch mit „milder Ekstase" übersetzen.

In jüngerer Zeit sind im Taarab die kleinen Kidumbak-Ensembles wichtig geworden, die oft auf Hochzeiten aufspielen. Der Qanun-Spieler Rajab Suleiman hat 2009 mit Kithara so eine Kammermusikgruppe gegründet. Im Titelstück ihrer CD *Chungu* geht es um die Vorzüge eines irdenen Topfs gegenüber modernem Kochgeschirr. Solche Musik lässt sich in Fülle beim „Sauti za Busara"-Festival in Stone Town entdecken, immer ums Ende der ersten Februar-Dekade herum.

Nicht die Nymphe von Homer

9. Februar

Lord Flea & His Calypsonians, Jamaika
„SHAKE SHAKE SEÑORA"
(*Swingin' Calypsos*, Capitol Records 1957)

Ganz im Süden der Karibik, auf dem multikulturellen Eiland Trinidad, liegen die Wurzeln des Calypsos. Er hat nichts mit der gleichnamigen Nymphe in Homers *Odyssee* zu tun! Vielmehr könnte das Wort von „kaiso" („mach weiter") aus der westafrikanischen Ibibio-Sprache stammen. Es wurde als Anfeuerung für die Sänger gerufen, und die Kolonialherren verstanden das nicht ganz genau. Auf Trinidad hießen diese Sänger Chantwells, und sie trugen während des Karnevals Lob-, Spott-, Klage- und Satirelieder vor, ab Anfang des 20. Jahrhunderts vorzugsweise auf Englisch. Mit beißender Ironie griffen die Songs frivole Anekdoten auf, aber auch politische Ereignisse, sehr zum Missfallen der herrschenden Elite. Die Zensur hatte zur Folge, dass die Texte nur noch raffinierter und doppeldeutiger wurden.

Zuerst klang das alles noch nach Inselfolklore mit Fiedel, Klarinette und Gitarren. Bald entdeckte die US-Plattenindustrie die unter den stationierten GIs beliebte Musik. Und nach dem Krieg steuerte der Calypso-Craze unaufhaltsam seinem Zenit entgegen, als Ella Fitzgerald mit „He Had It Coming" eine Nummer 1 landete und am Broadway ein erstes Calypso-Musical inszeniert wurde. In den frühen Fünfzigern war Calypso bei allen Jazzern der leichten Muse von Eartha Kitt bis Nat King Cole angekommen, Filmstars wie Robert Mitchum erprobten sich als Calypsonians, auch Calypso-Nummern auf Deutsch oder Japanisch wurden eingesungen.

In England kam dann eine zweite Welle in Gang, angestupst durch Immigranten wie Lord Kitchener. Und dank der Hits von Harry Belafonte konnte man dem Calypso überhaupt nicht mehr entkommen. Zu seinen Erfolgen zählt auch „Shake Shake Señora", komponiert von Lord Kitchener. Mir persönlich gefällt die ruppigere Originalversion des Jamaikaners Lord Flea aus dem Jahr 1957 am besten, mit ihr schaffte er es am 9. Februar 1957 mit einem Auftritt in der *Perry Como Show* ins Fernsehen.

Chor-Pathos aus dem Revier

10. Februar

9Bach
„FFARWÉL“
(*Tincian*, Real World 2014)

Wales, das heute den Welsh Language Music Day begeht, gilt als *land of song* und hat vor allem ein reges Chor-Leben. In der Folkmusik ist die Tradition der Harfen spielenden Barden herausragend, sie stammt noch aus keltischer Zeit. Auf zeitgenössische, spannende Projekte, die walisische Wurzeln mit Neuem zusammenbringen, mussten wir lange warten. Und dann kam 2005 endlich 9Bach.

Die Gruppe um Lisa Jên und Martin Hoyland dürfte eine der wenigen sein, die über die Grenzen von Wales hinaus ein wenig bekannt ist. Voll schöner Überraschungen ist die Klangwelt auf ihrem zweiten Album *Tincian*. Der Titel bedeutet so viel wie „Nachhall“ – und der ist bei dieser außergewöhnlichen Musik lang. Die Songs geben zunächst mal ein prächtiges Aushängeschild für die walisische Sprache ab, da wimmelt es nur so von eigenartigen Reibelauten. Man kann sich haltlos in diesen Klang verlieben, vor allem, wenn er aus der Kehle eines so kristallklaren Soprans kommt.

Stilistisch würde vielleicht der Begriff „Industrial-Kammerpop“ passen. 9Bachs Kompositionen sind knackig im Bass- und Rhythmusfundament, darüber aber entfalten sich Piano- und Keyboard-Linien, metallene Harfenschnipsel, geheimnisvoll bluesige Akustikgitarren und sperrige Stromgitarren. Ein pathetisch summender Männerchor (der Cór Penrhyn) ist auch mit an Bord, etwa in „Ffarwél“. Nach eigener Aussage wollen 9Bach damit der ruppigen Bergbaulandschaft von Nordwales ein musikalisches Denkmal setzen. Ich möchte das mal ein bisschen abwandeln und sage: ein leuchtender Rohdiamant inmitten von Kohlestaub.

Dass die Tradition inmitten all dieser gewagten Klangcollagen immer wichtig bleibt, darauf deutet übrigens auch der Bandname hin: „9Bach“ setzt sich zusammen aus dem walisischen Wort „nain“ für Großmutter und einem weit verbreiteten Kosenamen „Bach“. Bei aller Erneuerung bleibt die liebenswerte Oma also noch Orientierungspunkt!

Ein Walk-Lied für die Hitparade

11. Februar

Karen Matheson (Capercaillie), Schottland (*1963)
„COISICH A RUIN“
(*Delirium*, 1991)

In den 1990ern hatte ich eine intensive gälische Episode in meinem Leben. Ich belegte Kurse in Alt- und Neuirisch, reiste mit Interrail an die Ränder Irlands und Schottlands und besuchte Irish und Scottish Folk-Konzerte, wo immer welche in meiner Reichweite stattfanden. Zu meinen damaligen Helden gehörten Capercaillie (sprich: käperkäili). Das ist übrigens das schottische Wort für Auerhahn, und es würde mich nicht wundern, wenn der schöne Name aus den bizarren Lautäußerungen des prächtigen Federviehs abgeleitet ist.

Was mich damals und auch heute noch begeistert (hat): Diese Band um die Sängerin Karen Matheson nimmt sich hochvirtuos Folkmusik der verschiedenen schottischen Regionen vor – aber das bleibt nicht ihr einziger Bonuspunkt. Die „Auerhähne“ haben, unter der Regie des Akkordeonisten und Keyboarders Donald Shaw, Musik mit Texten auf Gälisch, der keltischen Sprache Schottlands, als allererste weltweit bekannt gemacht. Gelingen konnte ihnen das, weil sie die alten Melodien geschmackvoll in clevere Arrangements eingebettet haben – und nicht anbiedernd im damals angesagten Synthie-Pop und Eurodance. Capercaillies Rohmaterial kommt unter anderem aus den Waulking Songs: rhythmische Arbeitslieder, die die Frauen beim Walken der Schafswolle auf den Hebriden gesungen haben. Paradebeispiel dafür ist „Coisich A Ruin“, das als erstes gälischsprachiges Lied 1991 tatsächlich in die heiligen Top 40 Britanniens einstieg.

Capercaillie haben dreißig Jahre lang ihre Folkpop-Sprache stetig verfeinert, mir fällt keine Band ein, die bis heute so clever beide Welten zusammengebracht hätte. Und das lag ganz wesentlich auch an der ruhigen, charismatischen Vokalpräsenz von Karen Matheson, die heute ihr Wiegenfest feiert.

Bassige Bruderschaften

12. Februar

Night Spirit Masters/Bill Laswell, Marokko/USA
„BABA L'ROUAMI"
(*Gnawa Music Of Marrakech*, Axiom 1990)

Wer spätabends über den Djemaa El Fna, den riesigen zentralen Marktplatz von Marrakesch streift, wird neben unzähligen Markständen, Geschichtenerzählern, Gauklern mit Affen und Schlangen auch auf Gnawa-Ensembles stoßen. Die Vorfahren der Gnawa stammen aus Schwarzafrika, und sie wurden vor Jahrhunderten als Sklaven ins großmarokkanische Reich verschleppt. Bis heute pflegen sie, organisiert in Bruderschaften, ihre Lîlas: nächtelange Rituale, die dazu dienen sollen, mit metaphysischen Wesenheiten aus der geistigen Welt Kontakt aufzunehmen, etwa um Kranke zu heilen.

Charakteristisch für den typischen Gnawa-Sound sind eine wuchtige Kastenhalslaute namens Gimbri (auch Sintir oder Hajhouj) mit bassig-schnurrendem Klang und die scheppernden Garagab, die an riesige Kastagnetten erinnern. Dazu tritt ein machtvoller Unisono-Gesang. Angeführt wird ein Ensemble von einem Mâalem (sprich: mällâm), einem heilkräftigen Meister. Die Lîlas sind normalerweise Eingeweihten vorbehalten, öffentlich singen die Gnawa-Ensembles aber auch: Loblieder für Allah und die Propheten oder Songs der Sehnsucht nach der ehemaligen Heimat.

Gnawa-Musik ist schon lange zu einem „Exportschlager" geworden: Da zieht sich vom Schriftsteller und Musiksammler Paul Bowles in den 1950ern eine Linie bis zu Bands aus Frankreich (30. Juli), England oder den USA, die diese trancehaft kreisenden Klänge mit Rock und Funk aufpeppen. Geburtstagskind Bill Laswell ist einer der größten Gnawa-Aficionados. Als Bassist mit Spezialgebiet Drum'n'Bass und Dub hegt er eine große Liebe für die Basslaute Gimbri. Unter den Hunderten von Platten des Amerikaners ragt diese hier von 1990 mit Musikern aus Marrakesch für mich heraus: *Night Spirit Masters* mit Mustapha Baqbou an Gimbri und Gesang ist die beste und mitreißendste Einführung ins Gnawa-Universum, die ich mir vorstellen kann. Im Nu stehen Sie mittendrin in diesem mächtigsten Sound Marokkos.

Mit sinnlichem Biss

13. Februar

Mayra Andrade, Cabo Verde (*1985)
„MANGA"
(*Manga*, Sony 2019)

Wenn von der Musik der Kapverdischen Inseln gesprochen wird, denken viele sofort an Cesária Évora. Es stimmt, die „barfüßige Diva" verhalf der Musik des atlantischen Archipels mit ihren langsamen melancholischen Mornas auf der ganzen Welt zum Durchbruch. Doch seit ihrem Tod 2011 hat eine neue Generation mit frischen Ideen das Zepter übernommen.

Mayra Andrade, die heute Geburtstag hat, ist eine ihrer Galionsfiguren. Auch wenn sie in Havanna geboren wurde und im Senegal, Angola, Deutschland und Paris aufwuchs, ist sie im Laufe ihrer Karriere ihrem kulturellen Erbmaterial immer treu geblieben. Andrades Heimatinsel ist die tropischste aller kapverdischen Inseln, Santiago, was sich auch deutlich in ihrem Repertoire widerspiegelt. Afrikanische Rhythmen wie der Batuque, die Funaná und die Tabanka, einst von der Kolonialmacht Portugal verboten, bilden da oft die Basis, auch die angesagten Rhythmen der Afro-Communities in Lissabons Vorstädten. Getextet wird in der Mischsprache Kriolu: „Auf Kriolu zu schreiben, das heißt für mich, den Spirit meines Volkes zu transportieren. Ich kann mich dann kraftvoller ausdrücken", sagt sie.

Während unseres Interviews in Zürich herrscht strenger Frost, und ich kann es mir nicht verkneifen, Mayra Andrade vor ihrem Konzert noch ein Hustenbonbon mit Mango-Geschmack anzubieten. Denn das Titelstück ihrer CD *Manga* ist eine elegante Liebeserklärung an eben dieses süße Obst („manga" auf Kriolu): „Die Mango ist die Königin der tropischen Früchte, gut fürs Herz, sehr sinnlich. Und sie repräsentiert für mich die Weiblichkeit. Sie macht eine enorme Verwandlung durch, ihre Farbe wechselt, ihr Geschmack, ihr Duft. Ich finde, die Mango ist eine hübsche Metapher für mein Album!" Und dazu hat dieses Kleinod kapverdischer Tanzmusik noch wunderbar süffige Gitarrenlinien. „Manga" wirkt tatsächlich ähnlich beglückend wie ein genießerischer Biss in eine reife Mango.

Leuchten auf Libanesisch

14. Februar

Masaa, Libanon/Deutschland
„HERZLICHT"
(*Irade*, Traumton/Indigo 2020)

Am Valentinstag möchte ich Sie nicht mit einem musikalischen Blumengruß langweiligen oder mit kitschigem Herzschmerz. Aber ich schenke Ihnen ein „Herzlicht", das eine meiner Lieblingsbands aus der globalen Musik Deutschlands entzündet.

Masaa sind ein Quartett um den libanesischen, in Köln beheimateten Sänger und Poeten Rabih Lahoud. Dieser fantastische Künstler ist für mich ein Leuchtturmbeispiel dafür, wie Integration und Eigenständig-Bleiben Hand in Hand gehen können: „Nach zwanzig Jahren in Deutschland fühle ich mich nicht mehr als Gast, sondern als Mitgestalter der hiesigen Klanglandschaft. Früher habe ich mich der deutschen Gesellschaft so angepasst, dass ich beim Gucken in den Spiegel über mein Aussehen verwundert war. Jetzt heißt das Gefühl nicht mehr: Ich bin hier woanders. Sondern einfach: Ich bin hier."

Mit seinen drei Kollegen Reentko Dirks an der Gitarre, Marcus Rust an der Trompete und Demian Kappenstein am Schlagwerk hat Lahoud eine Musiksprache gefunden, die sich aus der Improvisation des Jazz nährt, genauso aber von der Spielwiese der Lyrik. Lahoud dichtet auf Arabisch, Französisch und Deutsch, verzichtet dabei oft auf die typischen Klangfarben der arabischen Musik. Seine Poesie bringt es manchmal in wenigen Versen auf den Punkt, fast wie in einem japanischen Haiku.

In „Herzlicht" leuchtet Lahouds Stimme förmlich, er singt dieses Stück mit einer solchen Hingabe, dass alle Einteilungen in Jazz, Klassik oder populäre Musik pulverisiert werden. Man ertappt sich, wegen des Titels auf ein paar deutsche Verse zu warten. Doch die kommen nicht. Ein wunderschöner textfreier Melodiefluss mündet am Ende in eine Kurzbeschreibung einer Seelenlandschaft im Stil von Khalil Ghibran auf Arabisch. Und da heißt es, übersetzt: „Wenn mein Herz leuchtet, wacht mein Gesicht auf, und in meinen Augen siehst du die hell erleuchtete Landschaft meiner Seele."

Die schönste Stimme Iberiens
15. Februar

Sílvia Pérez Cruz, Katalonien (*1983)
„VESTIDA DE NIT“
(*Vestida De Nit*, Universal Spain 2017)

Um ihrem Gesang immer nahe zu sein, würde er sich gerne in eine Ameise in ihrem Haar verwandeln, schrieb ein Kritiker schmachtend über sie. Ich kann das verstehen. Denn heute, zu ihrem Geburtstag, möchte ich Ihnen die schönste Stimme der iberischen Halbinsel vorstellen. Wenn Sílvia Pérez Cruz singt, geht die Sonne auf. Und ich höre: katalanische Liedkunst und feurigen Flamenco, lichte Töne aus Brasilien, kubanischen Bolero und tränenreichen Fado. Ich höre aber auch die spirituelle Kraft von Bruckners Chormusik, die Romantik Robert Schumanns. All das hat die Sängerin aus Palafrugell an der Costa Brava schon in ihre eigene Klangschrift übersetzt.

„Wenn ich ein Lied höre, dann bin ich gleich in der Lage, die Schönheit darin zu erfassen. Mir kommt es auf Gefühle an, ich denke nicht in Genres wie klassische Musik oder Rock. In einer Stimme liegt so Vieles, das über Stile oder Territoriales hinausreicht“, erklärt sie mir bei einem quirligen Treffen in drei Sprachen. Und oft nimmt sie eine vierte zu Hilfe, denn Sekunden später ist der Raum erfüllt von ihrem Gesang: An ein paar Takten aus Schumanns Mai-Lied zeigt sie mir, wie sie es aus seiner Epoche herauslöst. Die zeitlose Schönheit eines Liedes zu enthüllen, das macht ihr so schnell niemand nach – ganz gleich, ob sie inbrünstig Édith Piafs „Hymne À L'Amour“ rausschmettert, über das Drama der spanischen Immobilienkrise klagt, oder Radioheads Hit „No Surprises“ zum Spielzeugpiano trällert.

Bei all diesen Erkundungen hat Sílvia Pérez Cruz immer eine starke Bindung zur Herkunft: Nimmt sie sich etwa eine katalanische Habanera wie „Vestida de Nit“ aus der Feder ihrer Eltern vor, verströmt sie unverkitschtes Heimatgefühl. In einer begnadeten Fassung für Streichquintett vom Cellisten Joan Antoni Pich wandelt sie dieses Volkslied der Neuzeit zu einer tief bewegenden Hymne auf die Küste, die Menschen und die Nächte dieses Fleckchens Erde.

Coimbras tropfenförmiger Star

16. Februar

Carlos Paredes (1925–2004)
„CANÇÃO VERDES ANOS"
(*Guitarra Portuguesa*, Columbia 1967)

Wenn man mich fragen würde, welches Instrument aus den europäischen Musikkulturen mir am meisten ans Herz geht, dann ist es neben den Northumbrian Pipes (2. Oktober) die *guitarra portuguesa*. Ein Bekannter beschrieb ihren Klang mal als „Lamentieren einer unzufriedenen Frau". Nichts könnte unpassender sein: Dieses Instrument verkörpert für mich feine, höfische Melancholie, den Geruch südlicher Altstadtgassen, aber auch das hemmungslose Strahlen eines Morgens an atlantischen Ufern.

Die Schöne ist eine Cister, eine Kastenhalslaute mit tropfenförmiger Decke, ihre Vorläufer waren in Portugal seit dem 15. Jahrhundert in der Troubadour-Musik präsent. Über die Jahrhunderte hat sie sich zu ihrer heutigen Gestalt und zum prächtigen Soloinstrument mit äußerst schwieriger Spieltechnik gemausert, ihre Bühne ist der Fado. Wenn wir Fado sagen, meinen wir meistens den gesungenen aus Lissabon (6. Oktober). Doch in der Universitätsstadt Coimbra gibt es eine Variante, die der einstigen Troubadour-Musik viel näher steht und sich in Instrumentalstücken kultiviert hat.

Coimbra und sein Fado sind das Reich der Paredes-Dynastie. Vater Artur (1899–1980) hat den Siegeszug der – im Vergleich zu Lissabon hier etwas kleineren – portugiesischen Gitarre bereits vorbereitet. Sein Sohn Carlos aber, heute geboren, hat ihn mit Verve vollendet. Carlos Paredes startete bereits in den 1950ern, arbeitete später mit dem Liedermacher José Afonso (25. April) und begab sich mit dem Bassisten Charlie Haden sogar aufs Jazz-Parkett. Bis heute wird er verehrt, auch vom musikalischen Nachwuchs des 21. Jahrhunderts, der seine Musik sampelt. Sein größter Hit, neben all den virtuosen Stücken: die Titelmelodie aus dem Film *Verdes Anos* (1963), eine tragische Liebesgeschichte des frühen Novo Cinema. Die *guitarra portuguesa* singt hier eine wehmütige Melodie, die man einfach nicht mehr aus dem Kopf kriegt.

Erben des Kassetten-Pops

17. Februar

Dengue Fever, Kambodscha/USA
„MONSOON OF PERFUME“
(*Venus On Earth*, Realworld 2008)

Am 17. Februar 2009 wurde der erste Prozess vor dem Roten-Khmer-Tribunal eröffnet. Damit begann die langwierige juristische Aufarbeitung einer beispiellosen Schreckensherrschaft, die Kambodscha mit all ihren Nachwirkungen von 1975 bis fast zum Ende des Jahrtausends im Würgegriff gehalten hatte. Auch Musiker hatten während der finsteren Zeit das Schlimmste zu befürchten, sie wurden systematisch verfolgt und getötet. Dabei hatte das Land zuvor eine blühende Pop-Industrie mit Stars wie Ros Sereysothea oder Sinn Sisamouth. Ihre Musik überdauerte die Diktatur auf Unmengen von Kassetten.

Im Kambodscha-Pop sammelt sich alles: die Klänge von den Ufern des Mekongs mit Bollywood-Einflüssen, Surf Rock, Beatmusik mit gurgelnder Orgel, psychedelische Töne. Über die Kassetten lernte auch der US-Rockmusiker Ethan Holtzman Ende der 1990er in Phnom Penh diese Lieder kennen. Und er setzte sich in den Kopf, die Musik mit seinem Bruder Zac nachzuspielen, der ebenfalls Feuer und Flamme für das südostasiatische Pathos war. Jetzt fehlte ihnen aber noch eine Sängerin! In der kambodschanischen Gemeinde von Los Angeles machten sie Chhom Nimol ausfindig.

Die junge Frau war schon in der Heimat ein Gesangsstar gewesen, die alten Klassiker kannte sie in- und auswendig. Zur Jahrtausendwende war sie dann nach Amerika gekommen. Mit Nimol formierten die Holtzman-Brüder ein Sextett namens Dengue Fever, das die alten Klassiker aus Phnom Penh mit US-Touch zunächst nachspielte, dann aus den Mekong-Grooves ab dem dritten Album *Venus On Earth* eine eigene Klangsprache entwickelte. Lassen Sie sich an diesem vermutlich grauen, kühlen Februartag in ein melancholisches tropisches Paradies zwischen Long Beach und Mekong entführen.

Katz- und Mausspiel in Lagos

18. Februar

Fela Kuti, Nigeria (1938–1997)
„ZOMBIE“
(*Zombie*, Polydor 1977)

Tränen der Begeisterung soll Paul McCartney geweint haben, als er 1973 auf Besuch in Nigeria Folgendes erlebte: die schiere Wucht einer gewaltigen Bläsersektion, ausufernde Saxophon-Soli, die Polyrhythmen der Drums, die hypnotischen Riffs auf der gurgelnden Farfisa-Orgel und der Antwortchor von bis zu 27 Frauen. Das alles ist in der Musik des afrikanischen Kontinents ohne Vergleich. Fela Kuti hatte diese Musik, die er Afrobeat nannte, zusammen mit Tony Allen (30. April) in den späten 1960ern aus Einflüssen des ghanaischen Highlife (6. März), aus den Rhythmen des Yoruba-Volkes und US-Funk destilliert.

Jede der auf Broken English gesungenen Afrobeat-Zeilen ein Manifest: Mit starken Metaphern prangerte Kuti auf 50 Alben die Korruption der Regierung an, die Verfilzung zwischen Militär, Politik und den Ausbeutern aus Europa und den USA. Und er setzte soziale Normen außer Kraft, sprach offen über Marihuana-Konsum, schilderte drastisch sexuelle Freuden. Das brachte ihm ein lebenslanges Katz-und-Maus-Spiel mit der Polizei ein, Gefängnisaufenthalte und Folterungen. Wiederholt stürmte Militär seine selbsternannte „Kalakuta Republic“, der schlimmste Überfall geschah am 18. Februar 1977, als 1000 Soldaten das Anwesen niederbrannten und seine Mutter aus dem Fenster warfen, sie überlebte das nicht.

Mehr als 25 Jahre nach Felas Tod pflegen seine Söhne Femi (1. Dezember) und Seun, neuerdings auch sein Enkel Made, den Afrobeat, modernisiert und angriffslustig, weiter, denn der Alltag hat sich in Nigeria nicht zum Besseren gewendet. Afrobeat ist heute allerdings auch ganz unpolitisch ein Stilmittel von Bands aus Island und Israel, aus Australien und Kanada.

Von den vielen epischen Kuti-Stücken habe ich „Zombie“ ausgesucht, einen Song, der den blinden Gehorsam der Polizisten beklagt. Es war dieses Stück, das den machthabenden General damals zum Sturm auf die Kalakuta Republic veranlasste …

Vom Rande der Taklamakan

19. Februar

Makit Dolan Muqâm Troupe, Xinjiang
„BASH BAYAWAN MUQÂM"
(*The Uyghur Muqâm*, Wind Music 2005)

Die Taklamakan ist die zweitgrößte Sandwüste der Erde. An ihrem Rand leben die Musiker der Maqit Dolan Muqâm Troupe. Sie sind Uiguren – und damit eine der großen unter den 56 Minderheiten Chinas. Ihre Musik, den Muqâm, kennen wir aus dem Irak oder aus Aserbaidschan. Dass er auch hier verankert ist, zeigt, wie eng die Verbindungen zu den Turkvölkern und dem arabischen Raum sind. Peking dagegen ist weit weg – und genau das wurde den muslimischen Uiguren spätestens seit 2014 zum Verhängnis. Damit die Staatsführung die riesenhafte Provinz Xinjiang im äußersten Westen unter Kontrolle halten kann, greift sie zu menschenverachtenden Mitteln. Eine Million Uiguren oder mehr werden in „Umerziehungslagern" unter menschenunwürdigen Bedingungen gefangen gehalten, Zehntausende gefoltert. Die westliche Welt weiß das, stellt aber wirtschaftliche Verflechtungen über die Menschenrechte.

Als ich 2012 beim Rudolstadt Festival ein Interview mit dem Tourbegleiter der Muqâm Troupe führe, sagt er, gezielt angesprochen auf die künstlerische Freiheit der Uiguren: „Es ist China ein wichtiges Anliegen, dass wir den Muqâm aufrechterhalten, dafür spendet das Land Gelder. Um der Welt zu zeigen, dass auch wir ein Teil von China sind, reisen wir nach Frankreich und Deutschland und stellen dort unsere Kultur vor. Auf diese Weise können wir unser Erbe weitergeben." Wie viel davon staatliche Verlautbarungs-Floskel ist, lässt sich ausrechnen.

Die Musik dieser zwölfköpfigen Gruppe, die etwa bei Hochzeiten gespielt wird, ist mir in bleibender Erinnerung: ekstatischer, feuriger Unisono-Gesang, der für meine Ohren ganz ähnlich klingt wie der in der pakistanischen Qawwali-Musik (23. März/13. Oktober), virtuoses Spiel auf der Langhalslaute Dotar, dazu ein Hackbrett, eine Stachelgeige und vier Trommeln. Die faszinierende Musik einer massiv unterdrückten Minderheit.

Mandolino Maximo

20. Februar

Chris Thile, USA (*1981)
„ATTABOY“
(Yo-Yo Ma, Stuart Duncan, Edgar Meyer, Chris Thile:
The Goat Rodeo Sessions, Sony Classical 2011)

Die Mandoline mag ihren Ursprung in der neapolitanischen Musik haben, aber der Siegeszug, den sie von Italien aus angetreten hat, machte sie in so verschiedenen Weltgegenden wie Brasilien (23. April) und Indien (24. Juni) heimisch, und ganz besonders natürlich in den USA. Dort ist sie in Kentucky und Tennessee seit den 1930ern unverzichtbar im Bluegrass. Dieses Genre, benannt nach dem blau schimmernden Rispengras, stand mit Fiddle, fünfsaitigem Banjo, Mandoline, Gitarre, Kontrabass und betörendem Satzgesang immer für eine hochvirtuose Spielwiese im großen Country-Universum. Und sie klingt bei der heutigen Generation so frisch und zeitlos, dass man dafür das Schlagwort „Newgrass“ prägte.

Zum Beispiel beim heute geborenen Chris Thile (der deutsche Name trügt nicht: Hamburger Vorfahren!). Als Teenager schon in der Band Nickel Creek erfolgreich, revolutioniert er das Genre später mit den Punch Brothers. Für die ist Bluegrass nur noch ein Fundament, auf dem sie mit Minimal Music und Pop experimentieren, Radiohead und Jack White covern oder auf Werke klassischer Komponisten wie Debussy und Bach zurückgreifen. Man weiß nicht, für was man Thile mehr bewundern soll: für seine unglaublich rasante und genauso wispernde Spielkunst auf der Mandoline oder für seine bissig-ironische und bei all dem immer empfindsame Stimme.

Neben Nickel Creek und den Punch Brothers hat Tausendsassa Thile eine Menge Seitenprojekte verfolgt, zusammen mit Jazzpianist Brad Mehldau, mit dem Cellisten Yo-Yo Ma (7. Oktober) oder solo in Zwiesprache mit den Werken von Johann Sebastian Bach. Es war für mich eine Qual, eine einzelne Aufnahme aus seinem Kosmos herauszupicken – die Wahl fiel auf eine Zusammenarbeit mit Yo-Yo Ma, dem Bassisten Edgar Meyer und dem Fiddler Stuart Duncan: Wie hier sämtliche Barrieren zwischen Bluegrass und Klassik ignoriert werden, das beweist Souveränität und Klasse.

Die Musik des letzten Kaisers

21. Februar

Guo Brothers, China

„DANCING AND SINGING IN THE VILLAGE“

(*Yuan*, Real World 1990)

Wie versprochen: Zum spätmöglichsten Termin des chinesischen Neujahrsfestes nun etwas mildere Klänge aus dem Reich der Mitte als noch vor einem knappen Monat (24. Januar).

Die chinesische Musik ist voll von melodischem Überschwang und einem riesigen Arsenal von Instrumenten, die auch unseren westlichen Ohren schmeicheln: Mondlauten, Streichfiedeln, Wölbbrettzithern, Schalmeien, Mundorgeln, Flöten ... Geht es aber um Blasinstrumente, zählen die Gebrüder Guo Yue und Guo Yi (in China schreibt man den Familiennamen als Erstes) zu den wenigen Musikern, die international bekannt geworden sind. Wenn Sie den Film *The Last Emperor* von Bernardo Bertolucci gesehen haben, kennen Sie die Musik der beiden, denn sie haben dort ganz wesentlich den Soundtrack mitgestaltet.

Yue spielt die unglaublich zart klingende Bambusflöte Dizi und die bauchig tönende Schilfpfeife Bawu, sein Bruder Yi die Sheng, eine Jahrtausende alte Mundorgel mit Bambuspfeifen, die tatsächlich eine der ganz frühen Vorfahren des Akkordeons ist. Beide sind in einem Bezirk mit traditionellen Gassen und Innenhöfen von Peking aufgewachsen, wo sie ihre Instrumente bei alten Musikerfamilien lernten, die ursprünglich aus ländlichen Regionen stammten.

Auf ihrem gemeinsamen Album *Yuan*, das Peter Gabriel (13. Mai) auf seinem Real-World-Label 1990 veröffentlichte, sind diese Traditionen vom Land vielfach eingefangen – etwa in dem ausgelassenen, tänzerischen Eingangsstück, in dem die Brüder ein lebhaft agierendes Ensemble um ihre Blasinstrumente geschart haben.

Haitianisches Hörspiel
22. Februar

Leyla McCalla, Haiti/USA (*1985)
„DODININ“
(*Breaking The Thermometer*, Anti- 2022)

Die Vokabel „Powerfrau“ mag abgedroschen sein. Doch auf diese Künstlerin mit ihrer spannenden Biografie zwischen New York, New Orleans und Haiti passt sie wie angegossen. Leyla McCalla ist Kind haitianischer Menschenrechtsaktivisten, die in die Staaten emigrierten. An der Julliard School in New York studiert sie Cello, und sie revolutioniert das Instrument mit Blues, Jazz und haitianischen Einflüssen, die sie aus dem Elternhaus mitbekommen hat: dem Compas-Tanz und den Voodoo-Drums.

Einem größeren Publikum fällt sie erstmals neben Rhiannon Giddens (7. Januar) in den Reihen der Band Carolina Chocolate Drops auf, die die amerikanische Roots-Szene mit neuen Adaptionen von Country, Blues und Folk aufmischt. Und dort findet man sie nicht nur mit Cellotönen, sondern sie greift auch zum Banjo. Um ihrem karibischen Erbe näher zu sein, zieht sie schließlich nach New Orleans. „Ich kann mir nicht mehr vorstellen, in einer anderen Stadt zu leben“, erzählt sie mir am Zoom-Bildschirm, während sie nebenbei für ihre kleine Tochter Dumplings zubereitet. „Es gibt so viele Parallelen zu Haiti: die roten Bohnen mit Reis, die Prozession der Blaskapellen, das Sprechen in Metaphern. Und es ist ja auch klar, warum: Viele Haitianer kamen nach New Orleans, ihre Kultur hat Louisiana stark beeinflusst.“

Leyla McCallas tiefste Verbindung zu Haiti spiegelt sich in ihrem vierten Soloalbum *Breaking The Thermometer* wider. Das Konzeptwerk arbeitet die Geschichte von Radio Haiti auf. Über Jahrzehnte gab der Sender dem durch Naturkatastrophen und Armut, aber auch durch eine Abfolge von Diktatoren gebeutelten Karibikstaat Hoffnung. Eine Fülle an Songs, Interviewsequenzen, Geräuschen aus der Natur und der Stadt strömt da aus McCallas hörspielartigem Album, ein Landesporträt in tausend Tönen. Der Song „Dodinin“ ist Teil davon, ein Protestsong gegen Plantagenbesitzer im Rhythmus der Karnevalsmusik Rara.

Amadeus tanzt am Malecón

23. Februar

Sarah Willis mit dem Havana Lyceum Orchestra,
den Havana Horns & Sarahbanda, Großbritannien/Kuba
„RONDO ALLA MAMBO“
(*Mozart Y Mambo*, Alpha Classics 2020)

Meine früheste Konzerterinnerung überhaupt verbindet sich mit dem Rondo aus dem Hornkonzert in Es-Dur von Wolfgang Amadeus Mozart: 1974 nimmt mich mein Vater in die Stadthalle Offenburg mit. Als Sechsjähriger bin ich – obwohl ich damals gerade mit dem Geigenunterricht begonnen habe – tief beeindruckt von dieser Horn-Melodie und werde sie noch Wochen später auf langen Autofahrten in Endlosschleife exakt nachsingen. Dass ich eines Tages wieder auf diese Melodie in einem kubanischen Gewand stoßen würde, hätte ich mir damals natürlich nicht träumen lassen. Schuld daran ist die wunderbare Sarah Willis, Star-Hornistin der Berliner Philharmoniker. Willis ist aber auch leidenschaftliche Salsa-Tänzerin, und sie gehört zu den klassischen Musikerinnen, die ohne Scheuklappen in die Welt hinausschauen. „Salsa, Son, Mambo, Bolero – das ist meine musikalische Vorstellung vom Paradies“, so schreibt sie im Beiheft ihrer CD.

Eigentlich wollte die heute geborene Britin 2017 in Havanna nur Kurse für junge Hornistinnen und Hornisten geben. Doch sie war so begeistert vom Feuereifer ihrer Schützlinge, von der klassischen kubanischen Musik (und von der Tatsache, dass in Havanna ein Mozartdenkmal steht), dass sie bald zurückkehrte. Drei Jahre später verband sie alle Stränge: Wiener und kubanische Klassik, Mozartkompositionen und einheimische Rhythmen. *Mozart Y Mambo* ist das grandiose Resultat, aus dem das Rondo noch mal als pfiffiger Geniestreich heraussticht: Mit seinen sonnendurchfluteten, synkopischen Pirouetten und dem Dialog des Horns mit den Holzbläsern versetzt es in einen Ballsaal, durch den eine unwiderstehliche Brise weht – eine Brise, die Salzburg und Wien mit den salzigen Gischtspritzern am Malecón verbindet. Ich könnte mir gut vorstellen, dass Wolfgang Amadeus hier ausgelassen mitgetanzt hätte.

Die Mutter aller Reisen

24. Februar

Jordi Savall & Hesperion XXI, Katalonien/Marokko/Syrien und andere
„BILLADI ASKARA MIN AADH LLAMA"
(*Ibn Battuta*, AltaVox 2015)

Heute, im Jahr 1304, wurde der vielleicht größte Reisende aller Zeiten im marokkanischen Tanger geboren. Niemand außer ihm hat vor der Erfindung der modernen Verkehrsmittel 120.000 Kilometer zurückgelegt: Zu Fuß, mit Ochsenkarren, auf Pferden, Kamelen und Eseln, in Segelbooten und Frachtern bewältigte Ibn Battuta diese gewaltige Distanz. 27 Jahre lang war der Berber auf verschlungenen Routen unterwegs zwischen Marokko und der Krim, zwischen der Sahara und China, zwischen Andalusien, Samarkand und Sansibar. Sein Reisebericht, die *Rihla*, liest sich auch heute noch wie ein Abenteuerroman.

Wer könnte für eine Hommage an Ibn Battuta in Klängen prädestinierter sein als der katalanische Musikforscher und Gambenspieler Jordi Savall, der aus allen erdenklichen Themen der Weltgeschichte mit seinem Ensemble Hesperion XXI wahre Filme für die Ohren komponiert?

Um Ibn Battutas Reise in Tönen nachzuzeichnen, lud er unter anderem den Marokkaner Driss El Maloumi (23. Mai) und die Syrerin Waed Bouhassoun ein, Vokalisten und Virtuosen auf der arabischen Knickhalslaute Oud. Sie sind beide in der Muwaschschah zu hören, die ich ausgewählt habe. Hoch im Kurs stand diese strophische Lob- und Liebesliedform zu Ibn Battutas Lebzeit in der arabo-andalusischen Musik, eine hochentwickelte Klangkultur, die die Mauren sowohl in Nordafrika als auch Südspanien pflegten. Wie bilderreich die arabische Poesie damals war, davon bekommen Sie hoffentlich schon beim Lesen meines dürren deutschen Übersetzungsversuchs einen vagen Begriff:

Du, die du mit dem dunklen Duft deiner Lippen jede Tasse trunken machst, an der sie nippen,
du, die du meine Tränen fließen ließest wie Färberröte, als du mich ohne Grund verjagtest,
lege deine rechte Hand auf meine Brust,
sie ist besser geeignet als Wasser, um Flammen zu löschen.

Sonnentanz und Kloster aus Salz

25. Februar

Paco de Lucía, Spanien (1947–2014)
„MONASTERIO DE SAL“
(*Castro Marin*, Polygram Spain 1981)

Selbst wenn Sie mit Flamenco nichts am Hut haben, vom „Mediterranean Sundance“ haben Sie vielleicht schon gehört. Das sonnige Instrumentalstück ging 1982 durch die Decke, als drei Herren namens Al di Meola, Paco de Lucía und John McLaughlin die Live-Platte *Friday Night In San Francisco* veröffentlichten, Kultalbum nicht nur für Gitarristen. Dem Andalusier Paco de Lucía, heute im Jahr 1947 geboren, bescherte sie den Durchbruch.

„Die Bildung eines Flamenco-Gitarristen ist die Musik, die einen umgibt. Man lernt sie von der Familie, von Freunden, beim Trinken. Gitarristen müssen nicht studieren. Musik ist überall in unserem Leben.“

Mit dieser bescheidenen Maxime hat „Paco“ es zum wichtigsten Erneuerer des Flamencos gebracht. Er lernte bei Sabicas, einem der großen Saitenmeister des 20. Jahrhunderts, war danach Begleiter der Sängerlegende Camarón de la Isla. Mit ihm zusammen hat er den Flamenco für Jazz, Rock und Pop geöffnet. Spaniens Jugend horchte auf, als er *Entre Dos Aguas* veröffentlichte: Plötzlich war Flamenco auch tauglich für die Hitparade.

Filmmusik, ein Flirt mit dem Rocksänger Bryan Adams, brillierend in klassischen Werken wie dem *Concierto de Aranjuez* – das alles war Paco. Aber immer wieder auch seine melodische Seele gießend in die Palos, die Rhythmenvielfalt des Flamencos, eine Wissenschaft für sich. Ein wunderbares Beispiel dafür habe ich Ihnen mit „Monasterio De Sal“ (Salzkloster) ausgesucht. Das Stück ist als Colombiana geschrieben, ein in den 1930ern erfundener Stil, inspiriert von Lateinamerika.

„Sein Spiel scheint im Alter leichter, beflügelter geworden zu sein, der Ton durchweg rund, aber nie geschliffen. Nachsinnend, rhapsodisch sind die Improvisationen“, notierte ich, als ich den Saitenmeister das letzte Mal 2012 auf der Bühne sah. Am 25. Februar 2014 ist Paco de Lucía früh verstorben, beim Spielen mit seinen Kindern an einem mexikanischen Strand.

Rückkehr in die Ortenau

26. Februar

Ian Fisher, USA (*1989/90)
„NERO“
(*Nero*, Snowball 2015)

Ian Fisher und ich haben etwas gemeinsam: Unsere Vorfahren stammen aus einem kleinen Dorf bei Offenburg. Der Unterschied allerdings: Meine sind geblieben, seine 1860 in den Sainte Genevieve County im Bundesstaat Missouri ausgewandert, wo es ganz ähnlich aussieht wie in der Ortenau. Und den Dörfern dort gaben sie ganz einfach die gleichen Namen.

In der beschaulichen Landschaft am Mississippi langweilt sich der pubertierende Ian Fisher allerdings. Gut, dass er eine Bassgitarre im Keller findet und bald eigene Songs skizziert. Mit Freunden tingelt er durch Pubs und Bars, nicht gerade viele nehmen Notiz von seiner Musik. Dann bekommt er die Gelegenheit, nach Wien zu gehen, später nach Berlin, „zurück“ in die Alte Welt seiner Ururgroßväter.

„Die deutschsprachigen Länder haben sich für mich nie fremd angefühlt, denn es gibt etliche kulturelle Gemeinsamkeiten mit meiner Heimat“, bekennt er. „Richtig zu Hause fühle ich mich aber nur in dem Moment, in dem ich einen Song spiele.“ Sein Songwriting pendelt sich heute zwischen klischeefreiem Country und intimem Neo-Folk ein, und hin und wieder gibt es auch mal einen deutschen Text, etwa im kuriosen „Ich habe nur einen Koffer in Berlin“. „Da stecken ne Menge Grammatikfehler drin. Denn meinen einzigen Kontakt zur deutschen Sprache hatte ich, während ich meinem Opa auf der Farm half. Und der kannte nur noch ein paar seltsame Flüche!“

Am 26. Februar 2016 war es dann so weit: Ian Fisher trat erstmals auf eine Bühne in Offenburg, von wo seine Vorfahren einst aufgebrochen waren. Und das auch noch im geschichtsträchtigen Salmen-Bau, Ort der Badischen Revolution. Eine ganz besondere Art von Homecoming, mit großem Herz. Gespielt hat er an diesem Abend auch diesen dramatischen Song über den unglücklichen Ausgang eines Dates. Fishers Freund, der Kärntner Comedian Hosea Ratschiller, meinte zu diesem Lied: „Mann, du hörst dich ja an wie Nero!“

Stimmen wie Stacheldraht

27. Februar

Mariem Hassan, Sahraui (1958–2015)
„ID CHAB"
(*Mariem Hassan Con Leyoad*, Nubenegra 2002)

Höre ich den Sahraui-Frauen zu, stellen sich meine Nackenhaare auf. Für diesen mindestens Respekt einflößenden, wenn nicht (ehr)furchterregenden Gesang haben die Damen auch eine Menge gute Gründe. Denn die Sahraui, die heute ihren Unabhängigkeitstag begehen, sind ein Volk ohne Land. Als sich Spanien Mitte der 1970er aus der Westsahara zurückzog, annektierten Marokko und Mauretanien das Territorium. Seitdem leben Hunderttausende Sahrauis in Flüchtlingslagern in der algerischen Wüste oder im spanischen Exil, zwei ganze Generationen kennen ihre Heimat schon nicht mehr. Eine Befreiungsarmee führt einen unbeugsam-verzweifelten Kampf gegen Marokko.

Auch der Gesang in der Sprache Hassania ist ein Kampfmittel. Er baut auf dem Skalensystem Haul auf, und tatsächlich erfasst er die Zuhörenden wie ein mächtiges, aufbegehrendes Geheul. Das Leid des ganzen Volkes scheint in Mariem Hassans Stimme zu wohnen, wenn ihre raue Kehle die ornamentreichen Melodien mit großer Kraftanstrengung in die Höhe schraubt. Es ist ein Sog, dem man nicht entkommen kann, brennende Pfeile, die aus ihrer Lunge abgefeuert werden, Töne, um die Stacheldraht gewickelt sind.

Chancen auf eine friedliche Zukunft? „Im Prinzip ist das ganz einfach", sagte mir Aziza Brahim, eine junge Kollegin von Mariem Hassan. „Die Resolutionen der Vereinten Nationen, die das Referendum für eine Selbstbestimmung des Sahraui-Volkes unterstützen, müssen respektiert werden. Die Politiker der internationalen Gemeinschaft sollten auf die Regierung Marokkos Druck ausüben, dass sie endlich davon ablässt, diesen Weg zu blockieren." Marokko, das sich in puncto Demokratie und zivilgesellschaftliche Freiheiten wieder in eine restriktivere Richtung bewegt, macht keine Anstalten, sein dunkles Kapitel zu bewältigen. Und so durfte Mariem Hassan die Freiheit ihres Volkes auch nicht mehr erleben: Im Alter von 57 Jahren starb sie im Südwesten Algeriens an Knochenkrebs.

Elektrifiziertes Zirpen

28. Februar

U.Srinivas, Indien (1969–2014)
„DANCE"
(*Dream*, Real World 1995)

„Der Mozart der klassischen indischen Musik": Er war nicht der Einzige unter seinen Landsleuten, der diesen Namen trug. Einzigartig aber war sein Wagnis, die Kunst des Mandolinenspiels in der karnatischen (südindischen) Musik zu elektrifizieren. Vom zarten Knabenalter an hatte Uppalapu Srinivas (kurz: U.Srinivas) es mit der „normalen" Mandoline versucht. Doch darauf ließen sich die vielen Verzierungen der indischen Tonkunst nicht so flüssig spielen, wie er sich das wünschte. Mit der Strom-Variante des Instruments schon, und zwar so schön, dass *Mandolin Ecstasy* 1986 zum Lieblingsalbum des Ex-Beatle George Harrison (15. März) wurde.

U.Srinivas hatte nie Berührungsängste mit westlicher Popmusik. Und so kam es 1995 zu einem denkwürdigen Gipfeltreffen in Peter Gabriels Real-World-Studios. Der kanadische Produzent Michael Brook, der auch schon für den berühmten Sänger der pakistanischen Qawwali-Musik, Nusrat Fateh Ali Khan (23. März), gewirkt hatte, lud eine ganze Ladung internationaler Berühmtheiten ein, um mit dem Inder eine psychedelische Suite zu schichten. Und so fügen sich die fantasievollen Mandolinen-Girlanden mit den Linien von Stargeiger Nigel Kennedy und Brooks' E-Gitarren-Klangflächen zu einem flirrenden Mosaik zusammen. Erdung kommt durch brasilianische Perkussion und einen knackigen Bass-Stick. Ein globales Patchwork im typischen Neunziger-Sound, der damals noch nach Aufbruch in die Utopie roch.

Ich habe U.Srinivas nie live „gesehen", und da er 2014 an den Folgen einer Leber-Operation starb, wird mir das auch nicht mehr vergönnt sein. Live gehört allerdings habe ich ihn, wenn auch nur von fern: Das Rudolstädter Festival hatte ihn 1995 eingeladen, um 3 h 30 morgens einen Dämmerungs-Raga im großen Heine-Park an der Saale zu spielen. Und während ich nach einer durchtanzten Nacht im Zelt schlummerte, drangen mir seine zirpenden Töne tief ins Unterbewusstsein.

Eine Hymne, 1000 Jahre alt

29. Februar

Susheela Raman, Indien/Großbritannien (*1973)
„BLUE LILY RED LOTUS"
(*Love Trap*, Narada 2003)

Am Schalttag bleiben wir in der indischen Musikkultur. Mit Musikern aus England, Kamerun, Nigeria, Guinea-Bissau, Griechenland, Spanien und Tuva hat die Tamilin Susheela Raman eine fast weltumspannende Klangsprache gefunden. In ihr taucht sie die jahrhundertealte Klassik Südindiens in ein neues Licht.

Ramans Eltern stammen aus dem südindischen Bundesstaat Tamil Nadu und kommen in den 1960ern nach England. Erstmals Kontakt zu ihren Wurzeln bekommt Susheela durch ihre Mutter: „Sie war die Tochter eines Priesters, vertraut mit den Tempelritualen auf Sanskrit und ebenso mit der karnatischen, der südindischen klassischen Musik. Auf keinen Fall wollte sie, dass dieses Wissen verloren geht." Zusammen mit ihrem Partner Sam Mills, der sich vor allem für die Traditionen Bangladeschs und Bengalens begeistert, entwickelt Raman Klangkonzepte, die sich schließlich auf dem Album *Love Trap* in großartiger, spannender Vielfalt auffächern. Den Kern des Werks machen etliche Gedichtvertonungen von Tyagaraja und Dikshitar aus, höfische und spirituelle Dichter aus dem Südindien des 18. Jahrhunderts.

Am außergewöhnlichsten finde ich das Finalstück, in dem Susheela Raman noch weiter zurückgeht: „In meinem Repertoire greife ich auch Hymnen aus der Zeit zwischen 700 und 1000 auf. Dabei interessiert mich nicht so sehr der religiöse Inhalt wie die Tatsache, dass diese Verse und Melodien bis heute im Bewusstsein der Leute geblieben sind. Das zeigt die Energie, die sie transportieren." „Blue Lily Red Lotus" stammt aus der Feder des Dichterheiligen Manikkavasagar, um 980 hat er es geschrieben. Er war ein Anhänger des Shivaismus, der Shiva als höchste Gottheit verehrt. Ihr höchster Feiertag ist die Nacht Shivas, die nach unserem Kalender Ende Februar/Anfang März begangen wird. Es jagt einem schon ein paar respektvolle Schauer über den Rücken, wenn man dieser mehr als 1000 Jahre alten Melodie zuhört.

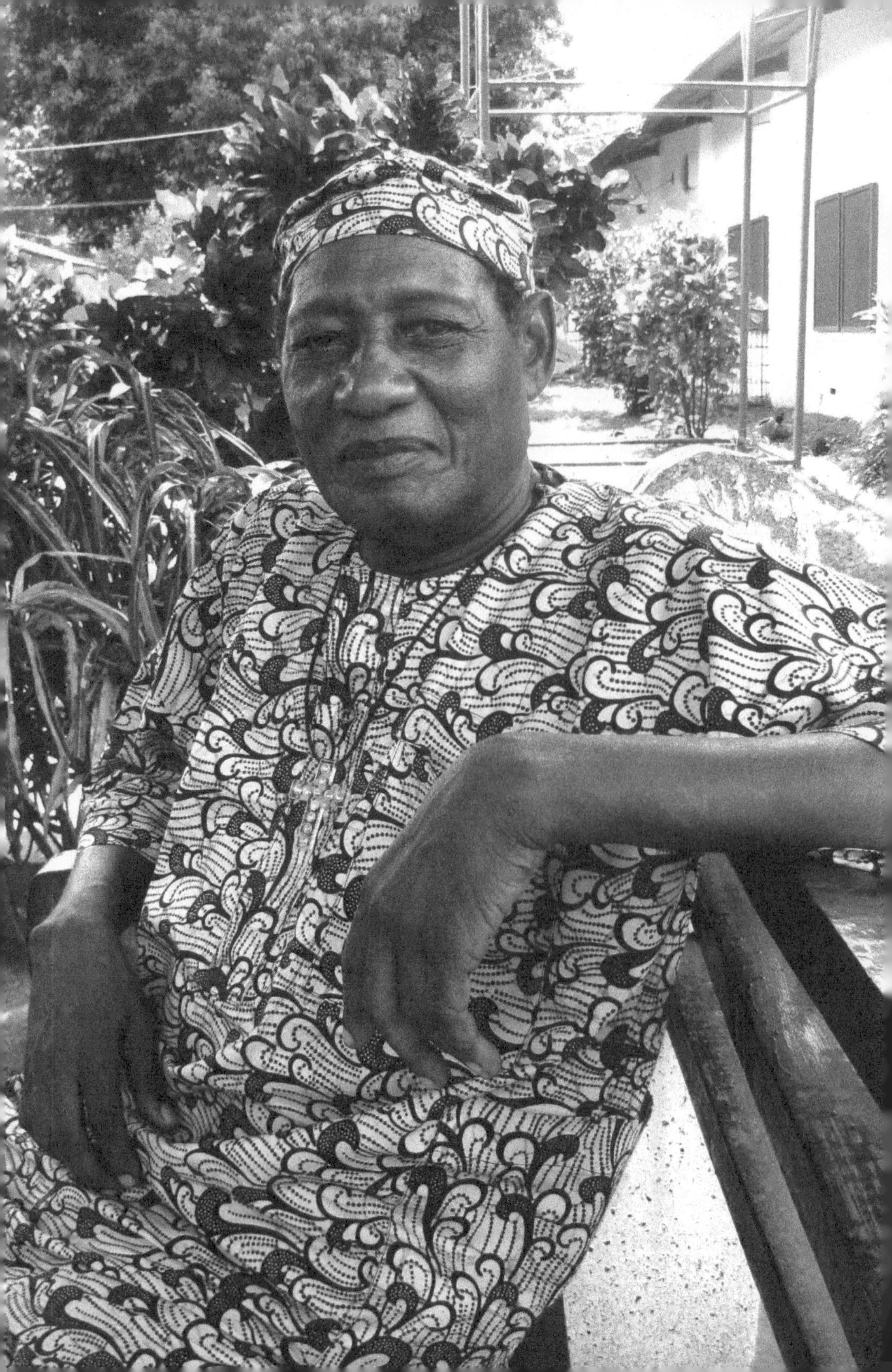

MÄRZ

Irrfahrt der Seele

1. März

Aynur, Kurdistan (*1975)
„REWEND"
(*Hawniyaz*, Latitudes/Harmonia Mundi 2016)

Gestandene Männer brüllen Liebesgeständnisse, Kinder überreichen Blumen, ein Wald leuchtender Handys filmt den gesamten Auftritt. Das E-Werk Freiburg ist bis auf den letzten Platz besetzt, geschätzte neunzig Prozent der Zuhörerinnen und Zuhörer kommen aus der kurdischen Community. Ein lebendes Nationalheiligtum steht auf der Bühne. Wie keine andere Stimme verkörpert das heutige Geburtstagskind Aynur die Öffnung Kurdistans zur Welt.

Im Hochland der Provinz Dersim aufgewachsen, fällt sie schon als Teenagerin mit ihrer hellen, durchdringenden Stimme auf. Doch die Kultur der Kurden ist in der Türkei Restriktionen ausgesetzt, die Sprache wird nach dem Militärputsch 1980 verboten. Aynurs Familie flieht wegen der Kämpfe zwischen Türken und Kurden in der Heimatregion nach Istanbul. Dort studiert sie Gesang und das Spiel auf der Laute Bağlama. Gleich ihr erster Hit wird von der türkischen Strafkammer in Diyarbakır verboten: Angeblich ermutige „Keçe Kurdan" die Frauen, sich den Separatisten anzuschließen. Bedrohungen ziehen sich durch die weitere Karriere: Man reißt ihr die Laute aus der Hand, beleidigt sie auf der Bühne, Konzerte werden immer wieder mit einem Bann belegt. 2011 siedelt sie nach Rotterdam über. Dabei war Aktionismus nie ihr Ziel.

„Das Besondere an der kurdischen Musik sind ihre Klagelieder. Das sind alles erlebte Schmerzen. Schicksalsschläge, Kriege, Trennungen, Liebschaften, Zerstörungen", sagt sie. Mir kommt es so vor, als sei jeder Ton ihrer kraftvollen Melodien durchtränkt von Verwundung und von Trotz zugleich. Die schönste Einbettung ihrer Stimme geschieht im Ensemble Hawniyaz: Mit ihrem Landsmann Cemîl Qoçgirî an der Laute Tenbûr, dem Iraner Kayhan Kalhor (19. Mai) an der Stachelgeige Kamancheh und dem aserbaidschanischen Pianisten Salman Gambarov bekommt ihr Klassiker „Rewend" eine überirdische Schönheit – ein Lied über die „Irrfahrt der rastlosen Seele".

Speicherfund mit Folgen

2. März

Dudu Tassa & The Kuwaitis, Israel/Irak
„YA UM AL-'ABAHYAH"
(*Ala Shawati*, Hed-Arzi 2015)

Ein Gang auf den Speicher kann die Karriere umkrempeln. Als der israelische Rockstar Dudu Tassa eines Tages in einer alten Kiste herumwühlt, stößt er auf verstaubte Langspielplatten. Besagte Kiste gehörte seinem Opa, und der war einer der führenden Sänger im Irak.

Als „Kuwaiti Brothers" stellten Daoud Al-Kuwaiti und sein Bruder Saleh, deren Familie zur jüdischen Gemeinde von Kuwait und Basra gehörte, seit den 1930ern die irakische Musik auf moderne Füße. Sie etablierten das Lied im Irak, gelten als Väter des Genres „Sawt", gründeten den staatlichen Rundfunk in Bagdad und komponierten sogar für die große ägyptische Diva Oum Kalthoum (3. Februar). Und sie gehörten zu den Favoriten von König Faisal II., in dessen Palast sie regelmäßige Auftritte hatten. Als Sadam Husseins nationalistische Baath-Partei 1979 ans Ruder kam, wurde die Musik der Kuwaitis geächtet, ihre Autorenschaft vieler Hits aberkannt. Doch da waren die Brüder schon längst nach Israel ausgewandert.

Von alldem weiß der Enkel Dudu Tassa nichts. Seit seinen Teenagerjahren nimmt er Platten auf, ist eine feste Größe im israelischen Musikbusiness mit der „Kernkompetenz" Orient-Rock, der in Israel „Mizrahi" heißt. Nach dem denkwürdigen Vinyl-Fund auf dem Dachboden beschließt Tassa 2011, seinem Opa und seinem Großonkel eine Hommage angedeihen zu lassen. Die Musiker, die er dafür zusammentrommelt, kommen nicht nur aus Israel, sondern auch aus dem Irak, etwa der Meistersänger Ismael Fadel, ein Star in der irakisch-jüdischen Community Tel Avivs.

Mit Cello, arabischem Hackbrett Qanun, Perkussion und Drums, Geige, Bass und Gesang lässt Tassas Band die Musik der Kuwaiti-Brüder aber nicht einfach wiederauferstehen. Sie fügt den Liedern einen kräftigen Anstrich aus rockigen Arabesken und dezente Elektronik hinzu. Und in stilleren Momenten tönt sie wie ein karamellisiertes Duftwässerchen aus *Tausendundeine Nacht*.

Höre die Welt in einem Sandkorn

3. März

Pandit Prakash (1909–1997) & Vikash Maharaj (*1957)
„HINGLAJ"
(*To Hear The World In A Grain Of Sand,* Soul Note 1986)

Welttag des Hörens! Nur eine Sache der Gesundheitsvorsorge? Ich möchte das Datum nutzen, um gewissermaßen den größten Guru des Hörens vorzustellen, den die westliche Welt kennt – und mit dem sich für mich prägende Erlebnisse verbinden: Joachim Ernst Berendt.

Zum Beispiel dieses: Es ist Herbst 1985, und ich sitze mit leichten Kopfschmerzen auf den Rängen der Baar-Sporthalle Donaueschingen, blicke hinunter auf eine noch leere Bühne. Die Leiterin des Musik-Leistungskurses hat uns zu den weltbekannten Musiktagen gelotst, wo wir in den letzten 24 Stunden Uraufführungen von Karlheinz Stockhausen oder Heinz Holliger erlebt haben. Auf die schrägen Neutöner reagieren ein Kumpel und ich mit so lautem Lachen, dass man es in der Live-Übertragung des SWF hört. Meine Lehrerin rügt mich. Zu Recht.

Jetzt aber plötzlich eine ganz andere Atmosphäre: Ein heterogener Haufen von Musikern schlendert heran, fast aus jedem Erdteil sind welche dabei. „World Music Meeting" heißt das, was die Donaueschinger Musiktage nun merklich auflockern wird. Berendt – einst Jazzpapst, jetzt Autor der Weltklang-Bibel *Nada Brahma* – hat dieses Treffen zustande gebracht.

Das Brüderpaar Pandit Prakash und Vikash Maharaj aus Benares an Sarod und Tabla macht mich mit dem Raga-System bekannt, der Perkussionist Dom Um Romão bringt mich erstmals überhaupt mit brasilianischer Musik in Berührung, Luis Di Matteo (12. August) am Bandoneón führt mir vor Ohren, wie anders eine „Ziehharmonika" jenseits des Atlantiks klingen kann. Posaune, Saxophon, Kontrabass, Schlagzeug, Vibraphon und Steel Drum gruppieren sich außerdem in dieses Worldjazz-Ensemble. Vor der Pause explodiert das alles in einem rasanten Stück, die beiden Inder geben das musikalische Thema vor: „Hinglaj". Der freie Jazz-Aspekt dieses Abends überfordert mich als 17-Jährigen noch ein wenig. Aber dieses Konzert ist ein Startpunkt in den Kosmos der „Weltmusik".

Eine Hymne auf unbekannte Augen

4. März

Taksim Trio, Türkei
„GÖZÜM"
(*Taksim Trio*, Doublemoon 2007)

Es gibt Musik, die einem unmittelbar die Tränen in die Augen treibt – einfach, weil sie so schön ist. Zu ihr zählt für mich die Musik des türkischen Taksim Trios.

Hüsnü Şenlendirici an der Klarinette, Aytaç Doğan an der Kastenzither Kanun und Ismail Tunçbilek an der Langhalslaute Bağlama: Alle drei sind sie herausragende Virtuosen der türkischen Szene. Hier haben sie sich zu einem Dream-Team zusammengefunden, in dem sich keiner herausstellen oder solistisch brillieren muss, immer spürt man den Sog der Vereinigung der drei Instrumente. Die Stücke des Trios basieren auf verschiedenen Genres, auf der romantischen Popmusik namens Arabesk, auf klassischer osmanischer Musikliteratur oder jazzigen Harmonien. Sie leben von der Fülle orientalischer Ornamente, deuten aber auch Farben von Indien bis zum Flamenco an.

Das Taksim Trio im Konzert zu erleben ist allein schon wegen der unterschiedlichen Typologie der drei Musiker ein Genuss. Tunçbilek sitzt lässig, mit seiner Mähne wie ein Rockstar an der Bağlama, Doğan entlockt seiner Zither melodisches Aufbäumen und zart flatternde Tremoli, Şenlendirici spricht leidenschaftlich durch seine Klarinette, mal wehmütig, mal freudvoll, aufschreiend, weinend, triumphierend. „Taksim" bedeutet im Türkischen „Improvisation", und davon gibt's hier überreichlich. Zu dritt weben sie ein atmendes Geflecht: Das Tempo wird für eine melancholische Klage verlangsamt, galoppiert dann wieder vehement davon. Und in den ergreifendsten Momenten streben die drei „Stimmen" in Verzierungen vereint empor, als wollten sie sich von den irdischen Fesseln lösen.

Am allerschönsten ist das lange, seelenvolle Stück „Gözüm": Das türkische Wort bedeutet „Augen". Ich weiß nicht, welche Augen die drei hier vertont haben, aber es sind ganz bestimmt welche, in die man sich – nicht nur am heutigen „Tag der Augen" – hoffnungslos verlieben kann.

Die innere Kriegerin erwacht
5. März

Chiwoniso Maraire, Simbabwe (1976–2013)
„GOMO“
(*Rebel Woman*, Cumbancha 2008)

Schillerndste Popmusikerin Simbabwes, Erneuerin des Daumenklaviers, panafrikanische Vordenkerin – die Gesichter der Chiwoniso Maraire waren vielfältig. Als ich sie 2008 in Heidelberg zu einem Interview treffe, bin ich sehr beeindruckt von ihrem Charisma: eine so kleine Frau mit so viel Willenskraft! Übersetzt aus ihrer Sprache Shona bedeutet ihr Name: „Leitstern“.

Chiwoniso, die am 5. März 1976 geboren wurde, wächst als Tochter eines Musikethnologen bei Seattle auf, mit einem breiten musikalischen Horizont von klassischem US-Soul bis zu Hugh Masekela (12. März). Die Mbira, das rituelle Daumenklavier Simbabwes, bildet dazu das Grundrauschen, sie eignet es sich durch bloßes Zuschauen an. Als Teenager kehrt „Chi“ in die Aufbruchsstimmung der Unabhängigkeit Simbabwes zurück, koppelt in ihren Songs Traditionen mit den Sounds der Stadt.

Dieser neue Sound wird Chiwonisos Markenzeichen, und ihr Magnum Opus *Rebel Woman*. Die Angriffslust des Albums sieht man schon auf den Begleitfotos. „Beim Shooting dachte ich an Mbuya Nehanda, die im ersten Chimurenga, dem Befreiungskampf gegen die Kolonialherren 1896, eine berühmte Führerin war. Auch in mir spüre ich diese Kraft der inneren Kriegerin erwachen!“

„Ich singe darüber, dass Häuser angezündet, Menschen verprügelt werden, dass der Landbevölkerung die Erde weggenommen wird.“ Diese widerständige Haltung hat im Simbabwe von Robert Mugabe, der sich vom Befreier zum Diktator wandelt, ihren Preis. Parteifunktionäre kontrollieren ihre Konzerte, Zensur, Verhaftung und versuchtes Kidnapping: Kurz nach unserem Interview geht Chiwoniso, auch aus Angst um die Sicherheit ihrer Töchter, vorübergehend ins Exil.

Viel zu jung ist diese starke Frau 2013 von einer Lungenentzündung aus dem Leben gerissen worden, doch ihr Erbe strahlt weiter. Ich erinnere mit der überschäumenden Tanzhymne „Gomo“ an sie, ein Lied für die heiligen Chimanimani-Berge.

Audienz in Ghana

6. März

Ebo Taylor, Ghana (*1936)
„MIZIN"
(*Love And Death*, Strut 2010)

Heute feiert Ghana seinen Unabhängigkeitstag. Als einem der ersten afrikanischen Länder gelang ihm 1957 der Weg aus der Kolonialzeit, und unter Präsident Kwame Nkrumah fand eine Renaissance der Kulturen der ghanaischen Regionen statt. Das ist lange her, aber tatsächlich leben heute noch Musiker, die diese Ära mitgestalteten. Ihre Galionsfigur ist Ebo Taylor.

Ich kann mich noch gut erinnern, wie ich aus dem Verkehrschaos der Hauptstadt Accra auf den Campus der Legon University fuhr. Eine Oase der Ruhe und des Wissens – und im Innenhof der Musikabteilung saß in langem dunkelblauen Gewand eine würdevolle Gestalt: Ebo Taylor, der gekommen war, um mir sein Leben zu erzählen. Taylors Ursprünge liegen in der Fante-Region im zentralen Süden Ghanas, wo er schon als Kind die Palmwine Music (18. August) hört. Aus ihr, aus der mit Big Band gespielten Variante Highlife und aus dem Jazz formt der John-Coltrane- und Miles-Davis-Fan neue Klänge.

In London trifft er dann den Nigerianer Fela Kuti (18. Februar). „Ich diskutierte dort oft mit Fela in seinem Haus in Notting Hill darüber, wie wir den Highlife weiterentwickeln könnten", so Taylor. „Wir Ghanaer haben damals viel mit den Nigerianern gejammt, ein reger Austausch, als Konkurrenz habe ich das nie empfunden. Irgendwann realisierte ich, dass unsere Musik nach der Kolonialisierung sehr nach Dur klang, ganz im Gegensatz zu der unserer Vorfahren. Ich fühlte, dass der Funk ein Weg war, da rauszukommen."

Ebo Taylor hat als Sänger und Gitarrist, als Bandleader und Produzent alle Berg- und Talfahrten der ghanaischen Geschichte mit mehrfachem Putsch und Ausgangssperren überstanden. Heute erlebt er, wie junge Europäer den Afropop von damals wiederentdecken, und er nimmt mit ihnen neue Alben auf: „Mizin" stammt von 2010 und ist ein messerscharfer Highlife, der in seiner Muttersprache Fante die Untugend der Verleumdung anprangert.

Eine Métisse in Montréal

7. März

Willows, Ojibwe Nation/Kanada
„LI BWÈ“
(*Maison Vent*, In Tempo Musique 2023)

Bei den Inuit und First Nations Kanadas sind wir am 1. April und 21. Juni zu Besuch, und von ihnen haben Sie wohl auch schon gehört. Doch im Constitution Act von 1982 wurde noch ein drittes indigenes Volk anerkannt, vom dem man seltener spricht: die Métis. Sie sind Nachfahren aus Ehen europäischer Pelzhändler und Menschen der First Nations.

Eine solche Métisse ist Geneviève Toupin aus der französischsprachigen Diaspora von Manitoba, ihr Vater ist ein Abkömmling der Ojibwe-Nation. Am 7. März 2017 treffe ich die eher zierliche Frau mit der kraftvollen Ausstrahlung in einer Kneipe in Montréal nach einem Auftritt. Und sie öffnet mir die Erinnerungen an ihre Kindheit: „Mein Vater hat mich damals zu den Powwows mitgenommen. Da sitzen singende Männer um eine heilige Trommel, außerdem gibt es Tänzer, die Kleider mit kleinen Glöckchen anhaben. Das hat mich in meiner Jugend sehr geprägt, und später habe ich angefangen, diese Tradition ganz bewusst einzusetzen.“

Mit großem Selbstbewusstsein spricht Toupin, die sich als Künstlerin Willows nennt. Davon, wie die frankophonen Gemeinden, die als Sprachinseln über ganz Kanada verstreut sind, zu neuem Stolz erwachten. Wie sie in ihren Liedern oft zurückgehe zur unermesslichen Prärie Manitobas. „Ich bin mit großer Kälte von minus 50 Grad und heftigen Stürmen aufgewachsen, klar, dass das meinen Schaffensprozess beeinflusst. Unter einem weiten Himmel groß zu werden, wo man den Horizont in Hunderten von Kilometern Entfernung sieht, prägt einen sehr. Für mich ist das eine große Schönheit, dieser enorme Raum.“

Toupins ruhige, klare Stimme spiegelt diese Schönheit und Weite. In ihre auf Französisch oder Englisch gesungenen Songs baut sie auch Verse in der Métis-Sprache Michif ein. So, wie in „Li Bwè“ vom Album *Maison Vent*, ein Werk, das das Leben in der rauen Prärie besingt und die starken Frauen, die sie durch ihr Leben begleitet haben.

Funk mit Buschharfe

8. März

Oumou Sangaré, Mali (*1968)
„BABA"
(*Worotan*, World Circuit 1996)

Aus der feucht-heißen Region Wassoulou im Süden Malis kommt sie, und dort hatten die Frauen im Gesang schon immer das Sagen. Die resolute Stimme und das Bühnen-Charisma von Oumou Sangaré, der „Queen Of Wassoulou" flößen Respekt ein, sie macht Front gegen Zwangsheirat, Beschneidung und Vielweiberei. Als ich sie im März 1997 im Jazzhaus Freiburg traf, stellte sie klar: „Ein Mann ist genau für EINE Frau gemacht!" Das ist – in einer über Jahrhunderte polygam geprägten Gesellschaft – ein revolutionärer Satz.

Kaum jemand hat im afrikanischen Musikbusiness heute eine so große Vorbildfunktion wie sie. Einen ansteckenden Sound hat Sangaré geprägt: Die Tradition ihrer Heimat beruht auf Skalen aus fünf Tönen (Pentatonik) und wird von den Riffs der Kamalengoni vorangetrieben. Dieses auch „Buschharfe" genannte Instrument klingt viel aufgekratzter als ihre aristokratische Variante, die Kora (5. Mai/10. August/17. Dezember). „Ich kämpfe für die Jugend, und deshalb brauche ich ein Instrument, das die Jugend interessiert", sagt Sangaré.

Sangaré wurde zur Geschäftsfrau, die ihr eigenes Ferienressort eröffnet und – mit chinesischer Hilfe (!) – eine eigene Automarke kreiert hat. Mittlerweile haben schwarze Sängerinnen rund um die Welt Oumou Sangaré zu ihrem Idol erklärt, von Beyoncé bis zur malischen Pop-Ikone Aya Nakamura. 25 Jahre später habe ich sie noch einmal interviewen dürfen. Zurückblickend sagte sie: „Ich bin stolz auf diese jungen Frauen. Aber ich sehe mich nicht als ihre Patronne, das sind alles meine Kolleginnen, meine Schwestern. Ich habe für sie gelitten – und jetzt wird all das rekompensiert, wenn ich ein Vorbild für die nächste Generation sein darf."

Und jetzt hören Sie mal, wie cool die am heutigen Weltfrauentag Geborene auf ihrem bahnbrechenden Album *Worotan* schon 1996 mit der Horn-Abteilung des US-Amerikaners Pee Wee Ellis musiziert hat.

Fischerlied auf Papiamentu

9. März

Izaline Calister, Curaçao (*1969)
„FIESTA DI PISKADÓ"
(*Various Artists: ABC Island Primer*, Network 2001)

Als 2001 die CD mit dem Namen ABC Island Primer erschien, erschloss sich mir eine unbekannte Welt: Etwas abseits der Kette der Antillen, unmittelbar vor Venezuelas Küste, aber politisch den Niederlanden zugehörig, liegen die drei kleinen Inseln Aruba, Bonaire und Curaçao. Auf diesen „Inseln unter dem Winde" jenseits der Hurricane-Gefahrenzone, hat sich die vielleicht schillerndste Vielfalt karibischer Musikstile entfaltet.

Hier musizieren hymnische und lautmalerische Chöre zur Ernte und zur Begrüßung des neuen Jahres neben lärmenden Salsa-Big-Bands. Gemächlicher, von Kuba geklauter Son (29. Oktober) mit lustiger Flöte siedelt Seite an Seite mit der „Muzik di Zumbi" – so heißt das schwitzige kreolische Perkussions-Genre mit Xylophonklängen, die aus Westafrika stammen. Die Tänze der verschiedenen Kolonialherren werden subtil eingearbeitet, wie zum Beispiel in den melancholischen Antillen-Walzern, und zum Knopfakkordeon ertönt auch mal saftige Lyrik der frivolen Variante.

Platzhirsch dieser Inselmusik ist aber oft die Tumba, so etwas wie der Nationaltanz der ABC-Inseln, der sich wie ein Chamäleon wandeln kann: Mal ertönt er unter einer kratzigen Fiedel, mal zur knödelnd-grollenden Stimme eines Spottsängers. Oder aber in diesem mitreißenden Festlied der Fischer in der kreolischen Sprache Papiamentu, mit dem die heute geborene Sängerin Izaline Calister aus Curaçao im Jahr 2000 einen Riesenerfolg hatte. Sie verbindet ihre kreolischen Roots mit Jazz, und sie wurde in Europa von Bands wie Pili Pili oder den Dissidenten (21. Juli) als Gastsängerin eingeladen. Damit dürfte sie wohl das Inselkind mit dem größten internationalen Erfolg sein.

Byzanz reloaded

10. März

Divna Ljubojević & Melódi, Serbien
„HE WAS TO ME HELPER AND PROTECTOR"
(*In Search Of Divine Light*, Valley Entertainment 2014)

Die Vokalmusik der Ostkirche mit ihren tiefen Männerstimmen packt mich mit ihrer sehr besonderen Tönung. Ein mattes, aber majestätisches Leuchten wie hinter Bleiglas trifft da auf die Gehörgänge und erzeugt einen Schauer, den es in anderer christlicher Musik nicht gibt. Eine der schönsten Stimmen in der spirituellen Musik der Ostkirche gehört aber einer Dame: der Serbin Divna Ljubojević. Sie hat dafür gesorgt, dass die Gesänge nach Jahrhunderten der Domäne der Männer entrissen wurden. Mit ihrem Ensemble Melódi entdeckt sie alte byzantinische Kirchengesänge neu, hat der Musik in der Kirche Serbiens als Sängerin, Dirigentin, Komponistin und Arrangeurin ein modernes Gesicht gegeben. Über die Vokalmusik hinaus setzt sie ihre innige Stimme in Opernhäusern, Kammermusik, Filmsoundtracks und Theaterstücken ein. Begonnen hat Ljubojević mit ihrer Mission der „byzantinischen Renaissance" im Belgrader Vavedenje-Kloster in den 1990ern – und bald pilgerten die Menschen von nah und fern zu diesem Ort, um ihre einzigartige Stimme zu hören.

Das Stück, das ich ausgesucht habe, stammt aus dem Großen Kanon des Heiligen Antonius von Kreta und geht zurück auf das 7. Jahrhundert. Es wird in der Liturgie der Fastenzeit gesungen, die spätestens heute beginnt. Der Refrain aus dem Buch Exodus 15,2 lautet: „Meine Stärke und mein Lied ist der Herr, er ist für mich zum Retter geworden. Er ist mein Gott, ihn will ich preisen; den Gott meines Vaters will ich rühmen." Diese Verse, auch als „Lied Mose" bekannt, kleidet Divna mit ihrem Ensemble in einen kunstvollen und ergreifenden Satzgesang.

Fenster der Hoffnung
11. März

Tania Saleh, Libanon (*1969)
„SHABABEEK BEIRUT"
(*A Few Images*, Kirkelig Kulturverksted 2014)

Eine alternative Stadtschreiberin Beiruts könnte man sie nennen: Tania Saleh hat die Geschichte der libanesischen Hauptstadt mit ihren Höhen und Tiefen erlebt, seit sie als Jugendliche während des Bürgerkriegs die feindlichen Linien mit Rockbands überquert hat. Was sie mir über die Kraft eines Songs sagt, bewegt mich: „Musik war für mich immer ein Mittel, um vor dem schrecklichen Alltag des Kriegs zu fliehen. Ein Song kann dir aber auch helfen, das spirituelle Band zwischen dir und deiner Idee zu stärken, er festigt deinen Willen. Wir Musikerinnen und Musiker beanspruchen nicht für uns, dass durch uns ein Regime fällt oder ein Präsident zurücktritt, aber wir sind ein kleiner Teil einer sehr großen Idee von Freiheit und echter Gleichheit."

Zu ihren Songs erstellt sie gewagte Videocollagen, und auch in den Texten prangert sie unverblümt Korruption und den Hass der religiösen Gruppierungen aufeinander an. Und besonders, wenn es um das Rollenverständnis der Geschlechter geht, nimmt Tania Saleh kein Blatt vor den Mund: Mit Vorliebe wettert sie gegen den chauvinistischen arabischen Mann. Genauso hat sie den Pop-Mainstream auf dem Kieker: Er zerstöre die Vielfalt des arabischen Liedes, die einst in der Blütezeit von Beirut herrschte. Trotz all dieser beißend-kritischen Töne ist die Musik dieser mutigen Songwriterin von eleganter Zärtlichkeit, die Düfte des Orients schweifen durch die Melodien, aber auch die Coolness der Bossa Nova.

Eine ihrer schönsten Balladen ist der Song „Shababeek Beirut", die „Fenster von Beirut": „Die Fenster von Beirut öffnen sich langsam, sie haben viel durchgemacht, süße Tage und bittere, sie sind hungrig nach mehr Legenden, das Leben ist noch jung. Unsere Geschichten hängen wie vergessene Wäsche auf der Leine, wie bunte Gemälde auf grauen Dächern." Wenn man Tania Salehs Musik hört, spürt man für dieses gerade in jüngster Zeit so geschundene Land wieder Hoffnung.

Leben im Grammophon

12. März

Hugh Masekela, Südafrika (1939–2018)
„GRAZING IN THE GRASS"
(*The Promise Of A Future*, UNI Records 1968)

Am 12. März 1968 steht ein Mann mit seinem Flügelhorn in den Gold Star Studios von Hollywood und spielt eine muntere Melodie ins Mikrofon. Sie wird als „Grazing In The Grass" auf seinem neuen Werk nur deshalb veröffentlicht, weil das Album noch drei Minuten zu kurz ist. Spontan erfindet der junge Hornist dieses Lied mit Kuhglocken-Intro. Es klettert in Amerika auf die Nummer Eins – und es begründet die Karriere des 26-jährigen Hugh Masekela. Seitdem ist sein Ton mit dem warmen Vibrato auf Flügelhorn und Trompete auf der ganzen Welt unverkennbar.

Der Sohn eines Bergmanns aus dem südafrikanischen Witbank spielt schon früh auf einer ganz besonderen Trompete: Direkt aus den Händen von Louis Armstrong bringt sie der Leiter seines Jugendorchesters mit. Über die Revue „King Kong" bekommt er Ende der 1950er Kontakt zur ersten Liga der südafrikanischen Musikerinnen und Musiker, unter ihnen eine junge Miriam Makeba (1. Februar), die er später heiratet. Als 1960 das Massaker von Sharpeville nach einer friedlichen Demonstration gegen die Passgesetze zu tiefer Verunsicherung führt, geht Masekela ins Exil.

In den USA koppelt er Jazz pionierhaft mit den Tönen seiner Heimat, etwa mit Sowetos neuer Zulu-Popmusik Mbaqanga. Soul und Funk finden in seinem Spiel ebenfalls Platz. Der Ausgebürgerte schreibt Klassiker wie den „Soweto Blues" oder die Anti-Apartheid-Hymne „Bring Him Back Home" für Nelson Mandela. Nach seiner Rückkehr ins demokratische Südafrika wird er mit Ehrendoktorwürden dekoriert, von Präsident Obama ins Weiße Haus geladen. In seinen Texten gegen Korruption, Hungersnöte und Klimawandel bleibt er bis zum Ende streitbar. Eines seiner schönsten Zitate: „Als Kind dachte ich, dass da kleine Menschen im Grammophon leben und die Musik machen. Alles, was ich wollte: mit Louis Armstrong, Duke Ellington, Muddy Waters und den anderen da unten drinsitzen. Und ich habe es geschafft!"

Von der Köchin zur Verführerin

13. März

Yemi Alade, Nigeria (*1989)
„DOUBE DOUBLE“
(*Empress*, Effyzzie Music Group 2020)

Nigeria ist nicht nur das Land mit den meisten Einwohnern des afrikanischen Kontinents, es dominiert dort auch die Musikszene der 2010er und 20er. Viele der Namen, die bis in die USA bekannt sind, kommen von hier. Sie pflegen den „Afrobeats“, eine Fusion von westafrikanischen Wurzeln mit R&B aus den USA und karibischem Dancehall. Eine aber bricht aus diesen Mustern aus, sie hat einen panafrikanischen Popstil entwickelt. Yemi Alade ist derzeit der größte weibliche Musikstar Afrikas, von Südafrika bis Ghana ein Idol junger Frauen.

Kometenhaft bekannt auf dem ganzen Kontinent wird die Tochter eines Yoruba-Vaters und einer Igbo-Mutter mit dem Song „Johnny“, der die Vielweiberei aufs Korn nimmt. In ihren Clips schlüpft Alade in die verschiedensten Rollen von der Köchin bis zur Verführerin. Ihre Kostüme dafür lässt sie in Kenia und Sambia schneidern. „Ich kreiere meinen eigenen Look. In den Videos sieht man deutlich, dass dieses Mädchen Afrikanerin ist, aber man kann nicht sagen, ob Nigerianerin oder nicht. Es ist eine afrikanische Collage und ein Statement: Ich kann keine zweite Beyoncé sein, die gibt es bereits. Da ich Afrikanerin bin, muss ich diese Flagge hissen!“

Für mich ist die Musik Yemi Alades total erfrischend. Sie geht weg von der alles beherrschenden Elektronik der Musik aus den afrikanischen Metropolen, von den Stimmen, die durch Autotune-Programme gejagt werden, künstlich, roboterhaft klingen. Jeder ihrer Songs klingt überraschend anders, entführt mit dem Begleitvideo in eine turbulente Geschichte, die viel übers aktuelle Nigeria verrät. Wie etwa in die von „Double Double“, mit der sie Normen hinterfragt: Eine Mutter wird von der Gemeinschaft „gedisst“, da sie keine männlichen Nachkommen auf die Welt bringt. Doch siehe da: Ihre Tochter, selbstverständlich verkörpert von Alade, wird die erfolgreichste Geschäftsfrau in der ganzen Gegend.

Latin-Folk aus Fukushima

14. März

Minyo Crusaders, Japan
„MAMUROGAWA ONDO"
(*Echoes Of Japan*, Mais Um 2017)

Am 11. März 2011 zerstört ein Erdbeben mit anschließendem Tsunami weite Gebiete der japanischen Präfektur Fukushima. Für immer in unsere Erinnerung eingebrannt bleibt der Ortsname wegen der anschließenden Ereignisse rund um das gleichnamige Atomkraftwerk. Wie unbeherrschbar Kernenergie ist, wurde der Menschheit hier zum zweiten Mal nach Tschernobyl mit allen Konsequenzen vor Augen geführt, gelernt haben bis heute die wenigsten Staaten daraus.

Zu sagen, die Katastrophe von Fukushima hätte zumindest kulturell einen positiven Effekt gehabt, ist das im Grunde nicht blanker Zynismus? Beim Gitarristen Katsumi Nataka jedenfalls löste sie tatsächlich etwas aus: eine Suche nach den Wurzeln der Musik aus dieser Präfektur und dem nördlichen Nachbarn Yamagata. Nataka wurde sich bewusst, wie schnell eine Kultur ausgelöscht werden kann, und er fing an, die „Min'yō" genannten Volkslieder aus dem Repertoire der Fischer, Sumoringer und Minenarbeiter zu sammeln. In einem nächsten Schritt gruppierte er nach und nach zehn Musiker zu einer Band, die ebenfalls einen Bezug zu „Min'yō" hatten.

Einfach nostalgisch nachspielen wollte die Combo die alten Lieder nicht. Sie modernisierte sie auf eine Art und Weise, auf die man erst mal kommen muss: Die neuen Partner des „Min'yō" stammen meistens aus der Música Latina und heißen Cumbia (7. August), Beguine, Boogaloo und Reggae. Der Geist eines Verstorbenen kehrt in einen Afrobeat-Rhythmus gekleidet zurück, Japans winzigstem Vogel wird funky gehuldigt, und ein Reggae ist einem pockennarbigen Mann gewidmet.

Ein transpazifischer Brückenschlag, der weit davon entfernt ist, nur Partymusik oder gar Klamauk zu sein. Ich empfehle zum Einstieg das Fischerlied „Mamurogawa Ondo", es steht in einem von den Kleinen Antillen stammenden Beguine-Rhythmus.

Lady Madonnas B-Seite

15. März

George Harrison, Großbritannien (1943–2001)
„THE INNER LIGHT"
(Singe B-Seite *Lady Madonna*, Parlophone 1968)

Heute im Jahr 1968 erschien die Beatles-Single „Lady Madonna". Wer sie umdrehte, tauchte allerdings in eine ganz andere musikalische Welt ein. George Harrison gab – nach „Love You To" auf *Revolver* und „Within You Without You" auf dem *Sgt. Pepper*-Album – sein drittes Intermezzo mit einem indisch getönten Song. Es ist zudem der einzige Titel der Fab Four, der hauptsächlich vor Ort in Indien entstand. Harrison war im Januar 1968 nach Bombay gereist, um an seinem Soundtrack *Wonderwall* zu arbeiten und um auf die Bandkollegen zu warten. Gemeinsam wollte man zum Guru Maharishi in Rishikesh weiterreisen.

Ein vollständiges indisches Ensemble hatte sich zu den Aufnahmen am 12. Januar in den EMI-Studios zusammengefunden. Der Bambusflöten-Virtuose Hariprasad Chaurasia dürfte der international bekannteste Musiker unter ihnen sein, dazu gesellen sich Meister der indischen Oboe Shehnai, der Langhalslaute Sarod, ein Harmonium und die Perkussionsinstrumente Tabla und Pakhawaj – ein Ensemblespiel, wie es auch in der südindischen, karnatischen Klassik durchaus üblich ist. Die anderen Beatles fügten später nur noch einen kleinen Schlusschor ein.

Harrisons „Inner Light" geht weit über das übliche Indien-Kolorit im Raga-Rock der Spätsechziger hinaus. Der Text allerdings stammt nicht aus der hinduistischen Religion, sondern aus dem *Tao Te King* des taoistischen Philosophen Laotse. Der spanische Sanskrit-Professor Joan Mascaró hatte sie Harrison zur Vertonung nahegelegt.

Ohne aus der Tür zu gehen, kennt man die Welt
Ohne aus dem Fenster zu schauen, sieht man den Sinn des Himmels.
Je weiter einer hinausgeht, desto geringer wird sein Wissen.

Dieser viel zu wenig beachtete „Harrisong" stimmt mich sehr friedlich, und er zählt für mich zu den erstaunlichsten Beatles-Momenten überhaupt.

Jasminduft aus Zypern

16. März

Savina Yannatou, Griechenland (*1959)
„TO YASEMI"
(*Songs Of The Mediterranean*, Lyra 1998)

Erinnern Sie sich noch an die großartige Serie *Heimat* von Edgar Reitz, die in den frühen Achtzigern im Fernsehen lief? Die Frauenstimme in der Titelmelodie bescherte mir Gänsehaut, ich konnte sie nicht mehr vergessen. Sie hat etwas Zeitloses, fast Mythisches für mich, eine Reinheit, die man selten findet. Und diese Stimme in einer TV-Serie, die doch zutiefst deutsche Geschichte reflektiert, ist eine griechische.

Etliche Jahre später bin ich ihr wieder begegnet, und ich lernte, dass sie der heute geborenen Savina Yannatou gehört. Die wandlungsfähige Athenerin begann ihre Karriere in den frühen Achtzigern, als sie für Radioshows sang. Später wurde sie vor allem durch ihre Arbeit mit dem Ensemble Primavera En Salonico international bekannt. Bei einem Projekt mit Liedern der sephardischen Juden aus Thessaloniki kam die Zusammenarbeit zustande. Dort hatten die Sepharden (5. Oktober) über Jahrhunderte erheblichen Anteil an der Stadtkultur, sie und ihre Kultur gerieten aber durch den Bevölkerungsaustausch im Zug des griechisch-türkischen Krieges (1919–1922), dann durch die Nazis in Bedrängnis. Etliche Lieder hat Savina Yannatou mit Primavera En Salonico aufgegriffen, um das Repertoire der dortigen Sepharden vor dem Vergessen zu bewahren.

Yannatou verwebt darüber hinaus dank ihrer flexiblen Stimme den gesamten Mittelmeerraum, geschickt verknüpft sie Iberien und Balkan, Levante und Kaukasus. „Ich habe diese Fähigkeit, meine Stimme sehr zu verändern, als ob ich eine andere Person wäre, ich verfüge über sehr viele verschiedene Farben – und durch das Wechseln des Timbres wird das dann wie eine Reise durch verschiedene Länder", sagt sie. Im Logbuch ihrer Karriere ragen die *Songs Of The Mediterranean* von 1998 heraus. Ich habe mein Lieblingslied aus dieser Schatzkiste ausgewählt, ein zyprisches Traditional, das eine unglückliche Love Story in den betörenden Duft von Jasmin hüllt.

Ganz ohne Guiness-Schaum

17. März

The Gloaming, Irland/USA
„THE OPENING SET"
(*The Gloaming*, Real World 2013)

Am 17. März begehen die Iren den St. Patrick's Day, und dabei wird der Nationalheilige oft mit feucht-fröhlichen Kneipentouren und rasanten Folk-Sessions geehrt. Doch Musik von der grünen Insel muss nicht immer im Guinness-Schaum baden.

The Gloaming ist ein irisch-amerikanisches Quintett, seine Musik könnte man flapsig als „Zen-Folk" bezeichnen. Entschleunigt, in großen Spannungsbögen wird hier der irische Klang zelebriert. Dazu kommen gälische Texte aus verschiedenen Jahrhunderten, die die bewegende Stimme von Íarla Ó Lionaírd (sprich: jarla o lionoord) umsetzt. Der Sänger ist geschult im Sean Nós (schan noos), der alten, unbegleiteten gälischen Gesangsform. Mit ihren vielen Verzierungen hört sie sich manchmal fast nach arabischer oder indischer Vokalkunst an. „Dem Ohr und dem Herzen geht so vieles verloren, wenn die Musik durch diese enge Öffnung gequetscht wird, die ich den ‚Fetisch der Geschwindigkeit' nennen möchte", meint Ó Lionáird. „Wir glauben, dass unserer Musik am ehesten gedient ist, wenn wir ihr eine natürliche und langsame Entfaltung ermöglichen."

Das Besondere an der Besetzung von The Gloaming ist, dass die irische Fiddle von einer tiefer gestimmten Hardingfele (18. November) flankiert wird, einer Geige aus den Tälern Südnorwegens. Eine dezente Gitarre und ein sehr räumliches Piano von Rock- und Popproduzent Thomas Bartlett treten hinzu. Die flirrenden Flüge der Streicher, der gälische „Soul" Ó Lionáirds, die langsamen Begleitmuster vom Klavier: Lässt man sich auf diese Stücke ein, kann man in einen faszinierenden Sog hineingeraten. Virtuosität gibt es auch, aber sie wird von langer Hand vorbereitet. So ist das der Fall in „The Opening Set", das sich über eine sagenhafte Viertelstunde aus einem Song von Ó Lionáirds Heimatdorf im Südwesten Irlands entwickelt.

Joik mit Jan
18. März

Mari Boine, Sápmi (*1956)
„I COME FROM THE OTHER SIDE"
(*Gávcci Jahkejuogu – Eight Seasons*, Lean 2002)

„Höre, Bruder, höre, Schwester. Hört die Stimmen der Vormütter. Sie fragen euch, warum die Erde vergiftet und verbraucht ist. Sie erinnern euch daran, dass die Erde unsere Mutter ist." So lauten einige Zeilen aus einer berühmten Hymne der frühen Weltmusik, *Gula Gula* von Mari Boine. Wenn man ihrer Musik zuhört, sollte der Blick ins Weite gehen, ganz gleich, ob mit den wirklichen Augen oder mit der Vorstellungskraft. Denn in den Liedern der Sámi-Frau sprechen die Erde, der Wind, die heiligen Berge, das Wasser.

Ich weiß nicht, ob ihre Plattenfirma das im Hinterkopf hatte, als sie am 18. März 2002 ein Boots-Café auf der Hamburger Außenalster für unsere Interviewbegegnung buchte. Während der Blick also übers weite Wasser ging, erzählte mir Mari Boine über ihr Album *Eight Seasons*. Und sie bestätigte mir, dass dank der verfeinerten Naturwahrnehmung der Indigenen in der skandinavischen Tundra und Taiga tatsächlich acht Jahreszeiten unterschieden werden.

Boines Musik verwendet oft den kehligen, lautmalerischen Joik (6. Februar), den Wesenskern der Sámi-Musik. Sie kombiniert ihn mit modernen Gedichten in der klangvollen Sprache der Sámi, und sie näherte sich auch schon früh einer sphärischen Klangsprache an. Dafür hat sie sich immer wieder Musiker aus anderen Stilen ins Studio geholt. Für *Eight Season* waren das der Electro-Jazzer Bugge Wesseltoft und der Saxophonist Jan Garbarek, der immer ein offenes Ohr für die Töne der Welt und die skandinavischen Volksmusiken hatte. „Mit Jan verbindet mich die Inspiration aus der Natur und aus alten Melodien, vor allem aber die Sehnsucht. Ich verehre ihn, da er den Ausdruck des Sehnens aufs Höchste kultiviert hat, und das steckt auch in meiner Musik", so Boine. „Im Lied ‚I Come From The Other Side' ist es, als würden sich männliche und weibliche Sehnsucht vereinen."

Nussknacker auf Marimba
19. März

Sven Kacirek, Deutschland (*1975)
„CHINESE DANCE"
(*The Nutcracker Sessions*, Naïve 2014)

Heute im Jahr 1892 – nach unserem gregorianischen Kalender – dirigierte Pjotr Iljitsch Tschaikowski erstmals seine Orchestersuite zum Ballett *Der Nussknacker* in St. Petersburg. Er hätte sich damals sicher nicht träumen lassen, dass 122 Jahre später ein deutscher Künstler seine Musik ausschließlich auf Schlaginstrumenten spielen würde. Der Mann, der dieses wagemutige Unterfangen umgesetzt hat, heißt Sven Kacirek und hat als Hamburger den vielgerühmten hanseatischen Weitblick verinnerlicht.

So jedenfalls geht er mit den Tönen und Rhythmen um. Er sieht sich als Klangjäger, und seine Pfeile heißen Besen, Mallet oder Stick, seine Beute Vasen, Schüsseln, Wände, aber auch Marimba- und Vibraphon, Konzertflügel und Snare-Drum. Aus diesem ungewöhnlichen Werkzeugkasten erschafft Kacirek eine erstaunliche perkussive Welt. „Ich fand heraus, dass ich die Klänge, die in meinem Kopf sind, viel besser umsetzen kann, wenn ich auf Gegenständen spiele, die mit dem herkömmlichen Drumset nichts zu tun haben", bekennt Kacirek. Die Inspirationen für diese Klänge holt er sich von überallher, aus Kenia, dem südjapanischen Archipel Okinawa oder eben aus der russischen Klassik. Faszinierend ist, wie sich in seinen Schichtungen Rhythmus und Melodik durchdringen. Wie ein präparierter Flügel zum rhythmischen Werkzeug wird. Wie das Bearbeiten von Glas und das Rascheln von Papier dagegen fast thematische Züge annehmen.

Bei alldem kommt Sven Kacirek ohne Elektronik aus: „Ich kann nicht gut programmieren, für mich ist das zu abstrakt. Ich brauche das haptische Moment, muss das selbst akustisch und unmittelbar auslösen. Aber ich schneide sehr viel, fertige aus wenigen akustischen Takten Loops. So entstehen dann repetitive, elektronisch anmutende Klangmuster." Elektronisch anmutend und trotzdem anmutig: So klingt seine filigrane Version von Tschaikowskis chinesischem Tanz. Ob Sie das Original noch raushören?

Traumgleiche Orient-Nostalgie

20. März

Natacha Atlas, Belgien/Ägypten (*1964)
„BENY OU BENAK EIH“
(*Ana Hina*, World Village 2008)

Unser heutiges Geburtstagskind hat mich einmal in einem Interview schockiert, als sie sich selbst als „menschlicher Gaza-Streifen“ bezeichnete. Geboren wurde Natacha Atlas in Brüssel als Tochter eines ägyptischen Juden und einer englischen Muslima, und sie begann ihre Gesangskarriere bei einer britischen Salsa-Band und dem UK-Dubpapst Jah Wobble. Dann stieß sie auf eine wundersame Band namens Transglobal Underground (25. Mai): Den Sound und die Shows der Global-Dance-Pioniere prägte sie mit ihrer sirenenhaften Stimme und der ein oder anderen Bauchtanz-Einlage über etliche Jahre.

Als sie sich 1995 selbständig macht, setzt sie zunächst die elektronisch geprägte, sehr tanzbare Fusion aus Dub, Hip-Hop, Dancefloor, arabischen Ornamenten und Texten fort. Auf ihrem Debütwerk *Diaspora* stilisiert sie sich als moderne Ausgabe von Kleopatra. Doch der Klanghorizont von Natacha Atlas weitet sich mit jedem Album: Sie begibt sich auf die Spuren des weltberühmten ägyptischen Sängers Ali Halim Hafez und seiner klassischen arabischen Lieder, interpretiert Chansons von Jacques Brel (1. September) und sogar auch mal einen Blues. Sie tut sich mit einem türkischen Streicherensemble zusammen und mit den angesagten Londoner Jazzmusikern.

Wie eine schillernde Perle liegt *Ana Hina* inmitten der CD-Veröffentlichungen von Natacha Atlas: Mit einem Kammerorchester, in dem Musiker von Schottland bis Ägypten mitspielen, zelebriert sie klassische Lieder aus Kairo und Beirut. Das verströmt eine traumhafte Nostalgie-Atmosphäre, die einen in die feinen Salons und Cafés der Mittelmeer-Metropolen von einst beamt. Doch Atlas wäre nicht Atlas, wenn sie in diese überbordende Fülle nahöstlicher Töne nicht auch „fremde“ Noten eingeflochten hätte: Und so gibt es auch Tango-Einschübe, Anklänge an Nina Simone oder an die Rockband The Doors. „Beny Ou Benak Eih“ stammt aus der Feder ihres Idols Ali Halim Hafez.

Die Befreiung von Kobane

21. März

Nishtiman Project, Kurdistan
„KOBANE“
(*Kobane*, Accords Croisés 2016)

„Jeder Mensch braucht etwas, woran er sich festhalten kann“, sagt Hussein Zahawy. „Und meine Wurzeln haben mir immer Identität gegeben. Diese Wurzeln können wachsen, wie bei einem Baum, bei dem du den unterirdischen Teil gar nicht siehst.“

Hussein Zahawy stammt aus dem irakischen Teil Kurdistans. Sein Vater war im Widerstand tätig, die Familie musste nach London fliehen. In England studiert der Sohn Musik und Musikwissenschaft, die zweite Heimat öffnet ihm die Türen zu vielen Klangwelten. Mit seinem langjährigen Freund Sohrab Pournazeri ruft er 2013 schließlich ein Projekt ins Leben, das etwas vorher nie Erreichtes versucht: alle kulturellen Facetten des auf vier Staaten und die Diaspora verstreuten Volkes der Kurden in einer Band zu vereinen. Nishtiman („Heimat“) ist geboren, mit Mitgliedern aus dem Irak, dem Iran und der Türkei. Musiker aus dem kurdischen Gebiet Syriens ebenfalls in die Band zu holen ist wegen der katastrophalen politischen Lage im Land nicht möglich.

Kurdistan, das man auf der Landkarte als Staat nicht findet, ist eine Nation mit vielen unterschiedlichen Nuancen, was Essen, Kleidung, Bräuche und Religionen angeht, es gibt kurdische Juden, Muslime, Christen und jede Menge vorislamische Religionen. „Und mit der Musik ist es genauso, auch da gibt es viele Farben“, sagt Zahawy.

Als da wären: rasante Tanzmusik mit kräftigen Unisono-Chören aus dem persischen Kermanchah. Liebesschwüre mit klagender Schalmei aus dem türkischen Teil oder das melancholisch-getragene Titelstück der CD mit dem filigranen Hackbrett Santur, der kreisenden Spießgeige Kamancheh und der Laute Tanbur. Sängerin Donya Kamali erzählt hier von der syrischen Stadt Kobane, an deren Befreiung vom IS vor allem auch kurdische Frauen erheblichen Anteil hatten. „Ob du nun kurdisch bist oder nicht“, sagt Zahawy, „Kobane steht als Symbol dafür, wie stark Frauen sein können.“

Steine von der Schwiegermutter

22. März

Susan McKeown, Irland (*1967)
„THE LASS OF AUGHRIM"
(*Blackthorn: Irish Love Songs – An Draighneán Donn: Amhráin Grá*, World Village 2005)

Millionen von Iren sind im Laufe der letzten 400 Jahre nach Amerika ausgewandert und haben in der Neuen Welt wesentlich zum gesellschaftlichen und kulturellen Leben beigetragen. Allerdings wurden sie dafür lange Zeit eher diskriminiert als geehrt. Um das zu ändern, wird seit 1991 jeden März in den USA der Irish-American Heritage Month gefeiert. Und deshalb gibt es heute den Fokus auf eine „Irish Woman in New York": Susan McKeown (sprich: mäk-juun) zählt für mich zu den ganz großen Stimmen auf der anderen Atlantik-Seite, hat aber bei uns nie den großen Durchbruch gehabt. Als ich sie, Irland-verrückt, in den 1990ern kennenlernte, war mir Folk mit einer so persönlichen Note selten zuvor begegnet.

Das Geburtstagskind ist im New Yorker Club Sin-é „groß geworden", wo sich auch ein gewisser Jeff Buckley (17. November) die Hörner abgestoßen hat. Aus traditionellen Liedern und ihren eigenen Schöpfungen baut sie ihre mal städtisch, mal meditativ tönende Klangwelt, und sie weitet ihre keltische Homebase zu Teamworks mit Tuaregfrauen, chinesischen Instrumentalisten oder der jüdischen Starband The Klezmatics: New York als großer Schmelztiegel.

Es braucht nicht viel um diese großartige, seelenvolle Stimme herum, die keine Akrobatik vollführen muss. Und so passt es, dass Susan McKeown sich 2005 entschloss, ein Album mit irischen Love Songs aufzunehmen. Das mag sich völlig unspektakulär anhören, aber sie blättert mit Begleitung von Fiddle, Zinnflöte, Gitarre und ein bisschen Perkussion einen schönen, artenreichen Atlas aus Liebesliedern auf. Und die können auch mal düster sein und in bitterer Frustration enden. „The Lass Of Aughrim" hört sich zwar unsagbar zärtlich an, aber im Grunde geht es in dieser Ballade ganz profan darum, dass die Mutter des jungen Mannes der Liebsten Steine in den Weg legt. Trotzdem: Für mich nicht möglich, diesen Song ohne fette Gänsehaut zu hören.

Ekstase statt Terror

23. März

Naseeruddin Saami, Pakistan (*1945/46)
„TWILIGHT“
(*God Is Not A Terrorist*, Glitterbeat 2019)

Qawwali, (von „qaul Allāh“) bedeutet „Wort Gottes“ und ist eine musikalische Praxis der Sufis in Pakistan, das heute im Jahr 1956 Islamische Republik wurde. In ekstatischen Liedern wollen die Musiker die Verschmelzung mit dem Höchsten ermöglichen. Über dem Melodieinstrument Harmonium, den Beats von der Tabla und der doppelköpfigen Fasstrommel Dholak entfaltet der Solosänger einen unvergleichlichen Gesang. Dieser Gesang schwingt sich aus langen Liegetönen in virtuose Gefilde auf und bekommt immer mehr Glut. Solosänger und antwortender Chor nennen sich zusammen „Party“, und sie steigern sich in eine Trance hinein, die auch aufs Publikum übergreift.

Die Saami-Familie aus Karachi verkörpert eine besondere Tradition innerhalb des Qawwali namens Surti, der auch von prä-islamischen Elementen und der nordindischen klassischen Vokalmusik Khyal beeinflusst ist. Sie hat einen Vorrat von 49 Mikro-Intervallen, mit ihnen lassen sich unendlich viele delikate Ausschmückungen gestalten. Seine Vorfahren führt der Saami-Clan auf die Hofmusiker des letzten Mogul-Herrschers Delhis zurück, und sein aktueller Patriarch heißt Ustad Naseeruddin Saami.

Mit seiner versöhnenden Musik will er ein Zeichen dafür setzen, dass Pakistan ein Ort des kulturellen Miteinanders ist und von der Welt nicht nur als Hort für fundamentalistische Terroristen geringgeschätzt wird. Passenderweise heißt eines seiner Alben *God Is Not A Terrorist*. „Über die spirituelle Kraft der Musik wird gesagt, dass sie, wie andere Wissenschaften auch, ein Mittel ist, um das Göttliche zu verstehen“, sagt Naseeruddins Sohn Rauf. „Musik ist für uns eine Möglichkeit, Gott näherzukommen und ihn besser kennenzulernen.“ Und dieser Dialog mit dem Göttlichen steht über politischen Verwerfungen oder trennenden Schlagbäumen.

Streit mit Jacko

24. März

Manu Dibango, Kamerun (1933–2020)
„SOUL MAKOSSA“
(*Soul Makossa*, Fiesta 1972)

Wer sich mit Michael Jackson anlegt, der muss schon über ein gerütteltes Maß an Selbstbewusstsein verfügen. Als der Soulstar 1982 sein Album *Thriller* veröffentlichte, kam im Eröffnungsstück „Wanna Be Startin' Something“ ein Chor vor, der doch verdächtig an einen Afrodisco-Hit von 1972 namens „Soul Makossa“ erinnerte. Das fand auch der Komponist, der Kameruner Manu Dibango.

Den „Makossa“ hatte Dibango von einem Tanz aus seiner Heimatregion Douala abgeleitet, ihn mit Funk und frühem Disco kombiniert. Nach jahrelangem Streit erhielt er nach außergerichtlicher Einigung eine hübsche Summe vom Jackson-Clan. Was die Popsängerin Rihanna nicht hinderte, die Sequenz 2007 in „Don't Stop The Music“ erneut zu stibitzen. Sie fragte zwar um Erlaubnis – allerdings Jackson, und nicht Dibango. Der verklagte nun beide, dieses Mal erfolglos.

„Soul Makossa“ ist natürlich nur ein winziger Ausschnitt aus dem Schaffen dieses Giganten: Als Jugendlicher lernt er beim großen Landsmann Francis Bebey, einem Pionier der Verknüpfung von Jazz, Klassik und afrikanischen Tönen. Mit seinem Saxophon schlägt er sich in Brüsseler Clubs durch, ist dann mit Musikern der kongolesischen Rumba (30. Juni/19. Juli) auf Tour, startet schließlich in Paris seine Solokarriere.

Als Afrojazz-Pionier bleibt Dibango durch die Jahrzehnte immer zeitgemäß, arbeitet mit Größen von Hugh Masekela (12. März) bis zum Jazzpianisten Herbie Hancock. Vier Jahre vor seinem Tod durch Covid durfte ich ihn noch erleben: Ein tiefenentspanntes Konzert im Freiburger Jazzhaus, der Alt-Star gab sich scherzend und plaudernd zwischen seinem typischen Nuschelgesang, zart swingend auf seinem Altsax wie niemand sonst. Ich dachte mir damals: Wer in den ganz leisen Tönen noch so einen wunderbaren Ton hervorbringt, muss eine gewaltige Lunge haben. Und jetzt entscheiden Sie im Vergleich selbst: Hat „Jacko“ geklaut?

Kreolischer Impressionismus
25. März

René Lacaille (*1946) & Bob Brozman, La Réunion/USA (1954–2013)
„DEBUSSY À LA RÉUNION"
(*Digdig*, Riverboat 2002)

Inselmusik gleich im doppelten Sinne gibt's heute: Wir lenken unsere Ohren auf die Réunion, Frankreichs vulkanisches Übersee-Département. Dort sind mit der afrikanischer tönenden Maloya und der etwas europäischer angetupften Sega zwei Rhythmen zu Hause, die zu den faszinierendsten im Indischen Ozean zählen.

Einer, der von Kindheit an in dieser musikalischen Welt verwurzelt war, ist René Lacaille. Bei einem denkwürdigen, fast dreistündigen Interview hat er mir mal mit seiner dröhnenden Stimme eine Einführung in diese Stilkunde gegeben: „Am Anfang war es so, dass die Maloya das ernsthafte Genre war und die Sega für die Party. Sie war zur Epoche der Sklaven der Salontanz, die Maloya dagegen wurde draußen getanzt."

Schon als Knirps muss er den Vater bei Auftritten die ganze Nacht hindurch auf dem Akkordeon begleiten. Ein Freund aus Frankreich schickt ihm die heißesten Jazzscheiben, und er entwickelt dank dieser beiden Schulungen eine sehr eigene Musik. Die Texte hält Lacaille streng in der Landessprache: „Es gibt so viele Musiker von der Réunion, die es vorziehen, nicht in unserem Créole, sondern in dem der Antillen zu singen. Damit bin ich nicht einverstanden. Und unsere junge Generation spricht jetzt schon Englisch, das kommt durch den Einfluss der Touristen."

Einen kräftigen Kreativitätsschub bekommt Lacaille, als er Anfang des Millenniums auf den globetrottenden Saitenkünstler Bob Brozman trifft, Spezialist für hawaiianische, südamerikanische und spanische Zupf-Utensilien. Die gemeinsame CD *Digdig* hört sich wie eine spannende Hinterhof-Session an. Ausgesucht habe ich als Einstieg „Debussy À La Réunion": So könnte es geklungen haben, hätte sich der heute 1918 verstorbene Impressionist mal auf die Vulkaninsel gewagt.

Urahne des Banjos

26. März

Bassekou Kouyaté, Mali (*1966)
„JAMA KO“
(*Jama Ko*, Outhere Records 2013)

Heute nehme ich Sie mit zu einem Vorfahren des Banjos. Sie ahnen schon: Der ist nicht im US- Country ansässig und heißt auch ganz anders. Der, die oder das Ngoni? Da gehen die Meinungen im Deutschen auseinander, bei den Franzosen sagt man „le ngoni“. Also: DER Ngoni ist eine sogenannte gezupfte Spießlaute mit heute sieben bis neun Saiten und einem Resonanzkörper aus einer ausgehöhlten Kalebasse oder Holz. Das lässt ihn wie ein schickes Bötchen aussehen.

Er ist eines der wichtigsten Instrumente der Griots (10. August) und Teil eines großen Stammbaums: Verwandt mit ihm ist etwa die Gimbri der Gnawa (12. Februar/30. Juli) oder die mauretanische Tidinit (28. November). Auch eine altägyptische Laute aus dem 2. vorchristlichen Jahrtausend dürfte schon ein Urahne sein. Eine wunderbare Vorstellung: Dieses kleine pluckernde Instrument verzweigt sich vom sagenhaften Königreich Kusch aus bis in die Country-Hitparade hinein.

Und jetzt zum prominentesten Vertreter der Ngoni: Der Griot Bassekou Kouyaté aus der malischen Region Ségou hat den Ngoni nicht nur zum Solo-Akteur gemacht, sondern ihn demokratisch in eine Familie eingebettet. Das passt heute gut, da Mali seinen Demokratie-Tag im Gedenken an die Opfer des Staatsstreichs von 1991 feiert. „Seit dem 8. Jahrhundert spielen wir dieses Instrument – aber warum immer nur als Begleitung?“, fragt sich Kouyaté und fügt stolz lächelnd hinzu: „Mit meinen Brüdern und meinen Schülern habe ich also verschiedene Varianten der Ngoni kreiert, von der Bass-Lage bis zur kleinen Solo-Ngoni.“

Und das tönt mal nach einer edlen afrikanischen Kammermusik, manchmal mit erdigen Grooves und Verzerrer auch muskulös und rockig. „Ngoni Gone Wild“ könnte man sagen! Der Star in Kouyatés Band ist seine Gattin Amy Sacko, auch „Tina Turner Malis“ genannt. Und wenn Sie ihrer raspeligen Stimme lauschen, werden Sie schnell wissen, warum.

Querköpfige Bühnenbildner
27. März

Il Gran Teatro Amaro, Niederlande/Italien/Frankreich
„TERRORISME“
(*Piazza Orphelins*, RecRec 1995)

Jedes Jahr am 27. März wird der Welttag des Theaters gefeiert. Daher möchte ich heute eine kuriose Kapelle vorstellen, die mit fantasievollen Bühnenbildern und dem Erzählen querköpfiger, auch trauriger Geschichten ihr Publikum fasziniert. Il Gran Teatro Amaro präsentiert die Bühne des Lebens mit all seinen dunklen Zwischentönen.

Begegnet bin ich dem „großen bitteren Theater“ Mitte der 1990er, als ich sie für den freien Sender Radio Dreyeckland interviewte. Bunt, wie es bei einem Straßentheater sein sollte, ist schon ihr damaliges Line-up gewesen, mit dem Sänger, Gitarristen und Oud-Spieler François-Régis Cambuzat, der Akkordeonistin und Pianistin Roberta Possamai und den Holländern Robert von der Tol und Frank van Berkel an Gitarre, Banjo und Bass. Vom Rock kommend hatten sie die Nase voll von Lautstärke: „Wir wollten die Leute gerade durch das Spielen ohne Verstärkung auf eine andere Art berühren, sie auch mit dem Lebensgefühl der Niedergeschlagenheit konfrontieren“, sagte mir Cambuzat damals, und er spielte auf die – schon seinerzeit belämmernde – politische Situation in Italien und Frankreich an. Bereits 1995 erkannten die Musiker, dass in einem geeinten Europa eher finanzielle Vorzüge und nicht so sehr die Kommunikation der Künste im Zentrum stehen wird.

Mit Brecht und Pasolini als literarischen Inspirationsquellen geht es beim Teatro von Chanson über arabisches Kolorit bis zum italienischen Volkslied. Und da das reale Europa für sie keinen Reiz mehr bot, erfanden sie in ihren Albumtiteln Fantasieorte wie „Port Famine“, das „Hotel Brennessel“ oder die „Piazza Orphelins“. Hier können alle, die sich in der Mainstream-Gesellschaft verwaist fühlen, zusammenkommen, um zu musizieren. Dieses Album war das stärkste des außergewöhnlichen Quartetts, und das Eröffnungsstück ist ein wundersames Mischwesen von Cabaret, Musette und einer orientalischen Traumwelt.

Popstar trifft Ostkirche

28. März

Katie Melua feat. Gori Women's Choir, Georgien/Großbritannien (*1984)
„ALL-NIGHT VIGIL – NUNC DIMITTIS"
(*In Winter*, BMG 2016)

Es gibt im Leben vieler Popstars einen Moment, in dem sie beginnen, nach ihren Wurzeln zu forschen. Manchmal stoßen sie auch durch Zufall darauf. Bei Katie Melua war dieser Moment gekommen, als sie in ihre Heimat Georgien flog und dort den 24-köpfigen Frauenchor aus Gori hörte. Die sakralen Stimmen mit ihren langen, innigen Haltetönen hauten sie aus den Socken, und der Wunsch entstand, mit diesen Frauen ein Album aufzunehmen.

Melua und ihr Team karrten das Equipment dafür von England in die Region Innerkartlien und fingen einen Songzyklus ein, der das Thema Winter umkreist: Georgische, russische und rumänische Weihnachtslieder, ein ukrainisches Neujahrslied, Eigenkompositionen, auch eine Version von „River", der berühmten Anti-Christmas-Ballade der kanadischen Songwriterin Joni Mitchell (14. April), fanden den Weg auf das Album.

Heute möchte ich Ihnen aus diesem besonderen Album den Moment ans Ohr legen, der aus dem übrigen Repertoire noch mal herausragt. Melua hat hier ein Stück aus der orthodoxen Nacht-Liturgie aufgegriffen: das „Nunc Dimittis" wird seit dem 5. Jahrhundert in den Kirchen des Ostens gesungen. Im Text geht es um die Begegnung von Simeon mit dem Jesuskind: Nachdem er den Erlöser gesehen hat, weiß er, dass er in Frieden gehen kann. Katie Melua und der Gori-Chor greifen allerdings nicht den Originalchoral auf, sondern die Version des russischen Komponisten Sergej Rachmaninoff, der heute im Jahr 1943 starb. Die Kirche beauftragte ihn 1915, die gesamte Nachtwache neu zu vertonen. Melua fügt mit ihrer Gitarre einen kleinen Tupfer Folk in diese erhabene Melodie, die die Ahnung von etwas Großem, Heiligem verströmt.

Ein Strandlied der Sehnsucht

29. März

Dorival Caymmi, Brasilien (1914–2008)
„SAUDADE DE ITAPOAN"
(*Canções Praieiras*, Odeon 1954)

Von Brasiliens erster Hauptstadt Salvador da Bahia haben wir schon am 2. Februar gehört. Heute im Jahr 1549 wurde sie gegründet – für mich Anlass, einen Mann zu ehren, der während seines fast ein Jahrhundert währenden Lebens als DER Volkssänger Bahias gilt. Dorival Caymmi, ausgestattet mit einer sonoren, vollmundigen Stimme, besang das Leben der einfachen Leute von Bahia, die ausgelassenen Feste, die Sehnsucht nach dem Meer bis hin zur abwechslungsreichen Speisekarte der Afrobrasilianer. Verständlich: Wer einmal im Leben den Fischeintopf Moqueca oder die frittierten Krabbenbällchen Acarajé probiert haben, ist dieser Küche verfallen. Caymmi pflegte eine enge Freundschaft zum Autor Jorge Amado, der für die Verbreitung der afrobrasilianischen Kultur in seinen – auch bei uns beliebten – Büchern das Gleiche tat wie Caymmi in seinen Liedern.

Patriarch einer Familie weiterer berühmter Musiker, namentlich seine Kinder Nana und Dori, machte Caymmi schon ab den 1930ern in Rio Karriere, arbeitete mit Bossa-Nova-Vater Tom Jobim (8. Dezember) und lieferte João Gilberto (10. Juli) Hits wie das berühmte „Samba Da Minha Terra". Sein Herz und seine Sehnsucht blieben in allem, was er schrieb, immer Bahia verpflichtet. Das zeigt auch der wehmütige Gesang von 1954, den ich aus einer Platte herausgepickt habe, deren Titel sich mit „Strandlieder" übersetzen lässt. Und in der Tat: „Saudade De Itapoan" besingt einen der schönsten Atlantikstrände nicht nur Salvadors, sondern ganz Brasiliens, damals sicherlich noch ganz einsam und verlassen, heute ein schicker Vorort. Wenn ich „Saudade De Itapoan" höre, erfasst mich tatsächlich Sehnsucht nach meinem einzigen Aufenthalt in Bahia. Ich höre das Rauschen der Wellen und der Palmen – und ich bilde mir ein, dass ich sogar den Sand unter meinen Füßen spüre.

Ein stiller Seismograph

30. März

Gianmaria Testa, Italien (1958–2016)
„NIENT'ALTRO CHE FIORI"
(*Altre Latitudini*, Harmonia Mundi 2003)

„Zum Glück bringt mir mein Leben immer noch Tage, an denen ich fähig bin, zu träumen und zu hoffen. Denn das ist es doch, was uns heute so fehlt", sagte er mir fünf Jahre vor seinem viel zu frühen Tod. Gianmaria Testa war ein Poet, der wie aus der Zeit gefallen schien. Er trauerte den Siebzigern nach, als die Welt noch von einem ehrlichen Gemeinschaftsgefühl geprägt war und alles möglich schien.

In der mediterranen Musikszene war er eine Ausnahmeerscheinung: In einfachen Verhältnissen im Piemont aufgewachsen, als Jugendlicher mit dem Vater jeden Tag auf dem Feld, dann 25 Jahre lang im Dienst der italienischen Staatsbahn, kommt er als Spätzünder zur Musik. Erst mit Mitte Dreißig beginnt er seinen Weg in dem ihm eigenen ruhigen Tempo über Paris bis nach New York. Seine Markenzeichen: eine delikat brummende Sprechstimme, die ihm Vergleiche mit seinem viel berühmteren Landsmann Paolo Conte einbringt, auch mit dem Kanadier Leonard Cohen. Doch diese Vergleiche hinken ordentlich. Testa spielt in seinen leisen Liedern auf der poetischen Feinmechanik, erzählt Geschichten voller Metaphern, über Glühwürmchen im August, das Mondknäuel über Mailand, die Winterblumen und die Sterne überm Meer. Und immer wieder ist da die Liebe in all ihren Schattierungen, vor allem das Verzweifeln am Schweigen und das nüchterne Abschiednehmen.

Auf seinen jüngeren Alben wendet er sich politischen Themen zu, schlägt auch mal einen wütenderen Ton an: Etwa, wenn er über das Schicksal der Migranten in Europa nachdenkt, über die Umtriebe der rechtspopulistischen Lega Nord und die Arbeitslosigkeit der Jugend. Mit Gianmaria Testa haben wir einen stillen Seismographen verloren, der eine große Lücke hinterlässt. Zum heutigen Todestag möchte ich ihn mit einem seiner schönsten Lieder würdigen, das als kleines Bonbon auch noch ein wunderschönes Trompetensolo des Jazzers Enrico Rava beherbergt.

Der Putsch frisst die Bossa Nova

31. März

Wanda Sá, Brasilien (*1944)
„INÚTIL PAISAGEM“
(*Vagamente*, RGE 1964)

Als am Morgen des 1. April 1964 der Gitarrist Roberto Menescal mit einer blutjungen Sängerin in Rio de Janeiro ins Aufnahmestudio fährt, ist das Gebäude verschlossen und leer. Langsam sickert zu den Musikern durch, was am Vorabend passiert ist. Rio durch einen Putsch der Generäle lahmgelegt, Panzer auf den Straßen: der Auftakt zu einer 21-jährigen finsteren Militärdiktatur.

Der 31. März markiert somit auch das Ende der unbeschwerten Bossa-Nova-Ära (10. Juli), in der die Jugend mit raffinierter Rhythmik und leichtfüßigen, augenzwinkernden Texten das Leben feierte. Schlechtes Timing für die 19-jährige Wanda Sá, die gerade erst am Beginn ihrer Karriere steht und mit ihrem Debütalbum *Vagamente* nun unfreiwillig einen letzten Abschiedsgruß an die Bossa-Ära sendet.

Menescal und Sá machen aus der Not eine Tugend: Sie nehmen das vorgesehene Stück einfach mit den wenigen Musikern auf, die zum Studio durchgekommen sind, ohne großes Streichorchester, in denkbar intimer Atmosphäre. Und so entsteht eines der schönsten Stücke der späten Bossa, eine grandiose, intensive Zwiesprache der versonnenen E-Gitarre von Roberto Menescal und dieser schmachtenden Stimme: „Inútil Paisagem“. Die Melodie ist schmerzlich und chromatisch, macht viele unerwartete Wendungen. Tom Jobim (8. Dezember) zieht hier alle Kompositionsregister, greift auch auf seine Bewunderung für Impressionisten wie Debussy zurück. Und der Text von Aloysio De Oliveira ist eine Sternstunde der tropischen Romantik.

Wozu nützt so viel Himmel? Wozu so viel Meer? Wozu?
Wozu diese brechende Welle und der Nachmittagswind?
Wozu die Blumen, die auf dem Weg wachsen,
da er wertlos ist, wenn ich ihn allein gehen muss?

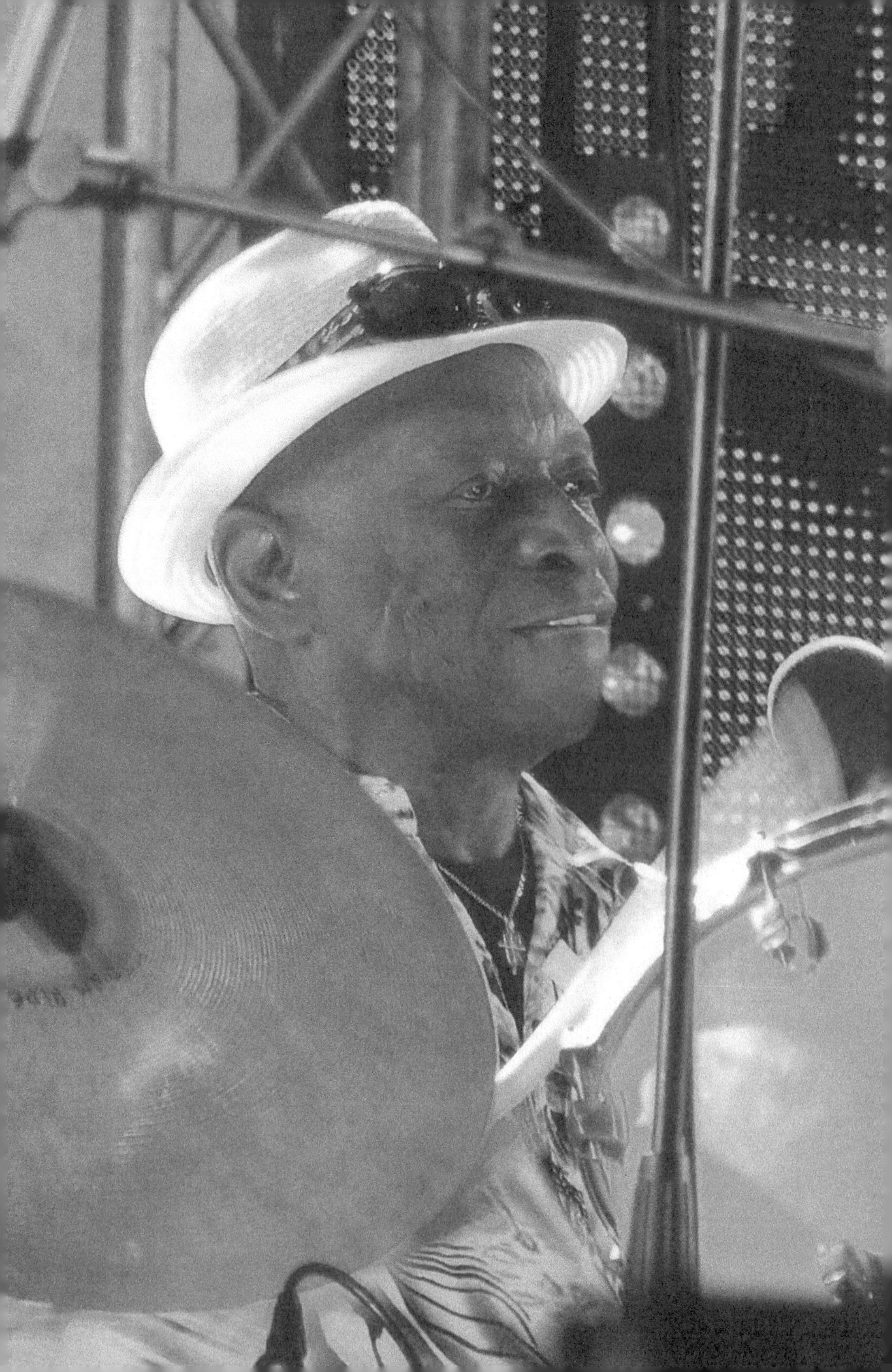

APRIL

Kehliges Fuchs-Porträt

1. April

Tanya Tagaq, Kanada
„FOX – TIRIGANIAK“
(*Auk – Blood*, Jericho Beach 2008)

Stellen Sie sich eine Fläche fünfmal so groß wie Deutschland vor. Sie würde von Dortmund bis 800 Kilometer südlich des Nordpols reichen, über die sich 35.000 Menschen verteilen. Das sind die Eckdaten des autonomen Territoriums Nunavut, das sich am 1. April 1999 von der kanadischen Provinz Northwest Territories löste und für seine Bewohnerinnen und Bewohner besondere Rechte erhielt.

Die Versöhnung Kanadas mit seinen Ureinwohnern, den First Nations (21. Juni), den Métis (7. März) und den Inuit steckt noch in den Kinderschuhen. Nach jahrhundertelangem Missbrauch der Kinder durch die Kirche, nach Zwangsumsiedlung und -missionierung gelangt ihre Kultur allmählich ins öffentliche Bewusstsein. „Vielfalt ist unsere Stärke“ – Premier Justin Trudeau hat das als neue Losung zum 150. Geburtstag des Landes 2017 ausgegeben.

Die erstaunlichste Sängerin der Inuit im 21. Jahrhundert ist Tanya Tagaq von der Cambridge Bay auf Victoria Island. Sie ist der erste internationale Inuit-Star, hat mit dem Kronos Quartet (15. November) und Björk (21. November) gearbeitet. Aus den traditionellen Elementen der Inuit-Musik und elektronischen, sphärischen Elementen schafft sie ein völlig neues Klanguniversum. Im Zentrum steht der Katajjaq, ein den Frauen vorbehaltener Gutturalgesang, in dem sich zwei Stimmen rhythmisch ineinander verzahnen.

In ihren Songs in der Muttersprache Inuktitut und auf Englisch beschreibt Tagaq in drastischen Bildern die Umweltzerstörung durch Minen und Fracking. Sie spricht über den Genozid an ihrem Volk und tritt vehement für die Seehundjagd ein, da die auch heute noch eine der Lebensgrundlagen ihres Volkes ist. Und sie porträtiert seelische und körperliche Zustände genauso wie wilde Tiere. Besonders lebhaft ist ihr der Fuchs gelungen – mit einem ganzen kehligen, heulenden, wimmernden Stimmenorchester zu einer schweifenden Violine.

Kosmisches Afrika
2. April

Just A Band, Kenia
„TILL WE TRY"
(*Sorry For The Delay*, Eigenverlag 2012)

Der Weltraum – unendliche Weiten. Und inmitten der Sterne schwebt eine Metallmaske. Bilderwelten wie diese würde man von einer ostafrikanischen Band bei uns eher nicht erwarten! Die vier heutigen Künstler aus Nairobi bezeichnen ihre Kunst denn auch als „Black SciFi". Gern erzähle ich ihre Geschichte am 2. April. Denn an diesem Tag im Jahre 1968 feierte Stanley Kubricks *2001 – Odyssee im Weltraum* in Washington D.C. Kinoweltpremiere. Aber die Science Fiction hat eben die westliche Welt nicht für sich allein gepachtet.

Just A Band klingt als Bandname sehr lapidar, und das Quartett um Daniel Muli begreift sich auch eher als Kollektiv. Als sie sich 2003 an der Uni zusammenschließen, ist von Anfang an klar, dass sie auch mit Bildern arbeiten wollen. Sie erfinden eine fiktive Bandbiografie und erschaffen den Filmhelden Makmende, den Star ihres Videos „Ha-He". 2012, als Höhepunkt ihrer Karriere, dann das Album *Sorry For The Delay* mit der Darth-Vader-Maske inmitten des Reichs der Sterne. Heute zählt es schon zu den Klassikern des Afro-Futurismus.

„Viele afrikanische Sagen haben kosmische Züge", sagt Daniel Muli, der fürs Sampling verantwortlich ist. „Unser Sound hört sich in mancherlei Hinsicht technoid an, weil wir Synthesizer und bearbeitete Stimmen verwenden und diese dann mit organischeren Klängen verknüpfen. Auch wir als Afrikaner haben das Recht, unsere Geschichte in diesen Genres zu erzählen." Just A Band huldigen dem Weltraum-Fan und Funk-Vater George Clinton genauso wie den französischen Electro-Stars Daft Punk. Und diese Einflüsse lassen sie mit afrikanischen Rhythmen wie dem Soukouss (19. Juli) oder kenianischer Popmusik der 1970er ins Wechselspiel kommen. Ein schöner Ohrwurm ist „Till We Try": Sänger Bill Sellanga flirtet mit dem Dreampop, dazu gibt es ziemlich kecke Blechbläser. The Kenian Eagle has landed!

Atmen gegen den Schmerz

3. April

Arooj Aftab, Pakistan/USA (*1985)
„SAANS LO"
(*Vulture Prince*, Verve 2021)

Grammy-Verleihungen sind oft vorhersehbar. Doch es gibt Ausnahmen: Am 3. April 2022 wurde in Las Vegas der begehrte amerikanische Musikpreis in der Kategorie Weltmusik-Newcomer erstmals einer Künstlerin mit pakistanischen Wurzeln überreicht.

Arooj Aftab (sprich: aruudsch) wuchs in Pakistan mit der Tradition der Ghazals auf, gesungener Liebeslyrik. Mit zwanzig kam sie in die USA, studierte Jazz in Berklee. Seitdem hat sie eine Worldjazz-Synthese entwickelt, die sie zuerst „Neo-Sufi" nannte, weil sie sich oft auf die Poesie von mystischen Dichtern beruft. Aftab hat aber auch ein tiefes Interesse an Minimal Music, experimentiert mit geschichteten Stimmen und Synthesizern.

Vulture Prince, das Grammy-Album, ist eine Bündelung all ihrer musikalischen Erfahrungen und auch ein Spiegel der schwierigen Pandemie-Zeit. Der meditative Songzyklus greift sowohl auf Sufi-Poesie als auch moderne Lyrik in der Sprache Urdu zurück, koppelt den Dichter Rumi (30. September/21. Dezember) mit Reggae, paart Pakistanisches mit Jazz. Gäste aus der ganzen Welt hat sie dafür ins Boot geholt, Anoushka Shankar (9. Juni) etwa oder Gyan Riley, Sohn des Minimal-Music-Begründers Terry Riley (4. November). „Ich wollte eine Platte machen, die nicht schwer ist, aber auch nicht losgelöst von den Ereignissen in einem La-La-Land schwebt. Es geht um die Pandemie, um Genozide, Depressionen. Aber auch um eine Welt, die dich überrascht, dich auffordert, weiterzumachen."

Der intensivste Moment ist „Saans Lo", von ihrer engen Freundin Annie Ali Khan stammt der Text. 2018 ging Khan nach Recherchen über Gewalt gegen Frauen in den Freitod. Mit diesem Gedicht wollte Khan ihrer Verzweiflung das Ur-Vertrauen in den eigenen Atem entgegensetzen. Arooj Aftab hat in ihrer Vertonung den Schmerz über den Verlust der Freundin in Töne gewandelt. Es überwältigt mich, wie diese Musik die Zeit stillstehen lässt.

Fruchtige Metapher

4. April

Waldemar Bastos, Angola (1954–2020)
„PITANGA MADURINHA"
(*Renascence*, World Connection 2004)

„Die Pitanga ist eine romantische Frucht", schwärmte Waldemar Bastos 2004. „Poeten benutzen sie oft als Metapher, wenn sie von der Schönheit einer Frau sprechen. In meinem Song spreche ich von Angola als einer Pitanga, die nun reif ist, da die Freiheit zurückkam."

Der Kampf um die Freiheit war im Leben des Songwriters immer eine wichtige Antriebsfeder. Er stammt aus der Provinz M'Banza Kongo und beginnt seine musikalische Laufbahn früh in Tanzbands. Die Lieder des Volkes, die Kirchenmusik des Vaters, aber auch der Soul der Jackson 5 bieten ihm Zuflucht vor dem Klima der Unterdrückung während der Kolonialzeit. Alle Einflüsse strömen in seinen eigenen Liedern zusammen, sein Markenzeichen ist seine empfindsam-kehlige Stimme, die auch niemanden kalt lassen kann, der die meist auf Portugiesisch gesungenen Verse gar nicht versteht.

Die Geheimpolizei PIDE versteht sie, und deshalb landet der Befürworter der Unabhängigkeit bereits mit 19 Jahren in Haft. Nach der Unabhängigkeit 1975 wird es für Angola nicht besser: Ein brutaler Bürgerkrieg schließt sich an, Bastos flieht nach Portugal. Aus dem Exil kommentiert er als Kämpfer für die Demokratisierung jahrzehntelang die politischen Verhältnisse in seiner Heimat. Eine erste Platte nimmt er 1983 in Brasilien auf, der weltweite Durchbruch erfolgt aber erst viel später.

Als der Bürgerkrieg 2002 endlich vorüber ist, feiert Bastos das mit seinem Album *Renascence*, aus dem unser heutiges Lied zum Tag des Waffenstillstandes stammt. 2018 erhält er vom neuen angolanischen Staatspräsidenten João Lourenço als Zeichen der Versöhnung den Nationalen Preis für Kultur und Künste. Gerade noch rechtzeitig, denn zwei Jahre später erliegt dieser integre Künstler einem Krebsleiden. Waldemar Bastos war ein Vorbild für viele junge Lyriker und Rapper – nicht nur in Angola, sondern in der gesamten lusophonen (portugiesischsprachigen) Welt.

Heimkehr nach Sulawesi

5. April

Tarika, Madagaskar
„SULAWESI“
(*Soul Makassar*, 2001)

Es war die größte von Menschen der Neuzeit beobachtete Vulkaneruption: Am Morgen des 5. April 1815 begann auf der indonesischen Insel Java der Ausbruch des Tambora, der auch noch in Makassar auf der 400 Kilometer entfernten Insel Sulawesi zu hören war. Die Vulkanasche legte sich um die ganze Erde, führte zu Missernten und 1816 zu einem Jahr ohne Sommer. Indonesien hat aber glücklicherweise nicht nur durch Naturkatastrophen weltweite Auswirkungen verursacht. Gerade musikalisch sind seine Verflechtungen ungeheuer spannend.

Vor rund 1500 Jahren wurde Madagaskar von Indonesien her besiedelt. Nach musikalischen Parallelen zu suchen scheint daher naheliegend, aber das hatte lange Zeit einfach niemand unternommen. Doch dann kam Hanitra Rasoanaivo! Ihr Vorname spricht sich „antsch“, und sie stammt aus dem Volk der Merina, ihr Wohnsitz ist London. Mit ihrer Gruppe Tarika hat sie die Geschichte Madagaskars auf verschiedenen Themen-CDs aufgearbeitet. Das für mich spannendste Album ist *Soul Makassar*, für das sie die Reise quer über den Indischen Ozean angetreten hat: Pionierarbeit.

„Bei drei Völkern auf der Insel Sulawesi entdeckte ich so viele Gemeinsamkeiten zu unserer Kultur: die soziale Struktur der Kasten, ihre animistische Vorstellungswelt und ihre metaphorische Art zu dichten. Ich fühlte mich, als wäre ich heimgekommen! Auch musikalisch gibt es sehr verwandte Rhythmen und ähnliche Zithern und Flöten. Und als ich zu den Makassar kam, nach denen das Album benannt ist, fragten sie mich: ‚Wo bist du denn so lange gewesen?‘“ Im ruhigen Stück „Sulawesi“ musizieren indonesische Instrumente wie die Flöte Suling, die javanesische Kastenzither Kacapi und die Khendang-Trommel mit der madagassischen Röhrenzither Valiha, die im südostasiatischen Archipel ihre Vorfahrin hat. Überwältigt von der Schönheit hat Hanitra es kurz nach ihrer Ankunft auf der gleichnamigen Insel geschrieben.

Oase des Mythenvogels
6. April

Bahur Ghazi's Palmyra, Syrien/Schweiz
„PHOENIX RESUMPTION"
(*Bidaya*, Jazzhaus Records 2018)

Palmyra: Allein der Klang des Wortes beschwört sagenhafte Bilder herauf. Die Jahrtausende alte Oasenstadt im heutigen Syrien war Karawanen-Stützpunkt, kultureller Knoten zwischen Mesopotamiern, Persern, Griechen und Römern. Ihren berühmten Baal-Tempel weihte man heute im Jahr 32 vor Christus. Nach den grauenhaften Zerstörungen durch den IS in jüngster Zeit existiert Palmyra mehr denn je als magischer Ort in der Vorstellungskraft.

„Ich fühle Palmyra so tief in meinem Herzen, obwohl ich nie da war", sagt der syrische Oud-Spieler Bahur Ghazi. „Den Sonnenuntergang hinter den Tempeln, den Geschmack der Luft, die Wüste. Es war sehr traurig, von den Zerstörungen zu hören. Als Musiker musste ich dem mit etwas Schönem begegnen. Musste dem Krieg, dem Hass, der Gewalt etwas entgegensetzen."

Ich treffe einen jungen Musiker mit gewinnendem Lächeln. Er strahlt Schaffenswillen aus, auch wenn seine Biografie von den furchtbaren Ereignissen der 2010er geprägt ist. Aus einer ländlichen Region an der jordanischen Grenze stammt Ghazi, das Spiel auf der Oud bringt er sich mit Aufnahmen seines irakischen Idols Naseer Shamma (12. April) bei, bis der Meister ihm ein Stipendium in Kairo gewährt. Dort demonstriert Ghazi vor der Botschaft für ein freies Syrien, ist fortan auf der Liste der Häscher von Diktator Assad. Der Rückweg ist ihm verbaut, sein Dorf wird bei Angriffen zerstört. Ein Land, in dem man ohne Angst leben und frei Musik machen kann, davon träumt er.

Und er findet es schließlich in der Schweiz, wo er in Graubünden eine Band mit Musikern zwischen Jazz und Volksmusik formiert. Die Sehnsucht nach seinen Wurzeln ist hörbar in melancholischen Oud-Improvisationen, aber auch die Experimentierfreude und eine fast rockige Energie. „Phoenix Ressumption" nennt er eines der Stücke: Ghazi hofft, sein Land werde es eines Tages dem Phoenix gleichtun und sich wieder aus der Asche erheben.

Tiefnächtliches vom Sitarmeister

7. April

Ravi Shankar, Indien (1920–2012)
„RAGA KHAMAJ“
(*Ravi Shankar Edition*, Warner 2020)

Zsa Zsa Gabor ist schuld. Auf einer ihrer Partys wurde der Sitarmeister mit dem Beatle George Harrison (15. März) bekannt gemacht, heißt es. Wenig später sitzen die beiden auf einer Wiese, und der Inder Ravi Shankar versucht, dem Briten das Spiel auf der Langhalslaute beizubringen. Der Rest ist Legende: Etliche Stücke der Fab Four sind fortan indisch angetupft, Shankar wird zum Symbol für die „East meets West“-Begegnung.

Doch da hat der heute im Jahre 1920 in der heiligen Stadt Benares Geborene schon ein ganzes Musikerleben hinter sich. Zunächst Tänzer im Ensemble seines Bruders, nimmt er Sitar-Unterricht beim großen Guru Allauddin Khan. Er wird ein stiller Revoluzzer: Innerhalb der Ragas, jenen Tonskalen, die Tageszeiten und Stimmungen zugeordnet sind, mischt er nord- und südindische Tradition, sorgt für rhythmische Innovationen. Komponist für die Filmindustrie, Musikchef von All India Radio, ab den 1950ern Europatourneen. Auf den Festivals in Monterey und Woodstock vereinnahmen ihn die Hippies, doch Shankar ist geschockt von ihrer Kleidung und den Drogen.

Eine Persönlichkeit der Weltgeschichte wird er trotzdem, spielt vor Staatschefs, bekommt selbst einen Posten im indischen Oberhaus. Er komponiert Werke für Symphonieorchester, geht mit seinem Seelenverwandten Yehudi Menuhin ins Studio. Der Geiger sagt später: „Was sein Genie und seine Menschlichkeit angeht, kann man ihn nur mit Mozart vergleichen.“ Auch im Jazz hinterlässt er Spuren: Den Saxophonisten John Coltrane beeindruckt er so sehr, dass der seinen Sohn nach ihm nennt. An Bekanntheit fast übertroffen haben ihn in den letzten Lebensjahren die beiden Töchter, Jazz-Superstar Norah Jones und ihre Halbschwester Anoushka (9. Juni).

Den besänftigenden „Raga Khamaj“ hat Shankar 1967 in London eingespielt. Er gehört zu den Stunden zwischen Mitternacht und drei Uhr morgens. Wenn Sie also heute Nacht schlaflos sein sollten …

Freudenvoller Tieftöner

8. April

Orlando „Cachaíto" López, Kuba (1945–2009)
„TUMBANGA"
(*Cachaíto*, World Circuit 2001)

Heute ist der *Buena Vista*-Moment dieses Buches. Als ehemaliger Händler von Weltmusik-CDs konnte ich dem Boom der kubanischen Altherren-Combo nicht entgehen. Es gab Jahre, in denen sich die erste CD des Buena Vista Social Clubs so rasant verkaufte, dass ich mir vorkam wie an einer Brotschneidemaschine. Kuba galt als cool und chic, viele Jahre lang war das Etikett „Buena Vista" eine Gelddruckmaschine. Als Journalist aber konnte ich mir glücklicherweise aussuchen, wen aus der Truppe ich interviewen mochte. Der Mann, der mich am meisten faszinierte, war der Bassist Orlando López, genannt „Cachaíto", der Freudvolle.

Und diesen Eindruck habe ich auch von ihm, als er am 8. April 2001 im Stadtcasino Basel sein Album vorstellt. Vor dem Konzert treffe ich ihn auf einen Espresso in der Kantine. „Ich hätte mir nie träumen lassen, dass ich mein Talent einmal so in den Vordergrund stellen kann wie auf der Platte, die jetzt herauskommt", sagt der Mann aus einer Basser-Dynastie. Produzent Nick Gold hatte hier ein paar mehr Ideen als das bloße Pflegen von Kuba-Nostalgie. Er lud den jamaikanischen Keyboarder Bigga Morrison ein, um eine karibische Querverbindung zu schlagen. Und er stellte neben dem grandiosen Bass gleich drei Perkussionisten ins Zentrum. Das machte den Sound wirkmächtig, spirituell. Für den großartigen Track „Tumbanga" bestellte er den südafrikanischen Trompeter Hugh Masekela (13. März). Auch auf der Bühne funktioniert das mitreißend.

Doch dann passiert die Katastrophe: Der Geiger des Nonetts, Pedro Depestre, bricht nach einem wirbelnden Solo am Bühnenrand zusammen. Er kann nicht mehr reanimiert werden. Besondere Tragik des Abends: Da stirbt der Jüngste der Band, mit nur 55 Jahren. Geschockt und sehr langsam verlässt das Publikum den Saal. Wenig später wird die Tournee fortgesetzt, das Musikbusiness ist unerbittlich: The show must go on.

Aus der Steppe ins Altmühltal

9. April

Egschiglen, Mongolei
„MORIIN KHUUR KONZERT"
(*Zazal*, Heaven & Earth 2002)

Eine Schlacht am heutigen Tag im Jahr 1241 mag weit weg von unserem Alltag sein. Aber wie wäre die Weltgeschichte verlaufen, wenn die Mongolen nach ihrem Sieg bei Liegnitz weiter nach Westen vorgestoßen wären? Hier, und auch weiter im Süden, in Mähren und Ungarn, kehrten sie wohl nur um, weil zu Hause ein neuer Herrscher zu wählen war.

Viel später kamen dann wieder Mongolen. Irgendwann in den späten 1980er schwirrte ein hohes Sirren durch die deutschen Fußgängerzonen. Ging man der Richtung nach, gesellte sich zum Sirren ein sattes Dröhnen. Und machte man schließlich die Quelle ausfindig, stand man vor einer Gruppe asiatischer Musiker. Über ihre Stimmen legte sich eine wispernde Melodie, aber plötzlich grunzten tiefste Abgründe. Der Kehlkopfgesang Khöömei, der sowohl Ober- als auch Untertöne hervorbringen kann, war in Deutschland angekommen. Begleitet wurden die Stimmen von der Pferdekopfgeige (Moriin Khuur) mit ihren galoppierenden und wiehernden Sounds – ein Instrument, das dem wichtigsten Tier der zentralasiatischen Steppen Tribut zollt.

Während der letzten Jahrzehnte hat sich die Musik der Mongolei aufgefächert: Es gibt Punk- und Heavy-Metal-Bands, die mit den Wurzeln spielen. Aber es gibt auch ein Ensemble, das die Tradition so verfeinert hat, dass sie fast in die Nähe klassischer Kammermusik gerät. Die Musiker von „Egschiglen" (auf Deutsch sehr passend „schöne Musik") aus Ulan-Bator ließen sich im fränkischen Altmühltal nieder und entwickelten zwischen den Erdteilen eine einzigartige euro-mongolische Klangsprache.

In ihrer Musik blühen die Langlieder (Urtiin Duu), auch die epischen Tuuli-Gesänge und die Preislieder Magtaal neu auf. Durch den Einsatz mehrerer Pferdekopfgeigen entstehen Texturen, die sich fast wie abendländische Streichquartette anhören – wie etwa im „Moriin Khuur Konzert" aus der Feder des mongolischen Komponisten Dsunduin Hangal (1948–1996).

Folkpop für die Wälder

10. April

Kolonien, Schweden

„TILL SKOGEN“

(*Till Skogen*, Cumbancha 2022)

Am 10. April 1872 wurde in den USA auf Initiative des damaligen Landwirtschaftsministers Julius Sterling Morton der Arbor Day eingeführt. Allein in Nebraska wurden damals eine Million Bäume gepflanzt. Heute wird der Tag des Baumes in vielen Ländern mit Pflanzaktionen begangen, und das ist notwendiger denn je. Lange habe ich mir überlegt, welche Band ich Ihnen an diesem besonderen Tag vorstellen kann. Und dann traf ich auf umweltbewusste Schweden.

Das quirlige Quartett Kolonien kommt aus der Region Järna südlich von Stockholm. Kolonien verbinden die skandinavische Tugend, Ohrwürmer zu zaubern, mit den tiefsinnigen Farben der Volksmusik. Dazu kommen Einflüsse von Westafrika bis Brasilien und eine engagierte Haltung gegen Klimawandel und Waldvernichtung. „Kolonien“ will die Band im ursprünglichen Wortsinn verstanden wissen, als Ort des Kultivierens, Ausloten neuer Böden. Das verkörpert die Band im musikalischen Sinne bestens.

In der Heimat machen die zwei Brüder, ihre Cousine und ein Kumpel von nebenan schon länger Wirbel, *Till Skogen* („Zum Wald“) ist ihr drittes Werk. „Was wird passieren, wenn all unsere Wurzeln durchgeschnitten und verbrannt sind?“, fragen sich die Musiker angesichts der täglichen weltweiten Vernichtung der Waldbestände. „Der Wald zu Hause war für uns immer ein Symbol für die Familie, von der Wurzel über den Stamm bis zu den Blättern am Ende des kleinsten Zweiges.“

Das musikalische Ergebnis ist vielfältig: Es reicht vom seelenvollen A-cappella-Titelstück, das die brennenden Wälder betrauert, bis zum knackigen Folkpop des Eröffnungsstücks. Und es geht über afrikanische Gitarren- und Basslinien bis hin zu einer afro-brasilianischen Samba-Party. Eine gute Sache: 10 Prozent der Einnahmen an *Till Skogen* spendet die Band der schwedischen Organisation Skydda Skogen, die sich für Biodiversität einsetzt.

Maurice auf Menorca

11. April

Marco Mezquida, Katalonien (*1987)
„LE TOMBEAU DE COUPERIN"
(*Ravel's Dreams*, illene 2017)

Touristisch mag die Balearen-Insel Menorca im Windschatten der zwei „großen Schwestern" Mallorca und Ibiza liegen. Für ihre Kultur trifft das allerdings überhaupt nicht zu: Schiffe mit italienischen Operntruppen machten im 19. Jahrhundert hier Station, die hielten ihre Generalproben für Barcelona ab, was auf die Sangeskünste der Einwohner abgefärbt haben soll. Und von hier stammt auch einer der herausragenden Pianisten, die Iberien zu bieten hat.

Marco Mezquida überwindet Grenzen zwischen Klassik, Jazz und traditioneller Musik: „Ich liebe das Piano in seiner Gesamtheit, und es besteht nicht einfach nur aus 88 Tasten", macht Mezquida klar. „Es stecken so viele Möglichkeiten der Klangerzeugung drin. Mit meinen Fingern und Händen kreiere ich Sounds, die von ganz verschiedenen Dingen inspiriert sind, von der Gamelanmusik (5. September) oder von einer gedämpften Gitarre. Als ich jung war, habe ich außerdem viel Kirchenorgel studiert, und wenn ich improvisiere, erzeuge ich gern Klänge, die nahe an der Orgel sind." In seinem Trio spielt er mit zwei außergewöhnlichen Mitstreitern: Aleix Tobías ist ein Tausendsassa auf den Perkussionsinstrumenten, der die Töne buchstäblich malt. Und der Kubaner Martin Meléndez zählt zu den großen Virtuosen auf dem Cello, er schöpft sowohl aus seinem klassischen wie jazzigen Background.

Auf ihrer CD *Ravel's Dreams* laufen die drei zu Hochform auf: Selten habe ich eine so ideenreiche Adaption eines klassischen Werks im Jazz gehört. Diese Brücke ergibt auch Sinn, denn Maurice Ravel war selbst vom frühen Jazz und vom Blues fasziniert. Mein Lieblingsstück ist „Le Tombeau De Couperin", in dem das Trio verschiedene Momente der viersätzigen Suite verarbeitet hat. Scheinbar strahlt sie Heiterkeit aus, hat aber einen ernsten Hintergrund. Ravel hat das Werk Freunden gewidmet, die im Ersten Weltkrieg fielen. Uraufgeführt wurde es am 11.4.1919.

Duftende Kammermusik
12. April

Naseer Shamma, Irak (*1962)
„TAALIM HUVIVYA"
(*Hilal*, Pneuma 2005)

Hohe arabische Klangkunst hat auch in der deutschen Hauptstadt eine Heimat: Am 12. April 2017 gründete der Lauten-Virtuose Naseer Shamma das Oud-Haus Berlin e.V. Shamma sieht sich als kultureller Vermittler, der mit seinen Projekten weit über den arabischen Raum hinauswirken will. Ein Virtuose ohne Berührungsängste mit Klassik und Jazz.

Die irakische Oud-Tradition konnte in den letzten hundert Jahren einen besonderen Reichtum entwickeln. Dem weicheren, tieferen Sound anderer Länder steht im Zweistromland ein durchsetzungsfähigerer Klang gegenüber. Erreicht wird das durch eine besondere Art der Saitenbespannung, so kann die Oud auch mit einem großen Orchester spielen. Shamma entwickelte neue Spieltechniken, sogar eine ziemlich revolutionäre für Einhändige, inspiriert durch die im Iran-Irak-Krieg versehrten Soldaten. Und er baute, um mehr Tonumfang zu haben, eine Oud mit acht Melodiesaiten, für die er Vorbilder in einem Manuskript aus dem 9. Jahrhundert beim Musiktheoretiker Al-Fārābī fand.

Zentral in Naseer Shammas Arbeit sind die Brückenschläge zur klassischen abendländischen Musik. Seine vermittelnde Arbeit hat ihm die Position eines UNESCO-Künstlers für den Frieden eingebracht. Unter seinen vielen erstaunlichen Teamworks findet sich eine Partnerschaft mit dem Jazztrompeter Wynton Marsalis genauso wie ein Meeting mit dem pakistanischen Sitarspieler Ahraf Sharif Khan, das er im Projekt *Viaje De Las Almas* verwirklicht hat. All das empfehle ich Ihnen wärmstens, habe aber noch eine ganz andere Leckerei ausgesucht. Shammas Oud, eingebettet in den Klang des Ensembles Oyoun: duftende, flinke arabische Kammermusik mit Laute, Ney-Flöte, der Kastenzither Qanun, Rahmentrommel und Streichern.

Rausgepusteter Sibelius
13. April

Sväng, Finnland
„LEMMINKÄISEN KOTIINPALUU"
(*Sväng Plays Sibelius*, Jumi-Tuotanto Oy 2015)

Wer an finnische Musik denkt, denkt an Jean Sibelius, den „Nationalkomponisten", an seine schwermütigen Kompositionen *Der Schwan von Tounela* oder die *Valse Triste*. Aber die Schwere erdrückt Sibelius' Werk nicht immer, im Gegenteil. In der – heute im Jahr 1896 in Helsinki uraufgeführten – *Lemminkäinen-Suite* gibt es einen vierten Satz, der es in sich hat. Lemminkäinen ist ein Held aus dem in Runen gedichteten Epos *Kalevala*. Und der kehrt im Finale der Suite nach vielen überstandenen Abenteuern – unter anderem wird er vorübergehend zerstückelt und in einen See geworfen – triumphal zurück.

Nachdem Sie eine Orchesterversion gehört haben, stellen Sie sich jetzt einmal vor, wie dieses Stück ausschließlich auf Mundharmonikas gespielt klingt. Sie haben richtig gehört: Mundharmonikas. Nur mit ihnen nämlich macht das Quartett Sväng höchst originell Musik. Sehr distinguiert sieht das Herrenquartett aus, doch ein neckischer Hahnenkamm hier, eine lange rote Mähne dort deuten schon auf humoreske Färbungen im Gemüt der Herren hin.

Nicht jeden der Mundhobel, auf denen die vier zu Werke gehen, kann man locker aus der Hosentasche ziehen: Neben den „normalen" diatonischen und chromatischen Harmonikas gibt es eine Harmonetta, die einer mechanischen Schreibmaschine en miniature gleicht. Und es gibt ein monströses Bassharmonika-Biest. Es lässt den Spieler eher so aussehen, als ergründe er das Innenleben eines Toasters. Der Sound tiriliert und tremoliert, es schnarrt, knarzt und grummelt, es pfeift und heult – oder kurz: es „svängt". Und das in einem Repertoire von Klezmer über Polka und Country, sogar Fernöstliches klopft an.

Am schönsten für mich ist aber die Platte, auf der sie sich ganz den Sibelius-Kompositionen verschrieben haben, gekrönt vom Porträt unseres Helden Lemminkäinen. Die Harmonika-Familie pustet hier mit der Power eines ganzen Symphonieorchesters.

Eine Schlange vor der Skyline
14. April

Joni Mitchell (*1943) & The Drummers Of Burundi (Kanada/Burundi)
„THE JUNGLE LINE"
(*The Hissing Of Summer Lawns*, Elektra 1975)

Um die Entstehungsgeschichte des heutigen Musikstücks zu erzählen, muss ich etwas weiter ausholen. Doch am Ende steht ein fantastischer Song, wie man ihn in der Popmusik nur selten zu hören bekommt.

Wer sich mit der Musik aus aller Welt beschäftigt, kommt um Ocora nicht herum. Seit dem 14. April 1962 besteht dieses französische Label, das sich gründete, um Feldaufnahmen aus aller Welt aufzunehmen und zu veröffentlichen. Sprich: Ethnomusikologen schwärmen in die entferntesten Winkel der Erde aus, fangen vor Ort unbekannte Klänge ein. Es gibt wohl kaum ein Land der Erde, in dem die Ocora-Leute ihre Mikros nicht schon aufgestellt hätten. Einer dieser Musikforscher war der Franzose Michel Vuylsteke, der 1967 in Burundi arbeitete. In dem kleinen ostafrikanischen Binnenstaat nahm er in Bukirasazi die Ingoma-Trommler auf, die exklusiv am Hof des Königs spielen durften.

Die massive Wucht dieser Trommler scheint acht Jahre später die kanadische Songwriterin Joni Mitchell beeindruckt zu haben. Mitchell befand sich in einer Umbruchphase und suchte für ihr siebtes Album *The Hissing Of Summer Lawns* nach neuen Ansätzen, um ihre Texte zu transportieren. Hier legt sie die hypnotischen Trommelbatterien unter einen Text, der nicht so leicht zu entschlüsseln ist. Mitchell spricht davon, wie der Westen sich schwarzafrikanische Kultur einverleibt und sie gleichzeitig immer noch als primitiv und allzeit verfügbar sieht. Dazu nutzt sie auch Motive, die auf den Maler Henry Rousseau verweisen. Der Culture Clash zeigt sich auch auf dem Cover der Platte: Afrikaner tragen eine riesige Schlange vor der Skyline von L.A.

Diese Auseinandersetzung mit Afrika in Worten und Klängen war in der Popmusik 1975 absolut pionierhaft. Joni Mitchells Kollegen wie Brian Eno (14. Mai), Peter Gabriel (13. Mai) oder Paul Simon brauchten noch ein paar Jährchen, um auf diese Fährte zu kommen.

Klänge hinter goldenen Wänden

15. April

Kyaw Kyaw Naing & Ensemble, Myanmar
„CHIT KYOO THWE TOG NYIN HMAR LAR"
(Various Artists: *White Elephants & Golden Ducks – Enchanting Musical Treasures From Burma*, Shanachie 1997)

Mitte April, im dort heißesten Monat des Jahres, feiert Myanmar sein ausgelassenes Wasserfest Thingyan, bei dem niemand trocken bleibt. Das nehme ich zum Anlass, Ihnen eine sehr eigenartige Klangwelt aufzutischen, die von unseren Hörgewohnheiten so weit entfernt ist, wie man es sich nur denken kann. Aber wer weiß: Vielleicht sind Sie nach ein paar Minuten ja völlig hin und weg von diesen Tönen.

Aus Myanmar hört man derzeit leider nicht viel Gutes, die News ranken sich um Militärputsche oder Diskriminierung der Minderheiten. Das Land, das bis 1989 Birma bzw. Burma hieß, besitzt aber eine der reichsten Musiktraditionen in Südostasien. Man nähert sich ihr am besten mit dem Auge. In einem typischen Festmusik-Ensemble sitzen die Musiker tatsächlich hinter riesigen goldenen Wänden – so, als sollte die Öffentlichkeit gar nicht sehen, was sich dahinter verbirgt. Hsaing Waing heißt das gülden eingerahmte Orchester, und es besteht aus einer Reihe von Gongs namens Maung Zaing und dem 21-teiligen, auf verschiedene Tonhöhen gestimmten Trommelensemble Pat Waing. Dazu tritt eine Oboe (Hne) mit einem schneidend-quäkenden Ton. Außerdem im Aufgebot: eine Bogenharfe namens Saung Gauk, die eigentlich mehr aussieht wie eine venezianische Gondel. Bambusxylophone, Hackbretter, Querflöten. Und eine sogenannte „Krokodilszither"!

Musik aus Myanmar bei uns zu entdecken ist nicht so leicht! Einen wunderbaren, vielseitigen Eindruck vermittelt die CD *White Elephants & Golden Ducks*, sie beherbergt den ganzen herrlichen Fuhrpark dieser einzigartigen Instrumente. Außerdem ist der Hsaing-Waing-Musiker Hein Tint mit seinem Ensemble immer wieder in Europa unterwegs. Tint war beteiligt, als der Bassist und Orchesterleiter Tim Isfort aus Moers vor einigen Jahren das Wahnsinnunternehmen wagte, ein Jazzensemble mit diesen Klängen zu konfrontieren …

Ein Körper wird ganz Ohr

16. April

Bobby McFerrin, USA (*1950)
„SAY LADEO"
(*Vocabularies*, EmArcy 2010)

„Der Akt des Singens ist eine spirituelle Sache, ob ich nun sakrale Musik singe oder nicht. Es ist für mich ein Weg zu beten, Gott zu preisen. Außerdem ist es eine Art Vertrauen: Ich öffne meinen Mund und warte, was passiert, ohne zu wissen, wie alles enden wird."

Jeder Satz von Bobby McFerrin war ein Bekenntnis zur menschlichen Stimme in diesem Interview, das ich im Sommer 2009 mit ihm führte. Für die Bühne des Römertheaters im schweizerischen Augst hatte er seine Global-Oper *Bobble* im Gepäck. Ich erinnere mich, wie er ein unvorhersehbares vokales Miteinander zelebrierte – mit Schweizer Rap, zentralasiatischem Gesang, Beatboxing und experimentellem Jodeln. Die meisten der zwanzig Mitwirkenden hatte er vorher noch nie getroffen. Wie babylonische Sprachverwirrung durch Musik besiegt werden kann, das war sein Thema.

Was McFerrin 2009 sagte, ist heute noch zutreffender: „Ich möchte wieder überrascht werden von Musik, das fehlt mir sehr. Wir sind nicht mehr in der Lage, Begeisterung zu entwickeln, denn Musik ist ein ständiger Background geworden. Als ich in den 1960ern Herbie Hancock und Miles Davis entdeckte, war ich noch wie vom Donner gerührt. Mein ganzer Körper wurde Ohr, es war, als ordnete sich meine molekulare Struktur neu. Heutzutage müssen wir uns erziehen, an einen Platz zu gehen, wo Musik gemacht wird. Uns vergegenwärtigen: Was wir gerade hören, hat uns so noch nie erreicht. Darum bin ich Improvisator: Es gibt diese raren Momente, in denen meine Stimme ganz von allein zu Orten schwebt, die ich niemals für möglich gehalten hätte – für diese Momente lebe ich."

Ein Jahr nach unserem Gespräch erschien, dieses Mal gar mit 50 Mitwirkenden, seine ebenfalls weltumspannende Scheibe *Vocabularies*, auf denen etliche meiner Lieblingsstücke seines Schaffens enthalten sind. Zum heutigen World Voice Day habe ich das extrem groovige „Say Ladeo" ausgesucht.

Wimmelbild aus Napoli

17. April

Daniele Sepe, Italien (*1960)
„RAGGATRUFFEN“
(*Spiritus Mundi*, Piranha 1995)

Vergessen Sie alles, was Sie über neapolitanische Musik zu glauben wissen: „O Sole Mio“, schmalzige Opernarien, Mandolinen … Denn hier kommt ein Geburtstagskind, das mit Napoli-Klischees gründlich aufräumt.

Er singt und zupft nicht, sondern er ist Saxophonist. Im Laufe seiner Karriere hat Daniele Sepe mindestens ein halbes Dutzend Bands angeführt, er agiert als Komponist und Dirigent und als Liedermacher mit Spezialgebiet Protestlied. Wer in Sepes Klanguniversum einsteigen will, sollte sich die Scheibe *Spiritus Mundi* zu Ohren führen. Das war auch meine Einstiegsdroge, die mir noch beim fünfzigsten Hören neue Rauschzustände beschert. Das liegt daran, dass Sepe oftmals in einem einzigen Stück unzählige Musikstile bündelt: von der neapolitanischen, apulischen und kalabrischen Folklore über Hip-Hop-Farben und Funk bis hin zu wilden Ausbrüchen von Free Jazz. Daraus entstehen grandiose akustische Wimmelbilder.

So ist das auch bei der Komposition auf *Spiritus Mundi*, die einen am unmittelbarsten packt: „Raggatruffen“: Hier verzwirbeln Sepe und seine Truppe innerhalb von fünf Patchwork-Minuten die verschiedensten Farben. Das Stück wird von einer Banda eingeführt, eine Blaskapelle, wie sie in Süditalien zu den religiösen und weltlichen Festen aufspielt. Immer wieder wirbelt eine neapolitanische Volksliedmelodie durchs Geschehen, die daran zu erkennen ist, dass sie auf einer lydischen Skala gründet (sie beginnt mit einem Halbton).

Dann gibt es einen rasanten Sprechgesang im lokalen Dialekt, und der geschieht im Raggamuffin-Stil – eine Mischung aus Reggae und Rap, die in den 1980ern auf Jamaika aufkam. Schließlich hätten wir noch ein orientalisches Intermezzo mit einer Knickhalslaute im Sortiment. Am Ende vereinigt sich der Chor zu einem Instrumentenspektrum von Piccoloflöte bis hinunter zur satten Tuba. Spätestens jetzt dürfte „O Sole Mio“ aus Ihren Ohren rausgepustet sein.

Marrakesch im Blut

18. April

Oum, Marokko (*1978)
„LIK“
(*Soul Of Morocco*, Galileo 2013)

„Ich möchte die Seele meines Landes zeigen, eine Seele mit vielen Farben, die mit Leichtigkeit Einflüsse aus ganz Marokko und Kulturen der Welt aufnehmen kann“, erzählt Oum von ihrem Wunsch. Ihren kurzen Künstlernamen kann man sich gut merken, ihren eigentlichen nur mit viel Übung: Oum El Ghaït Benessahraoui. Die Heimat des heutigen Geburtstagskindes ist Marrakesch, Schnittstelle zwischen dem Norden und Westen des schwarzen Kontinents. Diese magische Stadt sei mit ihrer Musik von Jugend an „in ihren Körper geflossen“, ohne dass sie eine Wahl gehabt habe, sagt Oum.

Ich treffe sie im Vorfeld eines Konzerts in Strasbourg – und bin erst einmal überrascht über ihre unauffällige Erscheinung in Jeans und Lederjacke. Auf der Bühne dagegen strahlt Oum in Farbenpracht, mit Kleidern, die sie in Anlehnung an verschiedene traditionelle Kleidungsstile selbst kombiniert. Von klein auf ist vertraut mit den Festklängen der Hochzeiten, den Sounds, die aus den Gewürzläden der Berber schallen, der Musik des Atlasgebirges und dem marokkanischen Folkpop Chaâbi. Doch dazu mischen sich Soul und Pop, ihre ersten Lieder singt sie noch auf Englisch.

Bald beginnt Oum, auf Derija zu dichten, der marokkanischen Spielart des Arabischen – und sie entwickelt mit Laute, Perkussion, Gitarre und Saxophon einen eigenständigen Band-Sound. In dem sind auch westsaharische Einflüsse zu finden – die Familie ihres Vaters entstammt dem Volk der Sahraui (27. Februar) – und Töne der schwarzen Minderheit Marokkos, der Gnawa (12. Februar/30. Juli). Oum vertritt ein multiples und freies Marokko und beteuert: „Ich möchte Vorbild für alle Frauen meines Landes sein. Für die, die sprechen, und die, die schweigen, die sich verschleiern, und die, die es nicht tun.“ Elegant feiert diese mutige, freigeistige Frau ein scheinbar grenzenloses Marokko – im Song „Lik“ greift sie sogar Klänge aus der peruanischen Klangwelt auf.

Unverfängliche Tibet-Romantik

19. April

Sa Dingding, VR China (*1979)
„ALIVE“
(*Alive*, Wrasse 2007)

Wie kann man sich als Musikerin mit einem Unrechtsregime arrangieren? Diese Frage stelle ich mir, als ich am 19. April 2008 zu einem Treffen mit dem heutigen Geburtstagskind Sa Dingding nach Berlin fahre. Sie ist einer der ersten Popstars, den die chinesische Plattenindustrie für Interviews nach Deutschland schickt. Man erhofft sich wohl günstige Marketingeffekte: Olympia in Peking steht bevor.

Die damals 28-Jährige macht einen entspannten Eindruck, scherzt über den flauschigen Windschutz auf dem Mikro, sie hält ihn für den Schwanz eines Tieres. „Sa ist ein alter mongolischer Clan-Name“, erklärt sie. „Ich bin bei meiner Großmutter in der Inneren Mongolei aufgewachsen, überall wurde gesungen, der Klang der Pferdekopfgeige (9. April) tönte über die Grassteppe. Seitdem heißt Musik für mich: Freiheit.“

Sa Dingding entdeckt ihre Lust am Experiment mit Oper, traditioneller Musik und Pop. Kaum volljährig, bringt ihr die Debüt-CD schon Popularität bei allen Altersgruppen. Bei ihrem Werk *Alive* wird auch der Westen hellhörig. Der plakative Ethno-Pop ist mit Tupfern verschiedener chinesischer Provinzen garniert, mit dem Klang der Bambusflöte und der chinesischen Wölbbrettzither Gu Zheng (12. Mai). Auch Tibetisches hört man auf dem Album: Im Titelstück zitiert sie das buddhistische 100-Silben-Mantra, der Videoclip zeigt eine farbenprächtige Szenerie aus dem Guge-Königreich. Unverfängliche Tibet-Romantik, gegen die in Peking niemand etwas hat.

Auf den kurz zuvor eskalierten Konflikt angesprochen, wählt sie blumige Worte: „Die tibetische Kultur ist ein sehr wichtiger Teil der chinesischen, denn sie ist geheimnisvoll, charmant, hat ihren eigenen Duft. Ich möchte eine Brücke sein zwischen Ost und West.“ Im Käfig China hat Sa Dingding damals wohl das Höchstmaß an künstlerischer Freiheit ausgereizt. Bittere Bilanz: Mehr als fünfzehn Jahre später wäre da weitaus weniger möglich.

Geschmeidiger Dreier

20. April

Toto Bona Lokua, Martinique/Kamerun/DR Kongo
„LISANGA“
(*Toto Bona Lokua*, Nø Format 2004)

Heute im Jahr 2004 erschien das erste Album dieser Herren, und es brach ein neues Zeitalter der Vokalkunst in der afrikanischen Musik an. Alle drei sind sie Koryphäen ihres Fachs: Singer/Songwriter Lokua Kanza aus der Demokratischen Republik Kongo, der kamerunische Jazzbassist und Sänger Richard Bona und der bei uns eher unbekannte Franzose Gérald Toto mit Wurzeln auf der Karibikinsel Martinique. Jeder von ihnen ist mit einem unverwechselbaren, geschmeidigen Stimmorgan gesegnet, mit großer Seele haben sie sie als Solokünstler bereits eingesetzt. Und wie das erst zusammen tönt!

Nicht immer führen Musikergipfel zu einem runden Ergebnis, doch hier ist das Ganze definitiv mehr als die Summe seiner Teile. Die von Gospel und Soul inspirierten smarten Chorsätze von Kanza fließen ein, es grüßt ein uriger Blues, kecke Mundperkussion treibt voran, obendrauf sitzen espritvolle Lautmalereien. Lokua, Richard und Gérald machen aus dem A-Cappella keine Ideologie: Folkige Gitarren, ein singender Bass, dezentes Schlagwerk und auch mal ein Piano-Einwurf dürfen sich den Stimmen hinzugesellen.

„Alle drei haben wir ein ziemlich ausgedehntes Stimmenregister, das macht es uns leicht, die Farben zu variieren“, erklärt Gérald Toto. „Richard verfügt in allen Lagen über ein kraftvolles Organ, Lokua liegt eher in der unteren Mittellage, aber wenn er hochgeht mit der Stimme, dann kann er sowohl eine starke Präsenz haben als auch sehr zart sein. Ich bin eine Art Mantel um die beiden, habe meine Stärke in den weichen Höhen. Wenn wir zusammen singen, dann können die Timbres zwischen grobkörnig und ätherisch variieren.“ Ob das stimmt, können Sie jetzt mit „Lisanga“ aus der Feder von Lokua Kanza überprüfen. In seiner Muttersprache Lingala bedeutet es „Einheit“. Die drei singen das Stück in einer Fantasiesprache, angereichert durch jodelartige Techniken, die sie von den Pygmäen entlehnt haben.

Robustes, zärtliches Weben
21. April

Sandy Denny, Großbritannien (1947–1978)
„THE MUSIC WEAVER"
(*Sandy*, Island 1972)

Als ich in den späten 1980ern anfing, mich für englische Folkmusik zu begeistern, war sie schon ein Mythos. Dabei taugte Alexandra Elene MacLean Denny, kurz Sandy Denny, die First Lady des englischen Folks, für Mythenbildung überhaupt nicht. Denny hatte weder die Aura einer Diva, und sie besaß auch keine virtuose Stimme. Doch niemand anders hat in den 1960ern und 70ern die Interpretation englischer Volkslieder und eigene Songs mit so viel Aufrichtigkeit und Seele gefüllt. Mit ihrer robusten Altstimme, die auch immer irgendwie zärtlich war, schaffte sie es, dass uralte Themen und Melodien bis heute zeitlos klingen.

Sandy Denny, heute im Jahr 1978 an den Folgen eines Treppensturzes verstorben, hat mit ihren unvergleichlichen Vocals den Sound der Bands The Strawbs, Fairport Convention (14. August) und Fotheringay geprägt, und ihre wahre Stimme schließlich auf vier Soloalben gefunden. Dieses Albenquartett stellt für mich immer noch den Zenit englischen Songwritings dar. Ihre Musik hat mich mindestens zehn Jahre lang intensiv begleitet, war der Soundtrack zu meinen Interrail-Reisen auf die britischen Inseln und die Begleitmusik zu meinem Studium der Musikwissenschaften. Wenn es mal wieder zu akademisch trocken wurde, erdete mich ein Song von Sandy.

Ich hätte hier mindestens 20 ihrer Kompositionen aussuchen können, und ich lege Ihnen vor allem ihre vier Solowerke zum kompletten Durchhören nahe. Doch da ich hier nur ein Lied auswählen kann, muss es ihre traumgleiche Hymne auf das Songschreiben schlechthin sein. Zeitlose drei Minuten und zwanzig Sekunden über das Unterwegs- und Getrenntsein, über Freiheit und Einsamkeit, über das Weben von Poesie und Tönen. „The Music Weaver" hat sie in etlichen Versionen aufgenommen – die mit schwebendem Streichorchester und der fast flüsternden Geige ihres Kollegen Dave Swarbrick ist die schönste.

Paella in den Pyrenäen

22. April

Dani López Pradas, Katalonien (*1994)
„INTEL-LIGENCIA ARTIFICIAL“
(*El Que Fan Les Coses Quan No Les Mires*, Segell Microscopi 2020)

In die Hügel der katalanischen Vorpyrenäen nehme ich Sie heute mit und erinnere an einen ganz besonderen 22. April. Als Journalist war ich eingeladen – nicht etwa zu einem Musikfestival oder einer Pressekonferenz, sondern zu einem entspannten Paella-Nachmittag in einem kleinen Weiler nahe der Stadt Olot. Dort hat sich der junge Saxophonist, Komponist und Dirigent Dani López Pradas im schmucken Steinhaus seiner Eltern ein kleines Studio-Refugium eingerichtet, dort entwirft er seine Musik, unter anderem auch für das sagenhafte OMAC (Orquestra de Músiques d'Arrel de Catalunya, 25. Juni).

Während die Paella in der riesigen Pfanne vor sich hin schmurgelte, erfuhr ich beim ein oder anderen Cerveza viel über den Reichtum dieser Region, über Musikgenres mit so exotischen Namen wie Rebatut (einer Tanzsuite mit krummen Taktarten) oder Goigs (sprich: godsch). Mit Letzterer rufen die Einheimischen bei einer Prozession Gott an, etwa wenn er Regen schicken soll. Blöd nur, wenn das Nachbardorf auch eine Goigs-Prozession mit der gegenteiligen Bitte abhält, denn dort stellt man Salz her, und das muss trocknen. Nach Anekdoten wie diesen ging es zum Verdauungsspaziergang durch eine überraschend grüne Landschaft mit Vulkankegeln und den hohen Pyrenäengipfeln am Horizont. Ein kleines, vom Regen verwöhntes Paradies inmitten einer Dürre-Region.

Und erst nach dem fantastischen Käse-Kirsch-Kuchen der Mutter geht es an die Arbeit, sprich zu den Interviews im Studio, so relaxt machen das die Katalanen. Zum Abschied drückte mir Dani López noch seine Quartett-CD in die Hand: eine ausgebuffte Produktion, die sich zwischen Jazz, Tradition und Pop einpendelt. Sogar die Kaffeemaschine und ein paar lustige Sprachfetzen seiner Großmütter hat er in die Stücke eingefädelt.

Historisches Match mit Sax und Flöte

23. April

Pixinguinha, Brasilien (1897–1973)
„UM A ZERO" („1 X 0")
(*Som Pixinguinha*, Odeon 1971)

Bei ihm sollte man mit der Aussprache anfangen: Die lautet „pischinginja", und sie bedeutet so viel wie „braver Junge", seine Oma soll ihn so genannt haben. Pixinguinha kann sich rühmen, das erste eigenständig brasilianische Musikgenre zur Vollendung geführt zu haben. Der Choro (vermutlich vom portugiesischen „chorar" = weinen) formt sich Ende des 19. Jahrhunderts in Rio heraus. Damals treffen die Tänze der europäischen Kolonialmächte wie Polka, Schottisch und Mazurka auf die Rhythmen der Afro-Brasilianer, die Blaskapellen der Feuerwehren auf die filigrane Flötenmusik der Salons. Und die Piano-Stücke der höheren Töchter auf die Gitarrenmusik der Straßen.

All dieses Urmaterial nun nimmt Pixinguinha und formt es zu mal tanzbaren Stücken oder zu melancholischen Balladen, immer mit melodischer Raffinesse und Anmut. Pixinguinha legt auch die typische Choro-Besetzung mit Flöte, sechs- und siebensaitiger Gitarre, der Flachboden-Mandoline Bandolim und dem Ukulelen-Vorläufer Cavaquinho fest. Selbst als der gesungene Samba ab den 1930ern viel populärer wird, bleibt Pixinguinha am Ball und erfährt eine Renaissance als Saxophonist.

Es ist schwierig, aus den über 1000 Kompositionen von Pixinguinha ein Stück auszuwählen. Eines der pfiffigsten ist „Um A Zero": eine grandiose Miniatur, in der sich Saxophon und Flöte neckisch umspielen. Übersetzt heißt das „eins zu null" – und tatsächlich hat Pixinguinha hier ein Fußballmatch zwischen Brasilien und Uruguay in Tönen nachgezeichnet. Der glückliche Sieger hieß 1919 natürlich Brasilien!

Als ich 2002 durch Rios Altstadtviertel Lapa und Santa Teresa streifte, hatten sich junge Wilde an allen Straßenecken den Choro längst unter den Nagel gerissen, ihn mit Jazz, Pop und Klassik legiert. Und seit dem Jahr 2000 wird diese quicklebendige Musik in Brasilien auch mit einem eigenen Tag geehrt: am 23. April, denn der ist Pixinguinhas Wiegenfest.

Versöhnung mit Schalmei und Laute

24. April

Vardan Hovanissian & Emre Gültekin (Armenien/Türkei/Belgien)
„VARD SIRETSI"
(*Karin*, Muziek Publique 2019)

Oft wirken musikalische Versöhnungsprojekte gekünstelt. In diesem Fall aber steht die Zwiesprache zweier Ausnahmekönner im Mittelpunkt, die einen grandiosen Flow zwischen dem Kaukasus und Anatolien herstellen. Und damit setzen sie am heutigen Gedenktag zum Völkermord an den Armeniern auf die Kraft kultureller Verständigung.

Im Zentrum stehen die wie eine dunkle menschliche Stimme tönende Schalmei und die silbrig klingende Langhalslaute. Der armenische Duduk-Virtuose Vardan Hovanissian, Enkel eines Genozid-Überlebenden, und der türkischstämmige Saz-Spieler Emre Gültekin spielen mit ihren belgischen Mitmusikern traditionelle Stücke aus der Zeit der armenischen Barden, aber auch neue Kompositionen. Ein melancholischer Ton liegt über dieser gesamten CD, die nicht etwa nach einem Frauennamen benannt ist: „Karin" ist der alte armenische Name für die heutige türkische Stadt Erzurum.

Das kammermusikalische Musizieren wird immer dann besonders intensiv, wenn Vokalisten hinzutreten und in gleich vier Sprachen (Armenisch, Türkisch, Kurdisch, Georgisch) singen. Vom Gedenken an ein erschossenes Flüchtlingsmädchen bis zur tiefen Spiritualität eines alevitischen Gedichts spannen sich die Texte auf. Lebhafte Einschübe wie ein Tanz der armenischen Hemshin-Minderheit im Neunachtel-Takt oder ein georgisches Lied mit kehligem Chorgesang bilden ein schönes Gleichgewicht zur Innerlichkeit.

Ich habe „Vard Siretsi" ausgesucht: Diese Melodie existiert sowohl in der armenischen wie auch in der türkischen Kultur, aber es gibt auch aserbaidschanische, iranische und kurdische Versionen. Von einem Mädchen aus den Bergen erzählt die armenische Variante, sie zeigt ihrem Verehrer ihre Dornen und erwählt einen anderen. Bei der türkischen Fassung dagegen schiebt man der Familie die Schuld am Misslingen der Vermählung in die Schuhe.

Nelken im Gewehrlauf
25. April

José Afonso, Portugal (1929–1987)
„VENHAM MAIS CINCO"
(*Venham Mais Cinco*, Movieplay 1973, Reissue: Mais 5, 2022)

Ein Lied bringt eine Revolution in Gang. Sie endet nahezu gewaltfrei, Soldaten lassen sich Nelken in die Gewehrläufe stecken: Dass es gelang, am 25. April 1974 die faschistische Diktatur Portugals mit ihrem finsteren Geheimdienst PIDE und der jahrzehntelangen Terrorisierung der eigenen Bevölkerung so zu beenden – grenzt das vom 21. Jahrhundert aus betrachtet nicht an ein Wunder?

Das Startsignal für den Befreiungsmarsch auf Lissabon gab im nächtlichen Radioprogramm „Grândola, Vila Morena" ein Lied über bedingungslose Brüderlichkeit aus der Feder des Liedermachers José Afonso. „Zeca", wie ihn alle Portugiesen liebevoll nennen, erlitt *während der Diktatur selbst Verfolgung, ge*riet wiederholt in Haft, seine Aufnahmen musste er oft im Ausland machen. Auch 50 Jahre später ist er noch Identifikationsfigur für ein ganzes Volk.

Im September 2022 treffe ich Afonsos Tochter Helena in Berlin: Ihre Erinnerungen an den Vater sind noch so lebendig, dass man Zeitgeschichte buchstäblich miterleben kann: „Er war immer in Bewegung, ein unruhiger Geist. Das ganze Land hatte er kennengelernt, war in den Dörfern und hat den Leuten beim Singen zugehört. Er wollte zeigen, dass Portugal einen immensen Reichtum an traditioneller Musik besaß – nicht nur Fado." Afonso greift in seinen Liedern aber auch auf die Rhythmen der Kolonien Angolas und Mosambiks zurück, die gerade ihren Befreiungskampf führen, schmückt seine Texte mit absurden Metaphern, um der Zensurbehörde Rätsel aufzugeben.

Alle, die nicht daran glauben, dass Musik die Welt verändern kann: „Zeca" ist das Gegenbeispiel.

Im espritvollen „Venham Mais Cinco", eingespielt ein halbes Jahr vor der sich heute jährenden Nelkenrevolution, lässt sich in jeder Zeile die Aufbruchsstimmung eines Volkes hören, das sich geeint gegen die Diktatur stellt. Und in dem „Tiririri"-Refrain kündigen sich schon prophetisch die fröhlichen Feiern nach der Befreiung an.

Tauchgang in offener Stimmung
26. April

Luka Bloom, Irland (*1955)
„EXPLORING THE BLUE“
(*The Acoustic Motorbike*, Reprise 1992)

Ausnahmsweise erlaube ich mir heute mal ein Jubiläum in eigener Sache. Am 26. April 1992 saß ich zum ersten Mal in einem Studio und gestaltete meine erste Radiosendung. Der freie Sender hieß Radio Dreyeckland, es gibt ihn bis heute. Er spielte Ende der 1970er eine immens wichtige Rolle in der Anti-Atomkraft-Bewegung und ist bis heute eine wichtige Stimme in der zunehmenden Ödnis der deutschen Radiolandschaft geblieben – nicht nur auf politischer Ebene, auch wegen origineller Musiksendungen, die ungewöhnliche Klänge aus allen Nischen holen.

Die Folk-Sendung, die ich damals sonntagnachmittags gestaltete, hieß „Saitensprung“ (der Name war vorgegeben, er stammte nicht von mir …). Zum ersten, immer wieder gespielten „Hit“ der Sendung wurde dieser Song: eine träumerische Ballade des nach New York ausgewanderten Iren Luka Bloom, der immer unter dem Stigma „der kleine Bruder von Christy Moore“ zu leiden hatte. (Und ja, er IST der kleine Bruder von Christy Moore.) Auf seiner Akustikgitarre hat er die Saiten in eine sogenannte „offene Stimmung“ gebracht, um einen machtvollen Klang zu erzeugen. Dieser Klang umgibt einen wie tiefes Blau. „Exploring The Blue“ erzählt von einer ewigen Suche – einer Suche, die auf der metaphorischen Ebene viele Gestalten annehmen kann, von der Liebe bis zur Erleuchtung. Dazu malt Bloom einen musikalischen Tauchgang in ungeahnte Tiefen. Oder ist es doch ein Höhenflug in den endlosen Azurhimmel?

„Exploring The Blue“ ist eine zeitlose Hymne, die bei jedem Luka-Bloom-Solokonzert wunderbar auf der Bühne funktioniert. Und die dazugehörige Platte, *The Acoustic Motorbike*, besitzt ebensolche aus der Zeit gefallenen Qualitäten – von einer Adaption des Elvis-Schmachtfetzens „Can't Help Falling In Love“ bis zum originellen Titelstück, einem gerappten Hörspiel über eine Radtour auf der grünen Insel.

Sonnengesang mit Buckelgongs

27. April

Pinikpikan, Philippinen
„ANI-WANA“
(*Atas*, Tropical Music 2001)

Fernão de Magalhães (Ferdinand Magellan) gilt als erster Weltumsegler. Dabei wird oft übersehen, dass für den Portugiesen in spanischen Diensten die Reise am 27. April 1521 am Strand der winzigen Insel Mactan vor Cebu (heute zu den Philippinen gehörend) endete. Einheimische, die sich nicht zum christlichen Glauben bekehren lassen wollten, erschlugen den Seefahrer, der eine größenwahnsinnige Strafexpedition an den Ungläubigen vornehmen wollte. Dafür wird ihr Herrscher Lapu-Lapu bis heute verehrt, sogar mit einem lokalen Schlager.

Wie hört sich die Musik des philippinischen Inselgewirrs heute an? Darauf lassen sich viele Antworten geben: Die schließlich dann doch überall „erfolgreiche“ Christianisierung hat eine religiöse Chormusik hervorgebracht. Außerdem ist die Insel Cebu dank 300 Jahren spanischen Einflusses Zentrum von Gitarrenbau und -literatur. Die heute noch durchblitzenden indigenen Traditionen lassen sich aber eher in der Musik einer erstaunlichen Band namens Pinikpikan entdecken.

Diese Band, benannt nach einem Kochutensil beim Zubereiten eines Hühnchens, hat sich zwar in Baguio City im Norden der Hauptinsel Luzón zusammengefunden. Sie zählt aber viele Musikerinnen und Musiker von den südlicheren Visaya-Inseln zu ihren Mitgliedern, jenem Archipel, den Magellans Mannschaft damals durchkreuzte.

Es ist eine typische Jam-Band mit wechselnder Besetzung. Ihre Songs stützen sich auf die Rhythmen des Ilonggo-Volks, aber auch auf die der nördlicher beheimateten Igorots. Westliche Rock-Einflüsse, Färbungen aus dem hinduistischen Einflussbereich und arabische Elemente sind außerdem hörbar. Der Fuhrpark der Instrumente ist ansehnlich, reicht von einem Set Buckelgongs (Kulintang) über ein Bambusxylophon bis zur zweisaitigen Boot-Laute Faglong und E-Gitarre. Das flott dahintrabende „Ani-Wana“ vereint verschiedene Gesangsformen der Philippinen – und es verherrlicht die Sonne.

Geistesblitz auf der 5th Avenue

28. April

Mario Bauzá, Kuba (1911–1993)
„TANGA-SUITE: MAMBO"
(*Mario Bauzá and His Afro-Cuban Jazz Orchestra*, Messidor 1992)

Es gibt diese Aha-Erlebnisse in der Musik, die einen vom Hocker reißen und in einem einzigen Augenblick vor Ohren führen, wie und warum ein Genre entstand. So ging es mir, als ich irgendwann in den späten Neunzigern eines Morgens in meinem Plattenladen nach unbekannten Schätzen kramte. Kunden waren noch keine da, ich griff nach einer CD aus dem Latin-Fach, und mich rührte der Donnerschlag.

Aus einem simplen Akkordwechsel auf dem Klavier entwickelt sich ein Big-Band-Rausch: Perkussion, singender Bass, eine Bläserriege, die sich von Hörnern und Posaunen zu Trompeten, Saxophonen und Flöten freie Bahn bricht, sich dann nach messerscharfen Fanfaren in eine rasante, brodelnde Tanzsektion hineinstürzt. Hitziges Piano und feurige Background-Rufe mischen sich ein, und am Ende eine Trompete, die so hyperventiliert, dass sie über die höchsten Töne noch hinaus will.

Später erfuhr ich, dass der Schöpfer dieses Mambos, der heute geborene Trompeter und Leader Mario Bauzá, für die Geburtsstunde des Latin-Jazz steht. Auf seine Big Band, die Afro-Cubans, in der sein Schwager Machito sang, muss ein ähnlicher Geistesblitz niedergekommen sein, wie er mich beim Hören traf: Es ist Mai 1943, als sie während eines Konzerts in Manhattan spontan die kubanische Rhythmik mit Jazz-Riffs verbinden. Begeistert von der Entdeckung lässt Bauzá seine Musiker die Ideen gleich am nächsten Tag bei der Probe ausbauen. So schafft er einen „Cubop", der Bebop und afrokubanische Rhythmen zusammenbringt. Ein Trompeter namens Dizzy Gillespie wird Ohrenzeuge, später lassen sich Saxophonist Charlie Parker und Drummer Art Blakey anstecken – und in den 1950ern ist New Yorks Jazz völlig Kuba-infiziert.

Das fragliche Stück heißt zunächst „Tanga", wird dann später von Arrangeur Chico O'Farrill zu einer ganzen Suite mit kubanischen Tanzformen und Jazz erweitert – und in dieser Version ist es nochmals knackiger und zündender.

Britisches Herzbeben

29. April

John Smith, England
„ENGLAND ROLLS AWAY“
(*Great Lakes*, Absolute 2013)

Er strahlt die Aura eines rustikalen Burschen vom Lande aus. Rotbärtig, kräftige Gesichtsfarbe, grober, hochgekrempelter Zwirn: So geht John Smith, der ja auch noch einen der englischsten aller englischen Namen trägt, gern auf die Bühne. Doch all diese vorgefassten Klischeevorstellungen von Britishness lassen wir beiseite. Fakt ist: Der Singer/Songwriter John Smith aus Devon ist einer der erstaunlichsten Könner seines Fachs, der mit seiner packenden Souveränität das Publikum in einem Folk-Club völlig allein in seinen Bann ziehen kann.

Wie schafft er das? Da ist zuerst mal seine aufgeraute und zugleich unglaublich seelenvolle Baritonstimme, die den Zuhörenden voll und warm buchstäblich bis in die Eingeweide dringt. Und dann ist da sein Gitarrenspiel: Er verwendet bevorzugt offene Stimmungen, die aus seinem Instrument ein bauchiges, fülliges Gitarrenorchester machen können, mit einem grandiosen melodischen Fluss, aber auch mit ungewöhnlichen Schlageffekten aufs Holz. Viele seiner Songs sind waidwunde Liebeslieder, die er in ungewöhnliche Bilder aus einem vergangenen England einbettet. In ihren Gefühlsstürmen sind sie aber immer gültig.

Dieser Mann mit dem englischen Allerweltsnamen – aber mit einem gesegneten Ausnahmekönnen – ist nur scheinbar aus der Zeit gefallen. Im Grunde repräsentiert er das höchste Gütesiegel des Liederschreibens: die poetische Kraft, die aus dem Herzbeben kommt – und die überdauert alle politischen Erschütterungen. An dieser Stelle ein Dankeschön: Ohne die rührige Kanadierin Andrea Samborski, langjährige Veranstalterin in Basel und selbst exzellente Songwriterin, hätte ich John Smith niemals entdeckt – es war an einem 29. April. Und jetzt entlasse ich Sie in Smiths erstaunliche Welt mit meinem Lieblingssong „England Rolls Away“, den ich wärmstens auch in der Live-Version empfehlen kann.

Der Hexenmeister in der Teestube

30. April

Tony Allen, Nigeria (1940–2020)
„MOVING ON"
(*Film Of Life*, Jazz Village 2014)

Heute nehme ich Sie mit in eine arabische Teestube in einem Pariser Kellergewölbe – dort traf ich 2009 Tony Allen, den Architekten des Afrobeat. „Ich wollte der beste Drummer Nigerias werden, hatte aber keinen Schimmer, wie ich das anstellen sollte", vertraute er mir an. „Da geriet mir die Jazz-Zeitschrift *Down Beat* mit einer Lektion meines US-Kollegen Max Roach in die Hände. Seine Tipps kombinierte ich mit allem, was ich in Nigeria gelernt hatte – und plötzlich trommelte ich wie kein anderer." Fela Kuti (18. Februar), der Allen 1964 traf, erkannte: „Der spielt ja wie vier Schlagzeuger gleichzeitig!" Und engagierte ihn vom Fleck weg, 30 Platten nahmen sie auf. Während Kuti den Afrobeat mit politischem Zorn füllte, kreierte Allen seinen Herzschlag.

Bis heute rätseln Drummer über das polyrhythmische Hexenwerk, das Allen zauberte. Dieser Mann verschmilzt mit seinem Werkzeug, so mein Live-Eindruck, er liebkost die Felle aus dem Handgelenk, bediente die Bassdrum kernig und zärtlich zugleich. Bei seiner letzten Show an Allerheiligen 2019 brachte er mich fast in Trance.

Immer wieder ist die Parallele gezogen worden zwischen Afrobeat und dem Funk von James Brown. Zu Recht? Allen kommentierte meine Frage trocken: „Brown kam eines Tages nach Lagos und setzte seinen Arrangeur als Spion neben mich. Der sollte haargenau mitschreiben, was ich da spiele. Danach dachte ich mir: ‚OK, in aller Ruhe warte ich jetzt ab, ob mich irgendjemand imitieren kann.' Ich warte bis heute!"

Im Alter wurde Tony Allen von einer neuen Generation entdeckt, bestritt bis zu seinem Tod am 30.4.2020 unzählige Teamworks, mit marokkanischen Gnawas (12. Februar), mit dem Britpopper Damon Albarn, mit dem Südafrikaner Hugh Masekela (13. März). Versuchen Sie mal, in „Moving On" von 2014 nur auf seine Drums zu hören, die sich allein schon zu einem ganzen Ensemble auffächern – mühelos federnd und unglaublich elegant.

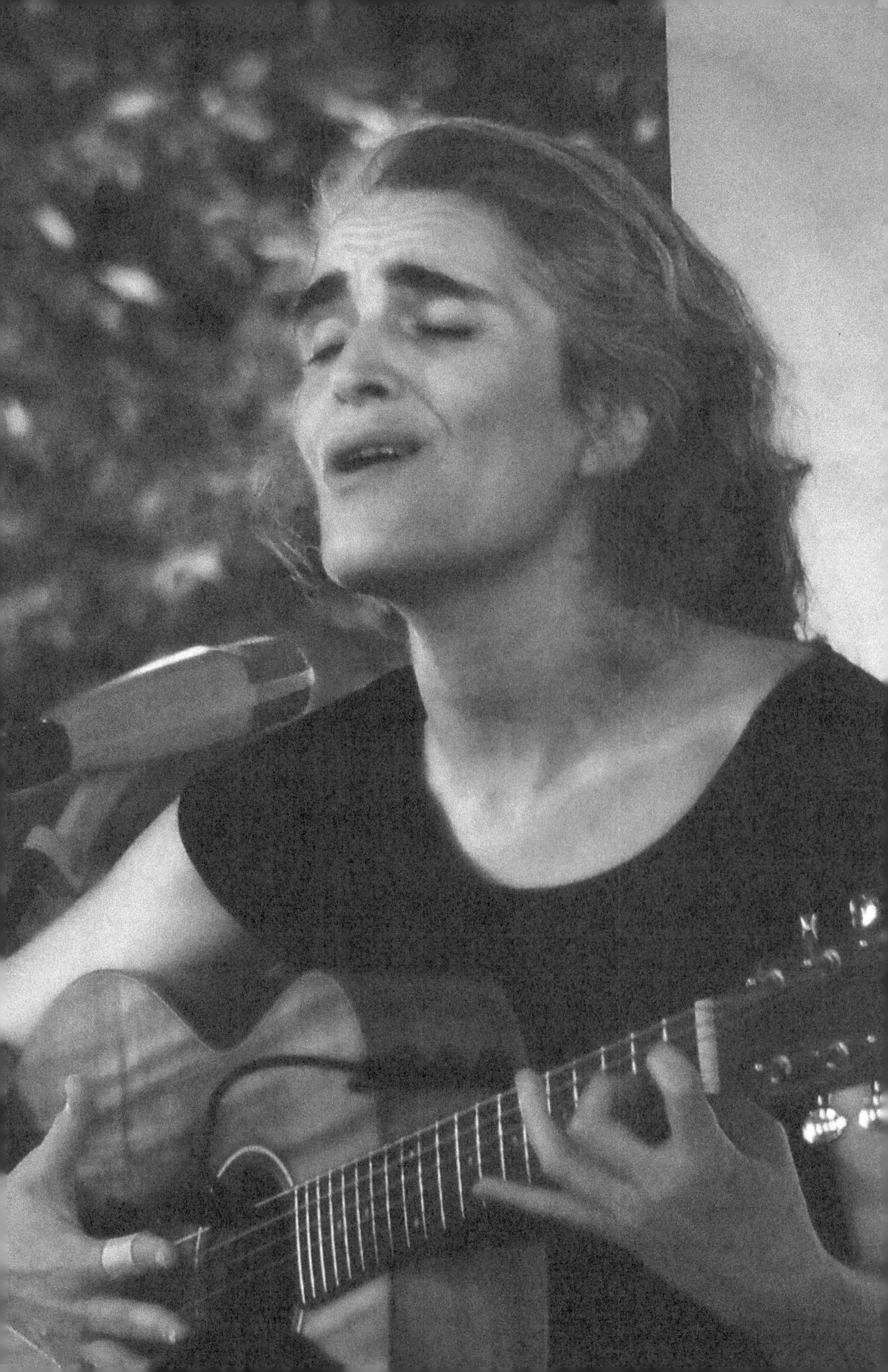

MAI

Nordischer Tasten-Übermut

1. Mai

Iiro Rantala, Finnland (*1970)
„MAY"
(*My Finnish Calendar*, ACT Music 2019)

Hinaus zum 1. Mai! Das soll heute auch musikalisch gelten. Natürlich hätte ich Ihnen an dieser Stelle jede Menge typischer Mailieder servieren können. Aber ich habe mich für ein Instrumentalstück eines finnischen Pianisten entschieden, der seine ganz eigene, gewitzte Version einer aufkeimenden Frühlingsstimmung vertont hat.

Die Musik von Iiro Rantala wird landläufig unter „Jazz" geführt, aber damit bin ich nicht ganz einverstanden. Wäre er ein Frühlingsvogel, dann mit Sicherheit eine Nachtigall. Es gibt im Norden wohl keinen so überschwänglichen, erfindungsreichen Melodiker am Klavier wie ihn, den Knautschgesichtigen mit der strubbeligen Boris-Johnson-Blondmähne. Rantala ist bekannt für Brückenschläge von einem Johann-Sebastian Bach-Kyrie zu einem astreinen Popthema, von Ravel hin zu Country-Feeling. Diese Lust an der Erfindung tobt er mal allein aus, mal mit einem Trio, mal mit einem ganzen Orchester. Das Klavier wird bei ihm zur Spielwiese, die er mit jeder Menge ungewöhnlicher Klänge bevölkert. Er behandelt es manchmal wie ein Schlagwerk, interessiert sich für sein Innenleben, kann aber auch ganz lyrisch aussingen.

So also hört sich bei Iiro Rantala der finnische Mai an: drängend, übermütig, melodieverliebt, sprunghaft. Nach einem harten nordischen Winter ja auch völlig verständlich. Und sollten Sie Iiro weitererkunden wollen: Ultimativer Tipp ist das Stück „Freedom", das er tief berührt vom gleichnamigen Roman des Amerikaners Jonathan Franzen geschrieben hat.

Klangtagebuch für Santiago
2. Mai

Oliver Schroer, Kanada (1956–2008)
„THE TEARS OF MARY"
(*Camino*, Borealis Records 2006)

Am 2. Mai 2004 macht sich ein Mann im Morgennebel auf den Weg. Er schließt eine Eisentüre hinter sich, auf dem Rücken hat er seine Geige, 1000 Kilometer liegen vor ihm. Der Jakobsweg nach Santiago de Compostela ist vielfach in Töne gekleidet worden. Allerdings kenne ich niemanden, der aus seiner Pilgerschaft ein so schönes Kunstwerk – nämlich eine klingende Landkarte – gefertigt hat wie der großartige kanadische Violinist Oliver Schroer.

Entlang der Wegstrecke sucht Schroer auch Kirchen auf, in denen er mit seiner fünfsaitigen Violine Aufnahmen macht – meditative Improvisationen, die von einer Freiheit geprägt sind, wie sie unter den Künstlern der Provinz British Columbias oft zu finden ist. Denn dieser junge Teil Kanadas verfügt kaum über eigene, gewachsene Traditionen, Erfindungsgeist ist angesagt. Schroers Spiel erinnert manchmal an die Solopartiten von Johann Sebastian Bach, manchmal an die alte Musik auf norwegischen Hardangerfiedeln (18. November), dann wieder an keltische Prägungen. Und so entstand *Camino*, ein einzigartiges Klangtagebuch und zugleich eines der schönsten zeitgenössischen Werke für Geige solo.

2008 ist Oliver Schroer an Leukämie gestorben, und seine Geige hat ihn bis zu seinen letzten Momenten begleitet: Bei einem Benefizkonzert, das Freunde für ihn in der St. Trinity Church in Toronto veranstaltet haben, spielte er noch selbst. Sogar an seinem letzten Tag komponierte er noch ein Stück: „Poise" – Gelassenheit. Sein Instrument hat Schroer seinem Schüler Jaron Freeman-Fox vererbt, in ihm lebt, wenn auch mit einem ganz anderen, weltgewandten Dreh, sein Ton weiter. „The Tears Of Mary" hat Schroer in der von Kerzen erleuchteten Kirche von Navarrenx aufgenommen. Große Trostmusik von einem großen Geiger, der bei uns unbekannt blieb.

Shakespeare auf dem Saxophon
3. Mai

Gianluigi Trovesi, Italien (*1944)
„ADAGIETTO BERGOMASCO“
(*Round About A Midsummer's Dream*, enja 2000)

Ein Riesentyp – in vielerlei Hinsicht! Dieser Saxophonist, Klarinettist, Komponist und Bandleader aus Bergamo ist nicht nur seiner Gestalt wegen eine imposante Erscheinung, er denkt auch in der Musik ein paar Nummern größer. Gianluigi Trovesi hat seit den 1990ern europäischen Jazz, italienische Folklore und Klassik aus Renaissance und Barock in ehrgeizigen und espritvollen Projekten vereint. Er ist schalkhaft, tiefsinnig, warmherzig und unberechenbar.

Trovesi frönt mit seiner eigenen Klangsprache der neapolitanischen Oper, der Folklore aus seiner bergamaskischen Heimat, er tut sich mit den Oriental-Jazzern von Fis Füz (2. August) zusammen, oder er komponiert eine Reverenz an den italienischen Autor Umberto Eco (*Im Namen der Rose*).

Gut erinnere ich mich noch, wie er als Stargast beim Freiburger Jazzgipfel zu Beginn des Jahrtausends den Augustinerplatz mit mediterranem Funkenschlag entzündete. Damals war gerade sein Album *Round About A Midsummer's Dream* erschienen: seine ganz eigene Interpretation von Szenen aus William Shakespeares *Mittsommernachtstraum*.

In typischer Trovesi-Manier wählte er dazu eine Breitwandbesetzung mit drei Trios, einem jazzigen, einem rockigen und einem klassischen, darunter Koryphäen wie der Bassist Renaud Garcia-Fons (24. Dezember) oder Akkordeonist Jean-Louis Matinier. Für mich ist es bei jedem Hören wieder mitreißend, wie er die Trickspielereien der Figuren Puck und Oberon in Musik lautmalt: Hierzu bauscht er mit seinen acht Mitstreitern eine simple und schöne Bergamasca, einen Tanz aus seiner Heimatstadt, zu einer hitzigen Rhythm'n'Blues-Nummer auf! Zum heutigen – vermuteten – Todestag von William Shakespeare (1616) der passende Soundtrack.

Baltische Wald- und Wiesenklänge

4. Mai

Saucējas, Lettland
„AIZ DAUGAVAS MELNI MEŽI "
(*Dabā*, CPL Music 2021)

Gesang wird in den baltischen Staaten großgeschrieben. Von den Esten heißt es, sie hätten die Loslösung von der Sowjetunion als „singende Revolution" vollzogen. An den großen Chorfesten in Tallinn und Riga sind Millionen von Menschen beteiligt, also ein hoher Prozentsatz der Gesamtbevölkerung. Aber manchmal reichen auch schon zehn Kehlen, um große Vokalmusik zu schaffen – mit Unterstützung der Tier- und Pflanzenwelt. Musikmachen und Musikschreiben in der Natur: Das fasziniert mich. Und die zehn Frauen der lettischen Gruppe Saucējas erstellen mit ihrem Album *Dabā* eine regelrecht tönende Landkarte.

Saucējas haben sich 2003 an der Kulturakademie von Riga gegründet, mit einem Fokus auf die lokalen traditionellen lettischen Gesangsstile, vom archaischen Lied bis zum modernen ausgefeilten Satzgesang. Sie bedienen sich dabei Archivaufnahmen, aber sind auch in Kontakt mit traditionellen Sängerinnen. Die vokale Volksmusik Lettlands entstand oft im Freien, sie nutzte die Natur als Inspiration und klangliche Verstärkung der Stimme. Je nach Charakter der Landschaft entstanden dabei sehr verschiedene Stile. Diese Praxis des Singens in und mit der Natur, auf Hügeln, in Wäldern, auf Wiesen, an Flüssen, Seen und in Mooren setzen Saucējas heute fort.

Eingefangen wurden die Aufnahmen meistens im Frühling und Sommer, in Morgen- oder Abendstimmungen, mit behutsam platzierten Mikrophonen, um die Einzigartigkeit eines Ortes auch räumlich abzubilden. Das hier ausgewählte Frühlingslied haben die Frauen an einem Maiabend an einem Hang am Sāviena-Hügel gegenüber des Līnītis-Sees gesungen – wenn man es über Kopfhörer genießt, taucht man so räumlich in diese Frühlingsatmosphäre ein, als würde man selbst durchs Grün spazieren. Ein ganz „organischer" Soundtrack zum heutigen Tag der Unabhängigkeit Lettlands.

Flirrende Nachtmusik

5. Mai

Ballaké Sissoko & Vincent Ségal, Mali/Frankreich
„MAKO MADY"
(*Chamber Music*, *NøFormat* 2009)

Während ich das hier schreibe, schaue ich auf die schöne Tuschezeichnung, die der CD von Ballaké Sissoko und Vincent Ségal beilag. Sie hängt bei mir gerahmt an der Wand, denn das Bild einer schlafenden Schönen mit den beiden Musikern im Hintergrund wirkt auf mich augenblicklich entspannend. So relaxt war wohl auch die Aufnahmesituation an jenem 5. Mai 2009: Mali ist noch unberührt von den später ausbrechenden Sahara-Konflikten (8. Januar), die Nacht hat sich über Bamako gesenkt, und durch die schwere Savannenluft flirren die Klänge eines Cellos und einer Kora, die altehrwürdige Stegharfe der westafrikanischen Geschichtenerzähler.

Um die pure Schönheit akustischer afrikanischer Kammermusik zu genießen, ist Ballaké Sissoko immer eine gute Adresse. Er hat sich aus der westafrikanischen Tradition oft hinausbegeben, mit indischen Musikern, mit madagassischen und marokkanischen Kollegen (23. Mai) gemeinsame Wege ausgelotet, mit Chanson und Pop geflirtet. Aber wenn er zur Kammermusik zurückkehrt, die in Mali schon im 13. Jahrhundert eine hohe Kunstform war, erreicht er eine berührende Tiefe.

Deshalb habe ich auch sein stilles Teamwork mit dem französischen Cellisten Vincent Ségal ausgewählt, ein ebensolcher Kosmopolit im Geiste. Wenn ich diese Platte höre, kann ich mich nach einem stressigen Tag wieder erden, und gleichzeitig vermag mein Geist sich zu einem Fantasieflug zu erheben. Sissoko und Ségal haben ein paar Jahre später ihre Zusammenarbeit auf *Musique De Nuit* erneuert – auch diese Scheibe ist höchst empfehlenswert.

Ächzen, knattern, klickern, blubbern

6. Mai

Kimmo Pohjonen, Finnland (*1964)
„LOSKA“
(*Kluster*, Westpark Music, 2001)

„World Accordion Day“ wird heute gefeiert – und wenn es darum geht, das Akkordeon in die Zukunft zu katapultieren, dann macht Kimmo Pohjonen niemand etwas vor. Der Mann kommt aus einer Gegend, wo man das Akkordeon mit Folkmusik einerseits, aber auch mit einer Variante des Tangos (14. November) in Verbindung bringt: aus Finnland. Allerdings hat er das alles hinter sich gelassen.

Er erinnert sich, wie er als klassischer Akkordeonist in spe an der Sibelius-Akademie von Helsinki einen Vortragsabend der Folk-Kollegen besucht und dann begeistert die Seiten wechselt. Inspirationen saugt er von Argentinien bis Tansania auf. An seinen elektronischen Experimenten war ursprünglich sein immenses Lampenfieber schuld, wie er mir erzählte: „Mit Entsetzen malte ich mir meinen ersten Solo-Auftritt aus. Wie sollte ich allein auf der Bühne überleben? Ich lief durch sämtliche Gitarrenshops von Helsinki und forschte nach Equipment. Nach und nach merkte ich, was für Sounds ich damit aus meinem Akkordeon rausholen konnte. Dieses Ding, mit dem ich seit meinem zehnten Lebensjahr zusammen war, verwandelte sich in ein völlig anderes Instrument!“

Seitdem hat Pohjonen das Akkordeon zu einer unberechenbaren Wesenheit entwickelt. Mal schnarchende Bestie, mal riesige Kirchenorgel, ächzt es, knattert, klickert, blubbert und trippelt. Aber es kann auch zum kleinen Kind werden, das er zärtlich in seinen Armen wiegt, oder ein Zauberkasten, mit dem er in seiner Lichtshow die Sonne aufgehen lässt. Oft bezieht der Finne seine Inspiration aus der Kälte, die schönsten Ideen kommen ihm im Eisloch. „Ihr Mitteleuropäer denkt immer, Kälte sei etwas Furchtbares. Aber ich kann im Winter am besten komponieren. Da es bei uns fast immer dunkel ist, gelingt die Konzentration auf sich selbst optimal.“ Fünf Tage nach Iiro Rantalas Mai-Stück mit „Loska“ nochmals ein schöner „Backlash“ in den finnischen Winter.

Eingehüllt in Hyazinthen

7. Mai

Ustad Mahwash (*1947) & Ensemble Kaboul, Afghanistan
„DOKHTAR E BAGH"
(*Ghazal Afghans*, Accords Croisés 2007)

Ein Ort, an dem in „freier Liebe" Volksmusik und die Gesänge der islamischen Mystiker pulsieren. Dazu tönen Pophits aus dem Radio, die sich nach Bollywood anhören. Und schließlich flirren auch Jazz und Rock durch die Luft, die mit den Hippies aus dem Westen angekommen sind: Das hört sich an wie ein musikalisches Paradies, das es in Gestalt des Künstlerviertels Kharabat im Kabul der 1960er und 1970er wirklich gab.

Politischer Zankapfel zwischen Arabern, Paschtunen, Mongolen, Indern und daher oft kriegerischer Schauplatz war Afghanistan immer gewesen. Gerade diese Lage am Knotenpunkt hat aber auch begünstigt, dass hier die spannendste Mischkultur der Seidenstraße heranwuchs. Und als sich in Kharabat all diese Facetten des Vielvölkerstaates bündelten, muss sich das tatsächlich angefühlt und angehört haben wie eine „goldene Zeit", auf die Afghanistan nach dem Elend der letzten 40 Jahre nur wehmütig zurückblicken kann.

Einer der Vokalstars von Kharabat war die Sängerin Mahwash. Seit Beginn der 1990er lebt sie im kalifornischen Exil und macht dort als reife Dame weiterhin Aufnahmen. Nie habe ich ihre Stimme live gehört, doch sie geht mir extrem nahe. In ihr höre ich die Kraft des persischen Gesangs und die ornamentale Eleganz der indischen Vokalmusik zugleich. Mahwashs Gesang kommt mir vor wie ein strahlender, silberner Pfeil. Das ist besonders auf dem Album *Ghazal Afghans* der Fall, das sie mit dem exilafghanischen Ensemble Kaboul eingespielt hat. Die Laute Rubab, die ein bisschen wie ein Banjo klingt, Flöte, Harmonium und Tablas fließen um diese Liebeslyrik.

In „Dokhtar E Bagh", geht es um ein Mädchen im Garten, das sich selbstbewusst mit der Schönheit von Rosen und Zypressen vergleicht. Eine Schönheit, die Tausende betört und die vom Duft der Hyazinthen, Narzissen und Eglantinen eingehüllt wird. Ein duftendes Lied für den Wonnemonat Mai, aus einer ganz anderen Ecke der Welt.

Mit Schlangenstiefeln an der Pfnüselküste

8. Mai

Erika Stucky, Schweiz (*1962)
„Z'STÜCKISCH"
(*Suicidal Yodels*, Traumton 2007)

Ein trüber Herbstnachmittag am Zürichsee. Und dann auch noch auf der falschen Seite! Statt an der Goldküste der Promis sind wir an der Pfnüselküste gelandet, die Sonne kommt hier nicht hin und man holt sich leicht einen Schnupfen, einen „Pfnüsel" eben. Sagt zumindest die Hausherrin, bei der mein Fotograf und ich eingeladen sind.

Erika Stucky sitzt mit grünen Schlangenlederstiefeln im schrill-poppigen Wintergarten. Kaffee mit einem ordentlichen Schuss Pflümli-Schnaps gibt es, sie erzählt von ihrer Kindheit in San Francisco. Ihre Großeltern waren dahin ausgewandert, noch drei Jahre, bevor am 8. Mai 1910 in Bern der Eidgenössische Jodlerverband gegründet wurde. Gejodelt wird bei den Stuckys weniger, man hört Frank Sinatra und Connie Francis, während draußen die Hippies die Regentschaft übernehmen.

Dann der Schock: Als Erika neun ist, siedelt die Familie zurück in ein 700-Seelen-Dorf im Oberwallis. Hendrix und Zappa leben in ihrem Kopf fortan neben Trachtenverein und Mundartgruppen. Dann grätscht ihr die Pariser Jazzschule rein, und sie begeistert sich für die Welt der Songwriter, Rickie Lee Jones und Tom Waits werden ihre Helden.

All das knetet Erika Stucky zu ihrem musikalischen Universum, aber ihre Schweizer Ader vernachlässigt sie nie. Etwa auf der irren Platte *Suicidal Yodels*. „In einem miefigen Studio über Kopfhörer zu jodeln, das ist artfremd, pervers. Jodeln ist entstanden, weil man sich über weite Strecken zuruft, das kannst du nicht einsperren."

Und so hat sie ihre „Yodels" auf einem Basler Hotelbalkon, in einer Bahnhofshalle oder – wie bei „Z'Stückisch" – in einer Scheune aufgenommen. Und warum „Suicidal"? „Die Tradition des Zäuerli und Juutz (30. Dezember) ist ungebrochen traurig. Man geht mit der Stimme am Ende immer runter, es gibt nur dunkle Vokale. Es ist ein bluesiges Reflektieren, ein introvertiertes Sich-Zutrösten." Stucky nennt das: „Swiss Voodoo".

Improvisation als Zuhause

9. Mai

Abel Selaocoe, Republik Südafrika (*1991)
„QHAWE/HERO"
(*Hae Ke Kae*, Warner 2022)

Am 9. Mai 1994 wurde Nelson Mandela der erste schwarze Präsident Südafrikas – und es ist letztendlich auch sein Verdienst, dass das von der Apartheid befreite Land heute über so viel großartigen kulturellen Export verfügt. Vom Township Sebokeng in der südafrikanischen Provinz Gauteng bis auf die Bühne der Royal Albert Hall: Das ist in Kurzform die hollywoodreife Geschichte des 1991 geborenen Abel Selaocoe (sprich: se-LA-o-tscho-e), der fantasievoll die Grenzen zwischen Klassik und seinem Erbe überwindet.

In jahrelangem Experimentieren hat er in der neuen Heimat Manchester eine eigene Klangsprache entwickelt. Barocksuiten spielt er nicht einfach in der Originalfassung, sondern lässt dabei die Langhalslaute Theorbe mit der westafrikanischen Stegharfe Kora (5. Mai/10. August/17. Dezember) sich duettieren und improvisieren: Das passt, stammen beide Instrumente doch aus höfischen Kulturen.

Sein Cello wird auch mal zum Perkussionsinstrument, das die Körperlichkeit der Musik Afrikas einfängt. Schließlich ist Abel Selaocoe auch ein begnadeter Sänger und Geschichtenerzähler: Er verwendet den kehligen Gesang von Initiationsriten, den zarten vierstimmigen Satz von Zulu-Hymnen und traditionelle Gebete aus seiner Mutterkultur Sesotho. Dass sich der Titel seines Debütalbum *Hae Ke Kae* mit „Wo ist das Zuhause?" übersetzt, passt zu seiner kosmopolitischen Vita.

Die Heimatfrage ist für ihn zentral: „Geographie ist die erste Hürde, die dir im Weg steht, wenn du herausfinden willst, wo dein Zuhause ist", sagt er. „Ich als junger Südafrikaner halte in der einen Hand die Zukunft, in der anderen meine alte Kultur, und dazwischen webe ich das, was ich mein Leben nenne." Das Stück „Qhawe/Hero" hat Selaocoe seinem früh verstorbenen Neffen gewidmet – ein kraftvolles, zupackendes Porträt eines Kindes, dessen Geburt so viel Freude in die Welt brachte wie das Erscheinen eines Königs.

Morgensonne über Kaschmir
10. Mai

Shivkumar Sharma, Indien (1938–2022)
„AHIR BHAIRAV/NAT BHAIRAV“
(*Call Of The Valley*, EMI India 1967)

Als 1967 das Album *Call Of The Valley* erschien, machte das die Musik Kaschmirs auf der ganzen Welt bekannt. Drei damals aufstrebende Meister der nordindischen Klassik vereinigten sich da: der Flötist Hariprasad Chaurasia, der Gitarrist Brijbushan Kabra und Shivkumar Sharma, ein 30-jähriger Virtuose auf dem Hackbrett Santur aus Jammu. Mit pastoralen und romantischen Szenen illustriert dieses Werk einen Tag und eine Nacht in einem Tal Kaschmirs. Kaum eine andere Platte löste über die Grenzen Indiens hinaus und bis in den Pop und Jazz hinein eine solche Begeisterung aus. Frank Zappa, Bob Dylan und George Harrison (15. März) – sie alle sollen berührt gewesen sein von dieser Suite aus der Bergregion Indiens.

Call Of The Valley hat aber zu Hause in Indien noch eine ganz andere Wirkung: Shivkumar Sharma etabliert damit sein einstmals als minderwertig angesehene Instrument in der klassischen Hochkultur. Was nicht ohne Kritik abgeht. Nach seinem letzten Auftritt in Deutschland beim Rudolstadt Festival 2018 sagte er mir: „Die Santur war limitiert auf die Region Kaschmir, wo sie in der Rezitation von Gedichten der Sufis als Begleitinstrument zu Hause war. Ich aber wollte den Ausdruck, der mit anderen Instrumenten der indischen Klassik wie der Sitar oder der Sarod möglich ist, auf die Santur übertragen.“

Es war stets faszinierend zu beobachten, wie der heute im Jahr 2022 verstorbene Shivkumar Sharma mit den Hämmerchen feine, fast wispernde Tremoli beim Gleiten über die 100 Saiten erzeugte, wie er alle melodischen Möglichkeiten ausreizte. Das ausgewählte Stück besteht aus zwei Morgen-Ragas und beschreibt, wie die Sonne sich über die schneebedeckten Gipfel Kaschmirs erhebt und eine pastorale Bergszenerie bescheint. Wenn Sie den Tag mit diesen paar Minuten Musik beginnen, könnte der morgendliche Schwung bis abends anhalten.

Der Gesang des Feuermädchens

11. Mai

Buika, Äquatorial-Guinea/Spanien (*1972)
„NIÑA DE FUEGO“
(*Niña De Fuego*, Casa Limón 2008)

„Wir müssen das tun: Songs schreiben, malen, Filme drehen, Fotos machen. Denn das ist die Bibel für die Menschen, die nach uns kommen. Die wahre Bibel ist von Menschen geschrieben, die dir die Wahrheit über das Leben erzählen, nicht von denen, die dich träumen lassen“, beteuert María Concepción Balboa Buika. Und das tut sie mit einem einzigartigen Vokaltimbre: erdig, voller zärtlicher Bitternis in den Tiefen, wie Funken schlagendes Schmirgelpapier in den Höhen. Ihr Gesang ist rauschhafte, gelebte Leidenschaft.

Buikas Familie hat Wurzeln in Spaniens Ex-Kolonie Äquatorial-Guinea, doch sie wächst auf Mallorca bei Gitanos auf. Von ihnen bekommt sie das musikalische Rüstzeug genauso mit wie während der Lehrjahre in der Soul-Szene von Los Angeles. Aber erst im Teamwork mit dem Produzenten Javier Limón findet sie ihren eigenen Ton. Er lässt ihre Stimme zunächst im Flamenco-Kontext zur Entfaltung kommen. Dann erhebt Buika ihre Schwingen noch weiter, hin zur Musik Kubas und zum Chanson – immer mit der ihr so eigenen brennenden Intensität.

„Als ich ein Mädchen war auf Mallorca, da meinten die Nachbarn: ‚Du bist keine Spanierin, du bist aus Afrika.‘ Und meine Cousins: ‚Du bist keine Afrikanerin, du bist Spanierin!‘ Ich bekam das Gefühl, dass ich keine Identität verdiente, und wurde sehr traurig. Heute weiß ich: Meine Stimme ist von überallher. Ich fürchte mich vor keiner Sprache, keinem Land, vor keinem Song, ich folge meiner Freiheit.“

Wo Buika diese Freiheit verströmt, meint man zu verglühen. Ihr vokales Charisma ist so ungezügelt intensiv, dass sie einen Konzertsaal mit ihrer Stimme in Brand setzt. Ich habe das miterlebt: Von ihrer eigenen Darbietung war sie so ergriffen, dass sie auf der Bühne zu weinen begann – und das Publikum weinte mit ihr. Die Flamenco-Ballade „La Niña Del Fuego“ könnte auch ein passender Beiname für sie sein: das Feuermädchen.

Saiten, die die Götter berühren
12. Mai

Wu Fei, China (*1977)
„YU ZHOU CHANG WAN“
(*A Distant Youth*, Forest Hill 2007)

Während bei uns in Europa noch auf primitiven Flöten und Hörnern geblasen wurde, hatte das Reich der Mitte längst eine differenzierte höfische Musikkultur entwickelt. Eine Geschichte von mehr als 3000 Jahren weisen meine Lieblingsinstrumente aus China auf, die sogenannten Wölbbrettzithern.

Auf der siebensaitigen Guqin soll schon Konfuzius ein Meister gewesen sein, sie galt als das Instrument der Dichter, Philosophen und Herrscher. Wenn Sie den Martial-Arts-Film *Hero* kennen, erinnern Sie sich vielleicht an die Szene, in der während eines Schwertkampfes in einem verregneten Innenhof ein alter Mann die Guqin spielt. Nicht ganz so alt ist die bis zu 21-saitige Guzheng, sie besitzt aber wegen ihres eleganteren Klanges eine größere Popularität als die Guqin. Am Kaiserhof war sie beliebt, genauso aber bei Privatleuten, und sie ist die Ahnin verschiedenster Zither-Instrumente im südostasiatischen Raum. Ein Musiker der Han-Dynastie (206 vor Chr. bis 220 nach Chr.) beschrieb ihren Klang als etwas, das „den Himmel, die Geister und die Götter berührt“.

Tatsächlich kann man von ihrem Spiel total verzaubert werden. Viele chinesische Guzheng-Virtuosen haben sich heute einer Erneuerung des Instruments verschrieben, gehen in den Jazz, den Pop oder die europäische Klassik hinein. Das macht es für uns noch leichter, einen Zugang zu finden. Eine der auffälligsten Guzheng-Künstlerinnen des 21. Jahrhunderts ist unser Geburtstagskind Wu Fei. Die in Peking geborene Musikerin lebt heute ausgerechnet in der Country-Metropole Nashville. In Amerika hat sie ein breites Spektrum von Teamworks angeregt, bis hin zu Duos mit dem experimentellen Gitarristen Fred Frith. Was man mit diesem jahrtausendealten Ding alles anstellen kann, macht sie auf dem Album *A Distant Youth* vor. Zum Einstieg in den Rausch der Saiten habe ich aber mal das traditionellste Solo-Stück der Scheibe ausgewählt.

Besessen vom Rhythmus

13. Mai

Peter Gabriel, England (*1950)
„THE RHYTHM OF THE HEAT"
(*4*, Charisma 1982)

Für unser heutiges Geburtstagkind beginnt in den frühen 1980ern ein zweites künstlerisches Leben. Als Kopf der Band Genesis hat Peter Gabriel bereits Geschichte geschrieben, versucht dann auf seinen frühen Soloalben aber eine neue Sprache zwischen Songwriting und Art Pop zu finden.

Der Durchbruch kommt mit Album Nummer drei: Gabriel – im Ideenaustausch mit seiner Kollegin Kate Bush (16. Juni) – arbeitet erstmals mit der Sampling-Maschine Fairlight, die die zwei australischen Nerds Peter Vogel und Kim Ryrie erfunden haben. Damit lässt sich jede vorstellbare Tonquelle aufnehmen und über eine Tastatur spielen. Geräusche wie Schreie oder zerberstendes Glas werden zu Melodien. Songs werden nicht mehr geschrieben, sondern aus Mosaiken von Melodien und vor allem Rhythmen gebaut.

Und Letztere sind es, die Gabriels Klangwelten entscheidend verändern. Er interessiert sich vor allem für Rhythmen der außereuropäischen Musik, es ist sein Startpunkt für die Entdeckung von Musikkulturen weltweit. Ein paar Jahre später schafft er in einer alten Mühle in der Grafschaft Wiltshire einen Ankerplatz für sie: Die Real World Studios werden zum Synonym für anspruchsvolle Worldmusic.

Am frappantesten in Gabriels Hinwendung zum Puls exotischer Musik ist das Eröffnungsstück aus dem Album *4*: „The Rhythm Of The Heat" besteht aus einer einzigen gewaltigen Steigerung, die feiert, wie die Macht von Rhythmus und Tanz allmählich überwältigt, wie die Geister Besitz ergreifen vom Körper. Bis alles in einer gewaltigen Trommelsequenz explodiert, gestaltet mit einem Sample der ghanaischen Ekome Dance Company.

Diese Klänge waren, zusammen mit Joni Mitchells „The Jungle Line" (14. April) und Brian Enos/David Byrnes „My Life In The Bush Of Ghosts" (siehe morgen!) die ersten Gehversuche des Pop, eine Brücke nach Afrika zu schlagen. Der Pioniergeist klingt heute noch überwältigend. Dieses Stück sollte man richtig laut hören!

Bastelwerk von Eierköpfen

14. Mai

Brian Eno (*1948) & David Byrne (*1952), Großbritannien/USA
„THE CARRIER" (FEAT. DUNYA YOUNES)
(*My Life In the Bush Of Ghosts*, Sire 1981)

Gestern haben wir Peter Gabriel in seiner frühen Weltmusik-Werkstatt einen Besuch abgestattet, jetzt geht es noch mal zwei bis drei Jahre zurück in dieser Pionierzeit globaler Klänge. Der heute geborene Kopf der Wave-Band Talking Heads, David Byrne, und der Ambient-Musiker Brian Eno schnipselten von Sommer 1979 bis Herbst 1980 in New York, San Francisco und Los Angeles an einem Werk, das wie keines zuvor Samples aus aller Welt in Songs integrierte. Das ging damals noch nicht per Computer, sondern war Handarbeit.

Die Samples sind überwiegend religiöser Natur, stammen aus den entflammten Reden eines Fernsehpredigers, eines Evangelisten und eines Exorzisten, aber auch von Betenden aus Algerien, einer Sängerin aus den libanesischen Bergen, von einem ägyptischen Popstar. Eingebettet sind die Sounds in für die damalige Zeit sehr progressive Strukturen, sie haben mal sphärischen, mal funkigen, mal Hip-Hop-Charakter. Und mächtig Ärger gab's bei dieser frühen Sample-Arbeit auch: Das Stück mit den algerischen Koransängern musste auf späteren Pressungen entfernt werden. Das Islamic Sharia Council in Großbritannien sah die Gefühle der Gläubigen verletzt. Und die Libanesin Dunya Younes wurde bis 2017 nicht von ihrem „Auftritt" in Kenntnis gesetzt.

Das Ziel von Brian Eno war es, eine „Fake-Musikkultur" zu schaffen, eine imaginäre Klangwelt einer nicht existenten Zivilisation. Dass er und Byrne sich im Titel auf eine Erzählung des Nigerianers Amos Tutuola beriefen, passt gut. Beide hatten das Buch zwar nicht gelesen. Doch der psychedelische Titel dieser vor Fantasie strotzenden Irrfahrt durch den Busch inspirierte sie. War diese Platte nun einflussreich oder nicht? Die Meinungen gingen weit auseinander: Pioniertat für die einen, „Bastelwerk von Eierköpfen" für andere. Für mich hört es sich erheblich frischer an als manches zusammengestoppelte Worldmusic-Patchwork der Neunziger.

Mythische Meeresbezwinger
15. Mai

Lula Pena, Portugal (*1972)
„OS ARGONAUTAS“
(*Phados*, Carbon 7 Records 1998)

Ganz allein mit ihrer Gitarre navigiert sie durch ihre Klangwelt, und mit ihrer tiefen, suggestiven Stimme wandelt die heute geborene Portugiesin Lula Pena zwischen Bossa Nova, mediterraner Liedkunst, südamerikanischem Canción – und natürlich Fado (6. Oktober).

„Ich habe sehr spät angefangen, Fado wertzuschätzen“, sagt Pena mir mit tief-rauchiger Frühmorgenstimme auf dem Rudolstadt Festival. „Er war mir zu dunkel, es gab zu viel übertriebenes Leid darin. Doch dann wurde er zu einer physischen Erfahrung, er hat meine Knochen, meine Nerven, meinen Körper, meine Haut gepackt.“ Sie verlässt Lissabon, wird zur Wanderin, saugt den Klang vieler Städte auf.

Auf ihrem dritten Werk *Archivo Pittoresco* lehnt sie sich dann an die Picturesque-Bewegung des späten 18. Jahrhunderts an. Englische Maler brachen mit akademischen Vorgaben von Perspektive und Schwerpunkt, gingen in die Landschaft, suchten als Motive Ruinen oder wilde Natur. Auch in Lula Penas Vokalkunst tritt das Ich wie in einer weiten Landschaft zurück, die Stimme wird zur elementaren Kraft, jenseits von männlich und weiblich. Ihr Credo: „Eine Stimme ist eine Stimme, es sollten keinerlei Kategorien an ihr kleben.“ Und diese Stimme, rau, elementar, androgyn – und doch verletzlich – erzeugt einen Bann, dem man sich schwer entziehen kann.

„Navegar é preciso“, „Seefahrt ist notwendig, das Leben ist nicht notwendig“: Der römische Feldherr Pompeius Magnus soll es seinen Matrosen zugerufen haben, als sie sich weigerten, bei einem Sturm in See zu stechen. Bis in die Neuzeit ist dieser Spruch gedeutet worden, auch vom Dichter Fernando Pessoa und dem Brasilianer Caetano Veloso (27. Dezember), der ihn zum Refrain seines Stückes „Os Argonautas“ gemacht hat. Ein poetisches Hohelied auf die Bezwinger der Meere und ihre Urahnen, die sagenhaften antiken Argonauten – in der Interpretation von Lula Pena hat das eine fast mythische Qualität.

Party im Palast der Winde

16. Mai

Mehdi Nassouli, Marokko (*1985)
„BOUCH3KOUKA“
(*Taroudant*, Eigenproduktion 2019)

Essaouira, Marokko: ein kühler Palast der Winde, gegen den unablässig der Atlantik tost. Verwitterte weiße Häuserfronten mit blauen Pforten sind die bestimmenden Farben dieser Festung, die sich ein Sultan vor 250 Jahren als Bollwerk gegen Rebellen im Süden erbauen ließ. Essaouira: Dieser Name hatte Klang bei den Rolling Stones, bei Bob Marley, Jimi Hendrix und den Blumenkindern, die hier alle Inspiration fanden.

Heute lebt die Stadt beim Festival der Gnawa-Musik auf: Hunderte von Musikern lassen mit ihren Trommeln, klackernden Kastagnetten, Schalmeien und kehligen Gesängen die Mauern erzittern. Nirgends sonst ist die Kultur der schwarzen Minderheit Marokkos, der Gnawa (12. Februar), so lebendig. Die Musik der einstigen Sklaven, die von jenseits der Sahara verschleppt worden waren, hier zelebriert sie in Sessions mit Jazzern und Rockmusikern eine Verbrüderung.

„Uns fasziniert, dass sich in einer Zeit, in der über arabische Länder so angstbesetzt diskutiert wird, so viele Ausländer ins Publikum mischen“, erzählt mir die Direktorin Neila Tazi Abdi bei meinem Besuch 2015. „Wir wollen ein anderes Gesellschaftsmodell der muslimischen Welt zeigen, eines, das sich nicht nur träumen, sondern realisieren lässt.“ Das erlebe ich besonders auf der kleinen Strandbühne: Dort feiert in der Nacht vom 16. auf den 17. Mai die Jugend Marokkos, als der Sänger Mehdi Nassouli seinen Gnawa-Zukunftspop den Wellen entgegenschleudert. Hier, inmitten der kommenden Generation des Landes, spüre ich eine sehr tolerante Haltung.

Doch König Mohammed VI, der nach seiner Krönung zunächst für die Emanzipation der Frauen und künstlerische Freiheiten eingetreten war, dreht das Rad später wieder erheblich zurück. Mehdi Nassouli lässt sich dadurch nicht einschüchtern: 2019 bringt er ein Album mit feuriger Musik heraus, in „Bouch3kouka“ duettiert er mit dem Gnawa-Meister Abdelkedir Merchane aus Marrakesch.

Verlass mich nicht, Brasilien

17. Mai

Maria Gadú, Brasilien (*1986)
„AXÉ ACAPELLA“
(*Mais Uma Página*, Universal 2014)

Heute ist der Internationale Tag gegen Homo-, Bi-, Inter- und Transsexuellen-Feindlichkeit. Dass ein solcher Tag überhaupt begangen werden muss, wirft einen finsteren Schatten auf unsere Spezies. Wer in seiner sexuellen Orientierung „aus der Reihe tanzt“, hat wenig zu lachen in einem Klima, in dem die Putins, Erdoğans, Trumps und Bolsonaros das Sagen haben. Doch gerade in Brasilien sind seit der Zeit des Tropicalismo (27. Dezember) die Beiträge der Lesben und Schwulen immer wesentlich für eine populäre Musikszene gewesen, die Jahrzehnte unter der Diktatur litt.

Wenige Tage, nachdem am 28. Oktober 2018 in Brasilien ein rassistischer, frauenfeindlicher und homophober Ex-Leutnant ins Präsidentenamt gewählt wurde, sitze ich in einem Konzert in Basel. Eine junge Sängerin namens Maria Gadú tritt vors Publikum. Als offen lesbische Künstlerin ist sie für viele ihrer Landsleute ein Rollenmodell für Vielfalt und Toleranz. Und an diesem Abend macht sie ihre Performance zu einem Manifest gegen all das, was in der Heimat gerade geschieht. Schon ihr Outfit mit der Kriegsbemalung einer Xingu-Indigenen ist eine Kampfansage.

Als sie sich direkt an die Landsleute im Publikum wendet, beschwört sie den demokratischen Zusammenhalt, lässt eine kraftstrotzende Version eines berühmten Jacques-Brel-Songs folgen, der auch zum Flehen an die Heimat wird: „Ne me quitte pas, Brasil.“ Dafür erntet sie frenetischen Applaus der Landsleute. Und dann stimmt Gadú „Axé Acapella“ an: „Es ist eine Mischung aus dem verzweifelten Schrei der Leute, die auf die Straße gehen, um gegen die Ungleichheit zu protestieren, und den afrobrasilianischen Rhythmen, die Partystimmung verbreiten“, analysierte sie den Song für mich. „Und so läuft es oft in Brasilien: Die Leute sind geschockt und wollen sich wehren, zur selben Zeit aber möchten sie immer feiern. Kein gutes Gleichgewicht!“

Gestohlen im Nachbartal
18. Mai

Franui, Österreich
„WENN MEIN SCHATZ HOCHZEIT MACHT"
(*Mahlerlieder*, col legno 2012)

Immer, wenn Trennlinien zwischen Volksmusik und Klassik zerfließen, entsteht in den Alpen eine spannende Klangsprache. Vorreiter für diese grenzenlose Arbeit ist die Musikbanda Franui um den Trompeter Andreas Schett aus dem Osttiroler Dorf Innervillgraten.

Es gibt in diesem Ort eine Blaskapelle, die zu den Beerdigungen genauso herzzerreißende wie tröstende Märsche spielt. Aus dieser Tradition schöpfen Franui, aber auch aus Werken von Franz Schubert, Johannes Brahms und Gustav Mahler, denn alle drei Romantiker haben ja ihrerseits auch schon immer die Musik aus dem Volk gefiltert. Das Instrumentarium verfeinern die Musiker für ihre Zwecke: Sie malen mit Blech und Holz, Harfe, Zither, Hackbrett, Akkordeon und Streichern unerhörte Schattierungen auf die alpine Leinwand.

Zum heute im Jahr 1911 verstorbenen Gustav Mahler haben Franui eine besondere Beziehung. Auf der anderen Seite ihres Hausbergs findet man sein letztes Komponierhäusl. „Die letzten drei Sommer seines Lebens, von 1908 bis 1910 hat er da geurlaubt", erklärt Schett. „Er hat den Zeugwart von der Musikkapelle aus Innervillgraten gekannt, und er ist dort eingebrochen und hat Stücke gestohlen. Wir stehlen die zurück." Die Geschichte vom Einbruch ist natürlich frei erfunden – oder, wer weiß? Die ausgedehnten Wanderungen des Naturfreaks durch die Umgebung sind ja belegt …

In Franuis Version von „Wenn mein Schatz Hochzeit macht" verwirbeln die Töne, die durch Mahlers Hirn und Herz gelaufen sind, zu einer imaginären Volksmusik. Schade, dass der Komponist das nicht mehr hören kann. Ich stelle mir vor, wie er in seinem Häusl aus grob behauenen Brettern sitzt. Er frühstückt sein geliebtes Graham-Brot mit Honig, macht sich ans Tagwerk. Und irgendwann trägt der Wind vom Nachbartal diese Version seines Liedes hinüber. Gustav lässt seine Feder aufs Notenpapier sinken, und ein feines Lächeln legt sich auf seine Gesichtszüge.

Rauschhafter Maulbeerbaum-Klang

19. Mai

Kayhan Kalhor, Iran (*1964) & Shujaat Khan, Indien (*1960)
„MY EYES, MY HEART“
(*As Night Falls On The Silk Road*, Shanachie 1998)

Kleines Instrument, große Wirkung. Ein winziger Resonanzkörper aus Maulbeer- oder Walnussbaumholz und eine Bespannung aus Fischhaut: Das ist die persische Spießgeige Kamancheh. Rauschhafte Obertöne bestimmen ihren Klang, er strahlt Wärme aus und wispernde Schmerzlichkeit. Die Kamancheh besitzt für mich den berührendsten Klang aller Streichlauten, die es vom Balkan bis China gibt.

Einer ihrer größten Meister ist der iranisch-kurdische Musiker Kayhan Kalhor, ein Mann mit einer bewegenden Biografie: Bereits als Teenager spielt er in Teheran im staatlichen Orchester, studiert die Traditionen der nördlichen Provinzen. Als die musikfeindlichen Mullahs die Macht ergreifen, begibt er sich auf einen Fußmarsch bis nach Italien. Dort und in Kanada vertieft er sich in die klassische Musik des Westens. Zu Hause wird seine Familie im irakisch-iranischen Krieg getötet, Kalhors Leben wird fortan geprägt sein von Zerrissenheit zwischen den Kontinenten. Seine internationale Karriere startet er in Brooklyn, spielt mit dem Kronos Quartet (15. November), wird Mitglied im Silkroad Ensemble des Klassik-Stars Yo-Yo Ma (7. Oktober).

Um sein Spiel zu umreißen, genügt eigentlich ein Wort: Hingabe. Seine Haare und sein stattlicher Schnauzbart verdecken die Gesichtszüge, mit geschlossenen Augen verschmilzt er vollkommen mit der Kamancheh. Genau diese Haltung spiegelt sich im Eröffnungsstück der ersten CD von Ghazal, seinem Ensemble mit dem Inder Shujaat Khan (5. Februar): Es gibt kaum eine andere Viertelstunde Musik, bei der ich mich in einen so tiefen Ruhezustand versenken kann. Kamancheh, Sitar, Gesang und Tabla begegnen sich in einem Wirbel spiritueller Tonkaskaden, irdische und himmlische Liebe verschmelzen, ein zentrales Motiv der Sufi-Dichtung (30. September/21. Dezember). „Ich leide, seit mein Blick deine Augen traf, meine Geliebte, mein Herz ruft nach dir“, heißt es im kargen Text.

Im tröstenden Licht

20. Mai

Dino Saluzzi, Argentinien (*1935)
„OFRENDA"
(*Albores*, ECM 2020)

Beim Bandoneón denken die allermeisten von uns sofort an zackige Tanzschritte, Ballsäle und hochhackige Schuhe. Die Musik des heute im Jahr 1935 geborenen Dino Saluzzi ist da anders gestrickt. Schon vor Jahrzehnten holte er das Instrument, das in Deutschland erfunden und mit Emigranten nach Argentinien kam, aus der Sphäre des Tangos heraus. Er suchte das Teamwork zu Jazzern und zu klassischen Komponisten. Im Unterschied zu Astor Piazzollas Tango Nuevo (1. Juni) gibt es in seiner Klangwelt auch keine geographischen Festlegungen, für ihn ist das Bandoneón frei, ungebunden, universell. Daher hat der Altmeister sein Genre auch „Tango Libre" genannt.

Wer Dino Saluzzi zuhört, wird Zeuge einer intimen Zwiesprache von Mensch und Tasten. Dem Magazin *Jazz thing* hat er einmal gesagt: „Dieses Instrument weiß alles über mein Leben." Vor allem auf seinen Solowerken hört man förmlich die Verschmelzung, das Klappern der Knöpfe, das leise Sausen des Balgs. Ist es der Spieler, der atmet, oder das Bandoneón? Für Saluzzi ist es verlängerter Körper, zweite Lunge und Seele.

2020 hat Saluzzi nach langer Zeit wieder einmal ganz allein ein Album aufgenommen, *Albores*, die Morgendämmerung. Der betagte Musiker besitzt nun eine emotionale Tiefe, die jedes seiner Stücke zu einer reichen Erzählung macht, jede Phrase mit tiefer Imagination erfüllt. Da hört man einen wehmütigen Dank an seinen Freund, den georgischen Komponisten Gija Kantscheli, oder eine ergreifende Widmung an seinen Vater. Es gibt ganz delikate Pianissimo-Stellen, man vernimmt hier fast nur noch die Mechanik des Instruments. Und dann „Ofrenda", für mich das ergreifendste Stück aus Saluzzis Spätwerk: Fast könnte man an einen einsamen Orgelspieler denken, der in einer leeren Kirche auf seinem Manual meditiert, während tröstendes Licht durch die bunten Glasfenster fällt.

Zärtliches zum Whiskey-Tag
21. Mai

Talisk, Schottland
„MONTREAL“
(*Beyond*, Talisk Records 2018)

Heute ist zwar der International Tea Day, aber der ebenso für heute festgelegte World Whiskey Day macht sicher mehr Spaß! Wir könnten also eine Flasche aufmachen und den Tag mit feucht-fröhlichem Folk begehen. In gewisser Weise will ich Ihnen das auch anbieten, ich greife aber nicht auf die gut abgehangene Pub-Musik vergangener Jahrzehnte zurück. Unter allen keltischen Territorien hat sich Schottland seit den 1990ern am mutigsten hervorgetan, seine Folkmusik höchst kreativ weiterzuentwickeln. Das begann mit Gruppen wie Shooglenifty (6. Juli) oder Capercaillie (11. Februar), und es setzt sich bis heute fort.

Das Trio Talisk ist so eine Folkband des 21. Jahrhunderts. Bekannt geworden sind die drei, als sie den Young Folk Award von BBC 2 gewonnen haben, eine wichtige Starthilfe gerade für Nachwuchsbands in dieser Nische. Nicht auszudenken, was es für solche Musiker bedeutet hätte, wenn die Pläne eines gewissen Boris Johnson in die Tat umgesetzt worden wären, die Angebote der BBC zusammenzustreichen. 2017 waren Talisk dann schon Folk Band of the Year!

Akkordeonist Mohsen Amini, Fiddlerin Hayley Keenan und Gitarrist Graeme Armstrong spielen eine mitreißende und virtuose Musik, die zugleich unglaublich innig, gefühlvoll und herzblutend ist. Es fährt einem beim Zuhören simultan in Beine und Seele. Ihre Kompositionen sind von der Tradition inspiriert, formen aber einen ganz eigenständigen Ton. Folk ist hier in der Zukunft angekommen. Schönstes Beispiel: das Eröffnungsstück aus ihrem Debütalbum *Beyond*, das offensichtlich durch eine kanadische Metropole inspiriert wurde. Als Montréal-Fan kann ich die zärtlichen Gefühle, die hier am Anfang aufwallen, sehr gut verstehen. Am besten genießen sie das Ganze mit einem Shot Talisker-Whiskey von der Hebrideninsel Skye.

Zinnhirsch, Eule und Schmetterling
22. Mai

Pulsar Trio, Deutschland
„BUTTERFLY TOE"
(*Zoo Of Songs*, T3 Records 2018)

Dass die indische Langhalslaute Sitar bei den Beatles und einer ganzen Reihe psychedelischer Rockgruppen verfangen hat, ist bekannt (15. März). Namhafte deutsche Sitar-Lehrlinge zu finden wird schon schwieriger. Ich möchte Sie einladen, heute den Sitarspieler Matyas Wolter kennenzulernen.

Bevor er zur Sitar kam, spielte Wolter Gitarre, experimentierte mit Punk, Blues und Free Jazz. Als Student beschäftigte er sich dann mit dem Raga-System Indiens (7. April), und er hatte das Glück, fünf Jahre bei einem der bedeutendsten Meister aus Kalkutta in die Lehre zu gehen und zu leben, dem heute im Jahr 2017 verstorbenen Subroto Roy Chowdhury. Wolters Aneignung des Instruments kann man auf klassischen Soloalben zuhören. Genauso spannend ist es, wie er seine Sitar-Kunst in ein Ensemble namens Pulsar Trio einbettet. Hier spielt er zusammen mit der Pianistin Beate Wein und dem Schlagzeuger Aaron Christ.

Die indische Laute sinnvoll zu integrieren: Das ist fast eine Quadratur des Kreises. Wolter klärt auf: „Von Natur aus ist die Sitar ein totales Soloinstrument, man kann eine melodische Linie drauf spielen. Aber man kann nicht groovy spielen, keine Akkorde, keinen Bass. Diese Dinge fallen alle weg." Dass es trotzdem geklappt hat, liegt an der Stärke dieser drei Musikerpersönlichkeiten. Beate Wein hat den Mut zur großen popmusikalischen Geste, Aaron Christ schöpft aus einem Spektrum vom Folk bis zur Theatermusik. Sie betonen ihre Eigenheiten und Unvereinbarkeiten, legen es nicht auf eine herkömmliche Indo-Jazz-Fusion an.

Zoo Of Songs heißt das für mich stärkste Werk, hier steht man staunend vor zehn akustischen Gehegen: Einer gestrickten Eule ist ein Stück gewidmet, in der „Tin Stag Story", der Geschichte vom Zinnhirschen, verschränken sich Sitar, Klavier und hibbelige Percussion. Und im „Butterfly Toe" fliegt ein Schmetterling mit raffinierten Taktwechseln von Blüte zu Blüte.

Crosskontinentales Saitenspiel

23. Mai

3MA, Marokko/Mali/Madagaskar
„ANFAZ"
(*Anarouz*, Mad Minute 2017)

2015 durfte ich als Journalist das Festival Musiques Sacrées im marokkanischen Fès begleiten. Das Wetter war durchwachsen, immer wieder gingen schwere Regenschauer nieder. Besonders pikant: Am Eingang zum königlichen Palast, der monumentalen Pforte Bab Al Makina, fanden die größten Konzerte statt, bestuhlt mit schweren Plüschstühlen in royalem Rot. Und die hatten sich mit Regenwasser so vollgesogen, dass man in Sekundenschnelle einen nassen Allerwertesten hatte. Der kollektive Schreck über die unerwünschte Kühlung Tausender Hinterteile: Das sorgte für absurde Gymnastik in den königlichen Gemäuern …

Zum Glück konnte das Eröffnungskonzert am 23. Mai noch trocken über die Bühne gehen, denn da war immerhin Prinzessin Leila zugegen. Nicht auszudenken, wenn sich die Königsgemahlin eine Blasenentzündung geholt hätte. Gewidmet war die vielfältige Show mit Stationen zwischen Marokko, Mali, Burkina Faso, Mauretanien und Senegal einem Weltreisenden des 15. und 16. Jahrhunderts aus Fès: Leon Africanus. Diesen Geographen, Diplomaten und Rechtsgelehrten verkörperte der marokkanische Oud-Spieler Driss El Maloumi, wob mit seiner arabischen Laute die Verknüpfungen zwischen den Weltgegenden. Eine Paraderolle für ihn, ich kenne kaum einen Lautenisten, der sich so offen gegenüber anderen Kulturen zeigt.

Seine aufregendste Formation ist das Trio 3MA, in dem er mit dem Kora-Virtuosen Ballaké Sissoko (5. Mai) aus Mali und dem madagassischen Röhrenzither-Spieler Rajery eine Verbindung quer über den Kontinent schlägt. Oud – Kora – Valiha: eine Brücke ausschließlich mit afrikanischen Saiteninstrumenten, die verblüffend fließend funktioniert. El Maloumi sagte mir zum Stück „Anfaz": „Das bedeutet Atemzug, Windhauch. Das Stück spiegelt eine Reise zwischen den drei Kulturen wider, und die Möglichkeiten, die sich zwischen ihnen entfalten."

Kosmopolit in dünner Luft

24. Mai

Sarazino, Ecuador/Algerien (*1970)
„PEOPLE"
(*Ya Foy!*, Cumbancha 2009)

Quito ist auf den ersten Blick vielleicht nicht der Ort, von dem man sich großartige Impulse für eine globale Popmusik erhoffen würde. Alles, was der Normalbürger von der Hauptstadt Ecuadors weiß, das heute seinen Unabhängigkeitstag begeht: Sie liegt als eine der ganz wenigen Kapitalen der Welt auf dem Äquator, und sie ist mit fast 3000 Metern über dem Meeresspiegel zugleich eine der höchstgelegenen. Doch Quito beherbergt mit dem Algerier Lamine Fellah alias Sarazino einen pfiffigen Musiker, der in der dünnen Luft allem Anschein nach sehr gut zurechtkommt.

Und noch viel mehr als das: Er fügt dort Latin-Zutaten, Reggae, Rock, afrikanische und arabische Rhythmen und Gesangslinien zu einem weltgewandten Pop mit eingängigem Charakter. Als Diplomatensohn wächst er im algerischen Constantine, aber auch in Spanien, der Schweiz, Burundi und Burkina Faso auf, studiert in Montreal Politik und Wirtschaftswissenschaften. Dort gründet er auch seine erste Band, die afrikanische, algerische und französische Farben vermengt. Doch der Kosmopolit entschließt sich, weiterzuziehen, und kommt auf seinem Weg gen Süden nach Ecuador, verliebt sich dort in die lateinamerikanische Musik. Schnell fasst er den Entschluss, sich im Äquatorstaat niederzulassen.

Ab 2003 mischt er von dort aus mit seinen Platten die Szene auf. Sein Meisterwerk bis heute bleibt *Ya Foy!* („Hier sind wir!" im westafrikanischen Baoulé-Idiom). Hier summiert Sarazino alle globalen Erfahrungen zwischen Constantine, Kanada und Quito: Roots Reggae, Ska, schwarzafrikanische Farben, Latin-Pop. Und dazu dichtet er engagierte Texte, die sich gegen Kriegstreiber richten, die revolutionären Umtriebe Lateinamerikas analysieren, feine Love Stories erzählen und zum weltumspannenden Zusammenhalt aufrufen. Im Song „People" hat sich die jamaikanische Reggae-Legende Toots Hibbert (1942–2020) zum Stelldichein vor dem Mikro eingefunden.

Nachtmusik in der Sahara
25. Mai

Transglobal Underground, Großbritannien
„DAUGHTER OF THE DESERT"
(*Psychic Karaoke*, Nation Records 1996)

Die ägyptisch-belgische Weltbürgerin Natacha Atlas haben wir am 20. März schon im Streichergewand kennengelernt. Vor ihrer Solokarriere hatte sie die Stammposition als Sängerin bei Transglobal Underground (TGU) inne, dem bis heute verrücktesten Global-Dance-Kollektiv der Welt.

TGU warfen unter der Regie des britisch-griechischen Produzenten Count Dubullah (bürgerlich Nick Page, †2021) indische Flöten, arabische Streicher, Samba-Trommeln und zentralasiatischen Obertongesang in einen Mixer, ummantelten das alles mit Beats zwischen Techno und Hip-Hop – und darüber zündete Frau Atlas ihren ornamentreichen Gesang. Ein unwiderstehliches, tanzbares Amalgam, es gipfelt auf dem heute im Jahr 1996 veröffentlichten Album *Psychic Karaoke*.

Heute klingt diese Scheibe streckenweise wie eine unverdauliche musikalische Lasagne. Klangschicht um Klangschicht türmt sich übereinander, noch ein Effekt draufgepackt und noch ein Gimmick reingepuzzelt: Fertig ist die Vision – oder besser: Illusion? – der einen Welt. Auch wenn der TGU-Sound ein typisches Kind der überladenen Neunziger ist, manchmal packt mich die Nostalgie, und ich spiele nochmals sehr laut das Finalstück ab. Kalt leuchtende Samples aus der Ambient-Musik von Moebius, Roedelius und Brian Eno finden sich darin, gewaltig schlurfende Geräusche, als ob ein mythischer Riese durch die endlosen Dünen stapft, und dazu die betörenden Gesangsschleifen von Frau Atlas.

Ob das Stück vom ägyptischen Film *Layla, Tochter der Wüste* (1937) inspiriert ist? Ich stelle mir dabei eine nächtliche Szenerie in der Sahara vor: Eine Karawane lagert an einem Feuer, die flackernden Flammen erleuchten alte, ledrige Beduinen-Gesichter. Darüber spannt sich der erschreckend nahe Sternenhimmel, ungetrübt von Streulicht. Eine elementare Einsamkeit herrscht dort, völlig unbedeutend wird die menschliche Existenz. Diese Musik lässt starke Bilder aufsteigen …

Zu Gast im Garten Gottes

26. Mai

Târiqa Machichiya – El Ferka El Nakshabandia, Marokko
„YA TALIBOU RAHMATOU ALLAH“
(*Ya Talibou Rahmatou Allah*, Fassiphone)

Vom Hügel gegenüber betrachtet sieht die marokkanische Stadt Fès fast unwirklich aus: Mit ihren 17 Kilometern Umfang über 1200 Jahre gewachsen, zieht die größte Medina der arabischen Welt den Besucher in ein unentrinnbares Labyrinth von Gassen hinein. Hinter den trutzigen gelben Mauern verbergen sich prächtige Innenhöfe und lauschige Gärten, in denen Musik ertönt: das Festival des Musiques Sacrées du Monde mit heiliger Musik aus allen Weltgegenden.

„Am Anfang, in den 1990ern, hatten wir die Rolle, den spirituellen Dialog zu öffnen. Bis tief in den Nahen Osten hinein, der damals nicht viele Veranstaltungen dieser Art hatte, verstand man: Das Heilige lässt sich auch auf einer Bühne präsentieren“, so Festivaldirektor Alain Weber. Ganz besonders sind die Nächte im Dar-Tazi-Garten, wo man unter den Bewohnern von Fès auf Teppichen sitzt: Hier spielen Sufi-Bruderschaften aus allen Landesteilen Marokkos, und es herrscht eine fast volkstümliche Stimmung. Fast ausschließlich Frauen in Djerbala und Kopftuch strömen zunächst hinein, sehr ausgelassen und überschwänglich erlebe ich sie an diesem 26. Mai 2015. Und überall duftet es ein wenig nach Rosenparfums.

Die Târiqa Machichiya, sechzehn Sänger und Instrumentalisten an Oud, Geige und Hackbrett, nehmen Platz, über eine scheppernde Anlage tönt mitreißender Gesang durch die Nachtluft. Junge Kerle schlendern in den Garten, und obwohl sie alle Insignien der US-Kultur am Leib tragen, singen sie jeden dieser heiligen Verse aus voller Brust mit. Plötzlich beginnt ein gebrechlicher Mann, der eben noch gestützt werden musste, zu tanzen, um ihn herum toben Kinder über die Teppiche: ein Gottesdienst als mitternächtliches Familienfest. Zum Ende hin erheben sich alle Musiker, lassen ihre Anrufungen wie einen beseelten Sog durch den Park strömen. In dieser Nacht war ich zu Gast im Garten Gottes.

Mahnmal vom Nobelpreisträger

27. Mai

Etta Scollo, Italien (*1958)
„ALLE FRONDE DEI SALICI"
(*Ora*, Jazzhaus Records 2023)

Im Gespräch mit ihr vergisst man die Zeit. Aus Interviews werden Essays über Literatur und Politik, über Sizilien und die Welt, die mal gern über Stunden dauern können. Wer Etta Scollo begegnet ist, geht danach bereichert durchs Leben. Ihre Musik durchmisst Höhen und Tiefen, mit seelenvoller Intensität statt poliertem Schönklang. Und mit einer einzigartigen Stimme, die sie sich immer neu erkämpfe, so sagt sie.

Als ich Scollo im Dezember 2022 treffe, ist die Pandemie fast vorbei. „Die Zeit der Isolation hat uns in eine musikalische Lethargie versetzt", sagt sie, „ich habe keinen einzigen Ton gesungen. Doch dann fing ich an, körperlich zu arbeiten: Ich habe Nägel in die Wand geschlagen, Lampen montiert, Regale gebaut. Ich musste meinen Körper spüren." Sie spricht von ihrer starken Beziehung zu ihren Händen. Aus diesem Tasten und Tun erwachen ihre Alben.

Die Sizilianerin hat einen erstaunlichen Parcours hinter sich: Erst Soul-Star, entschlüsselt sie spät ihre Wurzeln. Die Renaissance- und Barockmusik Italiens gehört dazu, der sizilianische Volksgesang, zeitgenössische Insellyrik. Aber auch die Geschichten der Bergarbeiter, der Geflüchteten des Mittelmeers, der Ereignisse des Krieges. Auf ihrem Album *Ora* hört man eine Stimme, die intim und roh und verletzlich ist. Wie in „Alle Fronde Dei Salici", wo der Nobelpreisträger Salvatore Quasimodo nach den Gräueltaten der Deutschen bei Kriegsende auf Sizilien fragt: „Wie konnten wir denn singen, mit dem Fuß der Fremden über unseren Herzen?"

Etta Scollos Vertonung ist eine schockhafte Antwort auf den ersten Tag des russischen Angriffskrieges auf die Ukraine. Eine Hymne der Trauer mit Bläsern und Chor, ein Mahnmal. Und doch, so sagt Scollo mit der ihr eigenen unerschütterlichen humanistischen Hoffnung, „ist das Album inmitten von Sturm und Asche ein beherztes, offenes Bekenntnis zum Leben. Zum Mut, ohne Zögern zu lieben".

Europas westlichster Plattenladen

28. Mai

Medeiros/Lucas, Azoren

„PODRE PODER"

(*Sol De Março*, Lovers & Lollipops 2018)

Man wir schnell fündig, wenn man auf den Azoren nach typischer Musik sucht: Auf dem Archipel mitten im Atlantik gibt es die zwölfsaitige Viola da terra mit zwei tränen- oder herzförmigen Schalllöchern. Sie dient als Begleitinstrument für traditionelle Gesänge oder steht bei Tänzen wie der Chamarrita im Mittelpunkt. Dann gibt es die Filarmónias, Bläserbands, die sowohl auf Dorffesten als auch bei Prozessionen aufspielen. Doch die Azoren haben auch eine Pop-Szene, die einen Spagat bis zum Metal vollführt. Immerhin können mit Nelly Furtado und Katy Perry auch zwei Superstars auf eine Herkunft von den Inseln stolz sein. Und dann wäre da noch das grandiose Songwriter-Duo von Carlos Medeiros und Pedro Lucas im Aufgebot. Ihre Platte mit dem markanten Pfau auf dem Cover fiel mir zufällig im westlichsten Plattenladen Europas Ende Mai 2018 in die Hände, im „La Bamba" auf der Insel São Miguel.

Ein ungleiches Paar, und gerade deswegen ist es ein Glücksfall, dass sie sich gefunden haben: Medeiros, ein Urgestein des portugiesischen Folks und von Berufs wegen Musiklehrer und Flötist, beschwört mit seinem rostig raspelnden Timbre den alten Barden herauf. Der nach Kopenhagen ausgewanderte Lucas dagegen könnte locker sein Sohn sein, trägt an Saiten und Tasten eine weltgewandte Indie-Rock-Sprache hinein in das Teamwork.

Für ihr Album *Sol De Março* haben die beiden Poesie des jungen Dichters João Pedro Porto vertont. Lyrik mit Farben- und Klangreichtum, man staunt über die vielen metaphorischen Kniffe und elementaren Bilder. Das Meer spielt dabei naturgemäß eine große Rolle, denn man sieht es auf den Azoren fast immer. Und die Musik dazu strahlt in großartiger Vielfalt: Mal erinnert sie an den Liedermacher José Afonso (25. April), mal geht es ins Electro-Fach, mal wird es eher jazzig mit Vibraphon und kecker Trompete. Ein kleines Meisterwerk auf hoher See – fernab aller Inselklischees.

Bienenhaus am Goldenen Horn

29. Mai

Mercan Dede, Türkei/Kanada (*1966)
„AB-I TARAB"
(*Su*, Doublemoon 2004)

Heute im Jahr 1453 griffen die Osmanen das byzantinische Konstantinopel an. Sie eroberten und plünderten es, und sie gestatteten den ehemaligen Bewohnern dann, in eine „befriedete Koexistenz" zurückzukehren. Begleitet von mal mehr, mal weniger Gewalt hat sich Istanbuls jahrtausendealte multikulturelle Tradition immer wieder erneuert.

2004 erlebe ich eine Stadt in Aufbruchstimmung. Die Klubs im Viertel Beyoğlu, dem kulturellen Bienenhaus am Goldenen Horn, sind voll mit überschwänglich feiernden Jugendlichen. Plattenfirmen exportieren ihre kreative Weltmusik in alle Länder. Und mittendrin ein Mann, der für diese neue weltgewandte türkische Musik steht: Arkın Ilicali, Künstlername Mercan Dede. Als Weltbürger pendelt er zwischen der Wahlheimat Kanada und seinen Wurzeln am Bosporus. Jeder in Istanbul kennt und liebt ihn, die Verkäufer auf dem ägyptischen Basar genauso wie die Schuhputzer vor der Blauen Moschee.

Ich treffe Ilicali vor einem umjubelten Konzert, und er sagt mir: „Die Türkei bietet mir eine sich ständig erneuernde, auch chaotische Inspiration, die ich dann in Montreal verdauen kann. Diese Dualität einer nur 200 Jahre und einer über 3000 Jahre alten Stadt mit ihren multiplen Kulturschichten zu erleben, das ist phänomenal. Als Musiker habe ich die Verantwortung, über und mit diesen Schichten eine neue Geschichte zu erzählen."

Und das tut er auf großartigen Konzeptalben, die jeweils einem Element gewidmet sind. *Su*, „Wasser", hieß damals seine Hommage an Istanbul, die er auf der Bühne mit Roma-Musikern an Klarinette und Kastenzither, einer alevitischen Sängerin und einer Derwisch-Tänzerin zelebrierte. Heute hat der schon damals herrschende Autokrat Erdoğan sein wahres Gesicht längst entblößt. Und der Aufbruch Istanbuls von damals, er bleibt eine wehmütige Erinnerung an Tage der Vielfalt und Freiheit.

Fünfsaitiger Inselstar

30. Mai

Germán López

„IMAGINANDO FOLÍAS"

(*Canela Y Limon*, Indica Producciones 2016)

Mit den Kanaren ist es ein wenig wie mit Mallorca: Alle fliegen dorthin in Urlaub, doch über die musikalische Kultur des Ferienziels wissen wenige Bescheid. Dabei gibt es auf dem atlantischen Archipel mit dem kleinen fünfsaitigen Timple ein grandioses Nationalinstrument. Passend zum Feiertag der autonomen Inselregion möchte ich den Timple-Meister schlechthin und sein Werkzeug vorstellen.

Über die Herkunft des kleinen Zupfinstruments gibt es etliche Theorien. Aber auch, wenn der Timple nach italienischer Mandoline oder brasilianischem Cavaquinho (23. April) klingt, stammt er wohl von der europäischen Barockgitarre ab, wie bei ihr ist die tiefste Saite in der Mitte angeordnet. Sein Siegeszug verbreitete sich von Lanzarote aus auf alle Kanarischen Inseln, und seit den 1940ern hat sich der Timple vom Begleit- zum Solo-Akteur vorgewagt.

Germán López aus Gran Canaria hat dem Instrument den Weg in jede denkbare Richtung geebnet. Er ist mit Klassik- und Jazz-Wassern gewaschen, arbeitet mit Orchestern und Rockbands, am liebsten spielt er aber im Duo mit dem spanischen Gitarristen Antonio Toledo. „Normalerweise wird die traditionelle Musik der Kanarischen Inseln nicht mit Flamenco gemischt", erläutert er. „Wenn wir kombinieren, dann eher mit afrikanischen Einflüssen, da viele Kapverden, Senegalesen und Malier bei uns leben und ihre Traditionen mitgebracht haben."

Die typischen kanarischen Rhythmen heißen Tajaraste und Polca, er verzahnt sie mit den Bulerias und Malagueñas aus Andalusien. Hin und wieder schleichen sich auch mal Coverversionen aus den Hitparaden in sein Repertoire, Michael-Jackson- und Bob-Marley-Songs etwa. Schließlich will López die Attraktivität des Timple für die neue Generation erhöhen. „Und plötzlich staunen sie dann: ‚Was? Das ist auf dem Timple möglich?'" Staunen lässt sich auch über seinen Dialog mit Toledo in der barocken Tanzform der Folía!

Tröstliche Tropen

31. Mai

Marisa Monte, Brasilien (*1967)
„ALTA NOITE“
(*Verde Anil Amarelo Cor De Rosa E Carvão*, EMI 1994)

„Diese Stimme ist so tröstlich“, sagte mein Kumpel Oli, als wir Ende Mai 1998 im kupferfarbenen Schein der Mitternachtssonne über die norwegische Inselgruppe Lofoten fuhren. Das Lied, das aus dem CD-Player tönte, war „Alta Noite“ (sprich: noitschi), „mitten in der Nacht“, stammt aber vom anderen Ende des Planeten, wo die Nächte niemals hell sind. Geschrieben hat es der Songwriter Arnaldo Antunes für seine Landsfrau Marisa Monte (montschi), die eine der berührendsten Stimmen aus dem Musikkosmos Brasiliens besitzt.

„Ein Lied sollte wie ein direktes, ehrliches Gespräch mit deinem Zuhörer sein. Ich mag es, wenn die Leute gleich verstehen, wovon ich spreche“, so beschrieb mir Marisa Monte einmal ihr musikalisches Credo. Und diese Lieder, die im portugiesischen Brasilianisch wundervoll süffig „canções“ (kann-so-isch) genannt werden, sind zwar eingängige Popsongs, tischen bei ihr aber immer die ganze Farbpalette des Riesenlandes auf.

Monte wächst in Rio als Tochter eines Musikers der Sambaschule von Portela auf, versucht sich kurz im Operngesang, beginnt ihre Karriere aber mit Jazz, Funk und Soul. „Stevie Wonder lebt in meinen Ohren in Frieden mit dem Samba!“, sagt sie. Der Samba, ohne den, wie es in Rio heißt, das Leben sinnlos ist, spielt auf ihren Alben immer eine Rolle: „Ich bin schließlich eine Carioca und der Überzeugung: Mit Samba ist das Leben einfach besser.“ Darüber hinaus aber ist Monte eine profunde Interpretin der Bossa Nova (10. Juli) und Erbin des Tropicalismo, der Pop-Collage der späten 1960er (27. Dezember).

Gebündelt wird dieses Kaleidoskop durch ihre unvergleichliche Stimme, die mich manchmal an eine wehmütige Serenade eines dezenten Sopransaxophons erinnert. Marisas Stimme geht tief. Und wenn sie von der Nacht singt, ist das so universell verständlich, dass es in den schwülen, dunklen Tropen genauso tröstet wie am hellen und kalten Polarkreis.

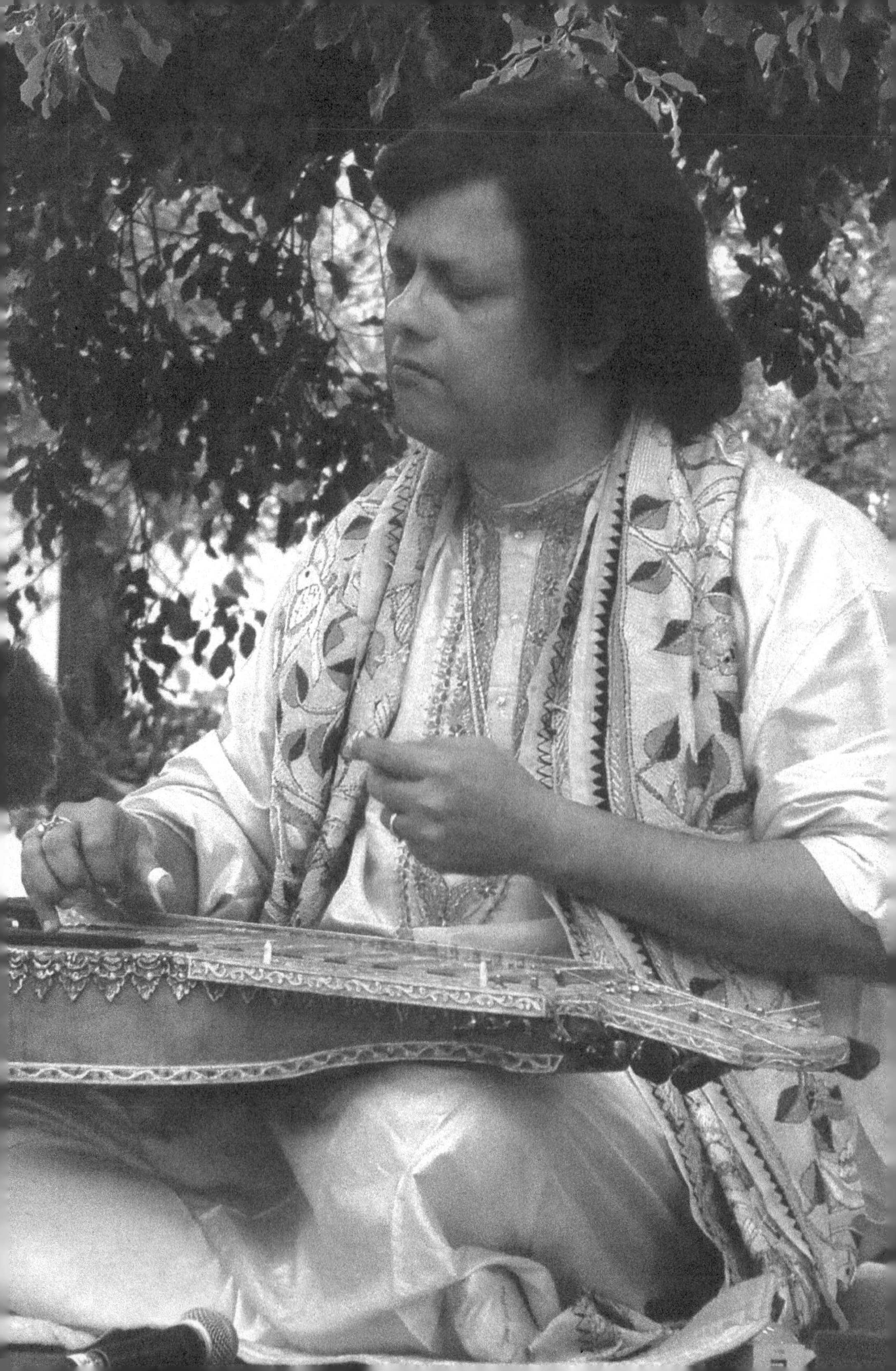

JUNI

Winterliches Seelenleben

1. Juni

Astor Piazzolla, Argentinien (1921–1992)
„INVIERNO PORTEÑO"
(*Concierto Para Quinteto*, RCA Victor 1971)

Dass Sie die „Vier Jahreszeiten" von Vivaldi kennen, ist sehr wahrscheinlich. Zum kalendarischen Sommeranfang möchte ich aber eine saisonale Suite von der anderen Seite des Planeten vorstellen. Und da sie von der Südhalbkugel stammt, geht es musikalisch um den Winter.

Die „Estaciones Porteñas" sind ein zentrales Werk des Argentiniers Astor Piazzolla, komponiert zwischen 1965 und 1970, „Porteño" bedeutet „aus Buenos Aires": Piazzolla gibt uns Einblicke, wie sich das wechselnde Licht und das Leben in der Metropole am Rio de la Plata in seiner Seele widerspiegeln. Psychogramme von so ausgefeilter Art wären im traditionellen Tango Argentino nicht denkbar gewesen. Doch Piazzolla interessierte sich parallel schon als Knabe für Johann Sebastian Bach, später für Strawinsky, Bartók und Debussy. Dafür, dass der Tango in Argentinien den Ruch des Schmuddeligen hatte, schämte er sich zunächst, komponierte noch europäisch. Da half ihm seine Lehrerin Nadia Boulanger auf die Sprünge: „Du Idiot!", fuhr sie ihn an. „Merkst du nicht, dass dies der echte Piazzolla ist, nicht jener andere? Schmeiß die gesamte andere Musik weg!"

Piazzolla beherzigte den barschen Rat, bündelte alle seine Einflüsse aus Klassik, Jazz und Tango und schuf von Mitte der 1950er an eine neue Musik. Prägend für diesen Tango Nuevo wurde ein Quintett mit Bandoneón, Violine, E-Gitarre, Klavier und Bass. Bei allen Neuerungen sind immer noch ältere Tango-Merkmale vorhanden, etwa die zackige Rhythmik und effektvolle Wechsel zwischen Dur und Moll. Sein „Winter" beginnt mit einem schwermütigen, zärtlichen Thema. Es wandert vom Piano zu einem schönen Dialog von fast slawischer Geige und Gitarre, bevor das Bandoneón es wirbelnd umwandelt. Gegen Ende werden Sie vielleicht verblüfft sein, dass tatsächlich noch eine barocke Reverenz erklingt: Piazzolla zieht den Hut vor Vivaldi.

Cha-Cha-Cha im TEE

2. Juni

Señor Coconut, Chile/Deutschland (*1968)
„TRANS EUROPE EXPRESS"
(*El Baile Alemán*, Multicolor Recordings 2000)

Am. 2. Juni 1957 glitt ein Zug mit dem eleganten Namen „L'Arbalète" (Armbrust) aus dem Pariser Ostbahnhof, Zielort Zürich Hauptbahnhof. Diese Fahrt läutete die Ära des Trans Europe Express (TEE) ein. In seiner Blütezeit der 1970er dehnte sich das Streckennetz von Reggio di Calabria bis Kopenhagen, von Wien bis Barcelona. Die Ästhetik dieser – aus heutiger Sicht – elitären Erste-Klasse-Züge ist unverwechselbar. Ganz unterschiedliche, aber immer wunderschöne Lokomotiven wurden vor die modernen Luxuswagen gekoppelt. Die prominenteste von ihnen war in Deutschland sicherlich die rote Diesellok VT 11.5 mit der charakteristischen Schnauze. Fantastische Namen wie „Saphir", „Rheinpfeil", „Rembrandt" oder „Parsifal" trugen diese Züge. Doch ihre Zeit ging 1991 zu Ende.

Vier Herren aus Düsseldorf verdanken wir es, dass der TEE auch musikalisch verewigt ist. Kraftwerk, die technikaffinen Electro-Pioniere um Ralf Hütter widmeten ihr 1976er-Album dem Edel-Zug, organisierten damals sogar Termine in einem fahrenden TEE, um ihre neue Platte zu promoten. Kraftwerks Hommage an den luxuriösen Express klingt heute immer noch wegweisend – und hat originelle Coverversionen auf den Plan gerufen.

Ein gewisser Uwe Schmidt, Produzent aus Frankfurt, der 1997 in Santiago de Chile ansässig wurde und sich den Künstlernamen Señor Coconut zulegte, veröffentlichte 2000 ein ganzes Album mit Kraftwerk-Coverversionen. Das Frappante daran: Die martialischen Techno-Beats packt er in die Mottenkiste und kleidet die Kraftwerk-Tunes komplett neu in tropische Rhythmen von Cha-Cha-Cha bis Merengue (7. Juni) ein. Der „Trans Europe Express" zischt bei ihm also nicht mehr synthetisch dahin, sondern schaukelt zu Orgel und Xylophon im Rhythmus der Cumbia (7. August) durch die Anden. Besonders schön wird es am Ende, wenn sich mehrere TEEs in wundersamer Kakophonie zu kreuzen scheinen.

Um Erhörung betteln

3. Juni

Bob Marley, Jamaika (1945–1981)
„WAITING IN VAIN“
(*Exodus*, Island 1977)

Ich sag's offen heraus: Reggae kann ich nur in sehr speziellen Tages- und Nachtstimmungen hören – und die haben nichts mit einem gewissen Kraut zu tun. Aber selbstverständlich wäre es absurd, in einem Buch mit spannender Musik aus aller Welt das Genre aus persönlichen Geschmacksgründen auszusparen. Denn neben der großen politischen und identitätsstiftenden Bedeutung, die der Reggae hat, verdankt ihm der Planet auch einige der schönsten Liebeslieder.

Mein Favorit ist „Waiting In Vain“: Nachdem Bob Marley und seine Frau Rita im Dezember 1976 einen Attentatsversuch überlebt hatten, entschlossen sie sich zu einem zweijährigen Exil in London. Dort entstand das Meilenstein-Album *Exodus*, das Hits wie „One Love“ und „Jammin'“ enthielt, und eben auch diese sehr entspannte Nummer, die strenggenommen kein Love Song, sondern eine Bettelballade ist. Oder, um es schöner zu sagen: ein Minnegesang mit der Bitte ums Erhört-Werden. Das lyrische Ich hat genug von der Unentschlossenheit der Frau und stellt klar: Umsonst will ich nicht warten! Es fühlt sich behandelt wie eine Marionette, weil es bereits seit drei Jahren an ihre Tür klopft.

Was ich an diesem Song besonders mag, sind die engen, miteinander verschmolzenen Chorharmonien – und noch viel mehr das wunderbar entspannte Gitarrensolo von Junior Marvin. Das heute im Jahr 1977 erschienene Album hielt sich über ein Jahr in den britischen Charts, sogar die Punks mochten es, weil sie im Reggae eine unverfälschte, authentische Musik sahen. Und genau dieser Titel hat auch nach achtzehn Jahren nochmals auf eine Britin nachgewirkt. Annie Lennox nahm 1995 eine wunderschöne Coverversion von „Waiting In Vain“ auf, die mit Reggae allerdings gar nichts mehr zu tun hat.

Sounds für den Solarplexus

4. Juni

Susana Baca, Peru (*1944)
„NEGRA DEL ALMA"
(*Palabras Urgentes*, Real World 2021)

Von den Afro-Peruanern, die heute mit einem eigenen Tag geehrt werden, wüsste man bei uns wenig – wäre da nicht diese großartige Frau: Susana Baca hat ihr ganzes Leben der Recherche über Lieder und Tänze der schwarzen Diaspora in Peru gewidmet, dafür sogar ein Institut gegründet. Das Erbe dieser Menschen, die einst von den Konquistadoren verschleppt wurden, um in Minen zu arbeiten, hat sie quasi im Alleingang vor dem Vergessen bewahrt. Bei uns wurde sie bekannt, als David Byrne (14. Mai) von den Talking Heads mit ihr arbeitete, und ab diesem Zeitpunkt öffnete sie ihre Musik für Einflüsse aus dem Jazz New Yorks, der Karibik und Brasilien.

Mit dem Album *Palabras Urgentes* feiert die Grande Dame 50 Jahre Bühnenjubiläum, und sie klingt nach wie vor frisch und engagiert. „Ich dachte, wir hätten im Kampf gegen den Rassismus Fortschritte gemacht", sagte sie mir während der Covid-Pandemie über Zoom aus Lima. „Aber es gibt immer noch Verachtung gegenüber den Küstenbewohnern, die aus Afrika stammen, genau wie gegenüber den Indigenen aus Amazonien. Dabei ist der Reichtum dieser Gemeinschaft, die sich ‚Peru' nennt, gerade die Vielfalt der Kultur." Man glaubt fast, einer zupackenden Politikerin zuzuhören, und in der Tat war Susana Baca 2011 für einige Monate Perus Kulturministerin. Ihre Texte wenden sich gegen Korruption, sie scheut sich auch nicht, versagende Präsidenten beim Namen zu nennen, und sie ist ebenso eine beherzte Kämpferin gegen die Klimakatastrophe.

Doch Susana Baca, die als Tochter einer Tänzerin und eines Gitarristen an der Pazifikküste bei Fischern und Bauern aufwuchs, weiß auch, wie man das Leben feiert: In ihrem Lied „Negra Del Alma" explodiert über dem Marimbaphon eine fulminante Blechblaskapelle, das Stück gibt die Stimmung eines Frühlingsfestes in den Anden wieder. „Mein Lieblingssong, der geht direkt in den Solarplexus", gibt sie lachend als Hör-Kompass mit.

Feinsinnige Folk-Noblesse

5. Juni

Dreamers' Circus, Dänemark/Schweden
„CITY GARDENS"
(*Rooftop Sessions*, Vertical Records 2017)

Heute möchte ich Sie mitnehmen zu einer kleinen, feinen Band, die für mich das ausdrückt, was Folkmusik im 21. Jahrhundert sein sollte: mit den Wurzeln tief in den Traditionen gründen, aber die Äste ausstrecken in alle Himmelsrichtungen. Dreamers' Circus sind ein Trio, bestehend aus dem Geiger Rune Tonsgaard Sørensen, der auch beim grandiosen Danish String Quartet spielt, und seinem Landsmann Nikolaj Busk an verschiedensten Tasten. Zu den beiden kommt der Schwede Ale Carr dazu, der für die gezupften Instrumente zuständig ist. Er mag es mir verzeihen, wenn ich ihn heute, am dänischen Nationalfeiertag, mit ins Boot hole.

Dreamers' Circus haben die Trennlinien zwischen Folk und Klassik aufgehoben und schaffen so Raum für eine seelenvolle Klanglandschaft. Diese Musik ist zum Niederknien. Sie ist so schön, dass man sich fast schämt, dürre Worte dafür finden zu müssen. Ihr drittes Werk *Rooftop Sessions* habe ich 2017 „zum Kammer-Album des Jahres" erklärt. Die drei verweben in stets ausgefeilten Arrangements ihre skandinavischen Roots. Mal still und mal tänzerisch. Mit dem spirituellen Ton, den man auch beim estnischen Komponisten Arvo Pärt finden kann. Mit leichten Verwehungen aus dem, was man heute landläufig „Americana" nennen kann, nämlich ein neues Reich aus Country und Songwriting. Die Kastenhalslaute Cittern, Violine, Harmonium, Spinett und dezente Synthesizer ordnen sich zu feinsinniger, melodieseliger Folk-Noblesse. Sie merken, ich schwelge mit fast hilflosen Vokabeln. Deshalb: Genug schwadroniert, genießen Sie die „City Gardens"!

Ein Etikett wird geboren
6. Juni

Mory Kanté, Guinea (1950–2020)
„YÉ KÉ YÉ KÉ"
(*Akwaba Beach*, Barclay 1987)

Am 6.6.1988 platzierte sich erstmals ein Song namens „Yé Ké Yé Ké" in der deutschen Hitparade und arbeitete sich während des Sommers bis auf Platz 2 vor. Ein denkwürdiger Tag für die sogenannte „Weltmusik", die gerade als Marketingbegriff neu geprägt worden war. Es war der erste afrikanische Song überhaupt, der eine Million Mal verkauft wurde. Mory Kanté hieß der Sänger, dem das gelang.

Der Mann aus Guinea ist ein Griot – eine Berufsbezeichnung, die in westafrikanischen Traditionen für jemanden gilt, der Geschichtenerzähler, Musiker, Lobsänger der Herrscher, Gesellschaftskritiker und wandelnde Bibliothek in einem ist (10. August). Zunächst macht er als Frontmann der Rail Band (25. August) in Mali von sich reden. Später modernisiert er das Spiel auf seinem Instrument, der 21-saitigen Stegharfe Kora, kleidet es zusammen mit einem französischen Produktionsteam in neue, für die ganze Welt verständliche Tanzrhythmen. So war auch „Yé Ké Yé Ké" ursprünglich ein Lied, das auf den Dörfern in Guinea von heranwachsenden Griots gesungen wurde, um die Aufmerksamkeit junger Frauen zu ergattern. In Kantés Version füllte es die Dancefloors der Clubs von Israel bis Finnland, und es brachte ihm den Beinamen „Electro-Griot" ein.

Zusammen mit Ofra Hazas „Im Nin' Alu" (13. Juni) löst Mory Kantés Hit eine Pop-Welle aus, die von nicht-westlichen Einflüssen (aber sehr wohl von westlicher Produktionsweise!) geprägt ist. Und die Strategen der Plattenfirmen müssen sich überlegen, wie sich dieses Genre vermarkten lässt: Man erfindet das Etikett „Worldmusic", das sich über Jahrzehnte hartnäckig halten wird.

Bittere Schlussnote: Im Mai 2020 darf der schon länger erkrankte Mory Kanté für notwendige ärztliche Maßnahmen nicht aus Guinea ausreisen – er gehört damit zu den vielen indirekten Corona-Opfern.

Getanztes Ofen-Eiweiß

7. Juni

Juan Luis Guerra, Dominikanische Republik (*1957)
„MI PC"
(*Ni Es Lo Mismo, Ni Es Igual*, Karen Publishing 1998)

Als ich das erste Mal von einem karibischen Tanz namens Merengue hörte, musste ich an eine Süßspeise aus meiner Kindheit denken: In unserer badischen Region (und wie ich später lernte, nicht nur hier) wurde zum nachmittäglichen Kaffee statt Kuchen auch gern mal gebackener Eischnee feilgeboten. In meiner Erinnerung haben sich die „Meringue" vor allem ältere Damen hingebungsvoll einverleibt, er war immer hart wie Mörtel. Ob der Name auf das lateinische „merenda" (Zwischenmahlzeit) oder den Schweizer Ort Meiringen zurückgeht, ist bis heute ebenso ungeklärt wie der Hype, den man um dieses für mich ungenießbare Ofen-Eiweiß macht.

Noch rätselhafter ist aber, wie das Gebäck zum Namensgeber für diesen rasanten Paartanz wurde. Sollte es jemand unter den Lesenden wissen, bitte schreiben Sie mir! Ich kann nur fabulieren: Weil die wirbelnden Bewegungen, die die Akteure dabei machen, den geschwungenen Formen auf der Oberfläche des Eiweißes ähneln? Denn für den Merengue, der vermutlich von Havanna über Puerto Rico in die Dominikanische Republik kam, gilt: einfacher Rhythmus, komplizierte Figuren. Das erkenne sogar ich als Nichttänzer. Nicht alle, die sich an Salsa wagen, machen den Schritt zum Merengue. Und die Musik dazu? Mitreißend, schnell, sogartig, gesegnet mit großartigen Blechbläser-Arrangements und sonnigen Antwortchören.

Der „Gott" des Merengue ist in der „DomRep" ohne Zweifel das heutige Geburtstagskind Juan Luis Guerra. Ich weiß noch, wie 1998 seine Scheibe *Ni Es Lo Mismo, Ni Es Igual* herauskam und ich die Kauflaune in meinem Plattenladen schlagartig erhöhen konnte, wenn ich dieses Meisterwerk auflegte. Man kann sich dem Merengue – ganz anders als dem geschmähten Gebäck – eben kaum entziehen. Auch wenn man im Hinterkopf hat, dass der Tanz in seiner Frühzeit auf pompösen Prunk-Bällen von Diktator Trujillo gezielt als Propagandamittel für Nationalstolz eingesetzt wurde.

Eine Band, 22.000 Kilometer

8. Juni

Small Island Big Song, Austronesien
„GASIKARA“
(*Small Island Big Song*, Eigenverlag)

Heute ist der Tag der Ozeane, und um die ist es schlecht bestellt. Der Müll, den wir in den letzten Jahrzehnten produziert haben, hat sich auf hoher See zu Kontinenten aus Plastik gestapelt, und die Verschmutzung lässt Korallenriffe kollabieren, Fischbestände aussterben. Leidtragende sind wie so oft die indigenen Insulaner.

„Wissenschaftler liefern seit langem Fakten und Lösungen, aber niemand hört richtig zu“, sagt die Taiwanesin Bao Bao Chen. Zusammen mit ihrem Mann, dem australischen Produzenten Tim Cole, hat sie das Projekt Small Island Big Song ins Leben gerufen. „Mit unseren Künstlern haben wir die Möglichkeit, einen Menschen direkt übers Herz anzusprechen, vielleicht können wir so eine nachhaltigere Veränderung anstoßen.“ 50 Musikerinnen und Musiker hat das Paar zusammengebracht: Sie wohnen über eine sagenhafte Strecke von 22.000 Kilometern verteilt und stammen aus Hawaii, Neuseeland, Borneo, Taiwan und Vanuatu, Madagaskar, von den Salomonen- und der Osterinsel.

Das riesige Netzwerk der austronesischen Kultur (Poly-, Mela- und Mikronesien) ist das Kerngebiet dieser wohl außergewöhnlichsten Band der Erde. Und die beherbergt gewaltige Bambus-Panpipes, Muschelhörner, Schwirrhölzer, filigrane Lauten und ruppige Röhrenzithern. Alte Gesänge aus Taiwan treffen auf einen Rap des madagassischen Vezo-Volkes, ein zartes Mond-Lied aus Indonesien auf pazifischen Reggae. Von den Südsee-Klischees, die bei uns nach dem Zweiten Weltkrieg auch musikalisch die Hitparaden stürmten, sind diese Sounds unendlich weit entfernt. Und sie können vielleicht helfen, die Bedrohung der Ozeanwelten zu begreifen, anstatt in Fernweh und Kreuzfahrtromantik zu schwelgen.

Im machtvollen „Gasikara“ haben sich der junge Madagasse Sandro und der Rapper Mau Power von der Torres Strait vor Australien zusammengefunden – für einen Song über die Bedrohung der Lemuren und Korallenriffe.

Abgenabelte Tochter

9. Juni

Anoushka Shankar, Indien/UK (*1981)
„FLIGHT"
(*Traces Of You*, Deutsche Grammophon 2013)

Mit so einem Vater scheint der musikalische Weg vorgezeichnet. Tatsächlich war Ravi Shankar (7. April) der erste Lehrer seiner Tochter Anoushka auf der nordindischen Langhalslaute Sitar. Aber sie nabelte sich bei allem Respekt vor der familiären Legende bald mit eigenen Ideen ab. „Ich fühle mich der Lehre meines Vaters immer noch verpflichtet, auf einer persönlichen Ebene", sagt sie. „Doch er hatte einen ganz anderen roten Faden, denn er blieb immer im Bezirk der klassischen Musik Indiens. Jetzt ist die Zeit eine andere: Es geht um einen Dialog von beiden Seiten."

Und den gestaltet unser Geburtstagskind, das heute in London lebt, schillernd und vielfältig: Sie arbeitet mit den jungen British Asians, den Kindern indischer Auswanderer, die in England eine neuartige, moderne Popmusik entworfen haben. Außerdem hat sie ein ganzes Album dem Weg der indischen Musik nach Andalusien gewidmet, wo im Flamenco immer noch die Spuren dieser langen Reise zu finden sind. Shankar entwirft Klänge für getanzte Stücke und schreibt Filmmusik, etwa für die berührende Geschichte über den Bau des Taj Mahal, den der deutsche Regisseur Franz Osten 1928 in märchengleichen Bildern für seinen Stummflim *Shiraz* einfing. Und bei alldem ist Anoushka Shankar der indischen Klassik weiterhin treu geblieben.

Spätestens seit der Beatle George Harrison (15. März) bei Vater Ravi Unterricht nahm, ist die Sitar immer wieder als schmückendes Beiwerk in der westlichen Popmusik verwendet worden. Anoushka Shankar aber ist eine der ganz wenigen, der eine Verschmelzung zwischen den Erdteilen gelungen ist. Wenn sie auf der Sitar melodische Linien spielt, spricht diese flirrende Langhalslaute mit den vielen mitschwingenden Obertönen eine Sprache, die jedes Herz berührt. Etwa im nahezu schwerelosen Stück „Flight", in dem der österreichische Hang-Spieler Manu Delago (14. Dezember) mit ihr duettiert.

Kanister statt Cappuccino

10. Juni

Bedouin Jerry Can Band, Ägypten
„BLACK COFFEE“
(*Coffee Time*, 30IPS 2007)

Als heute im Jahre 1967 der Sechstagekrieg Israels beendet wurde, begann für die Sinai-Halbinsel eine fünfzehnjährige Besatzungszeit. Nach dem Abzug ließen die Israelis in dem riesigen, vorrangig von Beduinen besiedelten Gebiet zahllose Benzinkanister und Munitionsboxen zurück.

„Wann immer etwas gefunden wird, das als Instrument dienen könnte, wird es bei den Beduinen ausprobiert“, beteuert Goma Ghanaeim, Sänger der Bedouin Jerry Can Band. „Wir haben herausgefunden, dass jeder Kanister seine eigene Stimme hat, abhängig von Alter, Größe und Beulen – zusammen mit den Munitionsboxen klingt das toll!“ Und nicht nur die recycelte Perkussion zeichnet ihren Sound aus: Erstmals vereinigen sich bei der Kanister-Combo die alte pharaonische Leier namens Simsimiyya mit einer Schalmei, einer Flöte und einer Fiedel mit Wolfshautbespannung. Die Band ist 2008 zu Gast auf der Messe Babel Med in Marseille, ein bisschen, so habe ich das Gefühl, kommen sie sich hier in der Mittelmeermetropole wie Fremdkörper vor. Was sich aber drastisch ändert, nachdem sie bei ihrem feurigen nächtlichen Auftritt mit Bühnendekoration aus farbenprächtiger Karawanen-Optik gefeiert werden.

Was aber sucht der Kaffee im Albumtitel? Im Gegensatz zu ihren westlichen Wüstenbrüdern, den Grüntee trinkenden Tuareg (8. Januar), genießen die Sinai-Beduinen jemenitischen Kaffee, schwarz und kräftig, gemahlen mit einem Mörser. „Man kann bei uns Kaffee fürs nächtliche Lagerfeuer, für eine Hochzeit oder eine Beerdigung zubereiten“, erklärt der Kreativkopf der Band, Mehdat El Issawy. „Wenn der Verstorbene schon alt war, darf man Zucker verwenden, bei einem jungen Mann lässt man den Kaffee bitter, um zu zeigen, wie groß die Trauer ist.“ Und im Stück „Black Coffee“ wird das Getränk als „Süßmittel“ bei Verhandlungen mit befehdeten Stämmen gepriesen. Ein „Cappuccino“, heißt es verächtlich im Text, würde da kaum helfen …

Schneesturm mit Heimatgefühl

11. Juni

Joy Denalane, Deutschland (*1973)
„ZUHAUSE“
(*Gleisdreieck*, NESOLA 2017)

Als ich 2017 für eine Journalistenreise im kanadischen Winter unterwegs war, geriet ich in der Provinz Ontario bei minus 10 Grad in einen fürchterlichen Schneesturm. Nur mit Mühe konnte ich die Haltestelle für den Nachtbus finden, der mich nach Toronto zurückbrachte. Als die Eiseskälte langsam aus meinem Körper wich, scrollte ich die Playlist auf meinem Smartphone durch und blieb bei Joy Denalane und ihrem Album *Gleisdreieck* hängen. Und in der Einsamkeit des nächtlichen Schneegestöbers gaben mir ihre deutschen Texte plötzlich ein wärmendes Zuhause-Gefühl.

Als Sohn eines Südafrikaners und einer Deutschen wächst unser Geburtstagskind in Berlin auf, zu einer Zeit, als die Afrodeutschen noch in einer krassen Minderheit sind. Bekannt wird sie mit der Rap-Formation Freundeskreis, sie greift Township-Töne aus Soweto auf, gibt dem deutschen R&B Impulse, fügt später dem klassischen Soul aus Detroit und Philadelphia verblüffende persönliche Noten hinzu. Ihre Songs sind so wandelbar, dass sie auch mit Orchester oder Streichquartett funktionieren.

Die Frage nach dem Zuhause hat Denalane sich in ihren Liedern immer wieder gestellt. „Im Zweifelsfall ist es ein Ort, der im Inneren stattfindet“, sagt sie. „Dazu braucht man ein Gefühl von Sicherheit und Geborgenheit, das ist ganz zentral. Eigentlich denke ich, dass mein Zuhause in Deutschland ist. Aber ich werde von den Geschehnissen um mich herum, durch die Haltung gegenüber Flüchtlingen zum Beispiel, immer wieder drauf hingewiesen, dass es vielleicht doch nicht hier ist. Es scheint eine unlösbare Frage zu sein.“

Das Berliner Gleisdreieck, in dessen Nähe sie aufwuchs, ist für sie eine Metapher für das Unterwegssein zwischen den musikalischen Welten, das ständige Umsteigen und Nie-Ankommen. Vielleicht bietet ja nur die Musik ein Zuhause? Für mich jedenfalls wurden die Songs von Joy Denalane mitten im kanadischen Frost zu einem Stück deutsche Heimat.

Wirbelsturm aus Jo'burg

12. Juni

BLK JKS
„MOLALATLADI"
(*After Robots*, Secretly Canadian 2009)

2010 ist Mitte Juni gerade die Fußball-Weltmeisterschaft in Johannesburg eingeläutet worden, und verdächtig viele CDs von Bands aus Südafrika landen auf meinem Tisch: Die Musikindustrie versucht, aus sportlichen Großereignissen Kapital zu schlagen. Eine dieser Bands fällt allerdings total aus dem Rahmen: Die Johannesburger „Black Jacks" – denn so sprechen sie sich – haben ein Genre aus der Taufe gehoben, das von der Presse hilflos mit Umschreibungen wie Zulu-Rock, Dub Metal, Afrogothic betextet wird.

Im Jahre 2000 gründen Leadsänger Lindani Buthelezi und Gitarrist Mpumi Mcata aus Spruitview im Südosten des Großraums Johannesburg die Band, man probt zunächst in einem kleinen Club. Das zufällig anwesende Publikum wird von den ungewöhnlichen Tönen derart in den Bann gezogen, dass sich der Ruf der BLK JKS als ultimativer Geheimtipp schnell verbreitet. Ein psychedelischer, mäandrierender Sound entwickelt sich, dahinter steht die freigeistige Philosophie von kollektiver Improvisation. Als typisch südafrikanische Band sehen sie sich nicht: „Wir sind wie ein Gewächs, ein Abszess, der implodieren, explodieren oder dem Kontinent Superpower verleihen könnte!"

Die Muttersprachen der Bandmitglieder sind Xhosa, Zulu, Tswana und Pedi. In ihnen nehmen sie den desolaten Zustand des neuen Südafrikas unter die Lupe, dazu dienen ihnen abgedrehte Metaphern, die von Maschinen und medizinischen Horrorszenarien bevölkert werden. Traditionelles ist noch durchzuhören, der Groove der südafrikanischen Popmusik Mbaqanga oder ein Anti-Apartheid-Tanz, der sich Toyi-Toyi nennt. Doch muskulöser Rock à la Led Zeppelin und Black Sabbath, die wirbelsturmartigen Gitarreneskapaden eines Jimi Hendrix eben genauso. Ganz ehrlich: Hätten Sie diese Musik dem südlichen Afrika zugeordnet? Die BLK JKS haben mit ihrer wuchtigen Afrorock-Synthese für mich das Gesicht des Kontinents für immer verändert.

Offene Himmelspforten

13. Juni

Ofra Haza, Israel (1957–2000)
„IM NIN'ALU"
(*Yemenite Songs*, Hed-Arzi 1984)

Die jemenitischen Einwanderer stehen in Israel im Ruf, über die besten Stimmen zu verfügen, und dieses Gütesiegel gilt auch für unsere heutige Vokalistin. Im Sommer 1988 konnte man ihrem berühmtesten Song nicht entgehen. Zusammen mit Mory Kantés „Yé Ké Yé Ké" (6. Juni) stürmte sie die Charts, und man ahnte, dass im Pop ein neues Zeitalter anbrach.

Als Ofra Haza am 13. Juni mit „Im Nin'alu" in der deutschen Hitparade einstieg, hatte sie schon einige Jahre Karriere hinter sich: Die Tochter einer jemenitisch-jüdischen Einwandererfamilie wirkte in den 1970ern in Filmen mit, hatte 1983 Israel erfolgreich beim Eurovision Song Contest (Platz 2) vertreten und veröffentlichte 1984 das Album *Yemenite Songs.* International fand die Scheibe aber erst vier Jahre später Beachtung, und das lag an einer Remix-Version von „Im Nin'alu". Der Begriff „Worldmusic" war in aller Munde, und das hieß damals noch vielfach: westliche Produktion und darüber eine Melodie aus einem außereuropäischen Land. In diesem Fall aber stammten sowohl Stimme als auch Pultmeister aus Israel. Zwei Produzenten, unter ihnen Hazas Manager Bezalel Aloni, polierten und glätteten den Song für den Dancefloor, obwohl die Originalversion viel schöner ist.

Es mag viele erstaunen, dass hinter dem Disco-Hit ein Gebet aus dem 17. Jahrhundert steckt: Der Text stammt von Rabbi Shalom Shabazi, und sein Kernsatz lautet: „Selbst, wenn die Pforten der Reichen sich schließen werden, die Pforten des Himmels werden immer offen bleiben." Welches Potenzial ganz fernab von allen Hitparaden in diesem Lied steckt, hat Ofra Hazas Landsfrau Michal Elia Kamal gezeigt, als sie es mit dem Pera Ensemble 2020 in den klassischen Konzertsaal brachte. Ein Lied, drei Versionen – viel Freude beim Vergleichstest!

Nahöstlicher Rilke

14. Juni

Becca Stevens, USA (*1984) & Secret Trio, Türkei/Armenien/Mazedonien
„PATHWAYS"
(*Becca Stevens & Secret Trio*, GroundUP Music 2021)

Für eine der erstaunlichsten Stimmen aus den USA halte ich diese aus North Carolina. Becca Stevens ist nicht einfach nur Songwriterin. In ein Jazz-Umfeld kann sie sich genauso einfühlen wie in Pop-Settings oder in klassische Strukturen. Sie hat mit einem Streichquartett Aufnahmen gemacht, gründete ein Vokaltrio namens Tillery mit der Jazzsängerin Gretchen Parlato und der Folksängerin Rebecca Martin, und sie arbeitete mit der kalifornischen Folkrock-Legende David Crosby (†2023).

Wenn ich Becca Stevens höre, fühle ich mich richtig glücklich, denn man hört ihrer erfrischenden Stimme an, wie gern sie Musik macht, ganz gleich, ob sie einen übermütigen, tanzbaren Song raushaut oder sich in tiefer Melancholie ergeht. Wie verblüffend sie sich in verschiedene Charaktere „eingrooven" kann, hat sie mit dem Programm *Regina* bewiesen, in dem sie in so unterschiedliche Frauengestalten geschlüpft ist wie Elizabeth I, die Göttin Venus oder ihre eigene Großmutter.

„New Yorks bestgehütetes Geheimnis", wie die NY Times einmal schrieben, ist sie in der Heimat nicht mehr, aber in Europa ist noch Luft nach oben, was ihre Bekanntheit angeht. Die Werbetrommel für das heutige Geburtstagskind möchte ich mit ihrem großartigsten Album rühren: Mit dem Secret Trio, das eine neue Fusion von Klängen zwischen Mazedonien, der Türkei und Armenien ins Leben gerufen hat, betritt sie das Terrain der nahöstlichen Musik und wuppt eine fantastische Verschmelzung zweier Welten.

Ihre Songs schmiegen sich in das Gefüge der arabischen Laute Oud von Ara Dinkjian, der Klarinette von Ismail Lumanovski und der 76-saitigen Zither Kanun von Tamer Pınarbaşı. Schlichtweg jeder Song auf dieser Platte ist ein Lieblingssong. Aber schließlich habe ich mich für „Pathways" entschieden: Niemand Geringerer als Rainer Maria Rilke liefert mit seinem kurzen Gedicht „Weißt du, ich will mich schleichen" den Text.

Nordischer Zwillingsbruder

15. Juni

Johanna Summer (Deutschland)
„GRIEG“
(*Resonanzen*, ACT 2023)

Heute im Jahr 1843 wurde der norwegische Komponist Edvard Grieg geboren. Zeitlebens war er beeinflusst von der Volksmusik seiner Heimat, was sich unter anderem auch in 66 Stücken für Soloklavier niederschlug, die er von 1866 bis 1901 in zehn Büchern veröffentlichte. Im ersten Buch gibt es eine Melodie namens „Norsk“, und sie hat im Jahr 2023 eine bemerkenswerte Verwandlung erfahren.

Verantwortlich dafür ist eine junge Frau aus Plauen. Eigentlich heißt sie Johanna Summerer, hat ihren Namen als Künstlerin aber zu „Summer“ verkürzt, was viele auf den Holzweg führt, denn man könnte ja denken, das spricht sich englisch. Doch die junge Klaviervirtuosin verwirrt noch auf andere Art: Sie verfügt über eine klassische Ausbildung, hat aber auch die Jazzsprache tief verinnerlicht. Und das erlaubt es ihr, mit den klassischen Stücken ganz anders umzugehen. Angefangen hat das mit einem Album namens *Schumann Kaleidoskop* (2020). Die Kompositionen des deutschen Romantikers hat sie durch spontane Improvisationen so entwickelt, dass man meint, ein unbekannter Zwillingsbruder Schumanns habe es in einer Parallelwelt gespielt.

Mit dem Wort „verjazzt“ kann man nicht beschreiben, was Summer macht. Das wird umso ohrenfälliger auf ihrer zweiten Solo-Scheibe, auf der sie sich einem Repertoire von Johann Sebastian Bach bis György Ligeti widmet. Summer versenkt sich in die jeweilige Tonsprache, um das Baumaterial eines Komponisten kennenzulernen. Aus dem Moment schöpfend entwirft sie dann eine neue Architektur. Bei ihrer Grieg-Adaption geht das so: Was anfängt wie ein Vorspiel zu einer Pop-Ballade, mündet schließlich in die spielerisch wirbelnde Melodie, swingt aber auch ganz schön verschmitzt. Summer schafft „alternative Fakten“, unbekannte Geschwister. Großartig. Und fast ein bisschen unheimlich, diese doppelten Identitäten. Ob Grieg dieses Geburtstagsständchen gefallen hätte?

Molly spaziert durch Mazedonien

16. Juni

Kate Bush, Großbritannien (*1958)
„THE SENSUAL WORLD“
(*The Sensual World*, EMI 1989)

Die Iren, aber auch die ganze literarische Welt begeht heute den Bloom's Day. Es ist genau der Tag, an dem Leopold Boom, die Hauptfigur aus James Joyces Roman *Ulysses*, durch Dublin streift. Was aber hat der für so viele Leserinnen und Leser nicht zu bewältigende 1000-Seiten-Schinken denn mit Musik zu tun? Nun, es gibt dort den berühmten Schlussmonolog von Molly Bloom, und der ist von einer der außergewöhnlichsten Popkünstlerinnen Englands in Töne gefasst worden.

Kate Bush ließ sich von dem eigensinnigen erotischen Gedankenfluss inspirieren, erlaubt es Molly Bloom in ihrem eigenen Songtext, aus den Buchseiten hinauszuspazieren in die wirkliche, sinnliche Welt. Sie fängt den rhythmischen Monolog von Joyce in einem atmenden, regelrecht tanzenden Sprechgesang ein. Schauen Sie das Video zum Song an, in dem sie durch den Wald streift. Wunderschön.

Das Erstaunlichste an „The Sensual World“ ist aber die Musik, in die dieser Sprechgesang eingebettet ist. Die irischen Musiker Davey Spillane, John Sheahan und Donal Lunny am irischen Dudelsack Uilleann Pipes (16. Dezember), Fiddle und Bouzouki geben ihm einen keltisch anmutenden Touch, der aber gar nicht so keltisch ist: Denn die Melodie, die sie spielen, geht zurück auf einen mazedonischen Brauttanz namens „Nevestinsko Oro“. Und den hat Kates Bruder Paddy entdeckt, der für so viele Klangfarben aus aller Welt in den Songs seiner Schwester verantwortlich ist, von Irland über Bulgarien bis Madagaskar. Wir werden Paddy am 9. Dezember nochmals begegnen.

2011 übrigens gestatteten die Erben von James Joyce endlich, dass Kate Bush den ursprünglichen Text aus dem *Ulysses* verwendet. Sie nahm daraufhin nochmals eine neue Variante auf. Doch trotz der Originalworte von Joyce reicht sie für mich nicht an die erfrischende erste Version aus Bushs sechstem Studioalbum heran.

Botschafter des Balafons

17. Juni

Aly Keita, Elfenbeinküste (*1969)
„ADJAME STREET“
(*Kalo-Yele*, Intakt 2016)

Heute möchte ich Ihnen eines der schönsten westafrikanischen Instrumente vorstellen. Wenn er dieses Instrument als Kind gehört habe, so sagt Aly Keita, sei es für ihn gewesen, als ob er die Engel hörte. So zumindest hat ihm das seine Mutter erzählt. Wir kennen dieses Instrument in ähnlicher Form auch bei uns, als Xylophon. In der Mandinka-Kultur von Guinea, Mali, der Elfenbeinküste und Burkina Faso heißt es Balafon und hat eine etwas andere Bauart.

Der typische Sound des Balafons entsteht durch gehöhlte und getrocknete Kalebassen, die unter die Klangplatten gehängt sind. „Normalerweise kann man auf dem Balafon die diatonische Tonleiter spielen, mir war das zu eng“, erklärt Keita. „Also habe ich eine zweite Reihe von Klangplatten hinzugefügt. Jetzt kann ich alle Halbtöne spielen, mein Balafon verfügt über Kapazitäten wie sonst nur ein Klavier. Ich bin völlig frei in den Modulationen.“

Aly Keita, der heute in der ivorischen Metropole Abidjan geboren wurde, dann über Paris nach Berlin kam, hat dieses moderne Balafon zu einem international gefragten Instrument gemacht. Er spielte mit Jazz-Koryphäen wie Pharoah Sanders, mit dem italienischen Trompeter Paolo Fresu oder dem deutschen Pianisten Hans Lüdemann. Doch dann bekam Keita wieder Lust auf einen engeren Bezug zur afrikanischen Musik.

„Jeder Fisch wie sein Fluss“, zitiert er ein Sprichwort aus seiner ersten Heimat. „Und das ist der Fluss, in dem ich schwimmen kann.“ Damit meint er etwa sein Trio mit den Schweizern Jan Galaega Brönnimann und Lucas Niggli. Power und Polyrhythmen stehen im Fokus bei den Stücken, ein konzentriertes Kraftpaket, in dem das Balafon Melodie und auch rhythmisches Flechtwerk liefert. Kein Wunder, dass Aly Keita 2022 den Deutschen Jazzpreis erhalten hat.

Keltische Kork-Eichen

18. Juni

Afro Celt Sound System, Großbritannien/Senegal/Indien + Diverse
„WHIRL-Y-REEL 1"
(*Volume 1: Sound Magic*, Real World 1996)

Bands, die Einflüsse aus allen Ecken und Enden der Welt in einem großen Topf verköcheln, kann ich nur bedingt etwas abgewinnen – denn die Summe ist oft weniger als die großartigen Einzelbauteile. Aber es gibt erfrischende Gegenbeispiele, und heute ist es an der Zeit, dass wir dem grandiosen Afro Celt Sound System über den Weg laufen.

Diese singuläre Band hat sich im Jahr 1995 um den Briten Simon Emmerson (†2023) gegründet. Sie verknüpft, wie der Name schon sagt, afrikanische mit irischen, schottischen, walisischen und bretonischen Klängen. Das Stereotyp, dass Afrika nur fürs Trommeln zuständig sei, kann man hier getrost zur Seite legen. Denn zu den Talking Drums, die so heißen, weil man durch unterschiedliche Spannung des Fells eine „sprechende" Melodie formt, wetteifern die flirrenden Linien der 21-saitigen Stegharfe Kora mit der keltischen Harfe. Und die Gesänge der Griots (10. August) paaren sich mit dem Sean Nós (sprich: „schann noos", 17. März): Dieser jahrhundertealte gälische, früher unbegleitete Gesang klingt ein wenig nach arabischen Tongirlanden.

Aber die „Afrokelten" begnügen sich nicht mit der Zwiesprache dieser beiden Weltgegenden! Denn Johnny Karsi schwingt auch noch den Stick der nordindischen Röhrentrommel Dhol. Der Klebstoff für all diese verschiedenen Mosaiksteinchen ist die elektronische Basis aus dem Pult von Emmerson. Sie sorgt immer für Tanzbarkeit. Zur Musik des Afro Celt Sound System habe ich tatsächlich etliche Jahre durchgetanzt, besonders stark in den Bann zogen mich ihre ersten beiden Alben mit Dancefloor-Monstern wie dem „Whirl-Y-Reel 1". Ich habe es kurioserweise zum ersten Mal während einer Busfahrt durch Nordportugal im Sommer 1996 auf den Lauschern gehabt – daher ist es in meinem Kopf auf ewig mit Korkeichen und Eselskarren verbunden. Lange Zeit war dieses Stück auch der Jingle für meine Sendung „Down To Earth" auf Radio Dreyeckland Freiburg.

Herzzerreißendes Gurren

19. Juni

Tomás Méndez, Mexiko (1927–1995)
SÍLVIA PÉREZ CRUZ: „CUCURRUCUCÚ PALOMA“
(Various Artists: *México Flamenco*, Bucono 2013)

Heute ist Zeit für eines der großen Lieder des lateinamerikanischen Klanguniversums. Es ist gleichzeitig eines, das im Lauf der letzten Jahrzehnte eine wundersame Wandlung durchlaufen hat. Viele meinen, „Cucurrucucú Paloma“ sei ein mexikanisches Volkslied, aber es ist eine Originalkomposition, und sie entsprang der Feder von Tomás Méndez (†19.6.1995), der es im traditionellen Huapango-Rhythmus (einer Kombination aus Zweier- und Dreier-Metren) komponiert hat. Denkbar traurig ist der Inhalt: Da verzehrt sich einer im Schmerz um die verstorbene Geliebte so sehr, dass der heftige Kummer ihn selbst umbringt. Als Taube kehrt seine Seele zurück, und die gurrt auf dem Dach ihr melancholisches Ständchen.

Als das Lied 1954 von Pedro Infante im Film *Schule der Vagabunden* gesungen wurde, kam es noch ziemlich zackig und pathetisch daher, inklusive Mariachi-Ensemble mit Trompeten, Gitarren und Geigen, bedient von stolzen Herren mit überdimensionalen Sombreros. Unzählige internationale Versionen folgten, von Harry Belafonte über Nana Mouskouri bis Joan Baez. Und ja, auch von Heino.

Erst der Brasilianer Caetano Veloso (27. Dezember) machte 2002 für den Pedro-Almodóvar-Film *Habla Con Ella* etwas grundlegend Neues aus dem Lied: Er verlangsamte es enorm, legte offene Begleitharmonien auf der Gitarre darunter. Und so schaffte er es, das alte Pathos durch zeitlosen Schmerz zu ersetzen. Seine Version ist heute für viele junge Musikerinnen und Musiker zum Standard geworden, wenn sie „Cucurrucucú“ anstimmen. Die Katalanin Sílvia Pérez Cruz hat in ihrer Version mit Raül „Refree“ Fernández noch ein Krönchen draufgesetzt: Wie sie das Lied mit kleinen Pausen und schmerzlichen Wiederholungen des Gurrens gestaltet, ist schlicht herzzerreißend. Beim Anschauen der YouTube-Version, gefilmt am Eingang einer Scheune, verdrücke bestimmt nicht nur ich die eine oder andere Träne.

Stärker als die Apathie

20. Juni

Sierra Leone Refugee All Stars, Sierra Leone
„TAMAGBONDORSU“
(*Rise And Shine*, Cumbancha 2010)

Am heutigen Weltflüchtlingstag rücke ich eine Band in den Fokus, für die Musik das einzige Mittel war, Krieg, Vertreibung und lange Jahre im Camp zu bewältigen. Der Bürgerkrieg von Sierra Leone war eine der furchtbarsten kriegerischen Auseinandersetzungen, die der Kontinent je erlebt hat. Charles Taylor, berüchtigter liberianischer Diktator, verbündete sich mit sierra-leonischen Rebellen, um die Kontrolle über Diamantminen zu erlangen. Tausende von Kindersoldaten wurden rekrutiert, eine sechsstellige Zahl von Zivilisten getötet, Millionen von Bewohnern flüchteten in die Nachbarstaaten. Dass sich inmitten dieses Geflechts von Gewalt eine Musikgruppe gründete, grenzt an ein Wunder.

Im guineischen Flüchtlingscamp Sembakounya tun sich 1997 der Songwriter Reuben Koroma und der Gitarre spielende Fischer Francis John Langba zusammen, um die Apathie der Bewohner zu lindern. Weitere teils traumatisierte Musiker und Rapper stoßen hinzu, und die frühen Lieder der Sierra Leone Refugee All Stars werden Identifikations-Hits für viele Exilierte. Nachdem der Frieden 2002 zurückkehrt, fassen die Musiker allmählich Mut, ihre zerstörte Heimat wieder aufzusuchen. Keith Richards und Paul McCartney werden Fans der einzigartigen Gruppe, 2006 öffnet eine Welttournee ihr die Pforten zur Welt.

Und die Musik zu dieser unglaublichen Geschichte? Die Basis ist ein akustischer Reggae, der in der Heimat Baskeda heißt. Darüber entfaltet sich eine wundervolle Mixtur aus westafrikanischen Zutaten, darunter die Palmwine Music (18. August), der Gumbe (24. August) und der Afrobeat (18. Februar/30. April). Diese Musiker geben Zeugnis ab vom Sieg der Töne über die Gräuel der Vergangenheit. Das in purer Gitarrenseligkeit swingende „Tamagbondorsu“ stammt von ihrem zweiten, in New Orleans aufgenommenen Album und beklagt die Schere zwischen Arm und Reich.

Erbgut aus Himmel und Erde

21. Juni

The Halluci-Nation feat. Black Bear, Ojibwa/Cayuga/Mohawk/Atikamekw
„INDIAN CITY"
(*We Are The Halluci-Nation*, Radicalized Records 2016)

Die Ureinwohner Kanadas teilen sich in drei Gruppen: die First Nations, die Inuit (1. April) und die Métis (7. März). Ihnen allen wird seit 1996 ein Tag eingeräumt, der ihre Kultur landesweit mehr zur Geltung kommen lassen soll. Das hat bisher eher symbolischen Charakter angesichts der jahrhundertelangen Unterdrückung durch die Weißen. Die bitteren Gefühle über die Vergangenheit stecken bis heute tief in den Seelen der Betroffenen, und sie drücken sich auch in der Musik aus.

Seit den 1970ern haben First-Nation-Musikerinnen und -Musiker den Protest gegen die bis heute nicht verstummte Diskriminierung in Songs verpackt. Die waren musikalisch anfangs noch sehr nah dran an anglo-amerikanischem Folk und Rock. Heute gehen sie kreativer und gewagter zur Sache: Seit einigen Jahren federführend ist die Band The Halluci-Nation aus Ottawa, die sich zunächst A Tribe Called Red nannte und aus Mitgliedern der Tribes Ojibwa, Cayuga und Mohawk besteht.

In ihren Songs treffen traditionelle Pow-Wow-Gesänge auf Rap und harte elektronische Rhythmen. Eine Kollision, die faszinierend ist, aber unsere Hörgewohnheiten strapaziert. Und uns anregt, die eurozentrische Sichtweise endgültig aufzugeben: In ihrem Manifest „We Are The Halluci-Nation" heißt es: „Wir sind die Halluci-Nation, wir sind der Stamm, den man nicht sehen kann, man hat uns Indianer und Natives genannt, feindselig, heidnisch, militant. Die uns so nennen, können uns nicht sehen, wir SIE aber sehr wohl. Unser Erbgut ist aus Himmel und Erde, aus Vergangenheit und Zukunft, wir sind die Evolution und das Fortbestehen, wir sind die Halluci-Nation." In „Indian City" zelebriert die Band mit den Gästen der Gruppe Black Bear vom Atikamekw-Tribe aus Québec ein modernes Pow Wow.

Zwiebelmoment auf Swahili

22. Juni

Geoffrey Oryema, Uganda (1953–2018)
„RWOT OBOLO WAN“
(*Spirit*, Sonodisc 2000)

Er war einer der großen Wegweiser in der modernen afrikanischen Musik. Was hätte von ihm noch kommen können! Doch das heutige Geburtstagskind Geoffrey Oryema ist am 22. Juni 2018 viel zu früh gegangen.

Eine leichte Jugend hat der heute geborene ugandische Musiker nicht: Sein Vater ist Minister und fällt einem Mordkommando des Diktator Idi Amin zum Opfer. Traumatisiert flieht der Sohn mit 24 vor dem Terrorregime in einem Kofferraum zunächst nach Kenia. Paris wird schließlich seine neue Heimat. Es ist gerade die Blütezeit der frühen Weltmusik, und Peter Gabriel (13. Mai) entdeckt ihn für sein Label Real World. Hier lotet Oryema Ambient-Pop und rockigen Bombast aus, seine bislang auf Swahili geschriebene Poesie dichtet er immer öfter auf Englisch. Auftritte mit Rockgrößen wie Sting und Elton John etablieren Oryema über die Sparte Weltmusik hinaus.

Und dann schenkt er uns 2000 dieses großartige Werk namens *Spirit*: Sensible Lyrik und druckvolle Arrangements, ugandische Farben und das europäische Stadtgefühl gehen unter der Regie von Pop-Produzent Rupert Hine eine magische Partnerschaft ein. Niemals zuvor thronte ein Künstler mit derart großem Abstand in der Jahresauswertung auf Platz 1 der World Music Charts. Auf der Platte ist neben ergreifenden Hymnen an den verstorbenen Vater und Bruder auch der Ohrwurm „Rwot Obolo Wan“ zu hören: ein Klagegesang über ein Dorfoberhaupt, das seine Untertanen getäuscht hat – und diese Klage entlädt sich in einem machtvollen Pop-Refrain.

Geoffrey Oryema verschrieb sich zeitlebens der Friedensarbeit in Uganda, setzte sich für den Kampf gegen das Kindersoldatentum ein. Nach 40 Jahren besuchte er im Dezember 2016 zum ersten Mal wieder seine alte Heimat. Als das Flugzeug landete, war das für mich ein ‚Zwiebelmoment‘“, sagte er. „Denn wenn du eine Zwiebel schälst, dann musst du weinen. Doch dieses Mal waren es Tränen der Freude.“

Mittsommer in der Kirche

23. Juni

Sofia Sandén, Schweden (*1973)

„HEJ COURAGE"

(*Courage*, Westpark 2006)

Mittsommer in Leksand am Siljan-See, Zentralschweden: Pärchen tuckern mit Ausflugsdampfern über das riesige Gewässer, die Mädchen haben geflochtene Wiesenblumen im Haar. An Land kreuzen Halbstarke mit schreiend bunten Ami-Schlitten aus den 1960ern durch den Ort. Und abends strömen Tausende aus der Umgebung in einem Wiesen-Amphitheater zusammen.

Die stärksten Mannsbilder richten in einer gewaltigen Kraftanstrengung den Maibaum auf, mit 25 Metern Höhe angeblich Schwedens höchster. Als der endlich steht, erheben sich alle im Rund, stimmen die Nationalhymne an. Und danach – man glaubt es nicht, wenn man nicht dabei war – tanzen alle Generationen vereint um den Baum und singen „Små Grodorna", die schwedische Version von „Wir Fröschelein". Minuten später ist der Ort wieder wie ausgestorben, und Ruhe liegt über dem Siljan, beleuchtet vom schummrigen Licht der Mittsommernacht.

Am nächsten Tag in der Kirche ein wunderschönes Konzert: Ensemble und Chor um eine berühmte Tochter des Ortes, die Sängerin und Geigerin Sofia Sandén, spielen zum Thema „Erde" Folkmusik aus der Region. Die heißt Dalarna und wurde durch das Chor-Drama „Så Som I Himmelen" („Wie im Himmel") weltbekannt. Sandéns leuchtende Stimme füllt die Kirche, man wird auch als Fremder sofort Teil dieses Gemeinschaftserlebnisses.

Die Sängerin der Folkband Ranarim hat mit ihrem Werk *Courage* zum ersten Mal Solopfade eingeschlagen. Auf dem tollen Folk-Album umgibt sie sich mit Streichern, Gitarre, Mandola, Mandoline, Basscister, Drehleier und Örgelchen. „Flickornas Vän" ist eine Violinen-verliebte Polska, die ebenfalls ein Ortsansässiger geschrieben hat. Auch Knis Karl Aronsson kommt aus dem kleinen Leksand, an das ich immer diese schönen Mittsommer-Erinnerungen haben werde. In den Lyrics heißt es: „Hallo, Mut, junges Leben! Ich habe frisches Blut in den Adern, ich mache mir keine Sorgen und vergieße keine Tränen mehr!"

Romanze mit Hawaii

24. Juni

Debashish Bhattacharya, Indien (*1963)
„THE ISLAND ROMANCE“
(*Hawaii To Calcutta: A Tribute To Tau Moe*, Riverboat Records 2017)

Heute erzähle ich die Geschichte geheimer Liebesbande zwischen Indien und Hawaii. Ab den späten 1920ern war der reisefreudige hawaiische Gitarrist Tau Moe mit seiner Musikerfamilie ausgiebig in Asien, Ozeanien und Europa unterwegs. Bei einem seiner Stopps in Kalkutta brachte Moe die Lap-Steel-Gitarre mit, eine auf dem Schoss gehaltene Slide-Gitarre.

Während des Zweiten Weltkriegs verhalfen er und seine Verwandten Juden zur Flucht, indem sie sie in hawaiische Kostüme kleideten. Wegen des Angriffs auf Pearl Harbour war der Familie dann der Rückweg in die Heimat lange verbaut: Bis in die späten 1940er lebten sie in Kalkutta, wo Tau Moe regen Einfluss aufs Musikleben nahm. Dass die Slide dort auf so fruchtbaren Boden fiel, verwundert nicht: Das Gleiten auf den Saiten und das Ziehen derselben wird auf einheimischen Instrumenten ebenso gern praktiziert.

Ein neues Zeitalter hat die indische Slide-Gitarre seit den 1970ern dank Debashish Bhattacharya betreten. Schon als Teenager entwickelte er seine Variante, die 22-saitige Chaturangui, mit der er jeglichen melodischen und rhythmischen Effekt zaubern kann. Es ist ein Instrument, dass die verschiedenen Timbres der indischen Langhalslauten Sitar, Sarod und Veena vereint. Und der Mann aus Kalkutta feilte weiter, baute die Gandharvi, mit der er den Sound der Streichlaute Sarangi einfängt, und die kleine Anandi, eine Art indische Ukulele.

„Indian music is like fresh food“, erklärt er seiner Zuhörerschaft gern, um auf die Schöpfung aus dem Moment zu verweisen. Ein einziger zarter Anriss der Saite genügt ihm, um mit flüsternder Sanglichkeit eine ganze Tonkette zu entwickeln. Und durch rasante Tremoli und Hämmern mit den Fingerkuppen entfaltet er tänzerische Raffinesse. „The Island Romance“ ist ein gar nicht so sehr romantisches als vielmehr virtuoses Stück von seinem Tributalbum an Tau Moe.

Auf Gaudís Mosaikspuren

25. Juni

Orquestra de Músiques d'Arrel de Catalunya, Katalonien
„TRACTAT DE GEOMETRIA"
(*Trencadís*, Propaganda Pel Fet 2022)

Wenn Sie in Barcelona waren, haben Sie sicher die bunten Mosaiken des heutigen Geburtstagskindes Antonio Gaudí (*1852) gesehen, für die der berühmte Architekt Steinfliesen oder Scherben zu fantastischen Kunstwerken zusammengesetzt hat. Genau das macht auch das Orquestra de Músiques d'Arrel de Catalunya (kurz: OMAC) mit Tönen!

„Diese Fertigkeit zum Recyceln zeichnet unsere Kultur aus", sagt der Initiator des Projekts, David Coll. „Eine neue Realität entsteht mit kleinen Bestandteilen verschiedener Herkunft. Wir nutzen diese Metapher für unsere Arbeit." Das sehr junge Orchester beherbergt Mitglieder aus allen Regionen, in denen Katalanisch gesprochen wird. Allein dadurch kommt schon eine bunte Mischung zustande. Für das OMAC-Projekt *Trencadís* hat der Saxophonist, Komponist und Dirigent Dani López Pradas (22. April) Gedichte aktueller Poetinnen und Poeten vertont, sie finden in der Stimme von Anna Ferrer eine neue Heimat. „Mein Gesang ist ein Boot auf dem Meer, er folgt den Wellen, die Dani vorgegeben hat", sagt Ferrer ganz bescheiden.

Und dann diese fantastischen Arrangements! Auch nach vielfachem Hören kann ich noch immer neue Nuancen in dem mal schmissigen, mal melodisch überschwänglichen Orchestermosaik entdecken. Klassische Streicher und eine Jazzabteilung treffen auf Holz- und Blechbläser, die es nur in Katalonien gibt. Viele von ihnen sind typisch für die traditionellen Blaskapellen namens Cobla und erzeugen aufregende Klangfarben: Gleich vier Schalmeien-Arten gehen zu Werke: die Tenora, die Tible, die Tarota und die Gralla. Dazu kommen die Einhandflöte Flabiól und das Bassflügelhorn Fiscorn mit einem eigentümlich melancholischen Ton.

Zum Niederknien ist das Stück „Tractat De Geometria": Es vereint eine Feldaufnahme vom Gesang einer alten Dame aus den Pyrenäen mit einem modernen Liebesgedicht aus der Feder der mallorquinischen Poetin und Musikerin Clara Fiol.

Ein Minister kehrt zurück

26. Juni

Gilberto Gil, Brasilien (*1942)

„MARMUNDO“

(*Fé Na Festa*, EmArcy 2010)

Zu Beginn des Monats habe ich Ihnen die peruanische Kulturministerin Susana Baca nahegebracht. Auch in Brasilien hat ein Künstler den Spagat zwischen Musik und Politik versucht: der heute geborene Gilberto Gil.

Mit Caetano Veloso (27. Dezember) formt er den „Tropicalismo“ – ein Amalgam aus Urwald- und Karnevallängen, Sixties-Rock, lautmalerischer und kritischer Poesie. Die Militärdiktatur wittert zu viel Zündstoff bei diesen jungen Aufmüpfigen, steckt Gil und Veloso Ende 1968 für Monate in Haft, zwingt sie dann für Jahre ins Exil nach London. Zurück in der Heimat beschäftigt sich Gil mit der Suche nach den Afro-Wurzeln seiner Musik. Über Jahrzehnte hinweg steigt seine Produktivität: mit unzähligen Alben, die sich den Rhythmen des Nordostens widmen, aber auch dem Reggae und seiner ersten Liebe, der Bossa Nova.

Von Präsident Lula 2002 zum Kulturminister ernannt, ist er überfordert. Seine Stimme leidet durch die vielen Reden, Gil bittet vorzeitig um Entlassung. Als er mitten in seiner Amtszeit ein Konzert beim Stimmenfestival Lörrach spielt, merkt man ihm die Erschöpfung an. Und dann naschen wir arglosen Journalisten ihm nach der Pressekonferenz auch noch nichtsahnend sein makrobiotisches Nuss-Büffet leer …

2010 erklärt er mir seine Enttäuschung vom Amt: „Politik sollten wir als eine Art Kunst begreifen, aber sie ist zu eng an wirtschaftliche Machtinteressen gebunden. Wir neigen dazu, Kunst als etwas sehr weit Entferntes von der Lebenswirklichkeit zu sehen. Doch auf unserem Weg von einer materialistischen zu einer spirituelleren Gesellschaft kommt es auf Werte an, die nicht mit Händen zu greifen sind.“

Auf der Scheibe *Fé Na Festa* greift Gil die Traditionen der ländlichen Feste aus dem Nordosten auf, modernisiert durch Rock-Instrumentarium. Mit dem darauf zu findenden „Marmundo“ hat er, der Umweltbewegte, eine mitreißende Tanznummer für den Schutz der Meere geschrieben.

Ornamentales vom Roten Meer

27. Juni

Groupe RTD, Djibouti

„BUURAHA U DHEER"

(*The Dancing Devils Of Djibouti*, Ostinato Records 2020)

„Wie aus einer anderen Welt!", dachte ich mir, als ich diese Musik zum ersten Mal hörte. Okay, es lag auch daran, dass ich die Platte versehentlich auf 33 statt 45 Umdrehungen abspielte. Aber nicht nur: ornamentreiche Gesangslinien zu sirrenden Synthesizern, ein schaukelnder Offbeat mit garstigen E-Gitarren und swingendem Sax: Dahinter steckt eine Band mit dem bürokratischen Namen Groupe Radiodiffusion-Télévision Djibouti. Kurz: Groupe RTD.

Eigentlich stimmt das mit der „anderen Welt" ja ein bisschen. Wer von uns weiß schon Nennenswertes über Djibouti? Das kleine, erst 1977 unabhängig gewordene, ziemlich diktatorisch regierte Land begeht heute seinen Nationalfeiertag. Der musikalischen Entdeckung durch den Westen hat es sich bislang entzogen. Wäre da nun nicht diese aktuelle Staatskapelle, die abseits der Paraden nach Dienstschluss das spielt, was ihre Mitglieder wirklich mögen. Ihre Tanzmusik speist sich aus allem, was der Wüstenstaat am Roten Meer als uralter Handelsknotenpunkt kulturell zu bieten hat: somalischer Pop, die wiegenden Beats des Sudan, äthiopische Skalen, arabische Ornamentik, der Funk von James Brown und der Jazz von Harlem, er sickerte mit Platten aus den USA herein.

Als der Hamburger Musiker und Fotograf Janto Djassi in der Hauptstadt Djibouti City alte Aufnahmen des Staatsradios digitalisiert, überrascht ihn der Programmdirektor mit der Organisation eines kleinen Konzerts. „Wir waren sofort hin und weg von der Energie, die von dieser Band auf uns zukam!", erinnert sich Djassi. Und er organisierte eine Session mit der Sängerin Asma Omar und Saxophonist Mohamed Abdi Alto fürs New Yorker Label Ostinato. Sein Anliegen ist nicht allein musikalisch. „Wir möchten das Narrativ vom armen Afrika, von Krieg und somalischen Piraten korrigieren, die Illusionen des Westens zurechtrücken", sagt Djassi. Diese Musik ist dafür ein spannender Anfang.

Nachtwache in Freiburg

28. Juni

John Tavener (1944–2013)
„HESYCHAST MEDITATION, CYCLE VII"
(*The Veil Of The Temple*, Signum Records 2013)

Wie würde man ein Werk bezeichnen, das Hymnen und Gebete aller Weltreligionen der letzten 1500 Jahre vereint? Gesungen von einer Vielzahl von Chören, begleitet von armenischer Duduk, indischem Harmonium, tibetischem Horn? Ist das nicht auch „Weltmusik"?

Mitten hinein in diese Klänge setze ich mich an einem heißen Juliabend in der Martinskirche Freiburg, ohne zu wissen, was mich erwartet – nämlich eine Komplett-Aufführung des achtstündigen Werkes *The Veil Of The Temple* des britischen Komponisten John Tavener. Eine musikalische „Nachtwache" von Sonnenunter- bis Sonnenaufgang. In der dunklen Kirche ertönt ein Text des Sufi-Dichters Rumi (30. September/21. Dezember), verzierungsreich gesungen von einem Sopran. Ein massiges Dröhnen von der Orgel bäumt sich auf, begleitet von Hornrufen und dem Peitschen des riesigen Tam-Tam-Gongs.

Und dann folgt ein Wechselspiel von Kyries, Vater Unsern, Lesungen, Seligpreisungen von Chören, die an verschiedenen Stellen im Kirchenschiff platziert sind. Sieben Zyklen durchlaufen die Hörenden mit diesen Gebeten, immer intensiver, opulenter wird das Stimmengeflecht in diesem spirituellen Aufwärtsstreben. In dieser Nacht erfahre ich am eigenen Leib, dass Trance auch möglich ist in einem christlichen Kontext, der sich den anderen Religionen nicht verweigert. Ein musikalisch-spirituelles Weltereignis in meiner kleinen Stadt – nur in London, Berlin und New York war Taveners Komposition zuvor aufgeführt worden.

Ich gebe zu: Nach ungefähr drei Stunden konnte ich nicht mehr gegen die Müdigkeit ankämpfen und schlich mich auf Zehenspitzen nach Hause. Als ich später das überwältigende Finale auf CD hörte, habe ich es bitter bereut. Eines der beeindruckendsten Stücke für mich war die Vertonung des Meditationstextes byzantinischer Mönche, die über das Unsagbare nachgedacht haben: die Beschaffenheit Gottes.

Die Tugenden des Künstlerdorfs

29. Juni

Dobet Gnahoré, Elfenbeinküste (*1982)
„DJOLI"
(*Miziki*, Média Nocte 2018)

Stellen Sie sich ein Dorf vor, in dem alle einzig dafür leben, eine umfassende Ausbildung in Musik, Tanz, Schauspiel, Malerei, Dichtung und Kochkunst zu bekommen. Ein Ort, an dem der Alltag komplett auf das befruchtende künstlerische Miteinander ausgerichtet ist. Eine solche „Village" mit dem Namen Ki Yi M'bock („höchstes Wissen" in der Sprache Bassa) gründete die kamerunische Künstlerin Werewere Liking im Jahr 1985 nahe der ivorischen Hauptstadt Abidjan. Exzellente Musikerinnen hat Ki Yi M'bock hervorgebracht, die auf internationalen Bühnen bestehen. Eine von ihnen ist Dobet Gnahoré (sprich: nja-o-ree) aus dem Volk der Bété.

Das Dorf übt auch Anziehungskraft auf Europäer aus, so kommt es, dass eines Tages der französische Gitarrist Colin Laroche dort aufkreuzt. Und siehe da, es findet sich ein Künstler-Traumpaar: Gnahoré und er entwickeln eine kreative Partnerschaft, werfen in der neuen Wahlheimat Grenoble das Beste aus beiden Welten zusammen. Das Resultat ist ein Pop, der die Gesänge der Pygmäen eingebaut, Zulu-Melodien aus Südafrika, westafrikanische Buschharfe und das Balafon (17. Juni).

Jedes Mal, wenn ich Gnahoré auf der Bühne sehe, werde ich von der physischen Energie mitgerissen. Selbst in rasanten Tanzeinlagen scheint sie nie außer Puste zu kommen, immer ist sie mit ihrer dunklen, Respekt einflößenden Stimme absolut präsent. In vielen Sprachen singt sie, allein in ihrer Heimat Côte D'Ivoire gibt es schon 72. Doch ihr Sound wird nie ein multinationaler Kauderwelsch. „Alle afrikanischen Stile in einen Kessel zu stecken unter einem Prädikat wie ‚Worldmusic', das ist erbärmlich", stellt sie klar. „Ich kämpfe dafür, dass unsere Musik im Ausland so divers wie möglich wahrgenommen wird." Ihre Shows eröffnet Dobet Gnahoré gern mit „Djoli", einem packenden Song mit einer genauso einfachen wie wenig befolgten Botschaft: Wenn wir teilen, wird das Leben schöner.

Panafrikanischer Gigant

30. Juni

Ray Lema, Demokratische Republik Kongo/Frankreich (*1946)
„TRANSCENDANCE"
(*Transcendance*, One Drop 2018)

Als er 1946 geboren wird, heißt seine Heimat noch Belgisch Kongo. Genauso turbulent wie die Geschichte seines Landes ist auch die Musik von Ray Lema selbst. Kaum einen Stil gibt es, den der Gigant zwischen Rumba, Jazz und Klassik nicht ausgelotet hat.

Pianist, Gitarrist, Schlagzeuger, Songwriter, Komponist – aber kein Eisenbahner: Seine Geburt in einem Zug hat nicht auf Raymond Lema A'nsi Nzinga abgefärbt. Eher schon die Kirche: Als Knabe zieht ihn das Orgelspiel an, gleichzeitig begeistert er sich für die klassische Chormusik Europas. Mit vierzehn Jahren erlebt er die Befreiung seines Landes von Belgien (30. Juni 1960). Entscheidend für seine Entwicklung ist aber eine musikalische Revolution: Die Rumba Congolaise nimmt mit der Unabhängigkeit Fahrt auf, Big Bands wie die des Gitarristen Franco (19. Juli) werden in ganz Afrika erfolgreich. Sie entwickeln aus der Rumba den schnelleren, tanzbaren Soukouss – und werden aufmerksam auf den jüngeren Kollegen Lema.

Der wird nun zum Klangforscher: Er reist unermüdlich im riesigen Land herum, sammelt Hunderte von Feldaufnahmen aus allen Regionen. Und er wird Leiter des National Ballet of Zaire. Doch es wird ungemütlich in seiner Heimat: Um der Schreckensherrschaft von Diktator Mobutu zu entfliehen, siedelt er in den 1980ern nach Paris über. Seine Musik wird grenzenlos: Er schreibt Opern und Filmmusiken, erkundet elektronische Musik, arbeitet mit Berühmtheiten wie Manu Dibango (24. März) oder mit den Bulgarischen Frauenstimmen (27. November).

In den letzten Jahren hat Ray Lema nochmals seine gesamte Karriere Revue passieren lassen: Auf *Transcendance* spielt er mit seinem Pariser Sextett einen dichten Jazz, der mit Funk-Sound, klassischem Piano, Afro-Flöten, Referenzen an die Rumba-Blütezeit und französische Poesie all seine Qualitäten vereint. Aus diesem Album habe ich das Titelstück ausgesucht.

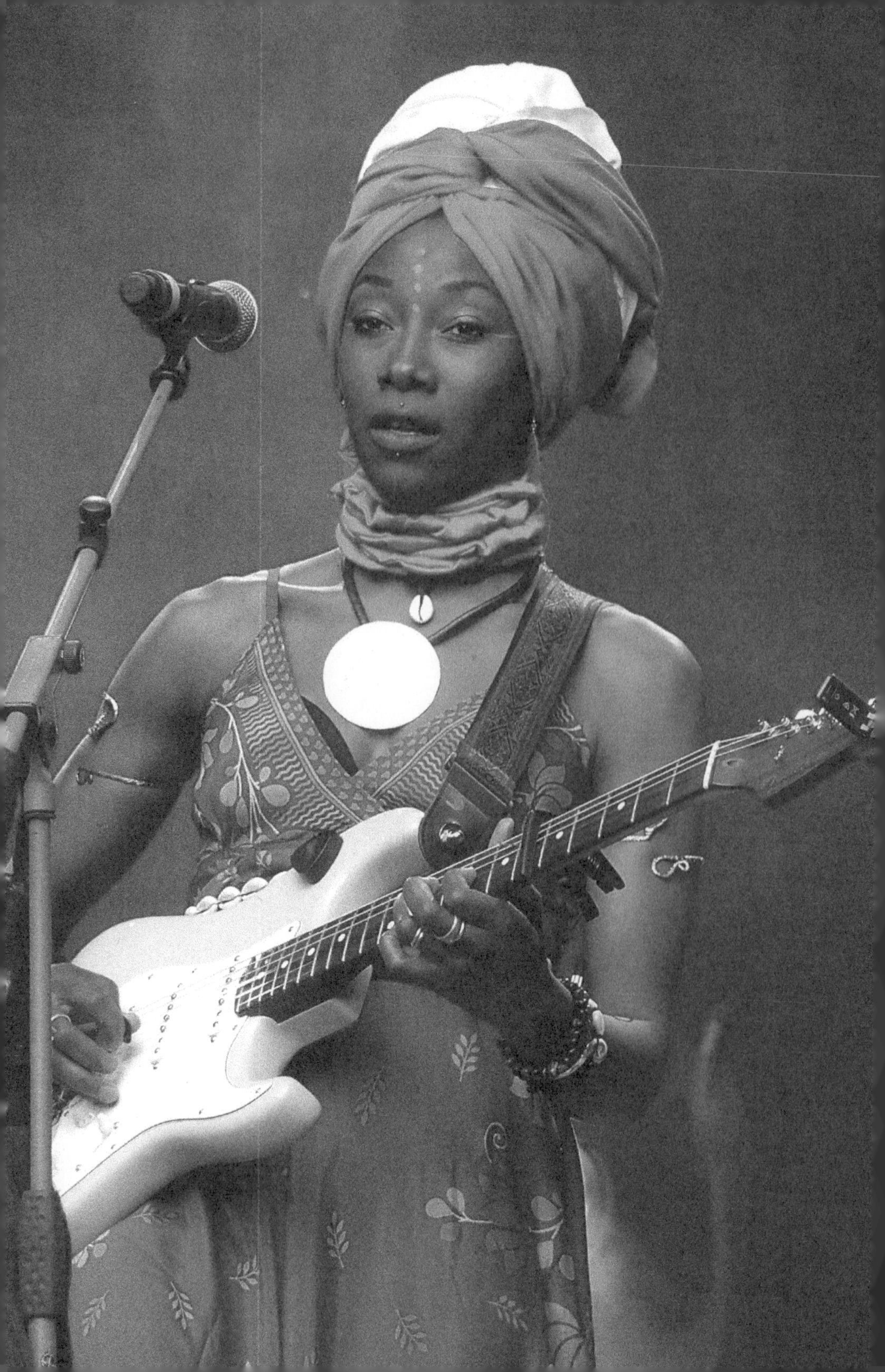

JULI

Freischwimmer in Rudolstadt

1. Juli

Hölderlin-Express, Deutschland
„FELIX AUS DER ASCHE"
(*Hölderlin-Express*, akkudisc 1994)

An vier Tagen musikalisch durch die ganze Welt reisen! Auf mich wirkte das fast wie ein Schock, als ich im Sommer 1993 zum ersten Mal das Tanz- und Folkfest Rudolstadt besuchte. Ein waghalsiges Team aus Ost und West hatte im frisch vereinten Deutschland die sozialistische Tanzfest-Tradition des schmucken thüringischen Ortes in ein Fest der Welt umgewandelt. Rudolstadt mit seiner mächtigen Heidecksburg, dem alten Marktplatz und dem riesigen Park an der Saale bot und bietet bis heute dafür die denkbar beste Kulisse: eine ganze Stadt als globale Bühne.

Etwa für diese Band aus Tübingen, die am 1. Juli 1994 auf der Burg eine triumphale Show spielte und sich nach dem berühmtesten Sohn ihrer Stadt benannt hat. Ich hatte das Gefühl, dass mit diesem Quartett um die Drehleier-Virtuosin Elke Rogge der Deutsch-Folk plötzlich sexy klang. Die Rhythmen bezogen die Tübinger aus europäischen Volkstänzen wie Ländler, Polka und Schottisch, die Drehleier aus der Alten Musik. Aber die Komplexität der Stücke mit vielen Tempo- und Tonartwechseln, die kam eher aus dem Progressive Rock.

„Die deutsche Volksmusik ist einfach nicht mehr so lebendig wie zum Beispiel in Frankreich", meinte Elke Rogge. „Ich habe das Musikmachen von meinem Opa eben nicht mehr gelernt, und ich führe die Einflüsse und die Erziehung, die ich genossen habe, weiter. Und das klingt jetzt eben so!" „Free Folk" nannte die Band das Ergebnis. Mit welcher Aufbruchstimmung der „Express" durch die deutsche Folkszene rauschte, lässt sich dem Stück „Felix aus der Asche" ablauschen: Die Chromatik der Drehleier und eine verzerrte Rockgitarre umkreisen sich, und der dramatische Aufbau erinnert tatsächlich ein wenig an den Progressive Rock, etwa an Stücke auf einer frühen Platte von Genesis.

In den nächsten Tagen lasse ich ein paar spezielle Begegnungen der Rudolstadt-Historie Revue passieren – als Dankeschön an das Festival, das mich wie kein anderes geprägt hat.

Wenn unter Krähen

2. Juli

The Ukrainians, Großbritannien/Ukraine
„VORONY“
(*Vorony*, Cooking Vinyl 1993)

Es war der 2. Juli 1993, als eine Band namens The Ukrainians die große Bühne des Heine-Parks bei meinem ersten Besuch des Tanz- und Folkfests Rudolstadt rockte. Sie kamen allerdings nicht aus Kiew oder Lviv, wie man annehmen könnte, sondern aus der mittelenglischen Industriestadt Leeds! Dort lebt eine große Community ukrainischer Emigranten.

Und ihre Story geht so: Drei Einwandererkinder machen bei der erfolgreichen Indie-Rock-Band The Wedding Present mit, entschließen sich aber, in einer Ableger-Kapelle das Erbe ihrer Vorfahren unter die Lupe zu nehmen. Peter Solowka, der Chefdenker der Ukrainians, lieferte mir, dem angehenden Musikjournalisten, am Tag nach dem Konzert mein erstes Interview überhaupt. Über zwei Stunden erzählte er die aufregende Story von Jungs, die mit der Musik ihrer Eltern, aber eben auch mit englischem Gitarrenpop aufgewachsen waren, mit Kosakenliedern genau wie mit den Indie-Rock-Stars The Smiths.

„Vorony“ erklang damals als effektvolles Finale der Show. Das Titelstück aus dem zweiten Ukrainians-Album ist ein traditionelles Lied, das hier mit Rockenergie aufgemöbelt wird und sich in eine rauschhafte Rasanz steigert – mit Mandoline, Fiedel und Akkordeon, aber auch mit einem knallharten Bass und kantigen E-Gitarren. Solowka erklärte: „Es ist ein trauriger Song, der davon spricht, der Masse folgen zu müssen. ‚Wenn du unter Krähen bist, dann krähe mit ihnen.‘ Die Ukrainer waren nach dem Zweiten Weltkrieg über ganz Europa verstreut, und es gab kaum Möglichkeiten zu wählen, was man tun sollte. Um zu überleben, mussten sie innerhalb einer Gruppe von Menschen ihrer eigenen Herkunft bleiben.“

Der Text hat heute erschreckende Aktualität bekommen: Dreißig Jahre später rollen wieder russische Panzer durch die Ukraine. Mein musikalischer „Summer of ’67“ war der von 1993, und die Erinnerung ist durch die weltpolitischen Ereignisse ab dem Februar 2022 in Trauer gehüllt.

Der Leibhaftige spielt auf

3. Juli

Den Fule, Schweden
„TUSS OLA“
(*Lugumleik*, Xource 1992)

Bis in die frühen Neunziger kannte ich das Wort „Folkrock“ ausschließlich im Zusammenhang mit den Britischen Inseln. Dann entdeckte ich die Platten des schwedischen Labels Xource, und „Folkrock“ bekam für mich eine skandinavische Variante. Und was für eine! Sie war definitiv wilder, urwüchsiger und tanzbarer als alles, was ich bis dahin aus dem anglophonen Bereich gehört hatte.

Die Band Den Fule (der Name steht für den Leibhaftigen!) trägt einen Großteil der Schuld an meiner Bekehrung zur nordischen Musik. Ihr Flötist und Saxophonist Jonas Simonson war schon zuvor eine der Leitfiguren im schwedischen Folk-Revival, hat als Kreativkopf der Band Groupa seit 1980 progressive Spielarten skandinavischer Traditionen auf Bühnen in ganz Europa serviert.

Doch seine neue Combo war dann noch mal eine ganz andere Nummer. Man muss das erst mal schaffen, so viele Zutaten zu einem heißen Gebräu zusammenzuschütten, das dann auch noch schmackhaft ist, wie das bei Den Fule passiert: Spielmannsmusik aus Schweden und Norwegen mit kreisender Geige, ein knarzendes Baritonsaxophon, ein mit Rockwucht angetriebenes Schlagzeug und eine sägende E-Gitarre. Ich weiß noch, wie nach dem rasenden Finalkonzert in Rudolstadt die Stimmung so aufgeheizt war, dass nicht wenige Leute anschließend zur Abkühlung in den Marktbrunnen stiegen. „Teuflisch“ eben!

Jonas Simonson ist auch dreißig Jahre nach diesem hitzigen Ereignis immer noch an zahlreichen grandiosen Bands beteiligt, in denen er schwedischen Folk neu aufbereitet. Etwa mit dem einzigartigen Flötenfamilien-Projekt Tuultenpesä oder immer noch mit Groupa, die sich mittlerweile auch Folkmusik aus ganz Europa vorknöpfen. Den Fule und das Label Xource allerdings gehören der Geschichte an. Hoch die Tassen mit der Tune „Tuss Ola“, die sie dem Fiedelspieler Ola Aasen aus dem norwegischen Gudbrandsdalen abgelauscht haben.

Die Spindel und der Schubser

4. Juli

Värttinä, Finnland
„SEELINNIKOI"
(*Seleniko*, Sonet 1992)

Haben Sie schon mal erlebt, wie während eines Konzerts ein Moderator von der Bühne geschubst wurde? Am 4. Juli 1993 wurde ich Augenzeuge, wie beim Festival in Rudolstadt die resoluten Damen einer finnischen Band mitten in einer Radioübertragung den Conférencier unsanft entfernten. Sie wollten lieber noch einen Song spielen statt Fragen beantworten. In Finnland haben oftmals die Frauen die Hosen an, das gilt auch in so mancher Musikgruppe. Und das trifft vor allem für diese Damen aus der östlichen Provinz Karelien zu: Värttinä (übersetzt „Spindel", wohl wegen des kreisenden Charakters ihrer Musik).

1983 sammelt die Sängerin Sari Kaasinen in Rääkylä an ihrer Schule eine singende Theatergruppe von über zwanzig Akteurinnen um sich. Vorn die singenden Mädels, hinten die Jungs mit den Begleitinstrumenten. Im Laufe der Jahre schrumpft sich die Band gesund. Man recherchiert in der Sibelius-Akademie Helsinki nach Volksliedern, peppt sie auf und entwickelt so einen neuen Folk mit messerscharfen Frauenstimmen und einem kompakten Background an Fiedel, Saxophon, Akkordeon, Bouzouki, Gitarre und Flöten. In den Texten mokieren sich die Frauen über die Untauglichkeit der Mannsbilder, aber auch das Seelenleben alternder Jungfern wird offenbart – alles flankiert von bilderreichen Naturbeschreibungen.

„Unser Gesangsstil hat enge Verbindungen zur finno-ugrischen Tradition auf der anderen Seite der Grenze nach Russland", erläuterte mir eine der Värttinä-Stimmen, Sirpa Reiman. „Außerdem gibt es Parallelen zu den bulgarischen Frauenchören und zur Ungarin Márta Sebestyén [11. November]. Wie sie singen wir laut und hoch!" Was vielleicht auch einen US-Journalisten zu einem Vergleich mit Abba stimuliert hat. Damit ist die Gruppe gar nicht glücklich. Klingt das irgendwie nach dem schwedischen Popquartett? Urteilen Sie selbst mit dem kraftgeladenen Eröffnungsstück aus dem Album *Seleniko*.

Sog aus Transoxanien

5. Juli

Alaev Family, Usbekistan/Israel

„YOBLOHOY"

(*The Alaev Family and Tamir Muskat*, Olamale Musik 2011)

Zu den sagenhaftesten Schauplätzen der historischen Seidenstraße gehören die zentralasiatischen Turkstaaten Usbekistan, Tadschikistan und Turkmenistan. Im 14. Jahrhundert erzählt bereits Ibn Batutta (24. Februar) von den kulturellen Reichtümern Transoxaniens. Allein der Klang der Städtenamen Samarkand und Buchara hat schon Dichterfantasien von Goethe und Grillparzer angeregt. Besonders die Wüstenoase Buchara war ein beispielloser kultureller Knotenpunkt für Hindus, Juden, orthodoxe Russen, Perser und Mongolen. Die dortige jüdische Community zählt heute nur noch 150 Menschen, war aber lange Zeit ein reger östlicher Außenposten des Judentums.

Hier und in Tadschikistans Hauptstadt Duschanbe wirkte und wohnte die Familie Alaev, die, angeführt vom Patriarchen und Trommelkünstler Allo Alaev (Akrobat auf bis zu neun Rahmentrommeln gleichzeitig!), das jüdische Erbe und die Traditionen Usbekistans und Tadschikistans verwebt. Mit seinen Söhnen und Enkeln stellt er eine grandiose feurige Bühnenshow auf die Beine, die uns 2014 auf dem Rudolstadt Festival in dieselbigen fuhr! Wir standen direkt am Bühnenrand und wurden von diesem zentralasiatisch-jüdischen Sog wie in einem großen Brausen mitgerissen.

Diese Musik gibt es auf der Welt wohl nicht ein zweites Mal, und das Erstaunliche ist, dass die Alaevs sie auch in ihrer neuen Heimat Israel weiterpflegen, auf Tadschikisch, Usbekisch, Türkisch und Hebräisch, und jetzt auch bereichert um Elemente aus Russland und vom Balkan. Dabei sind in ihrem Repertoire auch immer Einflüsse aus den Gesängen der Sufi (30. September) zu finden. Im Text von „Yoblohoy" heißt es:

Um Gottes Willen, sag immer die Wahrheit,
denn wenn ein Herz bricht,
ist es ebenso schwierig, es zu heilen,
als wenn man versuchte,
zersplittertes Glas zu kitten.

Ausgefuchstes Wackeln

6. Juli

Shooglenifty, Schottland
„SHE'S IN THE ATTIC"
(*A Whisky Kiss*, Greentrax Recordings 1996)

Stellen Sie sich eine Folkband vor, die ordentlich laut ist. Jetzt eine, die noch ein bisschen mehr Krach macht. Und nun eine, die so ohrenbetäubend ist, dass sie das Prasseln der Hagelkörner auf einem Zeltdach übertönt.

Es ist der Festivaljahrgang 1996 in Rudolstadt, ausnahmsweise einmal kühl und unberechenbar nass. Wir stehen im riesigen Tanzzelt im Park und trauen unseren Ohren nicht, und schon gar nicht unseren Augen: Irgendwie bewegt sich die Plane ganz komisch, aber dass es draußen hageln muss, können wir nur ahnen! Denn zu hören ist nur der Sound eines schottischen Sextetts aus den Highlands und von den Orkney-Inseln. Sie spielen einen Folk, der ganz anders ist als alles, was ich im Genre zuvor gehört habe.

„To Shoogle" heißt: hin und her wackeln, und „nifty" heißt „ausgefuchst, clever" – so erklärt die Band nach ihrem Konzert. Womit wir schon mal die Bewegung hätten, die sowohl die Tänzer als auch die Musiker auf der Bühne bei einer Shooglenifty-Show vollführen. Und der Sound? Da steckt eine Menge mehr drin als schottische Folkmelodien. Als da wären: ein pumpender Bass-Groove, der eher an erdigen, schweren Dub erinnert. Anleihen beim Bluegrass (20. Februar) durch die Banjos von Iain Macleod und Garry Finlayson. Rotzige Rock-Riffs auf der Stromgitarre sowie ein Rhythmus-Programm, das auf dem letzten Stand der Club-Kultur der Mittneunziger ist. Aber eben auch die seelenvolle Fiddle von Angus Grant (†2016), Sohn eines traditionellen Geigers. Und all das hört sich grandios handgemacht an, ohne den Keyboard-Nebel, der über so vielen Bands wabert, die um diese Zeit versuchen, Folk zukunftsfähig zu machen. Shooglenifty – Pioniere bis heute, denke ich mir gerade, als ich ihr Album *A Whisky Kiss* nach zwanzig Jahren mal wieder anhöre!

Zehn Meter Kabel und ein Star

7. Juli

Michelle Shocked, USA (*1962)
„FEVER BREAKS"
(*Kind Hearted Woman*, Private Music 1996)

An einem wackligen Tischlein sitzen wir, der Kollege vom Mitteldeutschen Rundfunk und ich, mitten auf der Wiese hinter der Rudolstädter Burgterrasse. Nur zwei Gesprächspartner wollte sie zulassen, einen vom „großen" Radio, aber „den vom legendären linken Sender" – so ungefähr wurde ich angepriesen – wollte sie auch dabeihaben. Während wir auf Michelle Shocked, eine der kämpferischen Ikonen des US-Folk warten, ist es mir ziemlich peinlich: Der „legendäre, linke Sender" konnte mir zum Aufnehmen nur einen winzigen Walkman mitgeben, und an dem hängt ein riesiges Mikro mit Zehnmeterkabel.

Ich erinnere mich an ein völlig entspanntes Interview mit kleinen Seitenhieben: Die Bezeichnung „Woody Guthries lang verlorene Tochter" will Shocked nicht gelten lassen, denn ihr Singer/Songwriter-Kollege sei ja ein Demagoge gewesen, der nur vorgegeben habe, authentisch zu sein. Großes Thema ist auch die künstlerische Freiheit, denn Shocked steckt mitten in einem traumatischen Streit mit ihrer Plattenfirma, die sich zu sehr in ebendiese Freiheit eingemischt hat.

„Einer Songschreiberin dürfen niemals Beschränkungen auferlegt werden", sagt sie, „für sie gelten nur die Gesetze von Fantasie und Kreativität!" Ihre aktuelle Platte *Kind Hearted Woman* ist ein verletzlicher Liederzyklus, vorgetragen mit zitternder Stimme und brüchiger Gitarrenbegleitung, ihre Wunden sind hörbar. „Um über schwierige Situationen im Leben zu sprechen, verwende ich ländliche Metaphern: Farmer, die verzweifelt über eine schlechte Ernte sind, eine Hebamme, die auf dem Heimweg daran denkt, wie sie gerade ein Totgeborenes auf die Welt gebracht hat."

Bis heute kämpft Michelle Shocked aufrecht für ihre Zunft, leider fiel sie auch durch missverständliche Äußerungen zur Homosexualität auf. Ihr streitbares Charisma werde ich nie vergessen, und auch nicht, dass sie das lächerlich monströse Mikrofonkabel nicht mal zur Kenntnis nahm.

Mährische Sommerromanze

8. Juli

Vlasta Redl, AG Flek & Jiři Pavlica, Hradišťan, Tschechien
„VANDROVALI HUDCI"
(Vlasta Redl, AG Flek & Jiři Pavlica, Hradišťan, BMG Ariola 1994)

Die Hitze weicht im abendlichen Rudolstädter Heinepark noch nicht an diesem 8. Juli 1995. Doch von der Bühne kommen Klänge, die eine sanfte E-Gitarre mit volksmusikalischen Melodien verweben und ein wenig kühlend wirken. Als in den 1970ern der Folkrock aufblüht, erfasst das etliche europäische Länder – und verantwortlich für die rockige Sommer-Serenade, die gerade an meine Ohren weht, sind die Helden des Genres aus der Tschechoslowakei.

AG Flek heißt die Band, und sie hat eine lange und wechselvolle Geschichte mit vielen Umbesetzungen aufzuweisen. Eine Konstante gab es in ihrer Historie seit den 1980ern aber dennoch, und das ist Sänger und Gitarrist Vlasta Redl. Er brachte den Folk zur Combo, vor allem Einflüsse aus dem südöstlichen Landesteil Mähren, schließlich stammt die Band aus der dortigen Stadt Zlín. Eine herausragende Partnerschaft ging die AG Flek 1994 mit Hradišťan ein, der mährischen Folkband Nummer eins um den Violinisten Jiři Pavlica. Ihre Musik baut auf der Geige, dem osteuropäischen Hackbrett Cimbalom, Klarinette und einem wuchtig gestrichenen Kontrabass auf: Tanzmusik par excellence, die an der mährischen Kreuzung der Kulturen auch ungarische und türkische Farben aufgenommen hat. Eine Musik, die mich in eine ganz eigentümlich romantische Sommerstimmung versetzt.

Schnell wird mir an diesem Abend klar, wie fantastisch die Partnerschaft zwischen den Folkies und den Rockern funktioniert. Als die Nacht hereinbricht, gibt es besonders magische Momente – immer, wenn Sängerin Alice Holubová in den Balladen ihre kristallklare Stimme erhebt. Auch die CD dieses Teamworks zählt bis heute zu meinen liebsten Folkscheiben der Neunziger. Ich könnte jedes Stück daraus auswählen, habe mich aber für das träumerische „Vandrovali Hudci" (wandernde Musiker) entschieden, das am Ende zu einer mächtigen Soundwand emporwächst.

Unrast des Herzens

9. Juli

Glen Hansard, Irland (*1970)
„MY LITTLE RUIN"
(*Didn't He Ramble*, Anti-, 2015)

Heute beende ich meine Streifzüge durch Rudolstadt mit einem Finalkonzert. Der Abschluss im Heine-Park ist eigentlich eine ziemlich traurige Veranstaltung, denn hier heißt es Abschied nehmen von diesem einzigartigen Globalfest der Musik. 2016 wurde meine Wehmut noch verstärkt: Zum Adieu gab es keine rauschende Tanzparty, sondern einen seelenvollen Iren, dessen Songs sich unter die Gänsehaut graben.

Wer den Kino-Dauerbrenner *Once* über das berühmte Straßenmusiker-Pärchen von Dublin liebt, mag auch ihn: Glen Hansard. Zuvor schon war der Rotschopf Bassist der irischen Soulband The Commitments gewesen. Danach schwang er sich zu einem der feinsinnigsten Songwriter der grünen Insel auf. In seinen kammerfolkigen Liedern und rauen, empfindsamen Vocals hört man das keltische Erbe oft durch. Aber auch jede Menge Soul, den er auf der Bühne mit Streichern und fabelhaftem Bläsersatz feiert.

Glen Hansards Songs erzählen auch von der nicht endenden Unrast unserer Zeit. Sie handeln von der Erkenntnis, dass das Herz zu Lebzeiten keine endgültige Heimat finden wird, und seiner Stimme gelingt dabei der Spagat zwischen Verletzlichkeit und Bissigkeit. Am stärksten ist er, wenn er zum Advokaten der Liebeskranken wird: Wenige finden so treffende Worte für das, was ein Mann fühlt, wenn er auf dem Abstellgleis der Gefühle darbt.

„My Little Ruin" ist für mich einer der intensivsten Songs, die Glen Hansard geschrieben hat. Er breitet die Geschichte eines Freundes aus, der mit einem Haufen von Talenten gesegnet ist, die aber nicht umsetzen kann. Er hat ganz einfach einen fiesen Selbstzerstörungsmechanismus eingebaut. Hansard singt über die Verzweiflung, zuschauen zu müssen, wie sein Kumpel immer und immer wieder in das gleiche Schlamassel hineingerät. Die Unplugged-Version mit den Pizzicato-Streichern gefällt mir von allen am besten, eingespielt auf einem Hausdach in Paris.

So viele Küsschen wie Fischchen
10. Juli

João Gilberto, Brasilien (1931–2019)
„CHEGA DE SAUDADE“
(*Chega De Saudade*, Odeon 1959)

Können zwei Minuten Musik (präzise: eine Minute und 58 Sekunden!) die Welt verändern? Am 10. Juli 1958 betritt ein Mann mit seiner Gitarre die Odeon Studios in Rio de Janeiro. Seine Stimme ist eine Mischung aus warmem, näselndem Fagott und flüsterndem Flügelhorn, sein Zupfen ökonomische Eleganz. Brasilien hat lange Jahre der Schwülstigkeit erlebt, der pathetisch gesungene Orchestersamba, der Samba Canção, beherrschte die Radios. Doch die Jugend sucht jetzt nach leichtfüßigeren, spielerischeren Klängen, und João Gilberto Prado Pereira de Oliveira, dieser junge Bohemien aus Bahia, hat das Rezept.

Er überträgt die vielen Perkussionsmuster des Samba in raffinierter Rhythmik auf seine sechs Saiten, die nicht mehr aus Stahl, sondern aus weichem Nylon sind. Präzisiert hat er diesen Sound in monatelanger Kleinarbeit auf dem Klo – wegen der schönen Hall-Akustik! Die Texte für seine Miniaturen liefert ihm der Poet Vinicius de Moraes, die Arrangements der Pianist und Komponist Antônio Carlos Jobim (8. Dezember). Alle drei zusammen entwickeln das, was sich allmählich unter dem Namen Bossa Nova („neue Flause“) herauskristallisiert. Und „Chega De Saudade“ („Schluss mit der Traurigkeit“) ist die Blaupause dafür.

Die melancholische Melodie über die ferne Geliebte wechselt genau dann in die Dur-Tonart rüber, wenn die Schöne zum Sänger zurückkehrt. Einzigartig sind die Wortspielchen im Text: Da reimen sich „peixinhos“ auf „beijinhos“, denn sie soll so viele Küsschen bekommen, wie Fischlein im Meer schwimmen. Als das Lied im Dezember 1958 erscheint, will plötzlich jeder so Gitarre spielen wie João Gilberto. Die Bossa Nova blüht für sechs intensive Jahre – bis die Militärdiktatur dem unbekümmerten Lebensgefühl 1964 ein Ende setzt (31. März). Doch da ist sie schon längst musikalische Weltsprache geworden. „Chega De Saudade“ hat die wohl sanfteste Revolution der Musikgeschichte ausgelöst.

Unglückliche Liebe mit Polizeischutz

11. Juli

Cheb Mami, Algerien (*1966)
„MELI MELI"
(*Meli Meli*, Totem 1998)

In den 1990ern war der algerische Raï weltweit schwer angesagt. Das lag vor allem an zwei Sängern, die sich beide Cheb, also „Junge", nannten und bei denen eine klare Rangordnung galt: Khaled der König, Mami der Prinz. Doch was die Brillanz der Stimme anging, da überflügelte Cheb Mami aus Saida seinen Konkurrenten spielend.

Trotzdem platzt Mami bei jeder Nennung des „Anderen" der Kragen, als wir ihn im Dezember 1998 interviewen, gereizt springt er auf: „Wir sind nicht hier, um über Khaled zu reden!" Wir haben ihn für ein Konzert nach Freiburg eingeladen, die Show im Jazzhaus führen wir mit Polizeischutz durch. Denn die Gefühlsausbrüche seiner algerischstämmigen Anhänger aus dem nahen Elsass sind Legende. Doch es bleibt friedlich, auch wenn die Saalordner des Jazzhauses im Sekundentakt Fans von der Bühne räumen müssen, die ihrem Idol um den Hals fallen wollen.

„Warum löst diese Musik einen solchen Überschwang aus?", fragte ich mich damals. Der Raï ist in seiner modernen Form ab den 1970ern ein musikalisches Ventil für die algerische Jugend, die unter Arbeitslosigkeit, Armut und religiöser Gängelung leidet. E-Gitarre, E-Drums und Keyboards begleiten die Lieder, die auch unverblümt sexuelle Freizügigkeit feiern. Die regierende Partei FLN mag die aufmüpfige Musik nicht, die Islamische Heilsfront FIS erstellt gar Todeslisten, bringt 1994 mit Cheb Hasni einen Kollegen von Mami um. Das alles tut dem Erfolg des Genres keinen Abbruch.

Mami sang anfangs Synthiepop-Raï, aus dem die Potenz seiner Stimme aber schon herausragt. Mit seinem vierten Album *Meli Meli* definiert das heutige Geburtstagskind dann den Gipfel der modernen Raï-Kunst: Die algerischen Melodien paaren sich mit Flamenco, Rumba, Rap und Berber-Folk und, wie im Titelstück „Meli Meli", auch mit einem Schuss Funk. Worum es geht? „Um unglückliche Liebe! Die Spezialität unseres Kulturkreises", gab Cheb Mami damals verschmitzt zu.

Grooves vor Gabuns Küste

12. Juli

Ãfrica Negra, São Tomé und Príncipe

„VENCE VITÓRIA"

(*Antologia Vol. 1*, Bongo Joe 2022)

Als großer Fan der afrikanischen Popmusik der 1970er möchte ich heute Ãfrica Negra vorstellen, die mit Abstand erfolgreichste Band einer Inselgruppe vor der Küste des zentralafrikanischen Gabuns. São Tomé und Príncipe waren bis 1975 portugiesische Kolonie und feiern am 12. Juli Unabhängigkeit.

Die Popkultur der Insel war zu jener Zeit von verschiedensten Einflüssen geprägt, und Ãfrica Negra brachten in ihrer hochgradig tanzbaren Musik alle zusammen: den süßen Gitarrenschmelz der Rumba und des Soukouss aus dem Kongo (19. Juli), den süffigen ghanaischen Highlife (18. August/6. September), Einflüsse aus der karibischen und kapverdischen Tanzmusik und die einheimischen Rhythmen des Inselstaates. „Puxa" nannten sie die energiegeladene Mischung aus alldem.

Der Zündfunken für Ãfrica Negra flackert auf, als sich in den frühen Siebzigern ein Metzger namens Horacio und sein Gitarre spielender Kollege Emilio Pontes zu lockeren Feierabend-Sessions zusammenfinden. Weitere Freunde wie der charismatische Sänger João Seria kommen dazu, man spielt für die Communities der Kapverden, Angolaner und Mosambikaner, die alle auf die Insel gekommen sind, um auf den Kaffee- und Kakao-Plantagen zu arbeiten. Zunächst darf sich die Band nicht Ãfrica Negra nennen, der Name ist den Kolonialherren ein Dorn im Ohr.

Doch nach der Unabhängigkeit geht es schlagartig voran: Die zwölfköpfige Combo dominiert die Tanzmusik die ganzen 1980er hindurch, tourt über den gesamten Kontinent und wird mit ihrem Stilmix zum Sinnbild panafrikanischen Bewusstseins. Bis heute übrigens sind die Herren – in veränderter Besetzung – im Geschäft! Zur Feier des Tages habe ich einen der frühen Hits von Ãfrica Negra herausgepickt: „Vence Vitória" wird Sie – wenn Sie nicht ein ganz schlimmer Tanzmuffel sind – nach ein paar Takten mit seinem pumpenden Groove und der Wah-Wah-Gitarre aus dem Sessel katapultieren.

Abseits der Schnulzenpfade

13. Juli

Caterina Valente (*1931)/Silvio Francesco, Italien (1927–2000)
„QUIZÁS, QUIZÁS, QUIZÁS"
(*Evergreens Españoles*, Polydor 1964)

Wenn der Name Caterina Valente fällt, kommt im nächsten Atemzug allermeistens das Attribut „Schlagersängerin". Doch damit wird man der Italienerin, die während ihrer jahrzehntelangen Karriere immer musikalische Weltbürgerin war, überhaupt nicht gerecht. Sicher, die Nachkriegsschnulzen „Wo meine Sonne scheint" oder „Steig in das Traumboot der Liebe" haben hier in Deutschland ihr Image geprägt. Doch die Valente nahm mit verschiedenen berühmten Jazz-Orchestern in London und New York auf, hatte eine glühende Liebe zur brasilianischen Musik, sang in flamboyanten Arrangements Volkslieder, Folksongs und populäres Material in nahezu einem Dutzend Sprachen. Natürlich war sie auch eine famose Gastgeberin in TV-Shows – und Schauspielerin in eher durchschnittlichen bis klamaukigen Filmen.

Zur Hochform lief sie immer auf, wenn sie ihren Bruder Silvio Francesco (heute geboren im Jahr 1927) an ihrer Seite hatte. Mit ihm hat sich Caterina Valente oft auf spanischsprachige Canciones kapriziert. Eine meiner liebsten Platten aus ihrer Diskographie, die ein dickes Buch füllt, ist *Evergreens Españoles*. Ausschließlich mit Stimmen und Gitarren hauchen die Geschwister hier kubanischen, mexikanischen und spanischen Liedern espritvoll, spielfreudig und virtuos neue Ecken und Kanten ein. Denn die waren zur damaligen Zeit den großartigen Melodien durch geglättete Amerikanisierungen oft schon abhandengekommen.

„Quizás, Quizás, Quizás" ist eine solche reizende Miniatur, die ursprünglich aus der Feder des Kubaners Osvaldo Farrés stammt. Zum Abgleich können Sie die Versionen von Nat King Cole oder Doris Day anhören („Perhaps, Perhaps, Perhaps"!). Für mich sonnenklar, wer da das Rennen macht.

Eine Béninoise singt Bach

14. Juli

Angélique Kidjo, Benin (*1960)
„AÏSHA"
(*Õÿö*, Razor & Tie 2010)

Seit dem Tod von Miriam Makeba (10. November 2008) gilt sie als die neue „Mama Afrika". Doch bis zu dieser Ehre war es ein langer Weg, den die berühmteste Musikerin aus Benin mit einem ungeheuren Paket an Energie bewältigte: Als Gymnasiastin schon ist Angélique Kidjo Frontsängerin ihrer eigenen Band, Theater und Schauspiel in Paris folgen, dann wird sie die Stimme der holländischen World-Fusion-Band Pili Pili. Schließlich nimmt sie erste Soloalben auf, kreiert ihr Outfit mit unvergesslichem Zebra-Kostüm. Funkige Hits wie „Agolo" und „Adoumba" aus den frühen Neunzigern haben wir noch heute im Ohr.

Kidjos Projekte sind im Laufe der Zeit immer ehrgeiziger geworden: 1998 zieht sie nach New York und zeigt mit einer Album-Trilogie, wie Musik mit afrikanischen Wurzeln Querverbindungen zwischen Nordamerika, Brasilien und der Karibik gesponnen hat. Wie grenzenlos Kidjos musikalisches Universum ist, kann man auch in jüngerer Zeit erleben: 2015 nimmt sie ein Klassik-Album mit dem Philharmonischen Orchester von Luxemburg auf, nur um auf dem Folgewerk ihre Fassung des Talking-Heads-Klassikers *Remain In Light* zu präsentieren.

Als ich sie darauf ansprach, wie Afrika und Klassik zusammen funktionieren, sagte sie selbstbewusst: „Im spanischen Barock gab es ja die Tanzform Zarabanda, und dieser Rhythmus kam offensichtlich von den Schwarzen dorthin. Selbst Johann Sebastian Bach hat sie dann aufgegriffen. Es ist großartig, in Bachs Inspiration zu spüren, wie er diese afrikanischen Rhythmen auf seine Weise verstanden hat." Aufsehen erregt Kidjo auch zu ihrem 60. Geburtstag, zugleich der französische Nationalfeiertag: Bei den offiziellen Feierlichkeiten am Eiffelturm singt sie die Marseillaise. Kidjo ist Weltbürgerin durch und durch. Ihre gesungene Version des berühmten Largo aus Bachs fünftem Cembalokonzert spricht Bände, mit was für einer Kosmopolitin wir es hier zu tun haben.

Zwei Messer im griechischen Herzen
15. Juli

Petros Klampanis
„ÉNTEKA"
(*Tora Collective*, enja yellowbird 2023)

Zwischen Epirus und Mazedonien im Norden, Kleinasien und der Ägäis im Süden beherbergt die griechische Musik ein schillerndes Kaleidoskop von Stilen. Wir bekommen sie oft in Auszügen zu hören, selten deckt ein Ensemble alle Facetten ab. Der aus Athen stammende und dort und in New York lebende Bassist Petros Klampanis tut genau das: Er hat allerdings nicht nur Lieder aus allen Ecken des griechischen Einflussbereichs versammelt, sondern er formt aus ihnen gleichzeitig eine neue, lebendige Jazzsprache.

Erst in Amerika habe er den kulturellen Schatz seiner Heimat kennengelernt, sagt der „Greek Man in New York". Und so ist es bei Musikern oft: In der Fremde verspüren sie Nostalgie nach ihrer Herkunft und beginnen dann, sich mit dem zu beschäftigen, was noch vor dem Exil so selbstverständlich schien. Klampanis aber gestaltet ein Detail anders: Oft nehmen Jazzer ein Volksliedthema her, das am Anfang eines Stückes gespielt wird, dann geht das Ensemble in die Improvisationsstrecke hinein. Das Thema verschwindet komplett, bevor man sich am Ende wieder bei der Ausgangsmelodie trifft. Unser Bassmann und seine Band bleiben aber in Stücklänge in den lokal geprägten Färbungen drin. Eine wirkliche Synthese!

Dass das gelingt, liegt auch an einer großartigen Band, in der die waidwunde Stimme der Sängerin Areti Ketime, Thomas Konstantinou an der Oud und Giorgos Kotsinis' schmerzlich vibrierende Klarinette herausragen. Dabei kann es mal sehr melancholisch werden, aber auch wieder sehr tänzerisch. Großartig atmende Dynamik und viel Transparenz kann man auf *Tora Collective* hören. Mit am besten gefallen hat mir „Énteka", ein Lied aus Mazedonien. Von „schönen Augen", aber auch „Schwindel im Kopf" und „zwei Messern im Herzen" ist hier die Rede – also die klassischen, zeitlosen Zutaten eines Liebesdramas.

Ein Soundtrack für Greenpeace

16. Juli

Penguin Café, Großbritannien
„CHINSTRAP“
(*Handfuls Of Night*, Erased Tapes Records 2019)

An diesem vermutlich brüllend heißen Sommertag möchte ich Ihnen ein wenig Abkühlung in die Ohren träufeln – und frage am Geburtstag des norwegischen Südpol-Bezwingers Roald Amundsen: Wie klingt die Antarktis? Vielleicht bekommen wir Aufschluss bei einer Gruppe, die das Nationaltier des siebten Erdteils im Namen trägt.

Das Penguin Café ist kein konkreter Ort, es ist ein künstlerisches Idyll. Hier ist alles möglich. Von diesem Ort der Spontaneität hatte der englische Gitarrist Simon Jeffes 1972 nach einer überstandenen Fischvergiftung geträumt. Und er gab ihm hörbare Formen, mit einem Ensemble von etwa zehn Freunden, die auf Gitarre, Cello, Violine, Ukulele, Piano, Klarinette, Oboe, Posaune eine einzigartige Klangwelt zwischen Klassik und Popularmusik schufen. Die Kammermusik des Penguin Café Orchestras war so eingängig wie Pop, so Loop-verliebt wie Minimal Music und immer mit Fünkchen britischen Humors aufgeladen. Die Inspirationen waren grenzenlos, vom Barock bis zur afrikanischen Trommelwelt, immer organisch, nie elektronisch.

Zwölf Jahre nach Simon Jeffes' Tod entschließt sich 2009 sein Sohn Arthur Jeffes unter dem verkürzten Namen „Penguin Café“, die Historie mit neuen Musikern weiterzuschreiben. Der instrumentalen Kammerpop-Philosophie bleiben sie treu. Die Besetzung besteht aus klassisch ausgebildeten Musikern genauso wie aus Mitgliedern der Britpop-Bands Suede und Gorillaz. Mit ihrem vierten Werk *Handfuls Of Night* betreten der Pianist und seine Mitstreiter die Antarktis. Was läge näher, mit dem Pinguin als „Wappentier“? Das dachte sich auch Greenpeace. Sie traten auf der Suche nach passender Musik im Rahmen einer Fundraising-Kampagne für bedrohte Pinguinarten an Jeffes heran. Zumal seine Urgroßmutter in erster Ehe mit dem Polarforscher Robert Falcon Scott verheiratet war. „Chinstrap“: ein Tauchgang von sechs sphärischen Minuten in die Welt des Zügelpinguins.

Humpelnd zum Soundcheck

17. Juli

Neneh Cherry, Schweden/Sierra Leone (*1964)
„GOLDEN HEART“
(*The Cherry Thing!*, Smalltown Supersound 2012)

Dass ich am 17.7.2012 einem meiner Pop-Idole in eher desolatem Zustand gegenübersitzen würde – desolat das Idol, nicht ich – hätte ich so nicht gedacht. Neneh Cherry muss sich einen Eisbeutel auf das geschwollene Knie pressen. Beim Hetzen zum Anschlusszug hat sie sich das Bein angeschlagen, humpelt im Backstagebereich des Karlsruher Tollhauses herum. Die Zeit für ein Gespräch nimmt sie sich trotzdem. Das passt, denke ich, denn der Name Neneh Cherry stand immer schon für Spontaneität.

Mit ihrer frechen Stimme und ihrem unbekümmerten Auftreten hat die Tochter einer Schwedin und eines Sierraleoners den Hip-Hop der Endachtziger mit dem Album *Raw Like Sushi* durcheinandergewirbelt. „Buffalo Stance“, „Manchild“ oder später die Hymne „Seven Seconds“ mit Youssou N'Dour – Popkulturgut auf der ganzen Welt. Dann wurde es stiller um sie.

Kurz vor unserem Treffen ist sie aus dem Nichts zurückgekehrt, mit starkem Tobak: Als Partner für ihre neue Platte hat sie sich The Thing, beinharte skandinavische Gesellen zwischen Free Jazz und Punk, ausgeguckt. Abwegig? „The Thing haben eine starke Verbindung zu meinen Wurzeln, zu meiner eigenen musikalischen Reise. Ich bin ja in einem Jazz-Haushalt groß geworden!“, bekräftigt die Stieftochter des Trompeters Don Cherry. „Es half, dass ich eigentlich keine Sängerin mit großartiger Technik bin – ich konnte ganz direkt auf ihren Sound ansprechen. Ich fühlte mich wie ein Jagdhund, dem die Jungs Kaninchen vorgesetzt haben!“

Am Abend serviert sie eine Show mit fast animalischer Energie. Es tost orgiastisch aus Mats Gustafssons Baritonsax, es brodelt im Bass von Ingebrigt Håker Flaten, die Drums von Paal Nilssen-Love explodieren muskulös – und trotzdem bleibt dank Cherry alles songartig. Der schönste Gänsehautmoment: „Golden Dream“, eine orientalisch anmutende psychedelische Hommage an Stiefvater Don. 2012 war Neneh Cherry definitiv noch roher als Sushi.

Tropenvögel aus der Enterprise

18. Juli

Bomba Estéreo, Kolumbien
„TAMBORERO“
(*Deja*, Sony 2021)

Die Klischees kreisen bei uns meist um Kokain und Kaffee, wenn von Kolumbien die Rede ist. In der Musik greifen Stereotypen dagegen überhaupt nicht. Dieser Klangreichtum wird in Südamerika nur noch von Brasilien getoppt. Ein Reichtum, so breit gefächert wie die Landschaft, die von schneebedeckten Andenbergen bis zum tropischen Regenwald reicht, eine karibische und pazifische Küstenlinie aufweist.

Kolumbiens Nationaltanz ist die Cumbia, die sich schon im 18. Jahrhundert entwickelte. Damals mischten sich die Traditionen der Sklaven, die an der Atlantikküste ankamen, mit dem indianischen Erbe und den Einflüssen der spanischen Kolonialherren. Orchester wie La Sonora Dinamita oder Los Corraleros De Majagual machten den schlurfenden Rhythmus mit fröhlichen Klarinetten und windschiefen Blechbläsern zum Verkaufsschlager. Und Stars wie Gloria Estefan (1. Januar) oder Carlos Vives (7. August) trugen ihn in den 1990ern in die Pophitparade.

Doch im neuen Millennium entwickelt sich eine neue Variante: Von Mexiko bis Argentinien findet die Digital Cumbia Millionen von Fans, trifft auch in Europa auf offene Ohren. Fantasievoll fügt sie Rap, Dubstep und Techno zum traditionellen Rhythmus hinzu, die Musiker beziehen sich auch auf die Champeta-Musik von der Karibikküste, in die Reggae und Afrobeat eingemengt sind.

Unter den Livebands heißen die unumstrittenen Platzhirsche seit 2005 Bomba Estéreo. Als multimediale Gesamtkunstwerke kommen die Songs der Formation um Bandgründer Simon Mejía (heute geboren) und Sängerin Li Saumet daher. Handgespielte und programmierte Trommeln verzahnen sich, dazu gibt's piepsende und jaulende Keyboards, die an schräge Tropenvögel und Laute aus dem alten Raumschiff Enterprise zugleich erinnern, verhallte Surf-Rock-Gitarren und dubbige Bässe. Diese Cumbia ist definitiv in der SciFi-Zone angekommen, wie man im Video von „Tamborero“ sofort feststellt!

Süffige Geschmeidigkeit
19. Juli

François Luambo Luanzo Makiadi („Franco“), Kongo (1938–1989)
„SANDOKA“
(*Francophonic Vol. 2*, Sterns 2009)

Heute begegnen wir einem Giganten, dessen Musik zu heißen Juli-Temperaturen passt. Der kongolesische Gitarrist François Luambo Luanzo Makiadi, viel besser unter seinem Kurznamen Franco bekannt, war einer der einflussreichsten afrikanischen Musiker überhaupt. Mit seiner Band T.P.O.K. Jazz (Tout Puissant Orchestre Kinois, das „allmächtige“ Orchester Kinshasas) schrieb Franco von 1956 bis zu seinem Tod Musikgeschichte. Ein Stil stand dabei stets im Zentrum: die Rumba Congolaise.

Beheimatet ist sie beidseitig des Kongo-Stroms, in der DR Kongo und in der Republik Kongo (früher Kongo-Brazzaville), außerdem in Angola. „Rumba“ geht wahrscheinlich auf das Kikongo-Wort „Nkumba“ zurück: Das steht für „Bauchnabel“ und verweist wohl auf seine kreisende Bewegung beim Tanzen. Durch die Verschleppung der Zentralafrikaner kam die Rumba im 19. Jahrhundert nach Kuba und entwickelte sich dort mit den Melodien der spanischen Kolonialherren weiter. Plattenexporte nach Afrika brachten die Rhythmen ab den 1940ern zurück, sie wurden begeistert wiedererkannt.

Franco formte die Rumba zu einer süffigen Popmusik. Zweiteilig arbeitete er die Stücke aus: zunächst der gemächlichere Part mit romantischen Gesangslinien, dann der schnelle Teil, der mit virtuosen E-Gitarren in höchsten Lagen gespickt ist, aus ihm schält sich später der Soukouss heraus. Im zwölfminütigen „Sandoka“ lässt sich diese Zweiteilung schön ablauschen. Zuerst unterhalten sich nicht weniger als sechs Sänger: Sie übernehmen die Rolle einer Dorfgemeinschaft, die über das Für und Wider einer Liebesheirat debattiert. Und anschließend bricht sich die Tanzsektion mit Gitarre und Blechbläsern freie Bahn. Immer, wenn diese irren Melodien da ganz oben auf dem Griffbrett zu kreisen beginnen, bekomme ich Gänsehaut. Jahrzehnte nach Francos Tod, im Dezember 2021, nimmt die UNESCO die Rumba Congolaise in die Liste des Immateriellen Weltkulturerbes auf.

Den Mond anheulen

20. Juli

Simón Díaz, Venezuela (1928–2014)
„TONADA DE LUNA LLENA"
(*Tonadas*, Palacio 1974)

Die Amis waren nie auf dem Mond! Sofern man nicht dieser Verschwörungstheorie anhängt, erinnert man sich am 20. Juli daran, dass 1969 mit der Apollo-11-Mission die ersten Menschen auf unserem Trabanten landeten. Mit Mondliedern ist die Schatztruhe der globalen Musik reich gesegnet, und es fiel mir nicht leicht, mich festzulegen. Um ein Haar hätte ich Caetano Velosos (27. Dezember) zarte Ballade „Lua, Lua, Lua, Lua" auserkoren. Das Rennen hat aber schließlich dieses melancholische Vollmondlied aus Venezuela gemacht.

Die glühende Falsett-Stimme gehört Simón Díaz, dem wahrscheinlich größten Volkssänger des Landes. Dieser Mann, der 2014 steinalt starb, inspirierte mit seiner Musik so unterschiedliche Künstler wie die Choreographin Pina Bausch oder den spanischen Regisseur Pedro Almodóvar. Seine Leidenschaft war die Tonada, eine Liedform, die ursprünglich aus dem barocken Asturien und Kantabrien stammt. In Venezuela wurden die Tonadas dann auf dem Land zur Arbeit und zum Ausruhen gesungen. In die zweite Kategorie gehört ohne Zweifel diese hier, zu der sich Díaz auf der kleinen viersaitigen Gitarre Cuatro begleitet. Setzen Sie sich in einer lauschigen Vollmond-Sommernacht nach draußen, und hören Sie dieser ergreifenden Melodie zu. Auf der ganzen Welt hat es Tradition, den Mond „anzuheulen", wenn man im verzweifelten Liebesschmerz versinkt, aber bei Simon Díaz finden viele Kummerherzen ihren Meister.

Ich sah, wie sich ein Schwarzreiher am Fluss einen Kampf lieferte,
so verliebte sich mein Herz in deines.
Mond, Mond, Vollmond, abnehmender Mond.
Geh nach Hause, Junge und bringe mir den Karabiner,
damit ich diesen Sperber töte, der mich nicht zum Huhn lässt.

Weltbeat-Pioniere in der Wüste

21. Juli

Dissidenten, Deutschland

„FATA MORGANA“

(*Sahara Elektrik*, Exil 1984)

Wenn es um Rockmusik geht, hat Deutschland einen weltweiten Exportartikel aufzuweisen: den Krautrock. Wie aber sieht das mit der sogenannten Weltmusik aus? Da sind international angesagte Bands ganz schön dünn gesät. Eine Formation hat hier ziemlich im Alleingang den Globus mit ihrem Worldbeat erobert: das Trio Dissidenten, und ihr Flötist Friedo Josch hat heute Geburtstag.

Eigentlich sind die Dissidenten ein Abzweiger der Hippie-Band Embryo, von der sie sich 1981 lösten. Friedo Josch, Bassist Uve Müllrich und Drummer Marlon Klein erkundeten auf dem Debüt *Germanistan* indische Musik, dann machten sie sich mit *Sahara Elektrik* auf ins arabische Klanguniversum. Bis heute ist die Scheibe ein Meilenstein der frühen globalen Popmusik, und der Titel „Fata Morgana“ wurde kurioserweise in Brasilien ein großer Hit, ging eine Million Mal über die Theke. Mit den führenden marokkanischen Rockbands der Stunde wie Lem Chaheb, Nass El Ghiwane und Jil Jilala arbeiteten die Dissidenten damals, eroberten Bühnen von Barcelona bis San Francisco. Der Rolling Stone prägte für sie den ehrwürdigen Titel „Godfathers of Worldbeat“.

Nahtlos an die Arab-Phase schloss sich eine südindische Erkundungstour an: Man residierte am Hof eines Sultans und machte Aufnahmen mit dem Karnataka College Of Percussion, das *Jungle Book* entstand daraus. Durch die Jahrzehnte häutete sich die Band mehrfach, entwickelte einen sehr tanzbaren World Groove, führte eine Donau-Oper auf und erfand dann die Stücke aus ihrer arabischen Phase mit rockigen Arrangements und Drehleier neu (mit Elke Rogge von Hölderlin-Express, 1. Juli). Parallel dazu betreibt Friedo Josch mit Exil Musik bis heute eines der rührigsten deutschen Labels mit einem großen Katalog globaler Klänge. Die Geschichte der Dissidenten ist sicherlich noch nicht zu Ende geschrieben. Doch heute lassen wir nochmal ihren großen Hit, die „Fata Morgana“, aufflimmern.

Der Affenkönig und die weißen Elefanten

22. Juli

Satsara Samadhi, Sri Lanka
„GAJAMA WANNAMA"
(*Ceylan – Chants D'Amour À Sigiriya, Sri Lanka*, Frémeaux & Associés 2002)

Heute begleiten wir den größten Weltreisenden des Mittelalters, den Marokkaner Ibn Battuta (24. Februar) auf einer seiner abenteuerlichsten Etappen. Nachdem er sieben Jahre lang am Hofe des launischen Sultans Tugluq in Delhi ein hohes Richteramt bekleidet hatte, bricht er am 22. Juli 1342 als Gesandter des Sultans zum Kaiser von China auf. Seine Route ist mit Gefahren gespickt: Er muss ein Gebiet von Hindu-Rebellen durchqueren, trifft auf Yogi-Asketen, die einem Menschen nur mit einem Blick das Herz aus dem Leibe reißen. An der Malabar-Küste geht eines seiner Schiffe samt schwangerer Geliebten in einem Sturm unter. Schließlich heiratet er auf den Malediven in die Familie des Wesirs ein. Doch der paranoide Herrscher lässt ihn so penetrant ausspionieren, dass Ibn Battuta nach Sarandib, dem heutigen Sri Lanka, flieht.

Dort will er den 2300m hohen Adam's Peak besteigen, auf dem Urvater Adam nach der Vertreibung aus dem Paradies seinen Fußabdruck hinterlassen haben soll. Durch eine reiche Vegetation mit Zimtbäumen, Brasilholz und indischer Aloe schlängelt sich die Expedition. Im Gebirge stoßen die Wandernden auf eine Affenkolonie, die ihrem bärtigen Anführer wie einem König huldigt. Dort macht Ibn Battuta auch Bekanntschaft mit Groß-Sultan Kunar und seinem weißen, mit Rubinen geschmückten Elefanten.

Als ich 2018 für den SWR eine Sendereihe über Ibn Battuta erstellte, war es gar nicht so leicht, Musik aus Sri Lanka zu finden. Doch ich fand sie, und was für welche! Das sagenhafte Ensemble Satsara Samadhi hat in einem Königspalast im Dschungel von Sigiriya eine CD aufgenommen. Durch diese Aufnahme lernte ich den umwerfenden Klang der gestrichenen Schalenhalslaute Esraj kennen. Sie wird poetisch auch der „Dieb der Herzen" genannt – das kann ich gut nachempfinden. Genauso gut vorstellen kann ich mir, dass dieses Stück den majestätischen Gang des Elefanten nachahmt.

Unnahbare Angebetete

23. Juli

Mostar Sevdah Reunion, Bosnien-Herzegowina
„EMINA"
(*Tales From A Forgotten City*, World Connection 2013)

In vielen Musikkulturen gibt es Zustände von Wehmut, Melancholie, Nostalgie. Es ist in Mode gekommen, diese Stimmungslagen alle als „Blues" zu bezeichnen: Der Fado und seine Saudade gelten als portugiesischer Blues, der Rembetiko als griechischer Blues ... die Reihe ließe sich endlos fortsetzen. Doch die Befindlichkeiten eines Volkes sind so verschieden, dass der Vergleich mit dem afro-amerikanischen Blues manchmal ziemlich holprig bleiben muss. In Bosnien-Herzegowina gibt es einen solchen Wehmutszustand auch, und er drückt sich in der Sevdelinka oder Sevdah aus.

Nachdem die Stadt Mostar mit ihrem weltberühmten Wahrzeichen, der Bogenbrücke Stari Most über den Fluss Neretva, im Jugoslawienkrieg zerstört worden war, legte sich eine große Lethargie auf die Einwohner. Ein Musiker namens Dragi Śestić ließ aus den baulichen und seelischen Trümmern ein Bandprojekt erstehen, das in Mostar und darüber hinaus half, Wunden mit Musik zu heilen. Dafür holte er sich ganz unterschiedliche Sängerinnen und Sänger an Bord, etwa den „König der Roma-Musik" Šaban Bajramović oder die Diva Ljiljana Buttler.

Ausgesucht habe ich für Sie eine nostalgische Ballade des vielleicht bekanntesten Poeten Mostars, Aleksa Šantić. In zarten Bildern beschreibt er den Anblick der wunderschönen Emina, die jedoch ungerührt von seinem Gruß vom Brunnen hinwegschreitet. Die Unnahbarkeit der Angebeteten hat der Sänger Vladimir Mićković mit einem fast wispernden Falsett in Töne gesetzt, eingebettet in eine sehr delikate Begleitung der Band. Ein atemberaubendes, intimes und schmerzliches Liebeslied, heute zum Tag der Einweihung der 2004 wieder aufgebauten Brücke von Mostar.

Sensibler Poet am Grenzzaun

24. Juli

Matt Holubowski, Kanada (*1988)
„L'IMPOSTEUR"
(*Two Solitudes*, Audiogram 2016)

Am 24. Juli 1967 steht Frankreichs Staatspräsident Charles de Gaulle auf dem Rathausbalkon von Montréal und ruft: „Vive le Québec libre" – „Es lebe das freie Québec!" Und löst damit ein Erdbeben in der nahen Hauptstadt Ottawa aus. Auch kulturell erfasst die Spaltung Kanada: Während sich die englischsprachigen Liederschreiber Québecs vom Nationalismus zum allergrößten Teil fernhalten, umarmen ihre frankophonen Kollegen die anti-britische Stimmung. Es ist überliefert, dass Paul McCartney sich 1964 ernsthafte Sorgen machte, ob die Beatles einen Auftritt in Montréal mit heiler Haut überstünden.

1995 wurde letztmals eine Abspaltung Québecs in einem Referendum abgelehnt, doch ein latenter Separatismus ist bis heute nicht verschwunden. Auch die Kultur bleibt davon nicht unberührt: Einerseits treffen sich Musiker der franko- und anglophonen Szene ohne Scheuklappen in Montréals Künstlerviertel Mile End zum fruchtbaren Austausch. Doch geht es um Verkaufszahlen, ist da tatsächlich noch ein Grenzzaun. Auf beiden Seiten erfolgreich, und damit eine krasse Ausnahme, ist Matt Holubowski. Der Songwriter mit der Sturm-und-Drang-Frisur und den verträumten Augen ist Sohn eines polnischen Einwanderers und einer Québécoise, wächst aber mit einem Hang zur englischen Kultur auf.

Nach dem Sieg bei der Castingshow „The Voice" mausert er sich zu einem alles andere als herkömmlichen Popstar, dessen Texte sich aus Literatur und Tagespolitik speisen. Als ich ihn beim Festival „Montréal en Lumière" treffe, sagt er: „Ich fühle mich fast ein wenig wie ein Betrüger, weil ich auf beiden Seiten ankomme, während viele Kollegen vergeblich darum kämpfen. In der Ballade ‚L'Imposteur' geht es um dieses Gefühl." Die ganze Platte ist von Hugh MacLennans Buch *Two Solitudes* inspiriert, der die Spannung zwischen den Bevölkerungsgruppen in den 1920ern bis 40ern in eine klassische *Romeo und Julia*-Geschichte verwandelt.

Troubadoure der Zukunft

25. Juli

San Salvador, Frankreich
„FAI SAUTAR“
(*La Grande Folie*, PIAS 2021)

Das Massif Central ist uns von kräftezehrenden Etappen der Tour de France bekannt. Doch am Fuße dieses gewaltigen Gebirgszuges, im winzigen Dorf Saint-Salvadour, versteckt sich auch eine spannende Musiktradition. Sie ist Teil des großen kulturellen Geflechts der südfranzösischen Region Okzitanien, im Hochmittelalter Heimat der Troubadour-Kultur.

Bei der ersten Begegnung mit der Musik des Sextetts San Salvador wird man von der Wucht überwältigt. Dabei erzeugen die Musiker diesen Energie-Hochofen mit nur sechs Stimmen, ein paar großen Basstrommeln und ihren Händen. So fantastisch verzahnt und wie aus einem Guss funktioniert das vielleicht nur bei Geschwistern und Freunden, die seit ihren Kindertagen zusammen Musik machen. Die musikalischen Wurzeln ihrer Gegend zwischen Auvergne und Périgord haben sie allerdings noch gar nicht so lange entdeckt. Doch seitdem mischen sie umso eifriger im Verein „Lost In Tradition“ mit, der dem Trend folgt, altes Brauchtum wieder zu fördern.

Das tun San Salvador ziemlich freigeistig, denn sie bestücken ihre Heimatklänge mit allerhand Versatzteilen aus anderen Welten. Die kraftvolle okzitanische Sprache nutzen sie als rhythmisches Instrument. Und erzählen mit viel Lautmalerei und hypnotischen Harmonien haarsträubende Geschichten: etwa über eine Frau, die von drei Militärs bedroht wird, oder über die Auswüchse des Kapitalismus. Mittelalterliche Beschwörungsformeln dienen als Textmaterial, aber auch aktuelle Gender-Fragen. Dabei streifen sie Trance-Musik, Punk und Math-Rock. Man könnte sagen: Troubadoure des 21. Jahrhunderts!

Am 25. Juli 2021 sollten die Neo-Troubadoure in Freiburg als Stargäste unseres Festivals „Ins Weite“ auftreten – ein Fest, mit dem wir der Pandemie trotzten. Drei Tage zuvor sagten die Okzitanier geknickt ab: Eines ihrer Mitglieder hatte das böse Virus erwischt. Zumindest hier soll dieser Tag ihren Stimmen gehören.

Irischer Langzeit-Ohrwurm

26. Juli

Mairéad Ní Mhaonaigh (Altan), Irland (*1959)
„THE VERDANT BRAES OF SCREEN"
(*Another Sky*, Narada 2000)

Am 11. Februar habe ich von meiner keltischen Phase erzählt. Wenn Capercaillie damals meine Helden in Schottland waren, dann gab es auf irischer Seite ein Gegenstück: die Band Altan um das heutige Geburtstagskind Mairéad Ní Mhaonaigh (sprich: mareed ni vu-eni) und den bereits 1994 verstorbenen Flötisten Frankie Kennedy. Altan haben die Musik des irischen Folkrevivals, das bereits in den 1960ern mit den Chieftains (16. Dezember) startete, zum Zenit geführt.

Die Musiker stammen aus dem County Donegal, jenem nördlichen Teil der irischen Insel, der zur Republik gehört. Als ich in den Neunzigern diese Gegend mit dem Rad durchquerte, bekam ich ein ziemlich melancholisches Gemüt, einsam und verlassen schaut es dort aus. Auf die Musik von Altan hat das nur bedingt abgefärbt. Sie setzen auf die charakterstarke Fiddle-Tradition, die Mairéad Ní Mhaonaigh virtuos weiterentwickelt hat. Mit ihren mitreißenden Fiddle-Tunes und Instrumentalstücken haben Altan mich über viele Jahre immer wieder zum Tanzen gebracht, aber sie haben auch wie keine andere irische Band jener Zeit großartige, wehmütige Balladen interpretiert, die irgendwie zu dieser einsamen Region passen.

Eine solche ist „The Verdant Braes Of Screen". Das Lied über verlorene Liebe krabbelte mir eine Ewigkeit als Ohrwurm durch den Kopf, nachdem ich es 1990 beim Ballyshannon Folk Festival gehört hatte, ohne den Titel zu kennen. Erst als es mir zehn Jahre später in der Version von Altan begegnete, wurde ich erlöst. Es stammt von der anderen Seite der irisch-irischen Grenze, aus dem zu Großbritannien gehörenden County Derry. Am Vorabend der Wiedervereinigung Deutschlands, am 2.10.1990, saß ich in einem Altan-Konzert. Mairéad Ní Mhaonaigh beglückwünschte uns zum bevorstehenden Feiertag – ihre Heimat wartet bis heute auf eine Reunion.

Dienstälteste Boygroup im Park

27. Juli

The Blind Boys Of Alabama, USA
„HIGHER GROUND"
(*Higher Ground*, Real World Records 2002)

Heute feiern wir die älteste Boygroup der Welt! Kaum zu glauben, dass am 27. Juli 2004, als sie im Rosenfelspark Lörrach gastierten, noch das Gründungsmitglied Clarence Fountain auf der Bühne stand. 1939 schreibt man, als am Talladega Institute für Blinde und Taube in Birmingham, Alabama, fünf Schüler nicht nur regelmäßig vom Campus ausbüxen, sondern auch vor den Klavierakkorden fliehen, die ihnen weiße Lehrer beibringen. Ihre Sache sind eher spontane Gesangs-Sessions, damit eifern sie Vorbildern wie dem Golden Gate Quartet nach.

Ab den späten 1940ern touren sie mit einem rumpelnden Vehikel durch Alabama und Tennessee. Unüberbrückbar scheinen damals noch die Mauern zwischen den Songs der Schwarzen und den weißen Radiostationen des Südens. Der Verlockung des weltlichen Soul, den Angeboten von Ray Charles' und Sam Cookes Manager widerstehen die Musiker. Zu ihrem Markenzeichen avanciert vielmehr der „Hard Gospel", aufgeladen mit dem expressiven Shouting von Bandleader Fountain. Als die Bürgerrechtsbewegung in den 1960ern an Fahrt aufnimmt, engagieren sich auch die Alabama-Boys mit ihrer Musik. Der internationale Erfolg kommt spät: Ab den 1980ern gibt es Grammys und Teamworks mit Stars aus anderen Musikgenres. Ihr Gospel wird funky, öffnet sich Coversongs von Tom Waits und Bob Dylan. Noch heute sind sie unterwegs, im zehnten (!) Jahrzehnt ihres Bestehens.

Im pittoresken Park standen die Leute damals auf den Stühlen, als die betagten Herren den feurigen Spirit des Herrn reichlich verteilten. Mit mir im Konzert: meine Eltern, jünger als die Bandgeschichte der Boys! Dieser 27. Juli gehört daher auch ihnen. Marlies und Herbert ließen sich über viele Jahre auf Abenteuer mit korsischen Männerchören, arabischen Jazz und südafrikanischen Soul ein – mit offenen Ohren, die ich in meiner Altersklasse oft vergeblich gesucht habe. Und vom Gospelsturm ließen sie sich ganz besonders mitreißen.

Im Hexenkessel von Barcelona

28. Juli

Ojos De Brujo, Katalonien
„BULERÍA DEL AY!"
(*Barí*, La Fábrica De Colores, 2002)

Als der Katalane Manu Chao mit seinem Album *Clandestino* 1998 einen Welthit landet, wird Barcelona zum musikalischen Nabel der Welt. Die Bezeichnung „Mestizo" für das Stilgemisch aus mediterranen, lateinamerikanischen und karibischen Zutaten macht die Runde durch die Weltpresse. Doch Chao ist nur der Vorbote: Um Sängerin Marina „La Canillas" Abad kristallisiert sich zur Jahrtausendwende ein einzigartiges Kollektiv heraus. Die Basiszutaten Flamenco und Rumba Gitana würzen sie mit Funk, Reggae und Rap. Gestatten: Ojos De Brujo, die Augen des Hexers.

Verhext wird man bei diesen aufgekratzten Klängen taktweise: Das erste Mal in der Geschichte der spanischen Musik siedeln Scratches und Sampling neben seelenvollem Flamenco-Gesang, programmierte Sounds und die Kistentrommel Cajón neben Gypsy-Gitarre und Funk-Bass. „JipJop Flamenquillo" nennt die Band ihr Erzeugnis. Ihr Werk *Barí* von 2002 wird der revolutionäre Soundtrack eines wilden mediterranen Lebensgefühls.

Barí hat mich damals als Gesamtkunstwerk überwältigt: Am Booklet waren Graffiti-Meister aus der „Fábrica de Colores" beteiligt, aus dem die „Ojos" hervorgegangen sind. Die Texte erzählen vom fahrenden Volk, von der Armut maghrebinischer Street Kids, kastilische Verse vermengen sich dabei mit Anfeuerungsrufen aus der Gitan-Sprache Caló. Am meisten begeistert mich bis heute das Stück „Buleriá Del Ay!", ein Meisterstreich an rhythmischer Verzwirbelung und eine Verbeugung vor der rasantesten aller Flamencoformen. Ramón Giménez' perkussive Gitarrenbehandlung verquickt sich mit den Gesangslinien von Marina Abad, gekrönt durch ein rasantes Intermezzo mit Slap-Bass und Trompetenfanfare.

Der ungestüme Geist der 2013 aufgelösten Ojos lebt bis heute in Barcelonas Straßen weiter. Meine schönste Erinnerung an sie datiert vom 28. Juli 2005: Da legten sie im Rosenfelspark beim Lörracher Stimmen-Festival ein heftiges Flamenquillo-Feuer.

Die Stimme des Heiligen Geistes

29. Juli

Mikis Theodorakis, Griechenland (1925–2021)
„POU PETAXE T'AGORI MOU"
(*Epitaphios – EMI Remasters Vol. 6*, EMI 2003)

Als ich ein kleiner Junge war, erscholl aus dem Zimmer meiner reiselustigen Tante Hannelore über unserer Wohnung oft Folgendes: ein simpler Halbton auf der Bouzouki, absteigend, wiederholt mit Verzierungen, mündend in einen rasanten Tanz. Erkannt? Richtig: *Zorba, The Greek*. Der Titelmelodie aus der Verfilmung des Romans *Alexis Sorbas* konnte man kaum entgehen. Geschrieben hat sie Mikis Theodorakis, heute im Jahre 1925 geboren.

In seiner Vita spiegelt sich Zeit- und Kulturgeschichte: Er war Volksheld und Staatsfeind, Kommunist, und Komponist von angeblich 1000 Liedern. Im Zentrum seines Wirkens stand die Suche nach Freiheit und Frieden, und die Musik bildete für ihn beides ab: menschliche Tragödie und universale Harmonie.

Früh begeistert er sich für verschiedenste Volksmusiken, wird genauso früh im Widerstand gegen die Nazis politisch. Bei Olivier Messiaen studiert er in den 50ern in Paris, schreibt Filmmusiken, Symphonien, verknüpft aber auch pionierhaft ländliche Folklore mit dem Rembetiko, der Musik der aus Kleinasien vertriebenen Griechen (14. September). Nach dem Obristen-Putsch von 1967 geht er in den Untergrund, per Armeebefehl wird das Singen und Hören seiner Musik unter Strafe gestellt. Nach Haft und Folter kommt er auf Druck von Leonard Bernstein und Harry Belafonte frei. Die Symbolfigur der europäischen Studentenbewegung wird nach dem Junta-Sturz ins Parlament gewählt, stirbt im biblischen Alter von 96, bis zum Tod ein engagierter, reger Geist.

Heute möchte ich Ihnen seinen ersten Liedzyklus nahebringen, vertonte Lyrik von Yiannis Ritsos. Mehrfach wurde *Epitaphios* aufgenommen, auch von einer gewissen Nana Mouskouri, ich bevorzuge die herbere Fassung mit Grigoris Bithikotsis. Theodorakis über sein Werk: „Es ist echte Volksmusik, die Funktion des Komponisten lässt sich mit der eines namenlosen Mönches vergleichen, der die Stimme des Heiligen Geistes zu Papier bringt."

Im Geiste von Jimi Hendrix

30. Juli

Bab L'Bluz, Marokko/Frankreich
„EL GAMRA"
(*Nayda!*, RealWorld 2020)

Jimi Hendrix brach am 30. Juli 1969 zu einer Reise nach Marokko auf. Ungefähr eine Woche hielt er sich in Essaouira auf, der weißgetünchten Stadt, die auf einer Landzunge im Atlantik liegt und von einem unablässigen kräftigen Wind namens Alizeh durchtost wird. Als ich dort 2015 aus dem 47 Grad heißen Marrakesch ankam, fühlte ich mich wie ein gebratenes Hähnchen, das im Sturm an einen Schiffsmast gebunden wird. Was hat der Gitarrenheld an diesem windigen Platz gesucht? Er wurde offensichtlich von der Kultur der Gnawa (12. Februar) angezogen, und er soll auch mit Gnawa-Musikern gejammt haben. Jimi Hendrix war nur ein Vorbote: Der Faszination dieses Ortes sind viele ausländische Musiker in den folgenden Jahrzehnten erlegen.

Bis heute ist Essaouira ein Zentrum des Gnawa-Erbes, seit 1998 wird es jeden Frühsommer mit dem größten Festival Marokkos gefeiert (16. Mai). Auch Sängerin Yousra Mansour war fasziniert von dieser Atmosphäre: Sie jobbte jedes Jahr beim Festival und ließ sich nachhaltig von dieser Trance fördernden Musik beeinflussen. In Marrakesch traf sie später dann auf den französischen Gitarristen Brice Bottin und gründete mit ihm und zwei weiteren Musikern an Schlagzeug und Flöte die Band Bab L'Bluz.

In ihrem Sound schließt sich der Kreis zwischen Hendrix und den Gnawa, wie mir Mansour bei einem Auftritt in Freiburg erzählte: „Wir verstehen uns als erweitertes Powertrio im Geiste der Bands von Jimi Hendrix. Die Grundenergie heißt Rock, aber dann kommen Zutaten aus den marokkanischen Provinzen, aus der Gnawa- und Berbermusik und aus der Poesie der Hassania [28. November] in Mauretanien dazu." Mansour selbst spielt die Basslaute Gimbri in einer elektrifizierten Version, und sie bricht damit beherzt in eine bisherige Männerdomäne ein. Versuchen Sie mal, beim ekstatischen Mondlied „El Gamra" still sitzen zu bleiben.

Songschreiben statt Jammern

31. Juli

Fatoumata Diawara, Mali (*1982)
„NTERINI"
(*Fenfo*, Wagram 2018)

Frauen haben in der westafrikanischen Musik seit Jahrhunderten eine große Rolle gespielt: Die Griottes waren Sängerinnen und Chronistinnen in einem, ein Amt, das ihnen durch Vererbung weitergegeben wurde. Heute dagegen wählen Musikerinnen ihr Métier aus freien Stücken. Und wo früher das Lob der Herrschenden gesungen wurde, üben die Frauen nun harsche Kritik an sinnlosen Traditionen und gesellschaftlichen Missständen.

Fatoumata Diawara ist eine dieser beherzten, mutigen Frauen. Als ich sie vor einer Show in Heidelberg treffe, kann ich nur staunen über die sonnige Ausstrahlung, die sie verströmt, immer umspielt ein Lächeln ihre Mundwinkel. Das täuscht hinweg über eine steinige Biografie: Sie wird beschnitten, die Eltern geben sie weg an entfernte Verwandte, mit einem Cousin will man sie blutjung verheiraten. Diawara flieht, schließt sich in Frankreich einem Straßentheater an. Zur Musik kommt sie, weil Zuschauer sie begeistert auf ihre Gesangseinlagen ansprechen. „Als ich anfing, Lieder zu schreiben, wurde ich sehr traurig, da kam vieles wieder hoch. Doch ich habe mich entschieden, nicht zu jammern, sondern meine Anliegen vor allem auch vor den Afrikanerinnen und Afrikanern zu verteidigen."

Heute fährt die Malierin zweigleisig: Sie singt in ihrer Muttersprache Bambara in berührenden Songs über die Würde der Frau, greift Beschneidung und Zwangsheirat an und tritt ein für die Einheit ihres Heimatlandes, das seit dem Konflikt von 2013 zerrissen ist. Gleichzeitig ist sie aber auch auf der Leinwand zu sehen, etwa im eindrücklichen Dokumentarfilm *Mali Blues*. Er zeigt, wie sie in das Dorf ihrer Jugend zurückkehrt, zur Aussöhnung mit den Alten.

In „Nterini" singt sie mit rauer Erzählstimme über ein Liebespaar, das weit entfernt voneinander leben muss – aus einer selbstbewussten weiblichen Perspektive. Das passt wunderbar zum heutigen Internationalen Tag der afrikanischen Frau.

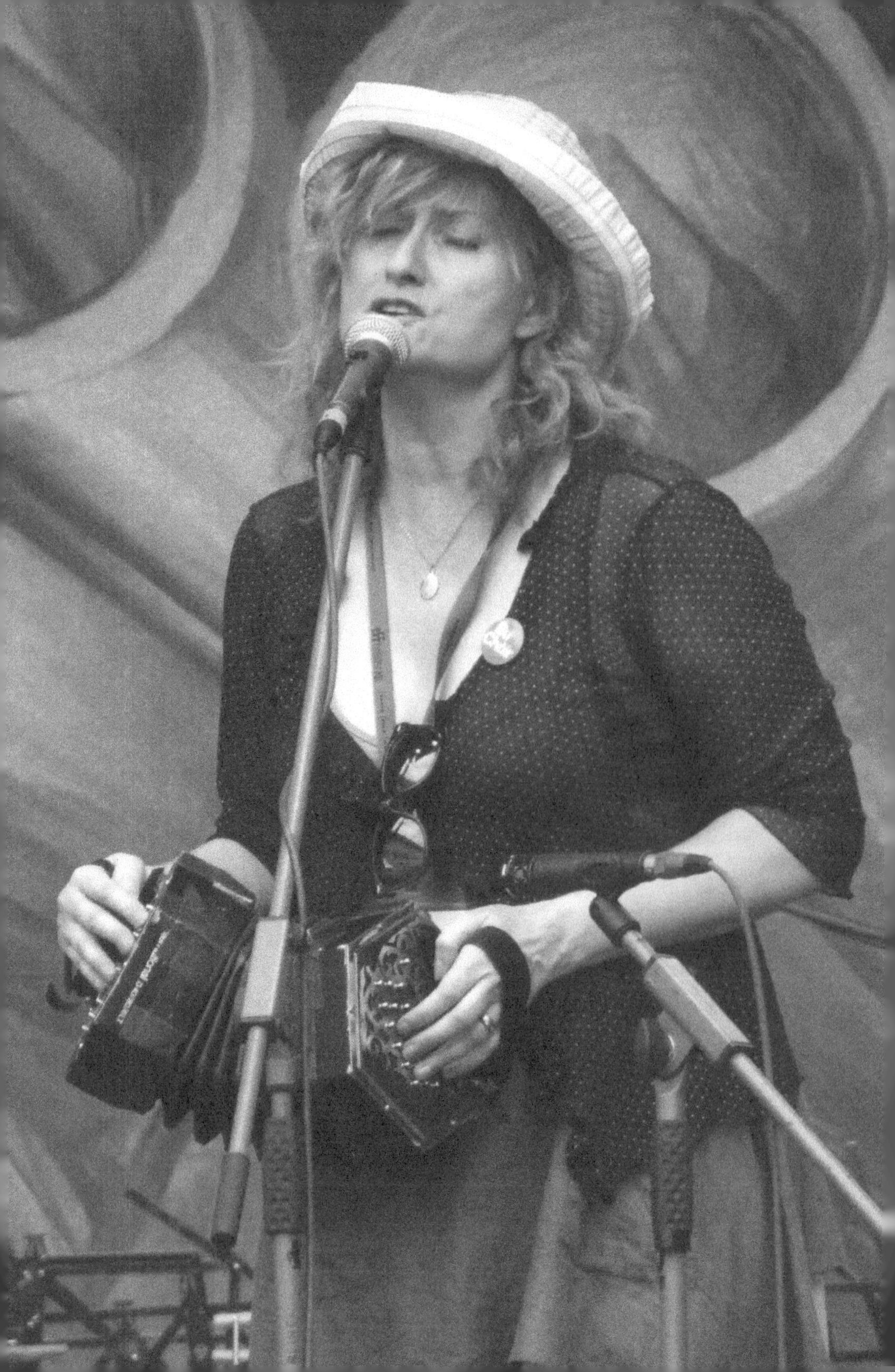

AUGUST

Soul aus Nidwalden

1. August

Andreas Gabriel, Schweiz (*1982)
AMBÄCK: „VERÄNDLER"
(*Chreiselheuer*, Eigenverlag 2019)

„Modärn han i gärn, aber Z'Alte will i b'halte!" Der Ausspruch, den mir mal der Schweizer Komponist und Regisseur Ruedi Häusermann mit auf den Weg gab, passt auf die heutige Volksmusik der Eidgenossen wie angegossen. Längst sind die alpinen Klänge nicht mehr allein von urigem Jodeln, Alphorn und Schwyzerörgeli, dem Akkordeon der Schweizer Volksmusik, bestimmt. Heute mischen sie sich mit Jazz, anderen Volkstraditionen Europas oder mit Melodien und Rhythmen aus fernen Erdteilen.

Der Geiger Andreas Gabriel ist so ein Beispiel für diesen schöpferischen Umgang mit neuen Nährstoffen. Er stammt aus dem winzigen Kanton Nidwalden, aber seine Musik ist groß. Rundum erneuert hat er die innerschweizerische Geigentradition: „Ich war der Exot, der diese fast ausgestorbene Musik wiederbelebt hat", erzählt mir der Blondschopf in einem Luzerner Café. „Ich konnte mich auf keine Vorbilder berufen, habe mir deshalb bei den Schwyzerörgeli-Spielern Anregungen geholt, auch bei den Bläsern. Und das dann alles selbst adaptiert auf die Geige." Ländler, Polka, Schottisch und Walzer – die Tanzformen der Volksmusik behandelt Gabriel respektvoll, aber auch augenzwinkernd, biegt mit seinem Trio Ambäck in unerwartete harmonische Kurven ein.

„Ambäck", so sagt man im abgelegenen Muothatal zum Spaltklotz, auf dem man Holz hackt. Doch das Trio behandelt das Holz etwas gefühlvoller, und dafür bürgen neben Gabriel der Aargauer Markus Flückiger am Schwyzerörgeli und Pirmin Huber aus dem Kanton Schwyz am Bass, alle drei mit Erfahrungen in Jazz und Klassik ausgestattet. Gabriels Paradestück, sein „Hit", ist der treffend benannte „Verändler", den er im Geiste der alten Ländler ganz neu erfunden hat. Ein unablässig kreisendes Stück, mit genauso modernem, jazzigem Eigensinn wie fast archaischem Drive. Ich finde: Diese *swiss soul music* ist der perfekte Soundtrack zum heutigen Nationalfeiertag der Schweiz.

Orient-Pioniere an der Dreisam

2. August

Ensemble FisFüz, Deutschland/Türkei
„RATTLESNAKE“
(*Ashuré*, Pianissimo Musik 2011)

Wenn man in der ersten Augustwoche durch Freiburg im Breisgau schlendert, kann man einem Instrument kaum entkommen: Die Stadt wird beim Tamburi Mundi Festival zur weltweit größten Hochburg der Rahmentrommel aus aller Damen und Herren Länder. Spiritus Rector dieses weltweit wohl größten Rahmentrommel-Events ist der Perkussionist Murat Çoşkun, der mich mit seiner Musik seit drei Jahrzehnten begleitet.

Als ich in den 1990ern im Jazzhaus Freiburg das Programm des Folk & Blues-Clubs mitgestaltete, kletterten eines Abends junge Musiker auf die „Offene Bühne“. Dort, wo sonst eher anglo-amerikanisch geprägte Songwriter regierten, wehten plötzlich türkische Skalen und Rhythmen durch den Gewölbekeller. Eine ausgelassene Party begann, angeheizt durch die mitreißende Trommel Darbuka, wirbelnde Klarinette und knackigen E-Bass. Am nächsten Morgen war das Trio, das den wundersamen Namen FisFüz trug, Tagesgespräch.

30 Jahre später kann man sagen: Das mittlerweile preisgekrönte Ensemble um Çoşkun, Klarinettistin Annette Maye und Saitenmeister Gürkan Balkan wirkte als Pionier-Band im Oriental Jazz. Sie arbeiteten mit Klezmer-Legende Giora Feidman, mit dem italienischen Jazzklarinettisten Gianluigi Trovesi (3. Mai) oder dem Freiburger Barockorchester. Verstreut über Freiburg, Köln und Istanbul kommen sie – gern bei Tamburi Mundi – bis heute zusammen. Das ist für sie eine Heimat, die nicht ortsgebunden ist. Sie ist da, wo der Wind über der anatolischen Hochebene sein Lied pfeift. Wo sich Tango und Klezmer zu einem Fantasiegebilde vereinigen, am Lagerfeuer Flamenco getanzt wird oder Rokoko und Osmanisches Reich ineinanderfließen.

Mein Lieblingsalbum von FisFüz ist *Ashuré*, aufgenommen 2011 im warmen Analogsound der Schwarzwälder MPS-Studios (23. Dezember). Hinter dem Titel versteckt sich eine süße türkische Suppe mit zwölf Zutaten. „Rattlesnake“ mit seinem groovenden Ostinato hat es mir am meisten angetan.

Nahost-Salsa mit Dusche

3. August

Yemen Blues, Israel
„ELI“
(*Yemen Blues*, Lev Group Media 2011)

Wer hat das um diese Jahreszeit nicht schon einmal erlebt: Man steht im Sommer vor einer Open-Air-Bühne, dunkle Wolken türmen sich am Horizont, und der bange Blick geht nach oben: Wird es uns gleich fies in das Konzert reinkübeln?

Der Konzertabend im Rosenfelspark Lörrach war zunächst ein entdeckungsreicher: Wenn Musik aus dem Vielvölkerstaat Israel auf unsere Bühne kommt, wird es fast immer spannend. Als Vorreiter einer starken Worldmusic-Bewegung in Tel Aviv und Jerusalem tun sich seit einigen Jahren Yemen Blues hervor, den Kern ihres Repertoires beziehen sie auch tatsächlich aus der jemenitischen Tradition, die in der israelischen Popkultur eine herausragende Farbe beisteuert. Weltmusikpionierin Ofra Haza (13. Juni) und die populäre Songwriterin Noa sind da nur die Spitze des Eisberges.

Prominenten Damen wie diesen bietet Yemen-Blues-Gründer Ravid Kahalani von männlicher Seite her Paroli, und zwar mit ganz anderen Mitteln. Er stammt aus einer Familie stimmgewaltiger Kantoren und hat den Weg aus dem Erbe dieses Synagogengesangs auf die Weltbühne gefunden. Rau und kantig ist sein Timbre, explosiv und ungezügelt sein Ausdruck. Er durchstreift mit seiner Stimme sowohl Palästina, die Sahara und Westafrika als auch den Blues.

Seine bis zu zehn Mitmusiker aus Tel Aviv und New York steuern mit Geige, Flöte, Oud, Bläsern, Cello und Drums Funk-Anleihen, nubische Rhythmen und Latin-Grooves bei. Im sagenhaften Stück „Eli“ aus dem Debütalbum werden Sie Ohrenzeuge, wie sich aus einem arabischen Schaukelrhythmus am Ende eine feurige Salsa-Party entwickelt! Als die Band es an jenem Abend spielt, öffnen sich die Schleusen des Himmels zum gewaltigen Gewitterguss, Donnerschläge krachen direkt über uns, und der Park flackert im gleißenden Blitzlicht. Minuten später haben Sturzbäche zwischen den Stuhlreihen tiefe Gräben ausgewaschen – und die Show findet ein frühes, pudelnasses Ende.

Disco im Land der Aufrichtigen

4. August

Amadou Balaké, Burkina Faso (1944–2014)
„TAXIMEN“
(*Taximen*, Sacodis 1978)

Afrikanische Popmusik der frühen 1970er war oft angetupft vom Funk und Soul aus den USA – und ein paar Jahre später färbte dann auch die weltweit herrschende Disko-Welle ab. Die hat in Afrika einen sehr eigenen Sound hervorgebracht, gewürzt mit lokalen Melodien und Rhythmen – und vor allem mit schönen Geschichten aus dem Alltag. Paradebeispiel dafür ist der Riesenhit „Taximen“ von Amadou Balaké aus dem Jahr 1978.

In acht epischen Minuten breitet der Sänger verschiedene Anekdoten aus, die er in der Hauptstadt der Elfenbeinküste als Fahrgast erlebt hat. Wie viele seiner Kollegen ging Balaké von Obervolta nach Abidjan, weil es der Nabel des westafrikanischen Popbusiness war. „Der Taxifahrer ist gar nicht nett!“, heißt es fast wie ein Mantra im Refrain. Am heutigen Tag im Jahr 1984 wurde seine erste Heimat nach einem Putsch in „Burkina Faso“ umbenannt, „Land der Aufrichtigen“. Von Thomas Sankara, dem neuen panafrikanisch-sozialistisch eingestellten Präsident stammte der Name, er brachte im maroden Staat Bildungsreformen und die Gleichstellung der Frau auf den Weg. Vor brutaler Gewalt gegen Kontrahenten schreckte er dabei nicht zurück. Trotzdem: Bis heute findet man seine Reden des Öfteren in Popsongs hineingesampelt.

Das Motiv der Fahrt durch die Stadt hat noch einmal Balakés Landsmann Smockey, seines Zeichens Rapper und Bürgerrechtler, aufgegriffen: Er lud 2014 in seinem Rap „Le Président, Ma Moto Et Moi“ den Autokraten Blaise Compaoré auf eine Motorradfahrt durch Ougadougou ein, um ihm den Schlamassel vor Augen zu führen, der auf sein Konto ging. Musik mischt sich in Politik ein: In afrikanischen Staaten gibt es das zwar immer wieder, doch der Effekt scheint selten nachhaltig. Compaoré wurde zwar gestürzt, doch 2022 war schon der nächste Putsch in Burkina Faso fällig. Nach so viel politischem Exkurs wünsche ich jetzt acht Minuten heißes Tanzvergnügen.

Das letzte Lied des Schäfers

5. August

Joe Boyd, USA (*1942)

SAZ'ISO: „TANA"

(*At Least Wave Your Handkerchief At Me*, Glitterbeat 2018)

Was bitte hat die britische Band Pink Floyd mit albanischer Volksmusik zu tun? Aus der Perspektive von Joe Boyds Leben einiges: Der US-amerikanische Musikproduzent war bereits in den 1960ern Produktionsleiter des Newport Festivals,1967 nahm er mit Pink Floyd deren erste Single auf, wurde Mentor des schwermütigen Songwriters Nick Drake und entdeckte die Musiker der später zu Folkrock-Legenden aufsteigenden Fairport Convention (14. August). Ab den 1980ern weitete er seine musikalischen Interessen aber auf den ganzen Erdball aus.

Boyd wurde zum Motor für das, was man erst später „Weltmusik" nannte: Er verhalf mit seinem Label Hannibal ungarischer Folklore, Begegnungen von Westafrika mit Flamenco und Tanzmusik vom Balkan zu Bekanntheit. Im besten Alter, mit 75, hat Boyd noch mal ein neues, spannendes Kapitel aufgeschlagen. Er hat sich Albanien zugewandt, das akustischen Schatzsuchern bis heute weitestgehend durchgerutscht ist. Dort hat er den polyphonen Gesangsstil Saze entdeckt. Das ist eine Musik, die sich für westliche Ohren wie von einem anderen Planeten anhört: „Die Kombination eines Borduns mit zwei Stimmen, die sich improvisierend umkreisen, das gibt es meines Wissens nach nirgendwo anders auf dem Balkan", so Boyd. Unter den schneidenden Stimmen liegt die Llautë, eine Laute mit Metallsaiten; Klarinette und Geige treten mit verzierungsreichem, schluchzendem Spiel hinzu.

Um diese Musik über die Landesgrenzen zu tragen, hat Boyd die besten südalbanischen Musiker zur Band Saz'iso zusammengestellt. Und die breiten auf dem Album „At Least Wave Your Handkerchief At Me" Emigranten- und Liebeslieder, Hochzeitstänze und Solostücke einer fremdartig faszinierenden Tradition aus. „Tana" ist das Lied eines Schäfers, der zum letzten Mal seine Flöte spielt, bevor Banditen ihn töten. Zum Geburtstag von Joe Boyd, alles andere als eine graue Eminenz der Weltmusik!

Whiskey-Klausur mit Folgen

6. August

Tamba 4, Brasilien

„CANTO DE OSSANHA“

(*We And The Sea*, A&M Records 1968)

Sie kennen diesen Namen, wenn Sie pfadfinderbegeistert sind. Diese Begeisterung teilte auch der Vater des heutigen Geburtstagskindes, der seinen Sohn nach dem Begründer der Scout-Bewegung nannte: Baden Powell. Der Sprössling hat seine guten Taten dann aber ganz auf ein Instrument gelenkt, die Gitarre. Das war im Brasilien der 1950er erst mal nichts Besonderes. Klassik, Samba, Jazz, Choro (23. April): Das hat Baden auf den sechs Saiten schon alles weidlich ausgetestet, als es 1962 für ihn zu einer entscheidenden Begegnung kommt.

Er lernt den Dichter und Lebemann Vinicius de Moraes kennen, der durch seine Freundschaft zu Antônio Carlos Jobim (8. Dezember) auch ein Wörtchen mitredet bei der Entwicklung der Bossa Nova. De Moraes ist begeistert von der stilistischen Flexibilität des fast eine Generation jüngeren Gitarristen. Ganze drei Monate schließen sie sich zu einem kreativen Rausch ein, im Schnitt konsumieren sie drei Flaschen Whiskey nebst Gin. Pro Tag! Das Ergebnis dieses Saufgelages? 25 neue Songs, unter denen die „Afro-Sambas“ die prominentesten sind. Von einer intensiven Farbe der afro-brasilianischen Rituale aus Bahia sind sie durchzogen. Es ist der sagenhafte Start in eine Karriere, die auf über 80 Platten eingefangen wird und Powell auch in Europa Kultstatus einbringt.

Ein Jahr vor seinem Tod durfte ich ihn erleben: Sehr zerbrechlich sah er aus, wie er mit gegerbter Haut, spärlichen Haaren, seiner dicken Brille und in togagleichem Gewand im Oktober 1999 auf die Bühne im Berliner Haus der Kulturen der Welt kam. Er spielte ein kurzes, intensives Set, verstörend und faszinierend zugleich, mit sehr kantigem Charakter und eigenwilligem Gesang. Der großartige „Canto de Ossanha“, gewidmet der Gottheit der Kräuter und der Heilung, ist eines seiner Vermächtnisse. Mir gefällt die Version der Samba-Jazz-Formation Tamba 4 mit der geheimnisvollen Flöte am besten.

Wenn ein Kanu zum Hit wird

7. August

Carlos Vives, Kolumbien (*1961)
„LA PIRAGUA“
(*El Amor De Mi Tierra*, Sonolux 1999)

Kolumbien, Land der verwirrenden Vielfalt an Stilen: Cumbia und Vallenato (1. Januar) heißen sie, Champeta, Porro oder Bambuco, sie reichen von den Rhythmen der afrikanischen Nachfahren an der Pazifikküste bis zur Cowboy-Musik des Binnenlandes. Ich kenne niemanden, der all das zu so einer vielseitigen Popmusik gebündelt hat wie der Sänger und Songschreiber Carlos Vives, der heute Geburtstag feiert.

Als um die Millenniums-Wende sein Werk *El Amor De Mi Tierra* bei uns aufschlug, war das für mich ein Ohrwurm-Fest. Ich verliebte mich in diese Musik und lernte die Vielfalt eines Landes, das ich bis heute nicht besucht habe, musikalisch kennen. Carlos Vives, ein Sunnyboy und Womanizer, der auch als Filmstar von sich reden machte, wirkt auf diesem Album nie zu kommerziell und platt, alle Stücke sind mit Tiefgang arrangiert und handgemacht gespielt.

„La Piragua“ ist einer dieser Ohrwürmer: Es ist im Original ein Klassiker der Cumbia, dem eigentlichen Nationalgenre Kolumbiens (18. Juli). Der schlurfende Rhythmus mit den fröhlichen Klarinetten und windschiefen Blechbläsern, dazu die frechen Texte übers Leben auf dem Meer und in der Straße, über Liebeleien und Alkoholgenuss, erlebte ab den 1960ern einen Siegeszug, der sich schließlich bis nach Mexiko und Peru ausweitete. Carlos Vives hat wiederum seine eigene Spielart entwickelt: Bei ihm hat die Cumbia rockige Rasanz bekommen, und die Gaita-Flöte aus der Musik der Ureinwohner hat sich auch unter die Band gemischt. „La Piragua“ erzählt die Geschichte eines Kanus, das Anfang des 20. Jahrhunderts zum Auslöser für die Erschließung des Wasserwegs auf dem Rio Magdalena wurde.

Weitverzweigter Farn

8. August

A Filetta, Korsika
„IN OGNI ADDIU“
(*Castelli*, World Village 2015)

Zum Geburtstag der Heiligen Maria setzen wir auf die Insel Korsika über. Dort ist sie Nationalheilige und wird mit Festen auf der Insel während der ersten Augusthälfte verehrt. Während dieser Feierlichkeiten ist auch der korsische Chorgesang zu hören, und den vertritt keine andere Formation so wie A Filetta. Ich habe sie an ganz verschiedenen Orten gehört, inmitten eines englischen Parks, in einem Nachtkonzert im marokkanischen Fès. Und jedes Mal habe ich vergessen, wo ich war, wurde vom innigen Ton der sechs Korsen verschlungen. Was ist das für eine Gesangskunst?

Anders als in vielen Chortraditionen Europas ist nicht die Ober-, sondern die Mittelstimme „Seconda“ Trägerin der Melodie. Dem „Bassu“ kommt das bordunartige Fundament zu, über beiden entfaltet sich reiche Ornamentik in der „Terza“. Bedächtig, wie in einem anderen Zeitsystem, entfalten sich die harmonischen Abläufe. Reibungen sind die Folge, die sich erst nach etlichen Windungen lösen. Um diese kunstvolle Verzahnung zu meistern, stehen oder umarmen sich die Sänger in einem engen Halbkreis. Im Gepäck haben A Filetta weltliche genauso wie sakrale Lieder, manche jahrhundertealt, manche von aktueller Poesie befeuert. „Farn“ bedeutet ihr Name, und der hält breit wurzelnd an seinem Mutterboden fest, auch wenn er mit seinem feingliedrigen Grün oberirdisch so viele Einflüsse wie möglich aufnehmen möchte. „In Ogni Addiu“ strahlt eine geradezu inbrünstige Schmerzlichkeit aus, die Stimmen verweben sich zu einem einzigen, intensiv atmenden Körper.

Zum Abschied habt ihr mir gesagt, die Winde kommen und sterben im Mund Gottes.
Wir weinen, aber wir hoffen.
Ihr habt mir gesagt, das Brot gehört niemandem, und die Erde ist Überfluss,
und jeder Krieg ist ohne Morgen.
Und ihr habt mir gesagt: Müdigkeit ist bedeutunglos, solange eine Stimme singt.

In der Sprache eine Heimat

9. August

Mahmoud Darwisch, Palästina (1941–2008)/Marcel Khalifé, Libanon (*1950)
„RITA ET LE FUSIL"
(*Promesses De La Tempête*, Le Chant D Monde 1976)

Heute jährt sich der Todestag des Dichters Mahmoud Darwisch, der oft als die „poetische Stimme der Palästinenser" bezeichnet wird. Vertreibung, Gefängnis, Widerstand – sein Leben glich einer Odyssee, auf der er immer für die Sache seines Volkes und für Verständnis der gegnerischen Sichtweise eintrat. Sein Engagement für den Frieden und für Koexistenz ging einher mit der Schilderung von Verlust und Exil. Und trotz heftig spürbarem Verzweifeln und Zorn hört man immer Hoffnung und Zärtlichkeit aus seinen Versen strömen.

Für Darwisch wurde die Schönheit der arabischen Sprache zur Zuflucht, zum Ort der Identität, zur einzigen wirklichen Heimat. Er formte diese Sprache zu großer Musikalität. Auf sie sprach der Libanese Marcel Khalifé an, als er in den 1970ern begann, Darwischs Gedichte zu vertonen. Damit hat er die Verse denjenigen Menschen in der arabischen Welt und darüber hinaus zugänglich gemacht, die normalerweise gar keine Lyrik lesen.
Eines der schönsten Gedichte von Mahmoud Darwisch ist sicherlich „Rita w'al-Bunduqiya", das ich unten in der deutschen Übersetzung von Suleman Taufiq auszugsweise wiedergebe. Es ist autobiographisch: In Haifa lernte Darwisch bei einer Lesung ein sechzehnjähriges jüdisches Mädchen kennen und verliebte sich. Drei Jahre hielt die Romanze, trotz Widerständen der Familie und über die Verfeindung der Völker hinweg. Khalifé fängt in seiner Vertonung die Zartheit und Unschuld mit großem Gefühl und großer Melodie ein.

Zwischen Rita und meinen Augen erhebt sich ein Gewehr
Wer Rita kennt, verneigt sich vor ihr
Und betet zu einem Gott in den honigfarbenen Augen
Ritas Name war ein Fest in meinem Mund
Ritas Körper war eine Hochzeit in meinem Blut.

Seit 37 Generationen im Amt

10. August

Toumani Diabaté (*1965) & The Symmetric Orchestra, Mali
„YA FAMA"
(*Boulevard De L'Indépendance,* World Circuit 2006)

Musikmachen wird in der Familie vererbt: Das kennen wir auch aus unserem Umfeld. Doch jetzt stellen Sie sich vor, dass nicht nur Ihre Mutter oder Ihr Großvater schon Klarinette oder Geige gespielt haben, sondern dass das Musizieren bereits über 37 Generationen zuvor in der Familie verankert war!

Westafrikas Griot-Kultur reicht tatsächlich so weit zurück. Schon vor 700 Jahren spielte man mit Harfen und Lauten für die Könige, als sich in Europa gerade mal die frühe Mehrstimmigkeit herausbildete. Im Mande-Reich waren die Griots und Griottes Träger der Geschichte: Sie berichteten von Heldentaten, kritisierten Verfehlungen, und ihr Instrument par excellence ist bis heute die Stegharfe Kora.

„Wenn das Mande-Reich eine Person wäre, dann wäre der Griot ihr Blut", sagte mir Toumani Diabaté im Gespräch vor einem Konzert. „Die Griot-Schule ist eine Schule des Lebens und des Todes, dort wird gelehrt, wie sich ein Mensch gegenüber den anderen verhalten soll. Wie er Frieden stiften und wie er die mündliche Tradition in seinem Kopf weitertragen kann." Das Geburtstagskind Diabaté (sprich: dschabateh) war in den 1980ern der erste Griot, der eine Begegnung mit anderen Musikkulturen vorantrieb. „Ich wuchs mit der Kora auf, aber auch mit Jimi Hendrix und James Brown. Ich wollte eine universelle Pforte für die Kora zu öffnen."

Diabatés Dialoge reichen vom US-Blues über Meetings mit Indern und Andalusiern. Am meisten beeindruckt mich aber sein Symmetric Orchestra. Bis zu 50 Musiker aus Mali, Senegal, Burkina Faso und Guinea formen ein Kraftwerk: Jahrhundertealte Stücke treffen hier auf zeitgenössische Arrangements – und die Kora residiert mit glitzernden Läufen voller Virtuosität in der Mitte. In „Ya Fama" warnt Symmetric-Sänger Kasse Mady vor falschen Freunden. Ein beliebtes Thema der Griots, das hier von den Blechbläsern unter Führung des Funk-Meisters Pee Wee Ellis Zunder bekommt.

Traum vom globalen Hip-Hop
11. August

Blitz The Ambassador, Ghana (*1982)
„AFRICA IS THE FUTURE“
(*Afropolitan Dreams*, Jakarta Records 2014)

Atemberaubend, was dieser Mann allein schon beim Soundcheck anstellt: Er turnt vor seiner siebenköpfigen Band herum, dirigiert Einsätze, scratcht und rappt dabei in dreifacher Geschwindigkeit. Ich bin im Zürcher Club Moods, um einen der Protagonisten des afrikanischen Hip-Hop zu treffen: Aber was heißt bei ihm schon „afrikanisch“? Und was ist – am heutigen Hip Hop Celebration Day – bei ihm „Hip-Hop“? Denn zu ihm hat er ein gespaltenes Verhältnis.

Samuel Bazawule aka Blitz The Ambassador ging von Ghana nicht etwa nach London wie viele seiner Landsleute. Die Kompassnadel schlug nach New York aus, denn er wollte der Wiege des Hip-Hop ganz nah sein. In Brooklyn schuf er eine atemberaubende Fusion aus Rap und panafrikanischer Philosophie, seinen „Afropolitan Dream“. Seine Übersiedlung in die Staaten sei allerdings erst mal eine „Ernüchterung“ gewesen, sagt er. „Hätte ich noch den Hip-Hop der Neunziger angetroffen, dann hätte ich meinen amerikanischen Traum leben können. Aber die Szene hatte sich sehr verändert, alles war in Stagnation. Da merkte ich, dass ich eine wichtige Rolle bei der Wiederbelebung spielen könnte. Aus dem American wurde ein Afropolitan Dream, der auf einem viel breiteren Fundament steht, mit globaler Energie.“

Mit programmierten Loops unter seinem Rap kann er nichts anfangen, denn er ist in Ghana mit Livemusik bei Beerdigungen und Taufen sozialisiert worden. Für Blitz ist klar: Der Hip-Hop braucht mehr menschliche Elemente. Und so formiert er seine Musiker zum Embassy Ensemble, die seinen Rap mit Soul und Funk tränken, mit Anspielungen auf afrikanische Wurzeln, aber auch mit Verweisen auf den frühen US-Hip-Hop wie etwa von Public Enemy. Auf seinem Meisterwerk *Afropolitan Dreams* erzählt er mit diesen Zutaten seine Emigrationsgeschichte, und er trägt seine Hip-Hop-Idee von Ghana über Nigeria und Benin in die USA und bis nach Brasilien. Afrika ist die Zukunft!

Seelenvolle Metallzungen

12. August

Luis Di Matteo, Uruguay (*1934)
„GRUPO 83"
(*Tango*, JARO 1987)

Von den Hügeln Sachsens zu den Hafenvierteln von Buenos Aires, weiter in die Pariser Salons und schließlich auf die weltweite Bühne: Die Karriere dieses Instruments ist umwerfend. Der Krefelder Musiklehrer Heinrich Band hatte das Bedürfnis, die Tastenanordnung der Concertina zu verändern und warb am 12. August 1855 erstmals in einer Tageszeitung für sein „Bandonion". Von etwa 40 Tönen wuchs der Umfang auf bis zu 220 an. Unvergleichlich sein Klang: scharf, füllig und melancholisch zugleich. Gefertigt wurden die Bandonions vorrangig im Erzgebirgsort Carlsfeld, und von 1870 bis 1920 erfreute es sich bei den deutschen Arbeitern unfassbarer Beliebtheit. Man stelle sich vor: Mehr Bandonion-Vereine gab es als Fußball-Clubs!

Und jetzt geleiten wir es mit den Auswanderern nach Argentinien und Uruguay, wo es zum Bandoneón wurde. Ob die Anekdote stimmt, dass ein Seemann das erste Exemplar auf Argentiniens Boden im Bordell lassen musste, weil er für die Liebesdienste nicht bezahlen konnte? Sie steht wohl eher symbolisch für die tausendfache Ankunft am Rio de la Plata. Sogar die italienischen Immigranten stiegen von ihrer Fisarmonica um: Auf dem Bandoneón ließ sich einfach akzentuierter zum Tanz aufspielen. Der Triumphzug durch die großen Orchester von Juan D'Arienzo, Osvaldo Pugliese oder Aníbal Troilo war unaufhaltsam, Tango wurde zum Exportartikel nach Paris und in andere Metropolen Europas.

Ab den 1950ern verfeinerten sich die Kompositionen, weg ging es von Tanzbarkeit und breitwandigem Orchestersound, Brückenbau zur Klassik und dem Jazz war angesagt. Neben Astor Piazzolla (1. Juni) und Dino Saluzzi (20. Mai) ist der Uruguayo Luis Di Matteo Begründer der Bandoneón-Moderne. Bei aller Komplexität seiner Werke findet er immer wieder zu einer melodischen, seelenvollen, ergreifenden Feier der Tasten – wie in „Grupo 83", wo sowohl Jazziges als auch Barockes anklingt.

Die Revolution des Boleros

13. August

Miramar, Puerto Rico
„TUS PASOS"
(*Dedication To Sylvia Rexach*, Barbès Records 2016)

Im Juni 1898 überfiel eine amerikanische Flotte die Karibikinsel Puerto Rico und entriss sie der spanischen Krone. Die besiegelte am 13. August ihren Rückzug mit einem Waffenstillstand. Seitdem gilt die Insel ihres Sonderstatus wegen als Außengebiet der USA und ist auch kulturell Enklave des Mutterlandes. Wenn man sich die heutigen Pop-Acts wie Ricky Martin oder Luis Fonsi anhört, scheint das auch plausibel zu sein.

Allerdings gab es Sängerinnen und Sänger, in deren Repertoire das spanische Erbe weiterhin einen großen Platz hatte, und Sylvia Rexach (1921–1961) ist vielleicht die Größte von ihnen. Rexach (sprich: reksatsch) schrieb schon mit siebzehn Jahren romantische Boleros und pflegte einen Bohème-Lebensstil, der für die Frauen ihrer Zeit außergewöhnlich war. Ende der 1940er gründete sie mit den Damiselas die erste Frauenband Puerto Ricos. Sie trat nicht nur auf der ganzen Insel und in New York auf, sie schrieb auch Drehbücher und betätigte sich als Kolumnistin. Sylvia Rexach hat den männerdominierten Bolero revolutioniert, sowohl durch ihre grandiose, wehmütige Stimme als auch durch ihre Texte. Die sind schon ohne Musik solche Meisterwerke, dass sie gelegentlich als karibische Schwester von Federico García Lorca (19. August) gesehen wird. Viel zu früh starb sie an einer Krebserkrankung, seitdem wird sie von ihren Landsleuten kultisch verehrt.

Hören Sie sich unbedingt ihre sagenhaften Aufnahmen von 1958 an (*Sylvia Rexach Canta Sylvia Rexach*)! Genauso vertraue ich Ihnen das schönste Rexach-Tributprojekt aus dem neuen Millennium an, das ich kenne. Es stammt von der puerto-ricanischen Band Miramar um das Singer/Songwriter-Duo Laura Ann Singh und Rei Álvarez – das wunderbare Streicherarrangement lässt mich in Karibik-Nostalgie schwelgen.

Ein Bierchen auf dem Grabstein

14. August

Fairport Convention, England

„SPANISH MAIN"

(*Who Knows Where The Time Goes?*, Woodworm Records 1997)

14. August 1993 in einem kleinen Kaff in Oxfordshire. Der einzige Pub im Ort ist so voll, dass die Leute auf den verwitterten Grabsteinen des benachbarten Friedhofs sitzen und den Toten zuprosten. Drinnen trinkt man, bis die gestapelten Becher an die Decke reichen, dann setzt sich die Menge in Bewegung, rüber zum großen Feld, das ein Farmer zur Verfügung gestellt hat.

Und dort gibt es ein Wahnsinns-Programm: Die Leningrad Cowboys stehen mit ihren grotesken Frisuren auf der Bühne, der alte Haudegen Roy Wood aus den Urzeiten des Electric Light Orchestra lässt Glamrock glitzern, Led Zeppelins Robert Plant brüllt sein „Whole Lotta Love" in die beschauliche Countryside raus. Zum Finale kommen Fairport Convention, die Gastgeber des Cropredy Festivals aus der Reserve, entzünden nostalgische Folk-Erinnerungen. Leider sind meine Erinnerungen wegen des hohen Pegels von nach Waldboden schmeckendem Bier etwas schwammig.

Bis heute halten Fairport Convention diese zwei Tage auf der Wiese ab, um sich mit ihren weltweiten Fans und illustren Musikerfreunden zu treffen. Wenn es eine Band gibt, die mich all die Jahre meiner Folk-Verrücktheit beständig begleitet hat, dann war es diese. „Fairport" haben seit 1967 in einer absurden Abfolge von Besetzungswechseln und auf unzähligen Platten das Genre Folkrock immer wieder neu definiert, ohne Scheuklappen gegenüber Blues, Country oder Pop. Während zweier Phasen (1968/69 und 1974/75) konnten sie auf die unerreichte Folklady Sandy Denny (21. April) mit ihrer erdig-warmen Stimme zählen.

Um Fairport Convention heute zu feiern, habe ich ein Stück aus jener 90er-Phase ausgesucht, als die Band sich gerade mit dem Geiger Chris Leslie verjüngte. Er hat zusammen mit Saitenmeister Maartin Allcock († 2018) das rockige „Spanish Main" geschrieben, die blutige Eifersuchtsgeschichte eines betrogenen Seemanns, getragen von der charismatischen Stimme Simon Nicols.

Mit Zithern über die Sperrzonen

15. August

Ak Dan Gwang Chil (ADG7), Republik Südkorea
„NOZANOZA“
(*Such Is Life*, Jeong Ga Ak Hoe 2020)

Gibt es in Korea noch eine Musik abseits des knallbunten K-Pops? Und wie aktuell kann das klingen, wenn man sich heute noch auf die Traditionen des Landes beruft? Die Antwort darauf heißt Ak Dan Gwang Chil (abgekürzt ADG7).

Ihr Name nimmt Bezug auf den 70. Jahrestag der Befreiung Koreas von Japan am 15. August 2015, gleichzeitig das Geburtsjahr dieser turbulenten Truppe, die aus sechs Frauen und drei Männern besteht. ADG7 verkörpern das 21. Jahrhundert, ankern aber zugleich tief in der Tradition. Dabei haben sie eine besondere Vorliebe für die Musik der Region Hwanghae, die seit der Teilung des Landes 1948 zum Norden gehört. „Die Instrumente, die wir nutzen, sind genau die, die auch in Nordkorea gespielt werden, auch die Texte, Melodien und die Rhythmen. Es hat für uns große Bedeutung, dass wir diese Einheit in der Musik feiern können“, so Hong Ok, eine der drei Sängerinnen.

Schauen wir uns diese Instrumente genauer an: Korea ist Zither-Land, und zwei sind auch im Aufgebot von ADG7 zu finden: Ein gestrichenes Bassfundament liefert die Wölbbrettzither Ajaeng. Das zwölfsaitige Gayageum, Koreas bekanntestes Instrument, wird dagegen mit der rechten Hand gezupft, während die Saiten mit der linken gedrückt werden. Die Bambusflöte Daegeum steuert eine feine, lyrische Klangfarbe bei, während die Piri das kräftige, näselnde Timbre einer Schalmei besitzt. Mit der Mundorgel Saenghwang findet sich ein Urahne unseres Akkordeons. Und unter den vielen Schlaginstrumenten ragt das Janggu heraus, eine Trommel in Sanduhr-Form.

ADG7 mischen in ihrem Repertoire Folksongs (*Minyo*) mit der schamanischen Musik (*Gut*). Auch ihre extravaganten, bunten Bühnen-Outfits orientieren sich an den schamanischen Ritualen und den Kleidern der Joseon-Dynastie des alten Kaiserreichs. Eine mitreißende Vereinigung von Nord und Süd über die Sperrzone hinweg.

Im Herzen blüht Basilikum

16. August

Synergia, Zypern

„FESLIGAN – IPSINTRI VASILILJA MOU“

(*Musiques De L'Île De Chypre*, AltaVox 2020)

Musik schert sich wenig um Grenzkorridore, und so ist das auch bei den heutigen Klängen der Fall. Einstmals britische Kolonie, wurde Zypern am 16. August 1960 nach einem Abkommen zwischen Großbritannien, Griechenland und der Türkei unabhängig, wenige Jahre später aber schon zum Zankapfel zwischen den Volksgruppen. Die übliche bittere Abfolge entlud sich: Spannungen, Bürgerkrieg und Putsch, bis schließlich 1974 die griechisch-türkische Teilung besiegelt wurde.

Heute aber möchte ich die Musik Zyperns feiern, und sie eint die Insel, durch die sich politisch eine Barriere schlängelt. Am schönsten lässt sich das beim Ensemble Synergia feststellen. Sie veröffentlichen ihre Musik auf dem Label Alia Vox des katalanischen Gambenspielers und Spezialisten für Alte Musik, Jordi Savall (24. Februar).

Der Saiteninstrumentalist Dimitri Psonis hat dieses Sextett aus beiden Inselteilen Zyperns um sich versammelt. Psonis selbst spielt die Langhalslaute Saz, die Kastenzither Santur und die Laouto, eine mit vier Doppelsaiten versehene, für Zypern und Kreta typische Laute. Äußerst lebendig und zeitgemäß entrollen Synergia die Traditionen dieses mediterranen Knotenpunkts, zeichnen ein erfrischendes Porträt einer wenig bekannten Inselkultur. Das kann einmal instrumental mit Hochzeitsmusik, Paar- und Solotänzen geschehen, dann aber auch mit Gesangsstücken, die Liebes- und Wiegenlieder umfassen. Reizvoll ist besonders, wie die vokalen Schattierungen von Katerina Papadopoulou mit ihrer türkischen Kollegin Eda Karaytuğ zusammengewoben werden. Zum Beispiel im Liebeslied „Fesligan – Ipsintri Vasililja Mou“: Die Geliebte wird hier ganz würzig verglichen mit Basilikum, der im Herzen des Liebhabers blüht, und ihr Gesicht wird gepriesen als „süß wie Grieß“.

Sunshine-Sound vom Stubenhocker

17. August

Ed Motta, Brasilien (*1971)
„ONDAS SONORAS“
(*AOR*, Membran 2013)

Brasilia, September 2002. Im Taguatinga Shopping Centre, der größten Mall der Hauptstadt, drängen sich Tausende um eine kleine Bühne. Selbst auf den Balustraden bilden sich Trauben von erwartungsvoll hinunterstarrenden Menschen. Ein kauziger, beleibter Mann mit einer enormen Bartwolke entlockt seiner Wurlitzer-Orgel den abgedrehtesten Funk-Jazz, den ich je gehört habe. Er nennt das „Dwitza“. Ich bin mehr verstört als begeistert.

Vierzehn Jahre später bin ich längst großer Fan von „Edschi“. Denn so spricht sich der Vorname von Ed Motta korrekt aus. Ich darf ihn zu einem mehrstündigen Interview mit Bodensee-Blick treffen. Und tauche ein in sein Universum: Dieser Mann ist: Weinliebhaber und Vinylsammler. Soul Brother und Comic-Connaisseur. Musical-Schreiber und Gourmet. Und espritvoller Gesprächspartner ohnehin. Vor allem aber ist er seit den 1990ern das Maß aller Dinge in einer Musik, die er wahlweise mit Disco, Spiritual Jazz und Yacht-Rock auflädt. Seine unglaublich seelenvolle Stimme macht selbst dem Soul-Gott Donnie Hathaway (†1979) Konkurrenz.

„Meine Musik ist das Ergebnis meines Nerdtums. Ich bin ein konsequenter Stubenhocker, der seine Platten- und Filmsammlung studiert. Aber ist nicht auch dies das wirkliche Leben?“ So ganz stimmt das ja nicht mit dem Stubenhocker. Denn gerade in der Begegnung mit dem Publikum ist Ed Motta umwerfend. Während seiner Konzerte klappt einem wegen der Tastenvirtuosität die Kinnlade runter, man lacht aber auch Tränen, wenn er mit abgrundtiefem Grunzen E.T. imitiert oder über seine Liebe zum Schweizer Käse philosophiert.

Sich mit dem Gesamtwerk dieses Riesentypen zu beschäftigen macht Riesenspaß. Vielleicht starten Sie nicht unbedingt mit dem abgedrehten *Dwitza*. Eher mit dem wunderbaren Sunshine-Sound seines Albums *AOR*: seine Huldigung an den sogenannten Yacht-Rock und die tollen Radiosendungen der Achtziger.

Beschwipst vom Palmwein

18. August

Dr. K. Gyasi, Ghana (1929–2012)
„BARIMA ENA"
(*The Highlife Doctor*, Essiebons 1972)

Highlife ist wohl das Wort, das mit Ghanas Musik am meisten in Verbindung gebracht wird. Doch dahinter verbirgt sich ein ziemlich verschwommener Genrebegriff. Ursprünglich verstand man unter Highlife die Musik der Upper Class in den Ballsälen, die mit großen Orchestern gespielt wurde. Mit dem Zweiten Weltkrieg und den Instrumenten der amerikanischen und britischen Militärs wurden die Orchester blechbläserlastig, später dann auch gewürzt mit den Rhythmen des karibischen Calypsos (9. Februar) und der kongolesischen Rumba (19. Juli).

Die Dance Bands sind aber nur die eine Seite der Medaille. Nach dem Zweiten Weltkrieg nannte man die Musik der Guitar Bands ebenfalls Highlife, hier spielte die E-Gitarre eine wichtigere Rolle. Diese Variante wurzelt in der Palmwine Music: rezitativische, manchmal melancholische Seemannslieder, die auf der Concertina und der – anfangs – akustischen Gitarre vorgetragen wurden. Liberianische Kru-Matrosen waren dafür verantwortlich, dass diese Musik an der ganzen westafrikanischen Küste sesshaft wurde. Und warum heißt sie Palmwine? Nun, weil die Akteure oft mit dem vergorenen Palmensaft entlohnt wurden oder das betörende Getränk zumindest kräftig in den Hafenkaschemmen bei den Sessions kreiste. Ich behaupte: Man hört es irgendwie auch im Gesang, der immer etwas beschwipst klingt und nie so ganz treffsicher ist.

An diesem vermutlich schwül-heißen Augusttag habe ich einen zur Witterung passenden Song ausgesucht. Er kommt von einer solchen Guitar Band, die auch noch eine Concertina im Inventar hat – ein Highlife mit übrig gebliebenen Palmwine-Zügen sozusagen. Den Interpreten K. Gyasi (sprich: kei dschassi) nannte man auch den „Highlife Doctor", er war mit seinen Noble Kings einer der führenden ghanaischen Musiker überhaupt. Dazu jetzt ein oder zwei Gläser Palmwein – mehr lieber nicht, ich spreche aus Erfahrung.

Im Bett, das der Mond gemacht hat

19. August

Federico García Lorca, Spanien (1898–1936)
SÍLVIA PÉREZ CRUZ & PÁJARO: „PEQUEÑO VALS VIENÉS"
(*nur als Video, 2017*)

Wenn sich Poesie in einem Spiegelkabinett von Metaphern verstrickt, lässt sie unendlich viele Deutungsmöglichkeiten zu. Das ist oft der Fall bei den Gedichten von Federico García Lorca. Faszinierend, aber sehr anstrengend! Deshalb freue ich mich über die Fülle der vertonten Fassungen seiner Lyrik. Das macht es leichter, seiner Bilderflut zu folgen.

Den „Pequeño Vals Vienés" schreibt der Spanier auf einer Reise in die Neue Welt 1929. Lorca gerät in die Stimmung des Börsencrashs und erlebt eine Stadt am Abgrund, erschafft daraus eigene psychische Landschaften. In diesem Gedicht ist der Walzer ein dunkler Todes- und verzweifelter Liebesbote zugleich, der „seine Schleppe durchs Meerwasser schleift". Von einer „Schulter für den schluchzenden Tod" und einem „Wald der sezierten Tauben" ist die Rede, vom Liebesakt „in der Rumpelkammer der Lilie, im Bett, das der Mond uns gemacht hat".

Verse, wie gemacht für einen Erotikbesessenen auf der anderen Seite des Atlantiks: Der kanadische Songwriter Leonard Cohen übersetzt das Gedicht seines Idols für das Lorca-Tributalbum *Poets In New York* 1986 in hundertstündiger Arbeit. Doch mit seinem „Take This Waltz" konnte ich mich nie anfreunden, der Synthesizer-Sound der Achtziger ruiniert es. Das Eigenleben des Songs geht dann weiter: Zehn Jahre später holt der Andalusier Enrique Morente (2. Januar) die Verse mit leidenschaftlichem Gitano-Feuer ins Spanische, verwendet dafür Cohens Melodie. Schlichtweg atemberaubend aber, was die Katalanin Sílvia Pérez Cruz (15. Februar/19. Juni) daraus macht, zusammen mit dem Flamenco-Gitarristen Pájaro. Schauen Sie sich unbedingt das Video an: Ganz selten passiert es, dass sich eine Sängerin einem Song so ganz mit Haut und Haar hingibt.

Am 19. August 1936 wurde Federico García Lorca, weil er Sozialist und homosexuell war, nahe Granada von einem franquistischen Gutsherrn erschossen.

Das Blatt des Vergessens

20. August

Carminho, Portugal (*1984)
„ESCREVI TEU NOME NO VENTO"
(*Fado*, EMI 2009)

Seit dem Tod der großen Fado-Ikone Amália Rodrigues (6. Oktober) wird in Portugal darüber diskutiert, wer ihre legitime Erbin ist. Eine aus der jungen Generation der Fadistas reicht derzeit vielleicht ansatzweise an Amália heran: Wer Carminho (sprich: karminju) einmal live erlebt hat, kann bestätigen, dass sie mit jeder Faser ihres Daseins den Fado lebt, sich mit Leib und Seele völlig verausgabt in ihrem Gesang – ein Gesang, der von brennender Verzweiflung über inniges Sehnen bis zu delikater Zärtlichkeit reicht. Wenn ich sie auf der Bühne sehe, habe ich manchmal Angst, dass diese zarte Person an ihrer eigenen Intensität zerbricht.

Schon als Teenagerin entwickelt sie ein blindes Verständnis für das Nationalgenre der Portugiesen. Denn sie hat das Glück, dass ihre Eltern ein Fadohaus besitzen, dort kann sie an den Konzerten teilnehmen. „An den Tag, an dem ich begonnen habe, Fado zu singen, erinnere ich mich nicht mehr", sagt sie. „Ich weiß ja auch nicht mehr, an welchem Tag ich anfing zu sprechen. Fado lernt man wie seine Muttersprache, es gibt keine Bücher, Schulen oder Theorien."

Dank Carminhos Charisma liebt auch die portugiesische Jugend wieder den Fado. Mittlerweile hat sie ihre Sprache auf brasilianische Töne und auf Experimente mit der E-Gitarre ausgeweitet. Am stärksten ist sie für mich aber, wenn sie den „puren" Fado singt, wie in diesem Stück aus ihrem Debütalbum. Wenn die Verzweiflung kurz vor dem Ende des Stücks eskaliert, versetzt mir ihre Stimme jedes Mal einen Stich ins Herz. „Ich habe deinen Namen in den Wind geschrieben", heißt es im Text von Jorge Rosa, „überzeugt davon, dass ich ihn dem Blatt des Vergessens anvertraue." Doch der Wind frischt auf, trägt den geliebten Namen zurück, verstärkt die Qualen. In diese Zeilen ist die ganze tragische Essenz der vielzitierten portugiesischen Saudade eingraviert – eine Sehnsucht, die sich nie bezwingen lässt.

35 Grad in der Strohhütte

21. August

Shake Stew, Österreich/Deutschland

„GRILLING CRICKETS IN A STRAW HUT, PT.1"

(*Gris Gris*, Traumton 2020)

Jazz, Funk, Afrobeat und arabische Trance-Grooves krachen in diesem Septett aufeinander. Für diese einzigartige Stilmischung wird die österreichisch-deutsche Combo von reiferen Jazzfans und jungen Hipstern zwischen Istanbul und Mexiko verehrt.

Shake Stew sind vor allem dem Geist des Bassisten Lukas Kranzelbinder entsprungen, als Klagenfurter ein Kind der Berge, musikalisch aber ein Sohn der großen weiten Welt. Fan des Free-Jazz-Saxophonisten Ornette Coleman ist der Kärntner genauso wie des Äthiopiers Mulatu Astatke (19. Dezember), er verehrt den Jazzbassisten Charlie Haden, aber auch den Gitarristen Marc Ribot. Von Surf Rock bis zum freien Experiment hatte er schon alles gemacht – und dann kam Shake Stew!

Ein wirklich ungewöhnliches Line-up: einem drei Mann starken Bläsersatz (zwei Saxophone, eine Trompete) steht eine vierköpfige Rhythmusgruppe (zwei Bässe, zwei Drummer) gegenüber. Ganz zufällig habe sich diese Konstellation ergeben, sagt der Leader. Die Stücke gleichen ausufernden Jam Sessions, dauern gut und gern mal fünfzehn Minuten. Eines der verrücktesten findet sich auf dem dritten Album *Gris Gris*, es hat mich vom ersten Hören an in den Bann gezogen: „Grilling Crickets In A Straw Hut" entwickelt sich von einem sehr entspannten Intro mit der marokkanischen Laute Gimbri (12. Februar) zu einer pumpenden Afrodisco-Nummer.

Dazu gibt's eine grandiose Entstehungsanekdote, die in die Augusthitze dieser Tage passt. „Das habe ich geschrieben, als ich in Kroatien im Urlaub in einer Strohhütte lag, bei 35 Grad, und Gimbri gespielt habe. Plötzlich sind die Grillen im Groove verschwunden, und irgendwann bin ich in meinen Gedanken versunken über das Paradoxon, dass Grille auf Deutsch überhaupt nix zu tun hat mit ‚grill' im Englischen, denn da gibt es ja das schöne Wort ‚cricket'. Und dann habe ich mir überlegt: Die Grille zirpt, aber vielleicht grillt sie ja auch." Alles klar?

Nahe am Herzen

22. August

Hossein Alizadeh, Iran (*1951)
„IF LIKE BIRDS AND ANGELS, I COULD FLY“
(*If Like Birds And Angels, I Could Fly*, Traditional Crossroads 2010)

Fast zärtlich hält er sein Instrument in den Händen. Die persische Langhalslaute Setar besitzt einen winzigen Korpus, nahe am Herzen gehalten habe sie eine ganz enge Verbindung zum Spieler, erklärt Hossein Alizadeh mit sanfter Stimme. Die Setar ist das „Vaterinstrument“ der persischen Musik, und auch auf der kräftiger klingenden Tar ist er der größte Meister seiner Generation.

„Ich bin wie ein Dichter, der nicht immer das gleiche Gedicht wiederholen möchte“, sagt Alizadeh, der auch in Berlin Musikethnologie studiert hat, Bach und Brahms schätzt. Er improvisiert nicht nur über die Dastgāhs, die Skalen der klassischen persischen Musik (3. November), oder vertont Gedichte der beiden großen „klassischen“ persischen Dichter Rumi (30. September/21. Dezember) und Hafez. Er verbindet auch traditionelle Instrumente des Iran mit Orchesterfarben der westlichen Welt.

Mit seiner freigeistigen Einstellung eckt der heute geborene Alizadeh oft an beim Mullah-Regime. Das zermürbende Hin und Her zwischen gemäßigten und kulturfeindlichen Kräften, den alltäglichen Hürdenlauf durch die Zensurbehörden nimmt er in Kauf. Ins Exil zu gehen, wie das viele seiner Kollegen und Kolleginnen tun, kann er sich nicht vorstellen: „Alle meine Träume sind im Iran, ob ich sie nun verwirkliche oder nicht.“ Bittere Randnote: Während ich das hier schreibe, hat der populärste Musiker des Iran in seiner Heimat gerade Auftrittsverbot erhalten.

Die Einbindung der Frauen liegt Alizadeh besonders am Herzen. Ihnen verbietet der „Gottesstaat“ in den meisten Provinzen solistisches Singen, die weibliche Stimme führe die Männer auf „Abwege“, so die Mullahs. Alizadeh kritisiert das Verbot öffentlich: Musik sei ja von Wiegenlieder singenden Frauen erfunden worden! Wie wunderbar sich großartige Musikerinnen in Alizadehs Hamavayan Ensemble einfügen, führt uns das Stück „If Like Birds And Angels, I Could Fly“ vor Ohren. Die großartige Solostimme gehört der Sängerin Raha.

Verschwiegene Wahrheit

23. August

Souad Massi, Algerien (*1972)

„YEMMA“

(*Deb*, Wrasse 2003)

Ganz selten habe ich erlebt, dass eine Sängerin auf der Bühne weint. Tränen der Rührung darüber, dass das Publikum so intensiv auf die eigene Musik reagiert. Bei Konzerten der entwaffnend natürlichen Souad Massi ist das gleich ein paar Mal passiert. Ihre Emotionsausbrüche haben mit ihrer Vergangenheit zu tun: „In einem meiner Lieder vergleiche ich Algerien mit einer schönen Frau, der niemand zuhört“, sagt sie. Und das ist eine Erfahrung, die sie selbst gemacht hat.

In Bab El-Oued, einem Vorort Algiers am heutigen 23. August geboren, wächst sie mit dem heimischen Chaâbi auf, der aus berberischen und arabischen Einflüssen gemischten populären Volksmusik. Gleichzeitig ist sie fasziniert vom Flamenco. Den Fundamentalisten passt ihre rockig geprägte Musik gar nicht, sie erhält Morddrohungen am Telefon. Zudem machen Ausgangssperren während des Bürgerkrieges Band-Proben unmöglich, frustrierende Jahre als Stadtplanerin folgen. Erst eine Einladung aus Paris bringt sie zurück zur Musik.

Heute ist Souad Massi eine der wichtigsten Interpretinnen des modernen arabischen Liedes. Im französischen Exil hat sie sich in diesem Genre eine eigene Nische geschaffen. Da sind keine üppigen Streichorchester oder pathetischen Ornamente in ihren Songs, sie mischt vielmehr den so geliebten Flamenco, ebenso Chanson und Folk in ihre Klangsprache. Vom Schicksal einer entwurzelten Algerierin im Großstadtgetriebe erzählt sie, erinnert sich wehmütig an das Haus ihres Großvaters, oder sie vertont jahrhundertealte andalusische Poesie.

Deb, ihr zweites Album, bleibt bis heute das Meisterwerk aus frühen Tagen. Es reicht von knackigen afrikanischen Rumba-Rhythmen bis zu zarten Arab-Chansons wie „Yemma“. Massi hat ein Telefongespräch vertont, das viele Exilanten führen: Um ihre Mutter in der Heimat zu beruhigen, verschweigt die Tochter die bittere Wahrheit über das neue, harte Leben im Ausland.

Inbegriff des Afro-Hits

24. August

Papa Wemba, DR Kongo (1949–2016)
„SHOW ME THE WAY"
(*Emotion*, RealWorld 1995)

Was ist Ihr persönlicher Sommerhit? „Aserejé" von Las Ketchup? Oder Shakiras „Waka Waka"? Ein bisschen exotisch aufgeladen sollte es wohl schon sein. Auch einer meiner größten Sommerhits wurde nicht gerade an der nächsten Ecke ersonnen, sondern kommt aus der Demokratischen Republik Kongo. Wenige Falsettstimmen vom schwarzen Kontinent haben mich so berührt wie die von Papa Wemba, Beiname: die „Nachtigall". Auch wenn seine Biografie nicht gerade der eines filigranen Vogels entsprach.

Als Sänger der Gruppe Zaiko Langa Langa tritt er 1974 beim Begleitprogramm zum legendären Boxkampf zwischen Muhammad Ali und George Foreman in Erscheinung. Mit Zaiko und später mit Viva La Musica revolutioniert er die kongolesische Rumba (19. Juli), tüncht sie mit Rock an und verpasst ihr mehr Tempo: die Geburt des Soukouss. Gleichzeitig wird er zum Doyen der Sapeur-Bewegung, jener kongolesischen Dandys, die sich mit feinstem Zwirn kleiden. Sie zeigen den Ex-Kolonisatoren, dass auch Afrikaner sich mit westlichen Mode-Attributen zu schmücken wissen. Doch Papa Wemba wirft sich auch gern mit der Kriegerkleidung seines Volkes Tetela in Schale.

Sein Weg nach Europa beginnt in den Achtzigern, auf dem Label Real World werden seine Alben zu Meilensteinen der frühen Weltmusik. Allen voran die Scheibe *Emotion*, auf der der charismatische Vokalist Songs aus der Werkstatt des aufstrebenden Landsmannes Lokua Kanza (20. April) vorstellt. Ein solcher ist „Show Me The Way" – für mich der Inbegriff eines afrikanischen Pop-Ohrwurms, der im Sommer 1995 chronisch in meinen Radiosendungen lief.

In den späteren Jahren bekommt Papa Wemba Ärger mit dem Gesetz, er schmuggelt Menschen außer Landes und verdient daran. Nach der Zeit im Gefängnis erfindet er sich noch mal neu, im Ndombolo-Sound, dem Dernier Cri des Soukouss-Universums. Mit nur 66 Jahren ist er auf einer Bühne in Abidjan gestorben.

Nachtkonzert im Bahnhofsbuffet

25. August

Orchestre Rail-Band de Bamako featuring Salif Keita (*1949)
„RAIL BAND“
(*Orchestre Rail-Band de Bamako*, Mali Music 1970,
Reissue: Mississippi Records 2011)

Ohne sie wäre die Geschichte der westafrikanischen Popmusik sicher anders verlaufen. Wer ab 1970 auf der Eisenbahnstrecke zwischen Dakar und Bamako unterwegs war und nach 1300 Streckenkilometern und mindestens 36 Stunden Fahrzeit am Bahnhof der malischen Hauptstadt ankam, der hatte ziemlich gute Chancen, von den großartigen Grooves der Rail Band begrüßt zu werden. Das musikalische Aushängeschild von Bamako verwandelte das Bahnhofsgebäude bis in die frühen Morgenstunden in einen Hexenkessel.

Mali war damals noch ein sozialistischer Staat und leistete sich etliche nationale Band-Orchester. Alle diese Big Bands eiferten um die Gunst der politischen Führung, von der man als Musiker im bitterarmen Land vollkommen abhängig war. In der Truppe, die 1970 vom Direktor der staatlichen Eisenbahngesellschaft zusammengestellt wurde, verdienten sich sowohl das heutige Geburtstagskind Salif Keita als auch der Guineer Mory Kanté (22. Mai) ihre ersten Meriten.

In ihrem Sound wurzeln viele Komponenten des späteren weltmusikalischen Booms Westafrikas. Ornamentreiche Gesangslinien, raues Saxophon und klackernde Gitarrensoli: Der frühe Afropop der Rail Band hat bis heute an Faszination nicht verloren. Anleihen bei der Musik Kubas lassen sich ebenso heraushören, sie waren in Westafrika damals ungeheuer beliebt.

In verschiedenen Metamorphosen hat die Rail Band (als Super Rail Band) bis ins neue Jahrtausend überlebt. Die Bahntrasse zwischen Atlantik und Sahel bröckelte dagegen schon lange vor sich hin, mit altersschwachen Schienen und Gebrauchtwaggons aus Indien in erbärmlichem Zustand. Schließlich fuhr sie nur noch gelegentlich auf Teilstrecken in Mali. Ob die Verbindung wieder einmal geöffnet wird, steht in den Sternen über dem weiten Savannenhimmel. Und so ist es echte Eisenbahnnostalgie, dem Titelstück dieses Debütalbums zuzuhören.

Stille Zärtlichkeit

26. August

Thierry „Titi“ Robin, Frankreich (*1957)
„TON DOUX VISAGE“
(*Ces Vagues Que L'Amour Soulève*, Naïve 2005)

Stelle ich mir einen musikalischen Weltenbummler vor, dann kommt mir zuallererst der Name Thierry „Titi“ Robin in den Sinn. Der heute geborene Südfranzose und Multiinstrumentalist spielt seine Saitenkunst unter anderem auf der arabischen Laute Oud, auf der Bouzouki und der Gitarre aus. Seit den frühen 1990ern begeistert er sich für die Klänge des Orients, er hat ein Ohr an den Festen der südfranzösischen Gitans, das andere an den Flamenco-Gesängen Andalusiens. Teamworks geht er mit Kolleginnen und Kollegen vom Balkan oder der Bretagne ein.

Sein besonderes Steckenpferd ist dabei oft die Geschichte der Sinti und Roma. Ihren Weg musikalisch von Nordindien bis nach Europa nachzuzeichnen, könnte man als seine Lieblingsbeschäftigung bezeichnen. Eine zentrale Partnerin für ihn ist dabei seine langjährige Begleiterin, die Tänzerin Gulabi Sapera aus der Kaste der Schlangenbeschwörer Rajasthans. Und die Arrangements, die er um seine vielen Zupf- und Schlaginstrumente herum entwirft, bieten einem Akkordeon genauso Platz wie einem Englischhorn, sind immer überraschend.

Robin schöpft aus all seinen Einflüssen etwas Unerhörtes, was er nicht mit „Weltmusik“ bezeichnen möchte. Vielmehr als eine „imaginäre Folklore“, die feurig und unbändig ist, die aber auch immer wieder in eine wunderschöne, stille Zärtlichkeit zurückfällt. Jedes Mal, wenn ich „Ton Doux Visage“ höre, stelle ich mir vor, wie sich ein Liebespaar im gegenseitigen Anblick verliert. Ist es nicht unheimlich schön, wie sich diese sanft wiegenden Gitarren ganz allmählich über der Rahmentrommel hochschaukeln? Wie das Saitenspiel sich mit überbordendem Melodiefluss mal zum Flamenco, mal zum Blues hinneigt? Und wie der leise Atem des Akkordeons durch all das geleitet?

Keine U-Bahn auf Kuba

27. August

Marialy Pacheco, Kuba (*1983)
„METRO"
(*Danzón Cubano*, Neuklang 2019)

Kuba ist ein Land der Pianisten: Chucho Valdés, Omar Sosa, Roberto Fonseca, Ramón Valle – und die Frauen? Sind in der Minderzahl, aber es gibt sie. Allen voran Marialy Pacheco!

Zum Glück hat sie ihr ursprüngliches Vorhaben nicht umgesetzt, Balletttänzerin zu werden. Die Mutter Chorleiterin, der Vater Opernsänger: Klar, dass sie erst mal klassischen Klavierunterricht genießt. Aber durch einen Pianowettbewerb des großen kubanischen „Piano-Papas" Chucho Valdés lernt sie die Welt des Jazz kennen: „Ich fragte mich damals: Habe ich denn die ganze Zeit unter einem Stein gelebt? Denn Jazz heißt: Es ist deine Stimme, es gibt keine Grenzen. Ich war verliebt in die Freiheit und die Spontaneität."

Seitdem hat Pacheco ihre eigene Tastensprache entwickelt, in der sie die Rhythmen Kubas, ja, der ganzen Latin-Welt, mit ihrer klassischen Ausbildung und eigenen Zutaten lässig und virtuos unter einen Hut bringt. Dafür sucht sich die wahldeutsche Musikerin Partner aus, die aus ganz unterschiedlichen Musiknischen kommen. Das kann der Santana-Perkussionist Karl Perazzo sein, der deutsche Soulsänger Max Mutzke oder das gesamte WDR Funkhaus Orchester.

Als Liebhaber von Schienenfahrzeugen rund um den Globus konnte ich nicht widerstehen, aus ihrem Repertoire das Stück „Metro" herauszupicken. Am 27. August 1921 wurde in der amerikanischen Presse vermeldet, dass nach New Yorker Vorbild in Havanna eine U-Bahn gebaut werden solle – realisiert wurde das Projekt nie. „Das habe ich also aus meiner bloßen Imagination heraus komponiert. Ich fragte mich, wie es wäre, in so einem schnellen Gefährt zu sitzen. Eines Tages fuhr ich dann tatsächlich U-Bahn, und da merkte ich: So schrecklich besonders ist das ja nun auch nicht!" Was man von der musikalischen Umsetzung aber sehr wohl sagen kann – sowohl in der Bandversion wie auch in der Orchesterversion.

Vagabundinnen-Walzer

28. August

Eddi Reader, Schottland (*1959)
„BACK THE DOGS (DANCING DOWN ROCK)"
(*Vagabond*, Reveal Records, 2013)

Das Leben einer Vagabundin: In den „Slums" von Glasgow wächst Sadenia Eddi Reader mit dem Jazz der 1930er, mit Doris Day und Peggy Lee auf. Kaum erwachsen, tingelt sie nach Paris, macht Straßenmusik, entdeckt das Chanson. In London kommt sie in den Bannkreis des Punks, will Oper studieren, singt Background bei den Eurythmics, findet sich dann aber als Leadsängerin der Akustikpopper Fairground Attraction wieder: „It's got to beeeeeehhh perfect" – das haben wir alle noch im Ohr.

„Musik befreit mich aus dem Käfig der Schmerzen", sagt sie. Jedes ihrer Soloalben ab den 1990ern ist zum Niederknien, nie lässt sich genau sagen: Ist das Folk oder Pop oder Jazz? Ihre träumerische, zuweilen sarkastische Stimme trägt alles in sich. Sie liebt Geschichten, die so stark sind, dass sie ein Herz brechen können, egal, ob sie von Dichtern wie Yeats oder Neruda stammen oder aus der eigenen Feder. Mit einem Tributalbum an Robert Burns (25. Januar) wendet sie sich dem schottischen Volksgut zu und erkennt: „Unsere Kultur ist offen, großzügig, mit der Vergangenheit verbunden, fähig, in die Welt hinauszutreten, ohne ein Empire aufbauen zu müssen."

Und während sie auf einer Tournee im Tokioter Stadtteil Shibuya sitzt, erzählt sie mir übers Telefon von ihrem deutschen Blut. Bei einer Haushaltsauflösung eines Verwandten habe sie entdeckt, dass einer ihrer Vorfahren Karl Rader hieß. Ein Instrumentenbauer aus Haan bei Wuppertal, der 1850 nach Edinburgh emigriert war, bald nannte man ihn: „Charles Reader"! Wirklich weltumspannend, diese Frau.

Eines ihrer wunderbarsten Lieder ist für mich ein Walzer namens „Back The Dogs", eine Widmung an die irische Großmutter von der anderen Straßenseite. „Dort gab's Spitzenvorhänge und Teppiche, die Toilette roch nach Parfum, ganz anders als in unserem erbärmlichen Block. Bei meiner Oma stand auch das erste Klavier meines Lebens, und das zog mich magisch an."

Entlang des goldenen Taus

29. August

Farlanders feat. Inna Zhelannaya (*1965) & Sergey Starostin (*1956)
„НАБЕРУ ТРАВЫ“ („ICH SAMMLE GRAS)“
(*The Farlander*, JARO Medien 1999)

Der späte August: Was verbinden Sie mit dieser Jahreszeit? Meiner Mutter und mir steigt da unweigerlich der Geruch von frischem Heu in die Nase, denn das wurde auf der Wiese meines Großvaters immer um diese Zeit „gemacht“, eine Aktion, an der die ganze Familie beteiligt war. Und dann ließen die Kinder sich genussvoll in die meterhohen duftenden Grashaufen hineinfallen. Für meine Mutter ist der Duft von Heu bis heute „Heimat(t)“. Um das Sammeln vom Gras geht es auch im heutigen russischen Lied. Dabei begegnen wir klassischen Musikern auf Abwegen.

Eigentlich sollte Inna Zhelannaya einen Abschluss im Operngesang machen, doch ihre parallele Tätigkeit als Punk-Sängerin ruiniert ihre Stimme so stark, dass sie Ende der 1980er von der Moskauer Hochschule fliegt. Ab diesem Zeitpunkt streckt die Frau mit dem markanten, hellen Timbre ihre Fühler in andere Richtungen aus – und lernt auf diesem Weg eine Koryphäe der russischen Folkmusik kennen, Sergey Starostin. Auch er startet als klassischer Klarinettist, begeistert sich aber zunehmend für die alten, archaischen Lieder der Dörfer.

Bei den Farlanders kommen sie zusammen: Starostins Blasinstrumente und die schneidende Stimme von Zhelannaya, ein bundloser, sechssaitiger Bass und kraftgeladene Drums treten hinzu. Tolle Zutaten, um russische Folklore in neuem, ruppigem Gewand zu feiern. „Ich sammle Gras“ von ihrem Debütalbum spielt mit vielen Sommermotiven, die mich auf die „Heimatt“ meiner Kindheit zurückbeamen:

Ich sammle Gras, höher als mein Kopf,
es soll mich vor bösartigen Gerüchten schützen.
Ich werde den Fluss mit dir überqueren, an deine Seite gekettet,
entlang des feuchten Pfades mit goldenem Tau.
Ich bin trunken vom Wasser aus deinen Händen,
ich fliege mit dem Wind und schreie der Sonne entgegen.

Eine Stimme trotzt dem Trauma
30. August

Sadiqa Madadgar, Afghanistan (*1997)
„O YAK SHAB BARANI"
(OST *Female Voice Of Afghanistan*, nur online)

2021 übernahmen in Kabul erneut die Taliban die Macht, nachdem die „Schutzmächte" ihren Einsatz in Afghanistan am 30. August Hals über Kopf beendet hatten. Das vielzitierte politische Desaster ist aber auch ein kulturelles. Besonders für Musikerinnen kommt die Ausübung ihres Berufs seitdem einem Todesurteil gleich. In dieser Vorausahnung flohen viele von ihnen schon während des Abzugs des Westens unter Lebensgefahr. Zu ihnen zählt auch Sadiqa Madadgar.

Geboren wird sie in der südlichen Provinz Ghazni Qarabagh, bereits als Kleinkind ist sie mit ihren Eltern auf der Flucht vor dem Krieg nach Pakistan. Um ihrer musikalischen Passion zu folgen, geht sie als junge Erwachsene aber zurück nach Kabul, begeistert sich außerdem für Kampfsport und Fahrradfahren – und das passt ganz und gar nicht ins traditionelle Bild von der afghanischen Frau.

Durch den Sieg in der Castingshow *Afghan Star* wird Sadiqa im ganzen Land Vorbild für ihre Geschlechtsgenossinnen. In ihren TV-Auftritten singt sie Volkslieder der Paschtunen und der Hazara in Pop-Arrangements. Doch ihre kraftvolle Stimme setzt sie auch in traditionell besetzten Ensembles mit der Laute Rubab und Harmonium ein. So etwa in diesem Song, den die Musikethnologin Yalda Yazdani und Filmemacher Andreas Rochholl für ihr Streaming-Projekt *Female Voice of Afghanistan* eingefangen haben. Die romantische Ballade über eine Regennacht stammt aus der goldenen Siebziger-Ära der afghanischen Popmusik.

„Ich bin Muslima, aber ich bin auch Sängerin. Aus so einem Talent, das einem Gott gegeben hat, muss man doch das Beste machen und hart dafür arbeiten!", sagte mir Madadgar 2021 aus einem Flüchtlingscamp in Abu Dhabi. Der Wunsch der heute in München Lebenden: „Die Taliban müssen entmachtet werden und die Frauen ein sichtbarer Teil der Gesellschaft werden, auch in Regierungsämtern." Die Erfüllung liegt leider in sehr weiter Ferne.

Trommeln trotz Tabu

31. August

Manou Gallo, Elfenbeinküste (*1972)
„TOUT BRÛLE"
(*Dida*, Zig Zag 2003)

Im Künstlerdorf Ki Yi M'bock waren wir am 29. Juni bei Dobet Gnahoré auf Stippvisite. Heute, zu ihrem Geburtstag, möchte ich Ihnen eine zweite starke Frau aus der Elfenbeinküste vorstellen, die in diesem kreativen Bienenhaus groß geworden ist.

Eigentlich ist es ein Tabu für die Frauen ihres Volkes, die Djiboi: Doch mit zwölf Jahren nimmt Manou Gallo wie selbstverständlich bei einer Zeremonie Platz an den Trommeln und spielt als Ersatz für einen ausgefallenen Musiker. Der Geist ihrer Urgroßmutter habe ihr diese Fähigkeit übertragen, sagt sie. Genauso erstaunlich bleibt ihr weiterer Weg. In Ki Yi M'bock entdeckt sie Anfang der 1990er der Manager von Zap Mama (20. Oktober), sie bekommt in Brüssel die Stelle der Band-Bassistin. Als einzige Frau tourt sie anschließend mit der Perkussionstruppe Les Tambours de Brazza aus dem Kongo. Und entwickelt peu à peu ihre Version von modernem Afropop – mit ihrem knackig-kantigen E-Bass als Kraftwerk im Zentrum.

Als ich 2003 ihr erstes Soloalbum höre, klappt mir die Kinnlade herunter. Einen derartig prasselnden Funkenflug zwischen afrikanischen Rhythmen, Funk und Pop hatte ich bis dahin noch nicht gehört. Wenig später treffe ich sie auf dem Afro-Pfingsten-Festival in Winterthur, und der Eindruck von der Powerfrau bestätigt sich vehement. „Ich hatte das Glück, in einem afrikanischen Dorf aufzuwachsen und kann heute immer noch aus meinem traditionellen Brunnen schöpfen", sagte mir Gallo. „Ich konnte reisen und meine eigene Sprache in einem langen, schwierigen Prozess herausbilden. Ich bin Afropäerin, habe einen E-Bass, bin funky. Es gibt keine Grenzen: Ich bin ein Vogel, der frei herumfliegen kann."

Ihre Gefühle über den Bürgerkrieg in der Côte d'Ivoire verarbeitet Gallo im polyrhythmischen Stück „Tout Brûle": „Der Himmel ist voller Rauch im Osten. Ich will meine klare Sonne am Morgen, den Gesang der Vögel, ich will Frieden."

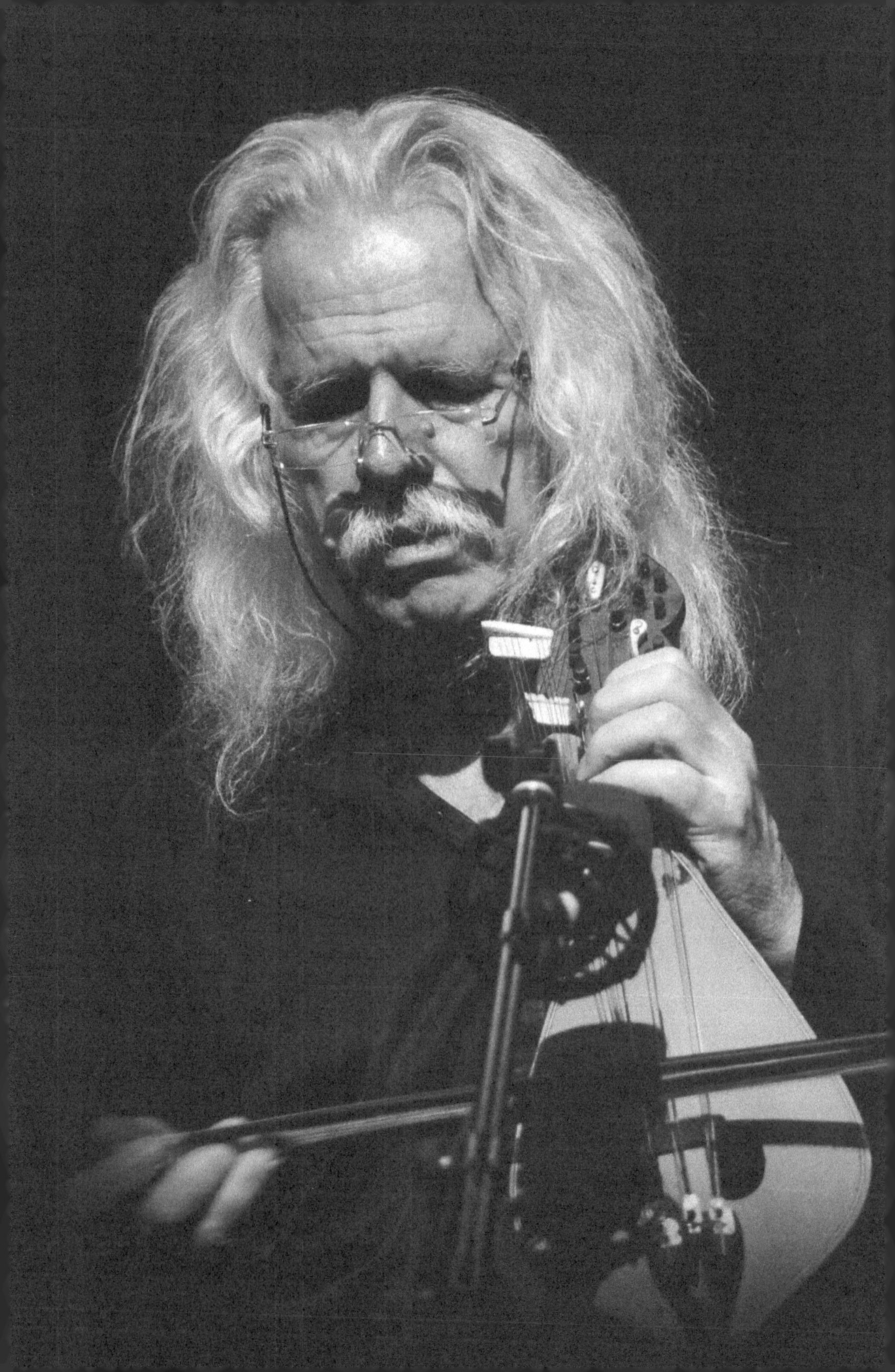

SEPTEMBER

Die Geliebte wird ein Schatten

1. September

Jacques Brel
„LA COLOMBE"
(*La Valse À Mille Temps*, Philips 1959)

Als Mahnmal für den deutschen Überfall auf Polen wurde 1957 der 1. September zum Weltfriedenstag auserkoren. Daher soll es heute um ein Antikriegslied gehen, das Jacques Brel 1959 mit großer musikalischer Nachwirkung in die Welt gesetzt hat.

Es ist auffällig, dass gerade die Chansonniers immer wieder bilderreich und poetisch Lyrik und Musik gegen den Krieg geschaffen haben, von Boris Vians „Le Déserteur" über Yves Montands und Serge Reggianis Vertonungen von Arthur Rimbauds „Le Dormeur Du Val" bis eben zu Brels „La Colombe". Eigentlich hatte der Belgier es speziell geschrieben, um seine Verachtung gegen den Algerienkrieg kundzutun. Doch die unablässigen Fragen nach dem Warum sind zeitlos, gerade jetzt hören sie sich schmerzlich aktuell an.

Die unerbittliche Kriegslogik spiegelt sich in den Marschrhythmen wider, und sie ahmen gleichzeitig den Rhythmus eines Zuges nach – ein Zug, der die Kindheit der Soldaten beendet und sie zum Massaker transportiert. Von den leeren Phrasen bei den Beerdigungen der Gefallenen ist die Rede, vom Sieg, der eine Totgeburt ist. Und schließlich von der tränenüberströmten Geliebten, die immer mehr zum Schatten wird für den jungen Rekruten, der mit dem Zug in eine mörderische Schlacht fährt. Die Taube im Wald, die dem Lied seinen Namen gegeben hat, sie ist verletzt, sie wird getötet werden.

Jacques Brels „La Colombe" wurde später auch von Judy Collins und Joan Baez im Ton eines verletzlichen Folksongs aufgegriffen. Die dunkle, martialische Moll-Wucht des Originals aber halte ich dem Thema entsprechend für viel angemessener. Für mich ist dieses Finalstück vom Album *La Valse À Mille Temps* eines der stärksten Antikriegslieder der Musikgeschichte. Es erschüttert bis heute und müsste aktuell, wo wieder Krieg herrscht auch in Europa, viel mehr interpretiert und gespielt werden.

Der Elvis Abessiniens

2. September

Alèmayèhu Eshèté, Äthiopien (1941–2021)
„ALTELEYESHEGNEM“
(*Alteleyeshegnem* Single, Philophon 2017)

Er galt wahlweise als abessinischer Elvis, äthiopischer James Brown oder „goldene Stimme von Addis“. Doch Namen sind ja bekanntlich Schall und Rauch, und gerade in der globalen Popmusik werden immer gern holprige Vergleiche unternommen, um die Besonderheit einer Stimme fürs westliche Publikum verständlicher zu machen. Ich versuche, Ihnen diesen außergewöhnlichen Mann anders näher zu bringen: Alèmayèhu Eshèté hat die Popmusik Äthiopiens seit den 1960ern mit Funk und Soul aufgeladen, sie dadurch zu einer Klangsprache gemacht, die auch über die Landesgrenzen attraktiv wurde. Denn die äthiopische Musik in ihrer Reinform ist aus eigentümlich klingenden Skalen gebaut, die in unseren Ohren einen fremdartigen, fast unheimlichen Kitzel bewirken.

Seine ersten Hits hatte Eshèté 1961 mit dem Staatlichen Polizeiorchester, wurde dann ein Frontmann der „Swinging Addis“-Szene der Sechziger und Siebziger, als das Nachtleben der Hauptstadt eine Blüte erlebte. Das alles fand noch unter der Herrschaft des despotischen Kaisers Haile Selassie statt. Der war zwar ein in Pomp und Reichtum badender Despot, der das Volk auf dem Land verhungern ließ, den Amüsierbetrieb aber ließ er unangetastet. Ein noch größerer Horror setzte für die Äthiopier ab 1974 mit der Gräuel-Herrschaft des kommunistischen Derg ein. Unter Machthaber Mengistu erlebte die Kultur eine harte Zeit der Ausgangssperren und Beschneidungen, viele Musiker gingen ins Exil.

Eshèté blieb, überdauerte die finstere Epoche und erfuhr eine unverhoffte Renaissance. Denn im dritten Jahrtausend entdeckte eine neue Generation mit einem Faible für alte Platten die afrikanische Popmusik der goldenen Ära. Nach Deutschland kam Eshèté noch im hohen Alter (er starb am 2. September 2021), um seine Zusammenarbeit mit den Polyversal Souls aus Berlin vorzustellen. Daraus habe ich „Alteleyeshegnem“ rausgepickt, ein alter Eshèté-Hit, neu aufgemöbelt.

Auf einem Bogenhaar
3. September

Taraf de Haidouks, Rumänien
„TURCEASCĂ“
(*Honourable Brigands, Magic Horses And Evil Eye*, Cramworld 1994)

Als ich während meines Studiums Konzerte im Jazzhaus Freiburg organisierte, hatten wir diese grandiose Roma-Band aus dem rumänischen Clejani zu Gast. Ich erinnere mich an einen turbulenten Abend: Der damals noch lebende Patriarch der Taraf de Haidouks, Nicolae Neacşu, ließ sich vom Publikum stangenweise mit Zigaretten versorgen, einige Bandmitglieder versuchten am Manager vorbei Kassetten zu verkaufen – auf denen aber gar nicht ihre eigene Musik zu finden war. Der bewegendste Moment aber: In einer dunklen Ecke des Gewölbes brachte Neacşu (der heute im Jahr 2002 mit 88 Jahren starb) seinem Urenkel nach dem Soundcheck eine Melodie bei: Er strich dabei die Saite mit einem einzigen Bogenhaar, und der Nachwuchs ahmte sie auf seiner Geige Note für Note nach: So geht mündliche Überlieferung!

Taraf de Haidouks waren die erste Band des Balkan-Booms. Diese Mehrgenerationen-Band eroberte die Welt nicht mit den fetten Trompeten und Saxophonen der späteren „Balkan Beatz“-Bewegung. Bei ihnen zaubern Violinen, Akkordeon, das Balkan-Hackbrett Cimbalom, Flöten und Bass die mal feurige, mal innig-versunkene und schmerzliche Musik der Lautari-Spielleute aus der walachischen Steppe. Nicht nur die Virtuosität zählt, diese Musik berührt mit großer Seele. So ging es auch dem Belgier Michel de Winter, der sein ganzes Leben dieser Gruppe verschrieb, um sie auf der Welt bekannt zu machen. Seine Geschichte erzählt Tony Gatlif im Film *Gadjo Dilo*.

Wie grenzenlos die Musik der Roma ist! Denn sie hat auf ihrem Weg aus dem Nordwesten Indiens bis nach Andalusien 600 Jahre lang unzählige lokale Eigenheiten aufgesogen. Das zeigt sich auch in diesem halsbrecherischen Instrumentalstück, das aus der türkischen Tradition stammt. Gut festhalten: Hier kommt zum Internationalen Tag der Roma die für mich immer noch magischste Band Südosteuropas.

Das Erbe von Lambarene

4. September

Pierre Akendengué, Gabun (*1943)
„TA'NZAMBE"
(*Gorée*, Lusafrica 2005)

Gabun zählt zu den wenigen Ländern Schwarzafrikas mit einer relativen politischen und wirtschaftlichen Stabilität. Aber welche Musik dringt aus dem kleinen Land an der Atlantikküste zu uns? Es gibt eine Kuriosität, die ich am Rande erwähne: Am 30. August 2023 beendete ein Putsch die Macht von Ali-Ben Bongo Ondimba, der seit 2009 recht absolutistisch regiert hatte. Dieser Despot hatte eine funky Vergangenheit: Mit der Backing Band von James Brown und unter der Führung des Posaunisten Fred Wesley hatte er 1977 ein ganzes Album aufgenommen. Und noch im Wahlkampf ließ er sich von Hip-Hop-Stars unterstützen, unterhielt zu Puff Daddy und Jay-Z durch seine amerikanische Frau gute Beziehungen.

Ansonsten aber verbinden wir mit Gabun natürlich den Ort Lambarene, in dem der heute im Jahr 1865 verstorbene Arzt, Philosoph, Theologe und Organist Albert Schweitzer wirkte. Seine Vorliebe zu Johann Sebastian Bach war Inspiration für eine ganze CD namens *Lambarena: Bach To Africa*. Der Spiritus Rector dahinter war – zusammen mit dem Belgier Hugues de Courson – ein Mann, der wohl Gabuns bekanntester Musiker sein dürfte: Pierre Akendengué.

Schon in den 1970ern hat er Europa für Klänge aus Afrika sensibilisiert, war also ein Pionier der Weltmusik, bevor es diese gab. Ganz wichtig in seiner Klangphilosophie: der Chorgesang. Wenige Musiker Afrikas verstehen es so, Stimmen gegeneinander zu versetzen, mit komplexen Percussion-Grooves zu verbinden, dabei den Klangeindruck eines afrikanischen Dorfs zu erwecken und diesen mit Popsprache zu verlinken. Paradebeispiel dafür ist sein wunderbares „Ta'nzambe". Es ist eine der schönsten, tanzbarsten und polyrhythmischsten Gottesanrufungen, die ich kenne – weltweit!

Prinzenmusik für Aliens

5. September

Court Gamelan of Paku Alaman, Indonesien
„PUSPAWARNA"
(*Court Gamelan*, Nonesuch Explorer Series 1971)

Ein Stück Sphärenmusik gefällig? Heute machen wir uns auf in die Weiten des Raums, die noch nie ein Mensch zuvor gesehen hat. Am 5. September 1977 startete die Raumsonde Voyager 1, die nun schon seit 2012 Regionen jenseits unseres Sonnensystems durchmisst. Ein Team um den Wissenschaftler Carl Sagan ließ für diese Mission eine *golden record* mit eingravierten Zeichnungen, Fotos, Grußbotschaften vieler Völker der Erde und auch 27 Musikstücken zusammenstellen. Für den Fall, dass die Raumkapsel einmal in die – wie auch immer gearteten – „Hände" einer fremden Zivilisation gelangen wird. Brückenbauen durch Plattenhören!

Welches Stück würde den Aliens wohl am besten gefallen? Es wird ja oft betont, Bach, Mozart oder Beethoven – alle auf der Goldplatte vertreten – hätten „universelle" Musik geschrieben. Mein Tipp für den Favoriten der Extraterrestrischen geht aber auf ein Stück indonesischen Gamelans, denn die klingt schon für viele Erdbewohner unserer Breiten wie Musik von einem fremden Planeten.

Die bis zu 40 Musiker starken Ensembles von den Inseln Bali und Java sind für europäische Ohren eine recht unzugängliche Welt. Das Geflecht aus Gongs, Metallophonen oder Xylophonen, Trommeln, Flöten und Gesang baut auf Skalen auf, die von unseren Tonleitern völlig verschieden sind. Die Einsatzgebiete sind vielfältig: religiöse Feiern, Hochzeiten, Schattenspiele, Tanzdramen, Puppentheater. Bei meiner Auswahl haben wir es mit einem Stück höfischer Gamelan-Musik aus Zentraljava zu tun, die Komposition wird dem Prinzen Mangkunegaran dem Vierten (1853–1881) höchstpersönlich zugeschrieben. Man gewinnt den Eindruck einer sehr erhabenen und zarten Darbietung, was auch der Text bestätigt: Er lobpreist die neun Frauen und Gespielinnen des Prinzen und vergleicht sie mit Blumen, jeweils mit einer eigenen Skala. Ich denke, die Aliens wären beeindruckt.

Besuch beim Highlife-Professor

6. September

F. Kenya's Guitar Band, Ghana
(produziert von John Collins, Ghana/UK, *1944)
„ENGEME MA MENKO"
(*Various Artists: The Guitar And The Gun*, Earthworks 2003)

Die Melodien des ghanaischen Highlifes klingen für unsere Ohren eigentümlich wehmütig, obwohl diese Musik hochgradig tanzbar ist. Warum ist das so? Anfang September 2010 bekam ich eine verblüffende Antwort. Meine Freundin Nancy und ich fuhren durch die Außenbezirke von Accra, um eine Eminenz im Bokoor House, dem Archiv für ghanaische Musikgeschichte, zu besuchen. Der gebürtige Brite John Collins hat dieses Museum eingerichtet, ein erstaunlicher Geist, der fast sein ganzes Leben in Ghana verbracht hat. Als junger Mann gründete er mit den Einheimischen Highlife-Bands, an der Legon University von Accra baute er das Music Department auf, veröffentlichte unzählige Thesen zur afrikanischen Popmusik. Seine Antwort auf die Melancholie des Highlifes: „Die Akan-Sprachen, in denen gesungen wird, sind tonale Sprachen, Wortbedeutungen sind an die Sprechhöhe gekoppelt. Deshalb musst du immer aufpassen, dass am Ende die Melodie abwärts verläuft, wenn auch der Sprechduktus nach unten geht. Sonst kann kompletter Nonsens rauskommen!" Und dieses Abwärts tönt dann eben seltsam traurig.

Collins war nie Professor im Elfenbeinturm. Um 1980 rettet er die ghanaische Szene vor dem kompletten Erliegen, als zwei Putsche, mehrjährige Ausgangssperren und eine Dürre der Musikindustrie fast den Todesstoß versetzen. Heerscharen von Musikern verlassen das Land, Collins aber betreibt in den turbulenten Tagen des zweiten Aufstandes eines der wenigen Aufnahmestudios. Das führt zu gefährlichen Zwischenfällen: Als junge Leute zu den *recording sessions* tanzen, drohen Soldaten mit vorgehaltener MG, sie würden alles in die Luft jagen. In letzter Sekunde wird die Situation entschärft. Auf der CD *The Guitar And The Gun* sind die Songs dieser dramatischen Ära versammelt, darunter auch die wunderbare, von süffigen E-Gitarren getragene Highlife-Variante von Francis Kenya aus der Western Region Ghanas.

Filigrane Stegharfe

7. September

Osei Korankye, Ghana
„KESEWA“
(*Seprewa Of Ghana*, Akwaaba Music 2016)

Wenn wir gerade schon mal in Ghana sind, möchte ich Ihnen heute und morgen noch zwei weitere Facetten der dortigen großartigen Musikkultur vorstellen – auch ein wenig als Nachhall meines Aufenthalts dort im September 2010. Die heutige Musik ist für mich schlicht und ergreifend die schönste, die in Ghana gespielt wird. Verantwortlich dafür ist der elegant pluckernde Klang der Harfenlaute Seprewa. Über verschlungene Wege ist sie auch mit der Kora (5. Mai/10. August/17. Dezember) verwandt: Die Seprewa bildet quasi den östlichsten Außenposten der Kora-Familie, war schon im 11. Jahrhundert bei den Akan-Völkern als „Sanku“ bekannt.

Im Ashanti-Reich soll auch König Osei Tutu das Instrument geliebt haben, aber es wurde im Laufe der Jahrhunderte nicht nur an den Höfen gespielt, sondern fühlte sich auch in den kleinen Kneipen wohl, wo die süße, melancholische Palmwine Music (18. August) zu Hause war. Später, in der Kolonialzeit, wurde sie sogar bei kirchlichen Zeremonien eingesetzt. Doch wie es bei vielen verschwundenen Instrumenten in Afrika der Fall war, irgendwann war der Eroberungszug der Gitarre im 20. Jahrhundert nicht mehr aufzuhalten, und der feine, filigrane Seprewa-Sound hatte das Nachsehen.

Großer Auftritt für Osei Korankye! Er hat im Alleingang die vergessene Lautenharfe wieder aus der Versenkung geholt, ihre Tradition wiederbelebt und ihr nicht nur die zehn herkömmlichen, sondern sogar vierzehn Saiten aufgespannt. Hier kommen gleich zwei Alben mit dieser wunderbaren Musik: Einmal *Seprewa Kasa*, auf dem man das Zusammenspiel der Laute mit den Gitarrenlinien von Alfred Kari Bannerman (sonst bei der Supergroup Osibisa in Diensten) genießen kann. Und zum anderen *Seprewa Of Ghana*, die traditionellere Variante dieser vielleicht schönsten Stegharfenmusik des Kontinents.

Mit dem Paradiesvogel durch Accra

8. September

Wanlov The Kubulor, Ghana (*1980)
„COZ OV MONI"
(Fokn Bois: *Coz Ov Moni*, Pidgen Music 2010)

Ich liebe die afrikanische Popmusik des 21. Jahrhunderts dafür, dass sie so unberechenbar ist, und das gilt für die aktuelle Musik Ghanas allemal. Ihr Paradiesvogel ist der heute geborene Wanlov The Kubolor, bürgerlich Emmanuel Owusu-Bonsu, der alle vorgefassten Bilder von Afropop über den Haufen wirft. Das fängt schon damit an, dass er gar nicht in Ghana, sondern im rumänischen Ploieşti geboren wurde, von dort stammt seine Mutter. Schon früh hat er sich den sehr passenden Namen Kubolor gegeben, das bedeutet „Vagabund" in der ghanaischen Sprache Twi und ist für ihn äußerst positiv besetzt. Nach Wanderjahren in den USA veröffentlicht er 2008 die Scheibe *Green Card*, spricht damit über seine Erfahrungen als ghanaischer Rumäne in der Neuen Welt. Er tut das in einem Stil, den er allein geprägt hat, den Pidgin-Rap. „Pidgin" bedeutet in diesem Fall die ghanaische Variante einer grammatikalisch vereinfachten Sprache, die zur Verständigung verschiedener Sprechergruppen untereinander dient.

Mit diesem Stil steckt er den alten Schulfreund M3nsa an. Zusammen formieren sie sich als Fokn Bois und krempeln mit dem ersten Pidgin-Musical der Musikgeschichte die ghanaische Szene um: *Coz Ov Moni* ist eine 45-minütige rasante Fahrt durch den Alltag der Hauptstadt Accra. „Die Idee war, ein Konzeptalbum zu machen, auf dem wir zeigen, was zwei Typen einen Tag lang in Accra passiert. Während wir daran arbeiteten, wurde es zu einem Film und am Ende zu einem langen Musical. Wir zeigen die durchschnittliche Realität in Ghana, ohne Hochglanz", erzählte mir Wanlov. Nichts wird in diesem turbulenten Musical ausgespart: Stationen bei der Internetbetrüger-Mafia, in einer ghanaischen Straßenküche und die Ehrung afrikanischer Freiheitskämpfer verzahnen sich humorvoll und hintergründig.

Mixtec-Metaphern

9. September

Lila Downs, Mexiko/USA (*1968)
„MI CORAZÓN ME RECUERDA“
(*Border – La Linea*, Narada World 2002)

Vielleicht haben Sie den Film *Frida* gesehen, Julie Taymors Biopic über das Leben von Frida Kahlo. Dann könnte Ihnen eine Sängerin aufgefallen sein, die in einer beeindruckenden Szene am Bett der kranken Malerin singt. Diese Sängerin ist Lila Downs. Jedes Mal, wenn ich aus einem ihrer Konzerte kam, tobte ein Bildersturm in mir weiter, und diese Bilder wurzeln in der Welt der indigenen Völker Mexikos.

Downs, heute geboren, ist Tochter eines US-schottischen Vaters und einer Mixtec-Mutter. Die 300.000 Mixtec sind eines der wichtigsten Native-Völker der Region. Zunächst träumt die kleine Lila davon, in der New Yorker Metropolitan Opera zu singen. Durch anthropologische Studien kommt sie ihren kulturellen Wurzeln aber auf die Spur. Wenn sie heute von ihren Vorfahren erzählt, ist es, als wechsele sie in eine andere Welt: „Ihre metaphernreiche Lyrik und ihre mythologischen Vorstellungen, etwa von der gefiederten Schlangengottheit Quetzalcoatl, sind immer noch lebendig. Ich glaube mittlerweile fest an diese kraftgeladenen Bilder, sie bringen Frieden in mein Leben.“

Niemand anderes hat mit so großem internationalen Erfolg die Kultur der mexikanischen Natives ausgerollt, Lieder auf Mixtec, aber auch in anderen indigenen Sprachen wie Zapotec, Nahuatl, Maya und Purepecha interpretiert. Das geschieht mit einer multinationalen Band, in der sich paraguayisches Harfenspiel zu kanadischer E-Gitarre oder afro-kubanischen Rhythmen gruppiert.

Das Eröffnungsstück aus ihrem Album *La Linea* ist für mich einer ihrer stärksten Songs: „Mi Corazón Me Recuerda“, eine kraftgeladene Vertonung eines erdig-wuchtigen Gedichtes von Jaime Sabines (1926–1999).

Wasser bin ich, das einen Körper hat, die Erde wird es trinken,
Feuer bin ich, kompakte Luft, ich werde nicht dauern.
Ich bin die Zeit, die vergeht, es ist mein Tod,
der in den Uhren rückwärts läuft.

Freche Zimtblüte

10. September

Yma Sumac, Peru (1922–2008)
„FLOR DE CANDELA"
(*Fuego del Ande*, Capitol Records 1959)

Ich werde nie vergessen, wie in den späten 1990ern ein stadtbekannter Schauspieler in meinen Plattenladen kam: „Haben Sie was von Yma Sumac?" Mir war der Name zwar vertraut, aber mit der Musik der heutigen Geburtstags-Diva hatte ich mich nie ernsthaft auseinandergesetzt. Und im Regal fand ich leider nur eine Greatest-Hits-Kollektion. Dann fragten wir uns: „Lebt Yma Sumac noch?" Zwei Wochen später kehrte mein Kunde freudestrahlend in den Laden zurück: „Yma Sumac lebt!", verkündete er. Und er erzählte mir aus ihrer Lebensgeschichte.

Yma Sumac hatte ein Hollywood-reifes Leben. Die „Nachtigall der Anden" mit der Fünfoktaven-Stimme führte ihre Abstammung auf den letzten Inka-Herrscher Atahualpa zurück, was wohl nicht den genealogischen Tatsachen entspricht. In der Jugend singt sie Andenfolklore und ist in der Tanzgruppe ihres späteren Ehemannes Moisés Vivanco unterwegs. 1950 entdeckt sie der US-amerikanische Produzent Les Baxter und macht sie zu einer der ersten Protagonistinnen der Exotica-Welle.

Ihre Stimme ist manchmal in farbenprächtige, avantgardistische Orchesterarrangements eingebettet, manchmal in fiebrigen Mambo oder Cha-Cha-Cha. In den 1970ern schwenkt sie auf Rock ein und wird später eine Ikone der LGBTQ-Bewegung.

Die akrobatischen Stücke des Fünfoktaven-Wunders aus den frühen 1950ern können einen überfordern, ich habe etwas Ohrenschonenderes ausgesucht! „Flor De Candela" hat ihre Landsfrau, die Volkssängerin La Chabuca Granda geschrieben, es gilt als Hymne der Stadt Lima. Der Duft der Zimtblüten des Kassiabaumes durchströmt dieses Lied:

Mit Jasmin im Haar und Rosen im Gesicht
führte Airosa die Zimtblüte spazieren,
sie vergoss Frechheit und hinterließ eine Duftmischung,
die sie in ihrer Brust trug.

Baltische Traumwelt
11. September

Maarja Nuut, Estland (*1986)
„HOBUSEMÄNG“
(*Une Meeles*, Eigenverlag 2016)

Eine Ansammlung von 300.000 Menschen könnte furchteinflößend sein. Wenn sich eine solche Menge von Menschen aber auf einem „Sängerfeld“ einfindet, um mit der puren Kraft der Stimmen eine „singende Revolution“ einläuten, erzeugt das wohl weniger Angst als vielmehr geistige Kraft. So geschehen am 11. September 1988, als jeder dritte Einwohner Estlands dort stand, um wie in den drei Folgejahren die sowjetische Besatzung „wegzusingen“.

Chöre hatten in Estland von jeher eine große Tradition, und sie halfen dem kleinen baltischen Staat, der 1991 wieder unabhängig wurde, nationales Selbstbewusstsein zu stärken. Das hat dann auch andere musikalische Richtungen neu angeregt, vom Heavy Metal bis zu einer minimalistisch geprägten Folkmusik. Eine der spannendsten Vertreterinnen des neuen Folks ist die Geigerin und Sängerin Maarja Nuut. Sie baut sehr frei auf dem mehrstimmigen Gesangsstil Estlands und den über 1000 Jahren zurückreichenden Runengesängen auf, verwendet Loops, um Stimme und Violine zu schichten.

„Das Lustige ist: Folkmusik hat in Estland heute den Stellenwert von Pop“, erklärt Maarja Nuut. „Unsere alte Tradition ist nicht verschwunden, als Estland sich für den Westen und den Kapitalismus geöffnet hat, sondern das geschah bereits, als wir ein Teil der Sowjetunion wurden. Volksmusik bestand da lange Zeit nur aus großen Folkorchestern und Massenchören. In den 1990ern startete dann ein Revival der wirklichen Volksmusik, und heute gibt es viele Bands, die die alte Musik in neue Formen gießen.“ Wie ihre neue Form sich anhört, das lässt sich auf dem Album *Une Meeles* erlauschen. Frei übersetzt bedeutet der Titel: „Unter dem Einfluss eines Traumes“. Und tatsächlich hat man den Eindruck, hier in eine faszinierende, fremde Traumwelt einzudringen, etwa in dem trancehaft kreisenden „Hobusemäng“.

Zerschlagene Ketten
12. September

Mário Lúcio, Kapverden (*1964)
„MIGRANTS (SHAKESPEARIENCE)"
(*Migrants*, MDC 2022)

Singende Kulturminister/innen hatten wir im Laufe des Jahres schon zwei (4. und 26. Juni), hier kommt der dritte im Bunde: Mário Lúcio de Sousa bekleidete das Amt von 2011 bis 2016 auf den Kapverdischen Inseln. Er ist ein Pionier der Re-Afrikanisierung der Kapverden: Was die einstigen portugiesischen Kolonialherren lange Zeit unterdrückten, hat er wieder aufgearbeitet, in Gedichtbänden, in Kompositionen.

„Nach der Unabhängigkeit haben wir gemerkt, dass wir mit einem kranken, völlig blinden Auge umhergelaufen waren", sagt er. „Wir entschlossen uns, es wieder zu öffnen und uns unsere afrikanischen Wurzeln anzuschauen." Er steht damit in der Tradition des heute geborenen anti-kolonialistischen Führers Amílcar Cabral, der zehn Jahre lang für die Befreiung der Kapverden und Portugiesisch-Guinea (später Guinea-Bissau) stritt. Auf dem Cover seiner CD *Badyo* trägt er zum feinen weißen Zwirn noch die Kette eines Sklaven um den Hals. Die ist allerdings zerschlagen – packender könnte das Gedenken an Befreiung in Bildern kaum umgesetzt werden.

Mário Lúcio hat außerdem das Spektrum der Instrumente für die moderne kapverdische Musik erweitert: Da finden sich kratzige Geigen neben geschmeidigen Pianoläufen, genauso Slidegitarre und Akkordeon. „Es ist keine ethnische Musik, keine Musik der Archive mehr, ich habe ihr eine ästhetische Qualität verliehen, die der ganz besonderen kapverdischen Seele Ausdruck verleiht."

Migrants ist für mich sein Meisterwerk: Sein Songzyklus über Menschen, die die Meere überqueren, wurde vom Portugiesen Rui Ferreira produziert und überwältigt durch die Fülle an Einfällen. Kreolische Stimmen kombiniert er hier mit Moog-Sounds, er hält Zwiesprache mit Vogelstimmen, vereint die Rhythmik der Kapverden mit angejazztem Flair. Und das Titelstück ist ein gewaltiges Epos über Migration von biblischen Zeiten bis heute.

Ein Baum sprießt aus dem Körper
13. September

Blick Bassy, Kamerun (*1974)
„NGWA“
(*1958*, Nø Format, 2019)

Bis heute wird die Geschichte des afrikanischen Kontinents immer noch allzu oft aus der Perspektive der Kolonialmächte erzählt. Junge Musiker aber steuern vermehrt gegen diese eurozentrische Sicht an, arbeiten die Geschehnisse in ihren Herkunftsländern auf, würdigen die Verdienste von Freiheitskämpfern. Der Kameruner Blick Bassy zum Beispiel ist ein Meister darin, in seinen Liedern über Selbstbestimmung zu reflektieren.

Auf seinem vierten Album entrollt er ein dunkles Kapitel aus der Historie seiner Heimat Kamerun. Es geht um den Tod des nahezu vergessenen Ruben Um Nyobè, der am heutigen Tag im Jahr 1958 vom französischen Geheimdienst ermordet wurde. Sein Andenken wurde von der bis heute herrschenden Frankreich-freundlichen Clique systematisch ausradiert. „Der Riss ging durch meine eigene Familie“, bekennt Bassy. „Meine Mutter musste sich als Kind im Urwald verstecken, da die Dörfer in der Heimatregion Um Nyobès nach Aufständischen durchkämmt wurden. Mein Vater dagegen arbeitete später für die Regierung.“

Oft erzählt Bassy seine Geschichten nicht mit den knalligen, tanzbaren Sounds, für die viele bei uns die afrikanische Popmusik mögen, sondern in akustischen Miniaturen. Das macht seine Aufarbeitung der Vergangenheit umso eindrücklicher. Ich würde das „afrikanische Kammermusik“ nennen, mit feinem Falsettgesang, Banjo, Cello und Posaune. In manchen Momenten greift Bassy auf die Klangfarben alter amerikanischer Blues-Aufnahmen zurück, und er nutzt auch die Wucht mächtiger Blechbläser, um seine Wut über die Ereignisse zu kanalisieren.

Seine ergreifende Widmung an Ruben Um Nyobè setzt sich auch in gewaltigen Bildern fort: Im atemstockenden Video zum Song „Ngwa“ sprießt am Ende ein saftiger Baum aus dem Körper des toten Helden, den Bassy hier selbst verkörpert. Diese Musik ist ein aufregender Soundtrack für die Zukunft Afrikas.

Schwermut aus der Haschisch-Höhle

14. September

Ciğdem Aslan, Türkei/Kurdistan (*1980)
„TO DERVISAKI“
(*Mortissa*, Asphalt Tango 2014)

Der Rembetiko wird notorisch als „griechischer Blues“ bezeichnet – und seine traurige, „bluesige“ Stimmung hat einen einleuchtenden Hintergrund: Er ist die Musik von mehr als einer Million Vertriebener aus Kleinasien.

Die Jahre 1922/23 bilden den Gipfel grausamer Ereignisse in der griechisch-türkischen Geschichte: Das Osmanische Reich hat den Ersten Weltkrieg verloren, wehrt sich gegen den Beschluss der Siegermächte, die türkischen Gebiete einzuschrumpfen. Um die Gebiete an der Ägäis zu halten, sollen die dort in großer Zahl siedelnden Griechen und Armenier vertrieben werden. Beim großen Brand von Smyrna (heute Izmir) werden ihre Viertel zwischen dem 12. und 15.9.1922 vollständig zerstört. Die überlebenden Griechen fliehen auf die westliche Seite der Ägäis. So gelangt ihre sehr orientalisch geprägte Musikkultur, die auch Einflüsse aus den jüdischen Communities der Stadt aufgesogen hat, mit ihnen aufs griechische Festland.

Während in Smyrna und im osmanisch-jüdisch geprägten Thessaloniki die Lieder in den „Café Amans“ mit Begleitung von Violine, Oud und der Kastenzither Santur dargeboten worden sind, entwickelt sich unter den verelendeten Flüchtlingen vor allem im Hafen von Piräus eine schwermütigere Musik: In Haschhöhlen und Gefängnissen dichten die „Rebetes“ und tragen ihre Musik mit brüchiger Stimme zur Bouzouki vor. Ihr Gesang vermischt sich mit westlichen Tonarten zu einem faszinierenden Klanggeflecht.

Kurioserweise ist es eine alevitische Kurdin, die dem alten Rembetiko derzeit wieder zu Ehren verhilft: Auf ihrem Album *Mortissa* spinnt ihn Ciğdem Aslan (sprich: tschi-dem) zeitgemäß weiter – und bei einigen Liedern, wie etwa in „To Dervisaki“, sind sogar Klezmer-Musiker dabei. In diesem Traditional beklagt der Dichter sein herbes Schicksal: Ausgestoßen aus seiner Heimat Smyrna findet er, der arme Teufel, nur Trost in der Haschpfeife und im Spiel auf der Oud.

Tanzbarer Zaunkönig

15. September

Lulacruza, Kolumbien/Argentinien
„CUCARACHERO DE NICEFORO“
(Various Artists: *Guide To Birdsong Of Southamerica*, Shika Shika 2015)

Heute ist „Greenpeace Day“. Unter den beherzten Umweltaktivisten findet und fand sich auch so mancher musikalische Freigeist, und DJ Robin Perkins ist einer der bekanntesten. Als Künstler nennt er sich „El Búho“, die spanische Bezeichnung für den Uhu, was auch gleich seine ornithologische Vorliebe verrät.

Seit 2015 ist Perkins durch ein besonderes Projekt in Erscheinung getreten: Für mittlerweile drei Kapitel aus seiner Serie *A Guide To The Birdsong* … hat er befreundete Künstler aus dem globalen Pop, vor allem aber aus der Electronica und Club-Musik zusammengetrommelt, um Aufnahmen von Vogelstimmen verschiedener Kontinente in einen neuen, tanzbaren oder sphärischen Sound-Wald einzubetten. Die Ergebnisse sind oft verblüffend, die Gefiederten liefern Melodien, oder ihre Laute verzahnen sich mit den Beats aus den Mischpulten. Süd- und Zentralamerika, die Karibik und Westafrika sind die bisher besuchten Klangstationen. Und so ist die Entdeckung für unsere Ohren eine doppelte: die des exotischen Federviehs und die der Laptop-Meister aus aller Welt.

Diese Symbiose zwischen Naturtönen und Studiowerk ist aber kein ästhetischer Selbstzweck. Das Überleben all der in den drei Kapiteln vorgestellten Vögel ist durch Klimawandel, Abholzung und andere Umweltfaktoren akut gefährdet. Nach Kostendeckung gehen die Erlöse an Institutionen, die sich um den Vogelschutz vor Ort kümmern und Programme zur Rettung, Rehabilitation und Brutpflege finanzieren.

Hier ein Klangbeispiel aus dem ersten Kapitel, das sich mit den südamerikanischen Piepmätzen beschäftigt: Alejandra Ortiz und Luis Maurette vom kolumbianisch-argentinischen Duo Lulacruza „musizieren“ mit dem Santander-Zaunkönig aus Kolumbien.

Pessoa auf Persisch

16. September

Golnar Shahyar, Iran (*1985)
„ODE TO TRUST"
(*Tear Drop*, Klaeng Records 2022)

„Jin – Jiyan – Azadî!" skandiert das Publikum im Theater Basel: „Frau – Leben – Freiheit". Es ist der Nowruz-Abend 2023, das iranische Neujahrsfest, und Golnar Shahyar stimmt ihre Hymne „Tell My Mother She Has No Daughter Anymore" an, ihr Lied für die Bewegung, die am 16. September 2022 nach dem Tod der verhafteten jungen Kurdin Mahsa Amini das ganze Land erfasst hat.

Selten habe ich eine beeindruckendere, umfassendere Musikerin kennengelernt. Aufgewachsen ist sie im Iran, studierte in Kanada, lebt heute als Songschreiberin und Multiinstrumentalistin in Wien. „Ich habe drei verschiedene Kulturen, Sprachen, Verständnisse vom Leben. Ich bin keine typische Sängerin von irgendeiner Tradition, aber ich kann mich in der Tradition finden. Das ist die Flexibilität, die ich habe", sagt sie.

Dass ihr erstes Soloalbum *Tear Drop* gleichzeitig mit der neuen Revolution im Iran erscheint, ist für Shahyar kein Zufall. Die Zeit war reif, dass die Frauen, die über 40 Jahre lang in Geiselhaft waren, aufstehen. „Früher standen immer Männer im Blickpunkt, wenn sie ihr Leben für die Freiheit gaben. Aber auch die Frauen haben immer gekämpft und extrem hart gearbeitet, nur hatten sie nie dieses Image. Jetzt sind Image und Realität deckungsgleich, und das verstärkt diese Bewegung."

Künstlerisch stark ist Golnars Widerstand, weil sie selten direkt ihre Wut herausschreit, sondern viel mit Bildern arbeitet. Sie tut das mit Folkloreeinflüssen aus allen iranischen Regionen, mit den weiblichen Stimmenfarben der Welt, mit Anleihen beim Operngesang. Die „Ode To Trust" bündelt Ballade, kraftvollen Wüstenblues und Gedichtvertonung von Fernando Pessoa (30. November). Es ist Shahyars Adaption von „The Mad Fiddler", ein Gedankenfluss über die fast schon furchteinflößende Macht einer Melodie. Man möchte ihr und ihren Landsleuten wünschen, dass mit Musik wie dieser die Schlächter des Iran ins Wanken geraten.

Freigeist mit Theremin
17. September

Lloyd Miller (*1938) & The Heliocentrics (USA/England)
„ELECTRICONE"
(*Lloyd Miller & The Heliocentrics*, Strut 2010)

Eine Band wie ein Chamäleon: Ihre Klangexperimente aus Afro-Funk, Spiritual Jazz und Musique Concrète scheinen völlig aus der Zeit gefallen, und ihre Studiopartner wechseln von Pionieren des afroamerikanischen Actionfilms bis zu Musikethnologen – das ist das Londoner Kollektiv The Heliocentrics!

Der Bandname weckt Erinnerungen an den pionierhaften Free-Jazz-Musiker und Weltraum-Fan Sun Ra, und Bassist Jake Ferguson bestätigt das, als ich ihn am 17.9.2014 im Londoner Vorort Dalston treffe: „Weil Sun Ra alle musikalischen Grenzen von den 1940ern bis in die 1980er kontinuierlich verschob, war er eine große Inspiration für uns, aber auch, weil er Freiheit und Disziplin miteinander vereint hat."

Bekannt geworden sind die Heliocentrics 2007 mit ihrer Scheibe *Out There*, auf der noch viel Afro-Funk im Spiel war. Doch man kann sie um nichts in der Welt auf diese Ecke limitieren. Unter den Bandmitgliedern bündeln sich Vorlieben für psychedelischen Rock, Latin, Worldmusic, Jazz und Johann Sebastian Bach. Und im Arsenal der Band begegnen sich absonderliche Erfindungen wie Waterphone und Theremin (es erzeugt das unheimliche Wimmern in den Hitchcock-Soundtracks) mit traditionellem Instrumentarium etwa aus Äthiopien. „Wir fahren auf alles ab, was ein wenig seltsam, ‚otherworldy' ist", sagt Ferguson. „Und wie man ein Instrument in etwas ganz anderes verwandelt, durch die Art und Weise, wie man es mikrofoniert oder mixt, das interessiert uns!"

Am schönsten haben die Heliocentrics diesen Sounds in ihrem Teamwork mit Lloyd Miller gehuldigt. Der Mann spielt angeblich 100 Instrumente, kennt sich profund in persischer und afghanischer Musikkultur aus, war schon in den 1960ern ein Pionier in der Vermittlung von Orient und Jazz. 2010 kürte ich die Platte der Londoner Freigeister mit ihrem amerikanischen Seelenverwandten zu meinem Favoriten des Jahres.

Vom Alpinen abbiegen
18. September

Alma, Österreich
„RANSOM"
(*Transalpin*, col legno 2015)

Diese fünf, ein Frauenquartett und ein Hahn im Korb, sind ein ganz erstaunliches Phänomen in der neuen österreichischen Musik. Die Mitglieder kommen aus dem Traunviertel, dem Salzburger Land, Niederösterreich und Südtirol, und ihre Basis ist von Kindheitstagen an die Volksmusik gewesen. Es ist ihre Musik der Seele (lateinisch: alma!)

„Für mich ist das wie eine innere Bibliothek, die ich abrufen kann", sagt Alma-Geigerin Julia Lacherstorfer, die heute Geburtstag hat. „Wenn ich diese Verzierungen spiele, dann denke ich nicht darüber nach, das ist das Ergebnis des Umgangs mit den Musikanten, bei denen ich als Kind und Jugendliche gelernt habe." Doch von hier aus brechen Alma zu schrägen Neuinterpretationen des Jodelns auf, zu skandinavischen Tönen, zur Minimal Music eines Steve Reich und zur Kirchenmusik des spätromantischen Komponisten Anton Bruckner.

Sie empfinden sich als „alternatives Kammermusikensemble", das den allergrößten Wert auf Feinheiten im Ausdruck und Abwechslung in den Arrangements legt. Es gibt Stücke, bei denen man in einem Moment von der rhythmischen Turbulenz schier auf die Tanzfläche gerissen wird und im nächsten wegen der Innigkeit der eng aneinander geführten Geigen schluchzen möchte.

„Traditionelle alpine Volksmusik hat ja den Ruf, immer lustig und fröhlich zu sein. Sie wird oft als oberflächlich abgeklatscht, aber das ist sie nicht", stellt Akkordeonistin Marie-Theres Stickler klar. „Ja, vieles ist in Dur. Aber wenn man dann hinter die Kulissen schaut und reingeht ins Repertoire, ist eigentlich so viel Blues drinnen. Dass auch das in unserer Musik hörbar wird, ist uns wahnsinnig wichtig. Immer wieder abbiegen und ernst werden – das ist für uns ein Grundbedürfnis." In „Ransom" biegen sie gleich ein paarmal ab: vom Minimalistischen zum Blues und dann zum andächtigen Gesang auf dem Gipfel. Wirklich zum Heulen schön.

Vision am Ufer des Rheins

19. September

Yumi Ito, Schweiz (*1990)
„WHAT SEEMS TO BE“
(*Stardust Crystals*, Unit 2020)

Heute feiert der Jazzcampus Basel den Jahrestag seiner Eröffnung (2014). Diese wunderbare Einrichtung wirkt weit über die Schweiz und auch weit über den Jazz hinaus. Hier treffen sich junge Musiker aus aller Welt, die ihre Ideen von einer neuen Kunst ohne Stilgrenzen entwickeln. Yumi Ito ist eine solche Künstlerin, die am Campus ihren Abschluss machte und bis heute von den Erfahrungen dort zehren kann. Sie ist die Tochter einer polnischen Gesangspädagogin/klassischen Sängerin und eines japanischen Konzertpianisten und -flötisten. Aber nicht nur die Liedzyklen Chopins oder fernöstliche Flötentöne haben abgefärbt auf ihre Musik, auch Björk (21. November), die Harmonien eines Claude Debussy und ein breites Spektrum an Jazzvokalisten wie Al Jarreau.

Ito entwickelt ihre Improvisationen und Songs zunächst in kleineren Ensembles, vom Duo bis zum Quintett. Doch dann passiert es: „Ich habe am Rheinufer auf einer Wiese gelegen und in den blauen Himmel gestarrt“, erzählt sie. „Und da habe ich plötzlich Klänge gehört, hatte die Vision eines größeren Ensembles, das meine Songs spielt.“ Mutig und zielstrebig entwickelt sie Arrangements für ein richtiges kleines Orchester von elf Leuten: Streicher, Flöte, Saxophone, Bassklarinette, Harfe, Vibraphon, Daumenklavier und Schlagwerk – und in der Mitte eine Stimme, die alle Facetten von kristallklar über träumerisch bis experimentell auffunkeln lässt.

Wer Yumi Itos Kompositionen und Songs lauscht, lässt sich auf Musik jenseits aller Stilbegriffe ein, und dazu lade ich Sie ein. Ihr Orchester-Album *Stardust Crystals* bietet dafür den schönsten Einstieg. Mein Lieblingsstück: „What Seems To Be“, eine bezaubernd groovende Komposition, die brasilianische Einflüsse in sich trägt, aber auch zarte, impressionistische Töne. Und am Ende vereinigt sich die ganze Band zu einem swingenden Chor.

Hymne an die Unermesslichkeit

20. September

Madredeus, Portugal
„O MAR"
(*O Espírito Da Paz*, EMI 1994)

Es ist kein Gedicht, das ich sagen möchte,
ich weiß nicht einmal, ob der Versuch es wert wäre, dich zu beschreiben.
Hier stehe ich, nur um dich zu betrachten,
und ich bin alt geworden, ohne dich zu begreifen.

Nicht etwa an einen Menschen wendet sich die Vokalistin Teresa Salgueiro mit diesen Worten. Lange Haltetöne auf den Keyboards, melancholische Läufe auf den Akustikgitarren und dieser leuchtende Sopran mit schier grenzenlosem Atem, mehr braucht die Gruppe Madredeus nicht für ihr Porträt des Meeres.

Die einstige Weltmacht Portugal brachte über Jahrhunderte wagemutige Seefahrer und brutale Kolonisatoren hervor. Der bekannteste von ihnen: Fernão de Magalhães (27. April), am heutigen Tag im Jahr 1519 steuerte er seine Flotte aus der Mündung des Guadalquivirs hinaus. Der Blick des Navigators aufs Meer ist in Portugal auch immer mit der „Saudade" verbunden: der Sehnsucht nach dem Glanz einer Weltmacht, deren Ausdehnung nach Magellans Fahrt rasant schrumpfte. Das alles schwingt in diesem überwältigenden Zeitlupen-Stück aus der Feder eines Namensvetters von Magellan mit.

Als ich den Charakterkopf Pedro Ayres Magalhães im Mai 1994 als 26-jähriger Student traf, war das für mich ein aufregendes Ereignis. Ich hing an den Lippen des Madredeus-Chefs, allein der Klang des damals für mich noch unverständlichen Portugiesisch, von meiner Freundin Natália übersetzt, übte eine Faszination auf mich aus. Magalhães entwarf im Gespräch ein poetisches Bild vom Unterwegssein. Vom Reisen einer Musikgruppe unter einem weiten Himmel, von einer unstillbaren Sehnsucht, die nur für Momente durch die Heimat in der Musik gelindert werden kann. So erklärte er das Coverbild der CD *O Espírito Da Paz*, auf der „O Mar" zu finden ist – für mich bis heute DIE Hymne auf die Weite und Rätselhaftigkeit des Meeres.

Zündender Aufschneider
21. September

Les Negresses Vertes, Frankreich
„FANFARON“
(*Zig-Zague*, Delabel 1994)

Manchmal braucht es einen Produzenten aus einem fachfremden Gebiet, um einer Band einen neuen Stupser zu geben. Ein solcher war der heute geborene Brite Rupert Hine: Eigentlich im Rock und Pop beheimatet, griff er 1994 einer französischen Weltmusik-Combo unter die Arme.

Die Negresses Vertes waren in ihrer Anfangszeit die *enfants terribles* eines genauso frechen und punkigen wie weltoffenen Paris-Sounds – „Patchanka“ nannte man das damals, später „Mestizo“. Doch sie verloren ihren Leadsänger Helno durch eine Überdosis Heroin früh und versuchten, ihren Kompass neu zu justieren. Hine gab ihren Arrangements mehr Konturen, stellte den Gitarristen Stéphane Méllino als neuen Anchorman in die Mitte und schuf auf dem Album *Zig-Zague* einen aufregenden Klang, der spanische und lateinamerikanische Elemente ins Zentrum rückte: Rumba, Mambo und Tango. Ich erinnere mich an eine kochende Show der Negresses in der Frankfurter Batschkapp, vor der mir Akkordeonist Matthieu Canavese und Trompeter Michel Ochowiak ein Interview gaben, in einem Affenzahn-Französisch, das mich damals leicht überforderte.

Wenn ich heute *Zig-Zague* höre, stelle ich überrascht fest, wie taufrisch das Album klingt, wie natürlich sich hier die Latin-Rhythmen mit französischen Chanson- und Musette-Tupfern paaren, sogar mit einem Schuss Funk. Am besten gefallen hat mir immer das Eröffnungsstück: Mit „Fanfaron“ bezeichnen die Franzosen einen Aufschneider und Angeber, der aber auch seine angenehmen Seiten hat: „Er trägt das Herz auf der Hand und die Hand auf dem Herz, wenn er lacht, könnte man meinen, er stirbt. Er weiß, wie man aus nichts einen eleganten Stil macht, bewundert sich stundenlang im Spiegel.“ Ich finde, das verspielte und zündende Stück spiegelt so einen Charakter prima wider. Und wenn Sie die Neugier plagt, zu welchem Lied die Anfangstöne vor der Autohupe gehören, in den Anmerkungen steht’s.

Der globalste aller Flüsse

22. September

Rüdiger Oppermann, Deutschland (*1954)
„RHEINGOLD OUVERTÜRE"
(*Rheingold*, KlangWelten Records 2015)

Heute im Jahr 1869 wurde Richard Wagners Oper *Rheingold* uraufgeführt – und das erzähle ich nur, um Ihre Ohren sofort wieder weit weg von der wagnerianischen Sphäre zu führen. Denn unsere *Rheingold*-Version könnte gegensätzlicher kaum sein.

Der Pfälzer Rüdiger Oppermann brannte von Jugend an für ferne Musikkulturen, bereiste mit jedem erdenklichen Verkehrsmittel alle Kontinente, ließ sich vor Ort in andere Tonsysteme einweihen. Gleichzeitig war er Erneuerer der Harfe, hat sie elektrifiziert, ihr mit einer herrlichen Vorrichtung namens „Jammerhaken" den Blues beigebracht. In seinem elsässischen Domizil, ehemalige Poststation, hat er den alten Pferdestall in eine globale Instrumentenwerkstatt verwandelt.

In einem unachtsamen Moment hackt er sich beim Harfenbau fast einen Finger ab, doch auf dem Krankenbett entwickelt er eine Utopie: Komplett vorbei am Weltmusik-Markt bringt er mit seinen „Klangwelten" 25 Jahre lang unbekannte Musiker von den Cook-Inseln, aus Laos, Uganda, den Inuit-Gebieten und Mali zusammen auf die Bühne. Und dann, 2014, fragt er sich: „Wie kann es sein, dass ich mich bis in tiefste Verästelungen der afrikanischen Polyrhythmik vergrabe, in asiatische Feinabstimmung, aber die Musik unserer eigenen Region bleibt im Nebel?"

Gefragt, getan! Oppermann wendet sich dem *Rheingold*-Stoff zu, fährt „Vater Rhein" unter globalem Hörwinkel von der Quelle bis zur Mündung ab. Als Mittel, um den Strom zu porträtieren, dienen ihm ein Schweizer Zäuerli (30. Dezember), Gambenmusik aus dem Barock, ein elsässisches Volkslied. Attila aus dem *Nibelungenlied* taucht als mongolischer Musiker auf, die Loreley wird als Girlie wiedergeboren, orientalische und balkanische Legionäre der Römer musizieren. Dank des Rheins war Deutschland eben immer Einwanderungsland! Die Ouvertüre porträtiert den Rhein im Gotthard-Quellgebiet mit fließender Harfe, archaischem Jodlerchor und hymnischen Bläsern.

Nokturner Walzer

23. September

Juliette Gréco, Frankreich (1927–2020)
„MIARKA“
(*Quatrième Série*, Philips 1956)

Welches war das allererste Lied, das Sie bewusst gehört haben? Das verlässlich zu sagen, ist nahezu unmöglich. Doch ich bin mir sicher, dass die Stimme von Juliette Gréco mich schon als Vierjährigen in ihren Bann gezogen hat.

Mein Vater, Französischlehrer und Chanson-Fan, hatte eine Kompilation im Plattenregal, und ich war so versessen auf diese geheimnisvolle dunkle Stimme, dass die LP sich durch dauernde Abnutzung bald anhörte wie eine brutzelnde Pfanne. Sobald ich schreiben konnte, malte ich ehrfürchtig die französischen Titel ab. Erst im Französisch-LK verstand ich ihre Texte, erfuhr über ihr abenteuerliches Leben, den Existentialismus, ihre Affäre mit Miles Davis, ihre Beziehung zu den vielen klangvollen Namen, Sartre, Prévert, Queneau, Sagan. Nicht nur ihre Platten verschlang ich, auch ihre Filme, wo sie etwa als Gespenst Belphégor zu sehen war oder als Anführerin der Bacchantinnen in Cocteaus *Orphée*.

In Paris wandelte ich auf ihren Spuren, setzte mich ins Café De Flore, auf einer irischen Hütte rettete ihre Musik mich während eines depressiven Jahreswechsels. Und schließlich durfte ich sie – an meinem 36. Geburtstag – in der Stadthalle Lörrach von der ersten Reihe aus in einem Konzert erleben. Sie hatte da schon ihre Altersstimme, gewaltig, wuchtig wie eine resolute Eruption des ewigen Freigeistes. Irgendwie war Juliette Gréco immer da, sie umfasste für mich alles, was Weiblichkeit überhaupt ausmacht: Wärme, Selbstbewusstsein, Zärtlichkeit, Eigenwilligkeit, Esprit.

Als Juliette Gréco am 23. September 2020 ging, dachte ich lange darüber nach, welches ihrer Chansons mir am meisten bedeutet: Ich blieb bei einer eher unbekannten Melodie hängen: „Miarka“, ein nokturner Walzer, liebestrunken und ein wenig dämonisch. Ursprünglich hat Gréco ihn in Jean Renoirs Film *Weiße Margariten* als „Zigeunerin“ Anastasia gesungen. Ein Lied wie ein Mondbad. Überirdisch.

Geträumte Widmung an die Mutter

24. September

Manecas Costa, Guinea-Bissau (*1967)
„NHA MAME“
(*Paraíso De Gumbe*, Wrasse 2003)

Schaut man sich die jüngere Geschichte des kleinen westafrikanischen Staates Guinea-Bissau an, mag man kaum glauben, dass dort eine so süffige, friedvolle Musik entstehen kann. Nach der Unabhängigkeit von Portugal 1973, die sich heute jährt, reihen sich bis heute Bürgerkriege, Putsche und die Herrschaft von Militärjuntas aneinander. Der ständige Ausnahmezustand führte auch zum Verfall der Musikindustrie, die zuvor im Unabhängigkeitskampf ein paar Blütejahre erfahren hatte. Da nimmt es wenig Wunder, dass die kreativen Köpfe der Musikszene ihr Glück im Ausland versuchten. Vor allem in der exilafrikanischen Community von Lissabon fanden die bissau-guineischen Künstler eine neue Heimat.

Manecas Costa spielt dort zunächst die Musik, die unter den Schwarzen in Lissabon dominiert: den Zouk, der auf den Antillen entstand, aber bis nach Portugal und Frankreich beliebt wurde. In den 1990ern ist er Gitarrist in der Band des Angolaners Waldemar Bastos (4. April). Um die Jahrtausendwende wird er aber ein Vorreiter für die Wiederentdeckung der heimischen Wurzeln, und er kehrt für Aufnahmen in seine Heimat zurück. Mitten in der zerstörten Infrastruktur des Landes entsteht 2003 ein kleines Wunder: *Paraíso Di Gumbe*.

Die Scheibe spiegelt die Vielfalt der Traditionen Guineas-Bissaus wider, und im Zentrum steht der prominenteste Rhythmus des Landes: Der Gumbe stammt ursprünglich aus Jamaika, befreite Sklaven hatten ihn nach Sierra Leone gebracht, von wo er sich an der westafrikanischen Küstenlinie entlang auch in die Nachbarregionen ausbreitete. Costa beteuert, dass das Lied „Nha Mame“ im Traum zu ihm gekommen sei, es ist eine Widmung an seine Mutter: Sie erinnert sich in dem Song liebevoll an Manecas' Kindheit. Schon als Bub spielte er öffentlich Gitarre und sang, auch wenn er als Knirps dazu noch auf einer Box stehen musste. Elegante Gitarrenlinien umfließen diese glücklichen Kindheitsszenen.

Ruderlied zum Mondfest

25. September

Huong Thanh, Vietnam

„HO KHOAN NGHÊ TINH“ („ROWING THE SAMPAN“)

(*Fragile Beauty*, ACT 2007)

In den Klängen Vietnams spiegelt sich die Historie eines Landes, das insgesamt über ein Jahrtausend von verschiedenen Machthabern besetzt war. China, Frankreich und die USA haben ihre Prägungen hinterlassen, und von der traditionellen Musik wurden all diese Einflüsse im Laufe der Zeit erfindungsreich integriert. Zum anderen sind aber schon die Töne des Landes selbst unerschöpflich: Sie reichen von der Folklore Dutzender Ethnien der Bergregionen und der Ebene bis hin zur Mischgattung Cai Luong, in der sich Gesang, Tanz und Theater auf der Bühne treffen.

Die Sängerin Huong Thanh schöpft aus dem reichen Musikkosmos ihrer Heimat – und kann sich ebenso auf ihre bereits jahrzehntelange Erfahrung in Europa berufen, denn seit 1988 lebt sie fest in Frankreich. Dort startet sie auch ihre international geprägte Laufbahn. Bekanntester Studiopartner wird Mitte der Neunziger der renommierte Jazzgitarrist Nguyen Lê, mit dem sie eine Synthese aus vietnamesischer Liebeslyrik und Jazzvokabular schafft. Im Laufe der Jahre erschließt sich Huong Thanh immer mehr Farben der Welt, südostasiatische Instrumente und Melodien kombiniert sie auch mit afrikanischen und arabischen Elementen. Basis ihres künstlerischen Ausdrucks bleiben jedoch die Facetten Vietnams.

Allen voran der schon erwähnte Cai Luong: Er behandelt romantische und gesellschaftliche Themen, verknüpft in seiner Dramaturgie historische Ereignisse und den Alltag von heute. Doch er greift ebenso immer wieder auf die Überlieferungen der regionalen Lieder zurück. In „Rowing The Sampan“ gelingt ihr eine schöne Synthese aus diesen modernen Ansätzen mit einem traditionellen Lied der Ruderer eines Sampan-Bootes. Die Melodie geht auf die zentralasiatische Region Nghê Tinh zurück. Dort wird in der zweiten Hälfte des Septembers Tết-Trung-Thu, das Herbstmitte-Mondfest gefeiert – mit Laternen, Drachentänzen und leckerem Mondkuchen.

Gieriger Steuereintreiber

26. September

Garmarna, Schweden

„HERR HOLGER"

(*Guds Spelemän*, Westpark 1996)

„Was für eine Stimme aus dieser zierlichen Frau rauskommt!", staunte mein Kollege vom Folk- und Blues-Club, als wir diese Band 1996 nach Freiburg eingeladen hatten. In der Tat muss die Frontfrau von Garmarna, unser heutiges Geburtstagskind Emma Härdelin, ziemliche Arbeit leisten, um sich gegen ihre „Männer" durchzusetzen: Garmarna gehörten damals sicherlich zur lautstarken Sorte der Bands in der reichen schwedischen Folkrock-Szene.

Das Quintett stammt aus dem mittelschwedischen Sundsvall am Bottnischen Meerbusen, wo die Sommer hell und die Winter dafür umso dunkler sind. Und nahe Sundsvall liegt Jämtland, eine der schwedischen Regionen mit den reichsten Kulturschätzen des Landes. Aus diesem Fundus schöpfen Garmarna ihre Lieder. Die werden dann einerseits mit traditionellen Instrumenten wie Fiedel, Drehleier und Nyckelharpa gespielt, für die das Mastermind Stefan Brisland-Ferner zuständig ist. Auf der anderen Seite haben Garmarna einen Sound entwickelt, der mehr mit einer Hardrockband zu tun hat als mit einer Folk-Combo. Und der passt grandios zu den teils düsteren Mittelalterballaden, allen voran zur gruseligen Geschichte von Herrn Holger, die es sowohl in Schweden als auch Dänemark gibt.

Herr Holger ist ein gieriger Steuereintreiber von König Christian. Er scheffelt in die eigene Tasche, wird dafür vom König enthauptet und kommt in die Hölle. Sein Geist erscheint der Witwe und warnt sie, sie solle die gestohlenen Güter zurückgeben, wenn sie das ewige Feuer vermeiden wolle. Doch Frau Tala mag auf den Wohlstand nicht verzichten, und das Unheil nimmt seinen Lauf … Viel Spaß bei dieser zeitlosen Geschichte!

Einige der Garmarna-Mitglieder können zur Abwechslung auch mal ganz leise. Wenn Sie also tiefer in die ruhigere Seite der schwedischen Volksliedkunst eintauchen wollen, empfehle ich Ihnen allerwärmstens das Trio Triakel – auch dort ist Härdelin die Leadsängerin.

Waidwundes Regenlied
27. September

Lhasa de Sela, USA/Mexiko/Kanada (1972–2010)
„DE CARA A LA PARED"
(*La Llorona*, Tôt Ou Tard 1997)

„Lhasa singt, als hätte sie drei Jahre lang geheult, nun aber beschlossen, es nie mehr zu tun", so beschrieb ein englischer Kollege von mir die Stimme unseres Geburtstagskindes. Sie besitzt ein dunkles, waidwundes, aufwühlendes Timbre, das man unter Tausenden erkennen kann.

Lhasas Vorbildern gemeinsam ist kompromisslose Intensität: Billie Holiday, die Callas, Björk (21. November), die große alte Dame des mexikanischen Liedes Chavela Vargas, aus dem Chanson ein Jacques Brel (1. September). Nachdem sie die gesamte Kindheit in einem Wohnmobil verbracht hat, gelangt sie mit ihren Schwestern, die für den weltbekannten Cirque Du Soleil arbeiten, 1991 nach Montréal. Eine glückliche Fügung: Denn dort trifft sie den Rockgitarristen Yves Desrosiers, er kann sich auf die ungestüme Leidenschaft ihrer Stimme einlassen.

1997 erschüttert das Debütalbum *La Llorona* die Welt: Ein Zyklus dunkel funkelnder Songjuwelen, die von aztekischen Volksmythen, expressiven Naturbildern und besessener Liebesnostalgie künden.

Im Hit „De Cara A La Pared" singt sie zu trommelnden Regentropfen und sanftem Ruderschlag:

Ich weine, mit dem Gesicht zur Wand, die Stadt erstirbt
Ich träume, mit dem Gesicht zur Wand, die Stadt brennt
Ich träume, ohne zu atmen, ich will dich lieben
Ich bete, mit dem Gesicht zur Wand, die Stadt ertrinkt

Die Roadmovies für die Ohren setzen sich 2003 auf einem weiteren großartigen Album (*The Living Road*) fort, dreisprachig auf Spanisch, Französisch und Englisch. Doch in ihr rastloses Leben schleicht sich die heimtückische Krankheit, mit gerade mal 37 Jahren stirbt Lhasa an Krebs. Als ich den ihr gewidmeten Park besuchte dachte ich: Dieser großen Vagabundin einen festen Ort zu widmen, das ist vielleicht ein Widerspruch in sich.

Fensterln in Aragón

28. September

Manuel De Falla, Spanien (1876–1946)
„JOTA" AUS „SIETE CANCIONES POPULARES ESPAÑOLAS"
(Estrella Morente & Javier Perianes: *Encuentro*, Harmonia Mundi 2016)

Am 2. Januar habe ich Ihnen den Gitano-Musiker Enrique Morente aus Granada vorgestellt. Heute kehren wir in die andalusische Stadt zurück, um seine Tochter Estrella zu hören. Sie ist in die Fußstapfen des Vaters getreten und trägt ihre Sangeskunst über stilistische Grenzen hinweg. Am schönsten ist ihr das 2016 mit dem klassischen Pianisten Javier Perianes gelungen: Zusammen interpretieren sie Lieder von Federico García Lorca. (19. August) und Manuel de Falla.

De Falla, berühmt für seine „Nächte in spanischen Gärten", hat auch Melodien aus dem Volk aufgegriffen, sie 1914 zur Suite „Siete Canciones Populares Españolas" verknüpft. Sie galt als eine der Blaupausen dafür, wie klassische Komponisten im 20. Jahrhundert mit traditionellen Weisen umgingen. Mir gefällt aus dieser Suite die „Jota" am besten, eine Lied- und Tanzform im Dreiertakt, diese stammt wohl aus der Region Aragón. Ein Verliebter singt sie am Fenster der Angebeteten. Besonders reizvoll: Estrella Morente, die keine klassisch ausgebildete Stimme hat, holt die Jota also gewissermaßen wieder in eine volksliedhafte Umgebung heim.

Wer bei einem Besuch in Granada merken sollte, dass keine Chance auf Karten für einen Alhambra-Besuch besteht (und das ist die Regel): Es gibt gute Nachrichten, denn unweit des Palastes versteckt sich das Museo Manuel de Falla, Wohnhaus des Komponisten während der Jahre 1921 bis 1939. Hier ist die Zeit stehengeblieben: Da steht noch sein Klavier, hängen noch seine Lieblingsbilder. Die trüben Fläschchen seiner Medizin hat der angebliche Hypochonder auch in der Schlafkammer zurückgelassen. Und durchs Fenster öffnet sich ein unvergesslicher Blick hinunter auf Granada. Am 28. September 1939 verließ Manuel de Falla sein Haus auf dem Hügel. Der Beginn des Zweiten Weltkriegs hatte ihn so tief erschüttert, dass er – obwohl bereits sehr krank – für immer nach Argentinien emigrierte.

Ein Kelte auf Kreta

29. September

Ross Daly, Griechenland/Irland (*1952)
„TO ONIRO TIS IOKASTIS“
(*Mitos*, Network Medien 1992)

Was veranlasst einen Kelten, seine fruchtbare musikalische Kultur zu verlassen und sich dem anderen Ende Europas zuzuwenden? Ross Dalys Vita war immer geprägt von Wanderschaft. Er wird 1952 zwar als Sohn irischer Eltern in England geboren, allerdings lebt die Familie dann in Kanada, Japan, und in den USA. „Das Gefühl einer nationalen Identität entstand bei mir nie“, sagte der heute Geborene dem CD-Verlag Network. „Es gehört zu meinem Schicksal, dass ich mich immer wieder mit neuen Kulturen auseinandersetzen, an neue Umgebungen anpassen musste.“

Bald wird ihm klar, dass er sich zum östlichen Mittelmeer und Nahen Osten besonders hingezogen fühlt. Er spürt dem Flechtwerk der regionalen Traditionen zwischen Ägäis und Afghanistan nach, eignet sich viele Instrumente dieses Kulturraumes an. Nach vielen Jahren des Reisens und der Recherche bleibt er schließlich auf Kreta, denn dort hat er seine Bestimmung gefunden: die Streichfiedel Lyra, ein Instrument mit einem wunderbar rauchigen, obertonreichen Klang. Eine unerklärliche Anziehungskraft übt die Insel auf ihn aus, dank der Verflechtung all der Klangspuren, die dort über die Jahrtausende hinterlassen wurden. Bei Heraklion gründet Daly das Ensemble Labyrinth, sein Repertoire öffnet sich bis nach Afghanistan, ans Kaspische Meer und in die Türkei.

In seinen heutigen Gruppen pflegt Daly die gegenseitige Umschlingung der Kulturen zwischen Mittelmeer und Orient weiter. Frei nach Ilija Trojanow könnte man ihn „Weltensammler“ nennen. Aus seinem umfangreichen Schaffen gefällt mir „To Oniro Tis Iokastis“, der Traum von Iokaste, am allerbesten. Ein rauschhafter Streifzug durch Mittel- und Schwarzmeer mit Sitar, der türkischen Stachelgeige Kemençe, der Langhalslaute Saz, Klarinette, Violine, arabischen und griechischen Kurzhalslauten und Rahmentrommeln. Diese achtzehn Minuten beamen einen aus dem Alltag in eine Traumlandschaft hinein.

Auflösung in Sehnsucht

30. September

Ali Reza Ghorbani, Iran (*1972)
„BIDAD“
(*Éperdument – Chants D’Amour Persans*, Accords Croisés 2014)

Das ganze Universum als Fülle von Liebe zu betrachten hat gerade in unserer Zeit etwas zutiefst Tröstliches. Vor 800 Jahren hat ein Mann diese Überzeugung in Tausende von Versen gegossen: Heute im Jahre 1207 nach unserer Zeitrechnung wurde der Dichter und Mystiker Maulânâ Jalâl al-Din Muhammad Balkhi geboren, den die Welt eher unter dem Namen Rumi kennt. Seine Poesie ist in vielen Metaphern durchtränkt von einer Sehnsucht nach dem Geliebten und von einer Selbstauflösung in dieser Sehnsucht. Irdisches und Körperliches weitet sich bei Rumi hinein ins Himmlische, Geistige, steht für die Vereinigung mit Gott.

Rumis Verse haben bereits Goethe begeistert, auch Friedrich Rückert war ein glühender Verehrer. In den letzten Jahrzehnten haben seine Weisheiten, oft in sehr freier und verkürzter Übersetzung, auch das Reich kitschiger Postkarten erobert. Wir, die wir kein Farsi sprechen, können uns aber seiner Spiritualität auch über den Klang nähern. Bei vielen Sufis, den islamischen Mystikern, war und ist Musik ja eine „Leiter“ für die Verschmelzung mit dem Höchsten. Natürlich gibt es besonders im Iran viele gelungene Rumi-Vertonungen. Ali Reza Ghorbani hat zusammen mit dem Komponisten Saman Samimi eines der erschütterndsten Gedichte Rumis, den „Bidad“, vertont. Sie finden hier am Anfang ein wunderbares Beispiel für die klassische persische Gesangstechnik, den Tahrir: ein expressives und zugleich feinsinniges „Zittern“ der Stimme. Es scheint mir, dass er immer dann zum Einsatz kommt, wenn man die Grenze des Sagbaren erreicht hat.

Ein Wort, ein Atemzug vom Zauberer, der an die Liebe verloren ist, genügt,
um das ganze Universum zu entzünden.
Ein Wort ist genug, ein Vers der Liebe,
um die Ozeane zu entfesseln und alles Leben hinwegzufegen
Doch von der Musik werden einige Noten der Liebe bleiben,
in einem Regenbogen, der der Sonne zugewandt ist.

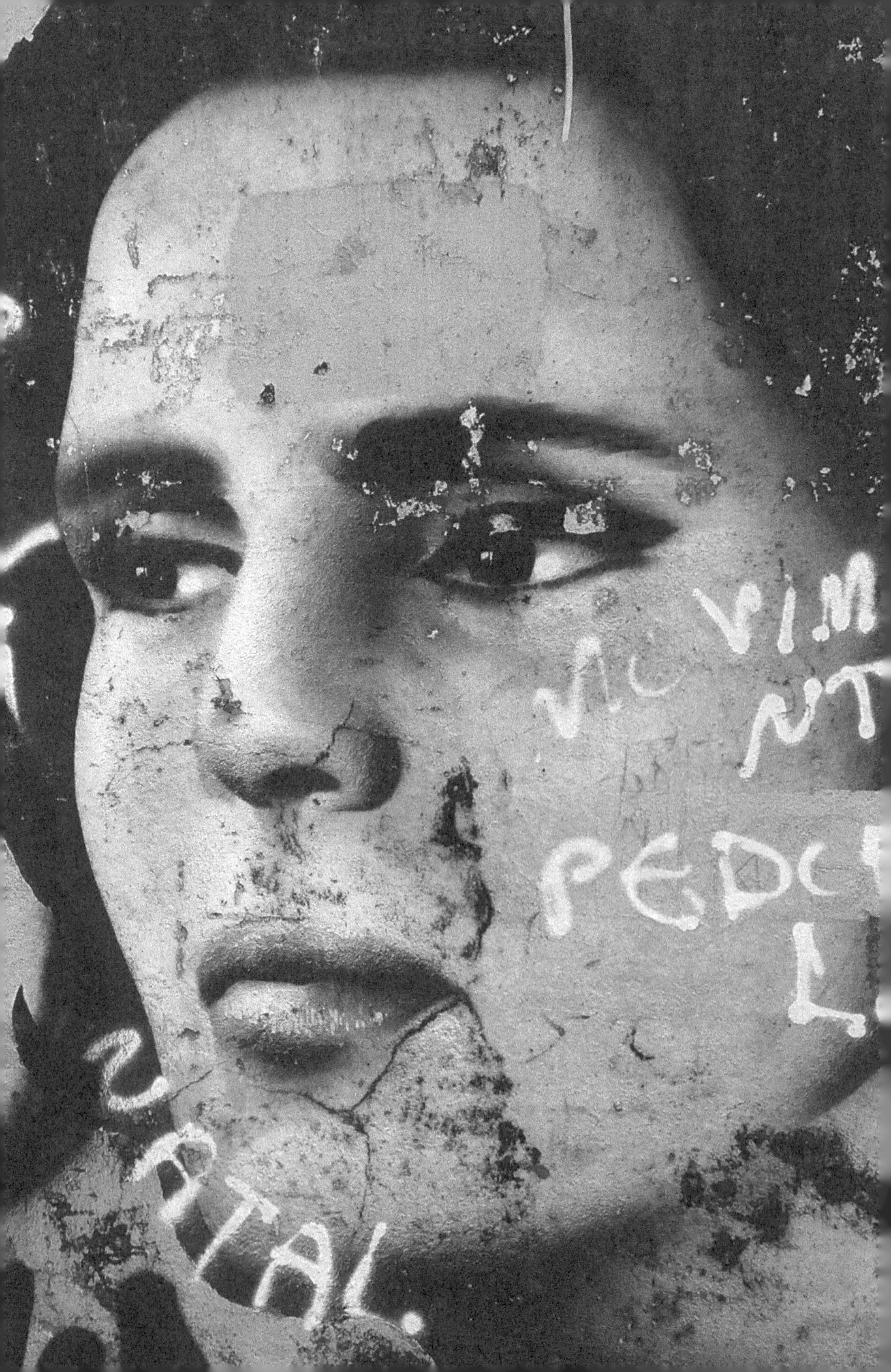

OKTOBER

Aus einem unergründlichen Reich

1. Oktober

Levon Eskenian & The Gurdjieff Folk Instruments Ensemble, Armenien
„NO. 40"
(*Music Of Georges I. Gurdjieff*, ECM 2011)

Mit armenischer Musik taucht man in ein unergründliches Reich aus einer anderen Zeit ab. „Uns sind sogar noch Tänze aus vorchristlicher Zeit überliefert! Welche Kultur kann denn schon sagen, wie ihre Musik vor 2000 Jahren klang?", fragt Levon Eskenian, einer der führenden Spezialisten für Kaukasus-Musik.

Um einen Namen kommt man in der Musik Armeniens nicht herum: Der spirituelle Lehrer Georges I. Gurdjieff eröffnete heute im Jahr 1922 sein „Institut zur Harmonischen Entwicklung des Menschen" in Fontainebleau bei Paris. Zuvor allerdings hatte Gurdjieff auf Reisen nach Persien, Tibet, Indien, Griechenland und in arabischen Ländern Musik und Tänze gesammelt – nicht schriftlich, sondern ausschließlich in seinem akustischen Gedächtnis. Sein Assistent, der russische Pianist Thomas de Hartmann, schrieb sie später als Piano-Stücke auf.

„Als ich das erste Mal Gurdjieffs/de Hartmanns Pianostücke hörte, fühlte ich mich, als sei ich nach Hause gekommen! Solche Musik habe ich während meiner Kindheit gehört", sagt Levon Eskenian. 2008 stellt er ein Ensemble zusammen, mit dem er die Klavierminiaturen in eine Besetzung mit traditionellen Instrumenten zurückführt. Akribisch recherchiert er, welche Melodien ursprünglich mit welchen Instrumenten gespielt worden waren. Und so verströmen sich beim Gurdjieff Ensemble Klangfarben aus einem großen geographischen Raum: Die Lang- und Kurzhalslauten Saz, Tar und Oud sind zu hören, die Schalmei Duduk, die Stachelgeige Kamancheh, die Kastenzither Qanun, verschiedene Flöten und eine Vielzahl von Schlagwerk. Resultat: Jetzt klingen die Stücke wieder so, wie sie Gurdjieff auf seinen Reisen gehört haben könnte.

In „No.40" aus Gurdjieffs Sammlung *Asian Songs and Rhythms* vereinigen sich viele dieser Instrumente unter der Führung der Duduk in einer geheimnisvollen armenischen Melodie. Machen Sie doch mal den spannenden Vergleich mit der Klavierversion.

Keck und kristallklar

2. Oktober

Kathryn Tickell, England (*1967)
„HOLEY HA'PENNY/THE TYNE BRIDGE HORNPIPE"
(*The Kathryn Tickell Band*, Black Crow Records 1991)

Heute hat ein gewisser Gordon Sumner Geburtstag, der besser bekannt sein dürfte als Sting. 1990 veröffentlichte er ein Werk namens *The Soul Cages*, mit dem er sich an seine Kindheit und Jugend in Newcastle upon Tyne erinnerte. Das Spannende für mich war sein Versuch, lokale Musikfärbungen miteinzubeziehen. Etwa aus der benachbarten Grafschaft Northumberland, wo die Northumbrian Pipes das herausragende Instrument sind – und die waren bei Sting dank einer damals noch sehr jungen Musikerin namens Kathryn Tickell zu hören.

Ich verliebte mich sofort in den Klang dieses Dudelsacks. Die Sackpfeifen haben einen so wunderbar kecken, übermütigen, kristallklaren, spielerischen und wendigen Klang, wie ich ihn bisher nirgendwo im Universum der Dudelsäcke gefunden hatte. Sofort recherchierte ich nach Mrs. Tickell und besorgte mir ihre CDs. Schon als Teenagerin galt sie als unangefochtene Meisterin im Dudelsackspielen, unterwegs mit der Mission, die alten Melodien mit ihrer Band in ein zeitgemäßes Klanggewand zu kleiden. Einen Sommer später saß ich während meiner Interrail-Tour im Publikum des Gosport Festivals im Süden Englands, eigens um Kathryn Tickell und ihre Pipes live zu erleben.

In den letzten 30 Jahren hat Kathryn Tickell der Musik ihrer Grafschaft eine grandiose Bühne bereitet, sogar im sagenhaften „Durham Concerto" des Deep-Purple-Manns Jon Lord, mit dem Royal Philharmonic Liverpool Orchestra gespielt. Auch Sting hat später wieder mit Tickell gearbeitet, etwa beim wunderbaren Winteralbum *If On A Winter's Night* …. Danke Sting, für diese Entdeckung! Aber vor allem: danke, Kathryn Tickell. Die Northumbrian Pipes sind immer noch mein Lieblingsdudelsack. Dieses Doppelstück kommt von genau dem Album, das sich während meiner Folkjahre fast täglich im Player drehte. Die Hornpipe hat sie eigens zum 60. Jubiläum der grandiosen Eisenbahnbrücke über den River Tyne geschrieben.

Mystischer Liebestriumph

3. Oktober

Niyaz, Kanada/USA/Iran
„SABZA BA NAZ“
(*Fourth Light*, Six Degrees 2015)

Hatte ich schon erwähnt, dass für mich Montréal die Welthauptstadt der außergewöhnlichen Musik ist? Aus der Metropole am Sankt-Lorenz-Strom kommen nicht nur eine Fülle kanadischer Meisterwerke, sondern auch unvorhersehbare Teamworks mit Klangfarben aus anderen Erdteilen. Ein solches findet beim Trio Niyaz statt.

Botschafter zwischen den Welten: Die heute geborene Sängerin Azam Ali, Multiinstrumentalist Loga Ramin Torkian und Produzent Carmen Rizzo (ja, männlich!) wandeln schwerelos zwischen Jahrhunderten und Kontinenten: Ali hat persische Wurzeln und verbringt einen Teil ihrer Kindheit in Indien. Wie Torkian kommt sie als Immigrantin in die USA und mischt zunächst in der Weltmusikszene Kaliforniens mit. Torkian etabliert sich in der neuen Heimat als Multiinstrumentalist und Lanzenbrecher für die persische Klassik. Beide treffen auf Produzent Rizzo, der seine Pultkünste schon für den Pianisten Ryuichi Sakamoto (8. Dezember) walten ließ.

Ihr gemeinsames Ziel: die Verbindung von Spiritualität und Elektronik, angetrieben durch eine Sehnsucht, die schon im Namen des Trios steckt. „Niyaz“ bedeutet „Sehnen“ in den Sprachen Urdu und Farsi. Der Club-Musik, so meinte Azam Ali mal, fehle es oft am Sehnen – und an Seele. Das wollen Niyaz ändern: Seit ihrem Debüt im Jahr 2005 haben sie einer nahöstlich gefärbten Dance Music eine spirituelle Facette hinzugefügt – mit Texten aus der islamischen Mystik und einem sehr räumlich gestalteten Sound.

Auf dem vierten Album *Fourth Light* nehmen Niyaz die Sufi-Tradition aus Sicht der Frau unter die Lupe. Textfragmente von Rabia Al Basri, der ersten Mystikerin des Islam aus dem 8. Jahrhundert, bilden die Grundlage etlicher Stücke. Gleichzeitig schöpfen sie weiter aus dem tiefen Brunnen der Volksmusiken zwischen Kurdistan, dem Iran und Afghanistan. Hierher stammt auch das ansteckend tanzbare „Sabza Ba Naz“, ein Lied über den Triumph der Liebe.

Der Flug des Grünspechts

4. Oktober

Luzmila Carpio, Bolivien (*1954)
„EL PRESAGIO DE LOS PÁJAROS“
(*Kuntur Mallku – The Messenger*, Accords Croisés 1999)

Pure Überraschung, als beim Stimmen-Festival im südbadischen Lörrach 2003 eine indigene Frau aus Bolivien die Bühne betritt. Musik aus diesem Land kannte ich, wie viele von uns, bis dahin nur durch die Flötengruppen in den Fußgängerzonen. Und ich wusste, dass das Original von „Lambada“, dem Welthit der franko-brasilianischen Band Kaoma, den bolivianischen Brüdern Wilson, Castel und Gonzalo Hermosa geklaut worden war. Mehr nicht. Der weiße Fleck sollte dank Luzmila Carpio nun bunt werden.

Carpio ist das Sprachrohr der bolivianischen Sprecherinnen und Sprecher von Quechua, der am weitesten verbreiteten indigenen Sprache Südamerikas und immerhin der am dritthäufigsten gesprochenen Sprache des Kontinents. Aus der bis zu 4000 Meter hoch gelegenen nördlichen Region Potosí stammt sie, und ihre Stimme wurde ausgerechnet durch das Singen der spanischsprachigen Nationalhymne Boliviens im Radio bekannt. Nichts könnte allerdings weiter weg sein von ihrem eigentlichen musikalischen Universum.

Sie hat die Tradition der Inka-Sprache Quechua tief aufgesogen, spricht in ihren Liedern Sonne, Erde, Lüfte und heilige Berge an, tritt mit Tieren in Dialog. (Ich habe mir das nicht ausgedacht, wie wir gleich sehen werden.) Ganz bewusst entschied sich Carpio, in ihrer Muttersprache und im ebenfalls indigenen Idiom Aymara zu singen, und schuf Lieder, die heute sogar bolivianische Schulkinder singen. Und diese Lieder begleitet sie mit ungewöhnlichen Instrumenten wie Bassflöten und Glasorgel, ins Schwingen gebrachte Gefäße.

Als Carpio beim Stimmen-Festival Lörrach die Bühne mit rituellem Rauch gesegnet hat, fliegt zur Begleitung ihres Eröffnungsstücks quer am Bühnenrand ein lachender Grünspecht vorbei. Zufall? Eine ganze ornithologische Symphonie entfacht sie mit lautmalerischen Rufen in ihrer kleinen „Vogelsymphonie“ „El Presagio De Los Pájaros“. Zum heutigen World Animal Day ein schöner Soundtrack.

Granatäpfel klauen

5. Oktober

Mor Karbasi, Israel (*1986)
„LADRONA DE GRANADAS“
(*La Tsadika*, Gibraltar Productions 2013)

Oktober ist Erntezeit der Granatäpfel – und diese unwiderstehliche Frucht ist Thema eines der schönsten Lieder aus dem Repertoire der Sephardin Mor Karbasi. Doch zuerst klären wir die Frage: sephardisch?

Als 1492 die maurische Herrschaft über die iberische Halbinsel zu Ende ging (2. Januar), stellten die neuen christlichen Herrscher die spanischen Juden vor die Wahl: Bekehrung oder Vertreibung. Seitdem ist die Kultur der Vertriebenen, der Sepharden, von Marokko bis auf den Balkan und nach Israel verstreut. Ihre Sprache, das Ladino, ist noch in den alten Liedern erhalten, die bis vor kurzem eher altbacken gepflegt wurden. Die neue Sängerinnen-Generation bewahrt das Ladino mit mehr Pfiff und in Kombination mit anderen Stilen. Zu ihnen gehört auch Mor Karbasi.

1986 wird sie in Nazareth geboren, ihr persischstämmiger Vater kommt aus Jerusalem, wo Mor auch aufwächst, ihre Mama Shoshana ist sephardisch-marokkanischer Abstammung, übermittelt ihr das reiche Erbe der sephardischen Musik. Als Teenagerin studiert sie die Piyutim, die liturgischen jüdischen Gesänge, interessiert sich später für Fado und Flamenco. Oft spielen Heldinnen der Sepharden eine Rolle in ihren Liedern, etwa Sol Hatchuel, die mit siebzehn Jahren enthauptet wurde: Sie hatte sich des „Rückfalls“ vom Islam zum Judentum schuldig gemacht.

„Das sephardische Repertoire ist sehr feminin“, erklärte mir Karbasi. Frauen haben ihre Liebe, Hass, Neid, Sehnsucht, Leidenschaften in Lieder gegossen. Viele haben eine erotische Komponente, halten auch Tipps fürs Eheleben parat.“ Einer ihrer schönsten Songs mit einer sehr ergreifenden Melodie ist „Ladrona De Granadas“. Zugleich ein Selbstporträt: „Die Diebin der Granatäpfel, das bin ich selbst!“, lacht Karbasi. „In meiner Jugend bin ich oft in fremde Gärten eingedrungen, habe dort Früchte geklaut. Manchmal tue ich das heute noch, weil ich einfach verrückt danach bin.“

Die Sehnsuchts-Möwe

6. Oktober

Amália Rodrigues, Portugal (1920–1999)
„GAIVOTA"
(*Com Que Voz*, Columbia 1970)

Als sie am 6. Oktober 1999 starb, verlor Portugal ein Stück seiner Volksseele. Vielleicht in keinem anderen Land Europas spiegeln eine Stimme und ein Musikgenre nationales Selbstverständnis so wider wie bei Amália Rodrigues und dem Fado.

Die Anfänge des Fado gehen rund 200 Jahre zurück, als sich in den Lissabonner Armenvierteln eine musikalische Mischform heraushob, darin verflochten Einflüsse aus Brasilien, aus der arabischen Kultur und den Gesängen der einheimischen Seeleute. Seine sozialkritischen Inhalte wurden unter der Salazar-Diktatur verboten, und so flüchteten die Lieder in andere Themen: unstillbare Sehnsucht, verlorene Liebe, Enttäuschung, Schicksal und Leidenschaft. Das tönt ausgeprochen schmerzlich – wird aber über Volksbräuche und Jahresfeste gesungen, bekommt der Fado fröhliche Färbungen!

Amália Rodrigues, die meist nur mit ihrem Vornamen „angerufen" wird, hat den Fado über die zweite Hälfte des 20. Jahrhunderts hinweg umgekrempelt. Sie holte die Musik aus den Kneipen auf die große Bühne, machte das lange schwarze Kleid und den Schal zu den Insignien des Genres. Auch die heutige Standardbesetzung geht auf Amália zurück: Bass- und spanische Gitarre begleiten den Dialog der perlenden Guitarra Portuguesa (16. Februar) mit der Stimme.

Mit dem Komponisten Alain Oulman und dem irisch-portugiesischen Lyriker Alexandre O'Neill formte sie ihr „Lennon/McCartney-Team". Eines ihrer großen Lieder ist „Gaivota": Der Flug der Möwe formt sich in Amálias klagender Stimme zum maritimen Sinnbild der Saudade, diesem in Portugals Kultur immerzu präsenten Gefühl von Verlust und Sehnsucht.

Pfeifenwald am Mund

7. Oktober

Wu Tong (*1971), Yo-Yo Ma (*1955) & Silk Road Ensemble,
China und diverse
„BLUE LITTLE FLOWER"
(*Silk Road Journeys – When Strangers Meet*, Sony 2001)

Dem amerikanischen Cellisten Yo-Yo Ma sind wir schon am 20. Februar begegnet. Heute, an seinem Geburtstag, möchte ich sein Herzensprojekt vorstellen. Der von der Klassik kommende Musiker mit Wurzeln in Hongkong und China hat es im Jahr 1998 auf die Beine gestellt, um die Traditionen der Seidenstraße mit dem Westen zusammenzubringen: das multinationale Silk Road Ensemble.

Neben der Klassik reicht Yo-Yo Mas musikalisches Spektrum von Astor Piazzolla (1. Juni) bis zum Stimmenkünstler Bobby McFerrin (16. April), für ihn sind Einordnungen in Genres Nebensache. Eine Gruppe wie das Silk Road Ensemble spiegelt seine Philosophie also genau wider: Hier kommen chinesische, persische, aserbaidschanische, türkische Solisten mit westlichen Künstlern zusammen, um ihre Traditionen kennenzulernen, sie in eine neue Sprache zu kleiden. Heute, wo die Marke „Seidenstraße" vor allem für die Eroberung neuer Wirtschaftsräume steht, bildet das Silk Road Ensemble ein unverzichtbares kulturelles Gegengewicht, es umfasst auch soziale Projekte und musikalische Bildungsprogramme. Seine Geschichte dauert nun bereits ein Vierteljahrhundert an.

Ausgesucht habe ich ein Stück aus der Frühzeit dieses einzigartigen East-West-Projekts: Hier steht Wu Tong, Spezialist für Blasinstrumente im Fokus. Er spielt im Volkslied „Kleine blaue Blume" die Sheng, ein erstaunliches Instrument, das bei uns nicht umsonst Mundorgel genannt wird. Wenn man die Sheng auf der Bühne sieht, erweckt sie tatsächlich den Eindruck, als halte der Spieler einen orgelartigen Pfeifenwald an seinen Mund. 3000 Jahre alt ist sie und gilt als Urvater unseres Akkordeons – das hat mit ihrer verwandten Spielmechanik zu tun, der „durchschlagenden Zunge". Und wenn Wu Tong zwischendurch mal die Sheng absetzt und seine leidenschaftliche Stimme ertönen lässt, kann man auch gern glauben, dass er in seiner Heimat gleichzeitig ein Rockstar ist.

Stimme des Staubs
8. Oktober

Mohammad Reza Shajarian, Iran (1940–2020)
„SAZ VA AVAZ“
(*Bidad*, 1984 – wiederveröffentlicht auf World Village 2005)

Er wird noch lange unangefochten als König auf dem Thron des persischen Gesangs sitzen: Kein anderer Vokalist hatte eine technisch so ausgefeilte, verzierungsreiche Gesangskunst entwickelt und zugleich einen so schmerzlich-intensiven Ausdruck erreicht wie Mohammad Reza Shajarian.

Unter einem ganzen Spektrum von Meistern eignete er sich den Radif, den Kanon der persischen Klassik (3. November), an. Weltweit konzertierte er mit Ensembles, in denen die besten Musiker des Landes spielten. Aus der Politik hielt er sich nicht heraus: Auf die Seite der Schah-Gegner schlug er sich und unterstützte die Revolution, auch weil er unter dem Monarchen einen musikalischen Verfall der traditionellen und klassischen Musik erlebte.

In jüngerer Zeit war Shajarian prominenter Befürworter der Protestbewegung gegen Präsident Ahmadineschād. Als der die Demonstranten als „Staub und Müll“ bezeichnete, konterte der Sänger: „Ich bin die Stimme des Staubs und des Mülls und werde es immer sein.“ Er untersagte es dem iranischen Staatsradio fortan, seine Musik zu spielen, und rief mit seinem Song „Zaban E Atash O Ahan“ (Sprache aus Feuer und Eisen) 2009 zum friedlichen Zukunftsdialog auf. Daraufhin durfte er nur noch im Ausland konzertieren. Welche Symbolfunktion Shajarian für die verschiedensten Altersgruppen hatte, zeigte sich, als nach seinem Tod am 8. Oktober 2020 Hunderte von Fans vor dem Hospital zusammenkamen und seine Lyrik sangen.

Unter den vielen herausragenden Aufnahmen Shajarians ist sein Album *Bidad* besonders bewegend. Shajarian bringt Verse des Sufi-Dichters Hafiz zu Gehör, eingespielt mit Parviz Meshkatian, dem großen Meister auf dem persischen Hackbrett Santur. Die schmerzreichen Verse aus dem 14. Jahrhundert beklagen den Verlust von Freundschaft und Mitgefühl, und sie haben 1984 auch das Lebensgefühl der jungen Generation eingefangen, die von der Revolution bitter enttäuscht war.

Magische Schwebezustände

9. Oktober

L'Ham De Foc, Spanien
„UN NOM"
(*Cançó De Dona I Home*, Sonifolk 2002)

Iberiens kulturelle Vielfalt überrascht mich immer wieder. Zwischen Galicien und Andalusien entfaltet sich eine solche Fülle an verschiedenen Musikstilen wie wohl in keinem anderen europäischen Land. Da wäre zum Beispiel die Mittelmeer-Metropole Valencia: Sie hat einen autonomen Status, der am 9. Oktober gefeiert wird und sich auch in einer sehr eigenen Musiksprache äußert. Musikalisch öffnete sich mir die Tür zu Valencia, als ich die Band L'Ham De Foc (der Feuerhaken) kennenlernte, die der Multiinstrumentalist Efrén López und die Sängerin Mara Aranda ins Leben gerufen haben. Die magische Band schlug um 2000 herum auf nur zwei CDs einen Bogen von den mittelalterlichen Spielleuten über das maurische Erbe bis hin zum Osmanischen Reich, spiegelt so die reiche Geschichte Valencias wider.

„Hier sind sich im Lauf der Jahrhunderte maurische und christliche Musiker und ihre Instrumente begegnet, die Araber waren ja 500 Jahre lang hier anwesend. Außerdem gibt es in der Stadt Rhythmen vom Balkan und Gesangsstile, die uns mit Süditalien und Griechenland verbinden", erklärte mir López. Mit Mara Aranda führt er bei L'Ham De Foc die mediterranen Verwebungen bis hinein in kretische, türkische und persische Klangfarben. Doch im Mittelpunkt stand immer die Beschäftigung mit dem Cant D'Estil, der mit den Gesängen der Trobadors verwandt ist.

L'Ham De Focs Instrumenten-Arsenal gleicht einer Schatzkammer: Quäkende Schalmeien wie die Dolçaina, die zwölfsaitige spanische Laúd, Schnabelflöten, Lyren, Psalterium und Perkussion aus dem ganzen Mittelmeer finden sich da. All das kombinieren sie mit Texten im weich klingenden Idiom Valenciano. Ihre Verse sind voll maritimer Metaphern, berichten von magischen Schwebezuständen zwischen Leben und Tod. Im Stück „Un Nom" geht es um eine unfruchtbare Frau, die sich der Zauberkraft eines Hexers bedient – doch das Kind, das sie gebiert, stirbt nach wenigen Tagen.

Im Geiste des Whānau

10. Oktober

Fat Freddy's Drop, Neuseeland

„BLACKBIRD"

(*Blackbird*, The Drop 2013)

Wer hätte es gedacht: Die neuseeländische Stadt Wellington ist ein Zentrum für exzellente Soul- und Reggae-Bands. Und sie ist gleichzeitig eine Metropole, in der sich die Kultur der Maori, Neuseelands Ureinwohner, neue Wege sucht, um sich mit der Moderne zu verbinden. Ich finde, das gelingt nirgends so treffend wie bei Fat Freddy's Drop.

1999 gegründet, besteht das Septett aus drei Maori, einem Samoaner und drei Weißen, und sie sind einer der Exportschlager der Pazifikinseln. Das „siebenköpfige Soulmonster", wie sich die Band um den Sänger Joe Dukie gern selbst nennt, hat den New-Zealand-Sound der 2010er-Jahre mitgeprägt, eine fließende, zurückgelehnte Art, Soul und Funk mit Reggae und Dub zu kombinieren.

Dieser Flow gelingt Fat Freddy's Drop vielleicht deshalb so gut, weil sie dem „Whānau" frönen. Was verbirgt sich hinter diesem Maori-Begriff? „In seiner einfachsten Form heißt das Wort ‚Familie'", sagt Saxophonist Chopper Reedz. „Es steht aber auch dafür, dass eine Gruppe eine Vision teilt, eine Verantwortung, und dass sie eine gemeinsame Geschichte hat. Alles, was wir in der Band tun, tun wir im Geiste des Whānau, das gilt für unserer Songwriting, die Aufnahmesessions und die Konzerte."

Perfektioniert haben Fat Freddy's Drop den Whānau auf ihrem Album *Blackbird*. Von Gospel bis zu Disco fächern sich die Facetten auf, auch wenn nach wie vor erdiger Dub und der Spirit des Soul dominierend sind. Im Titelstück lauern die riesenhaften „Blackbirds", und man kann hier unschwer eine finstere Metapher für die Überwachungsgesellschaft herauslesen. Passen Sie auf Ihre Stereoanlage und Ihre Lauscher auf! Die Bässe hauen tonnenschwer aus den Boxen raus.

„Blackbird" – eine machtvolle Hymne zum Tag der Etablierung des Waitangi-Tribunals! Mit ihm haben die Maori 1975 ein Instrument zur Untersuchung aller gebrochenen Versprechen der englischen Krone gegenüber ihrem Volk auf den Weg gebracht.

Herbstliche Sehnsucht

11. Oktober

Zulya Kamalova, Russland/Australien (*1969)
„SAGINOU"
(*Aloukie*, Westpark 2002)

Wechselvoll ist die Geschichte der Tataren, die von Finnland bis zum Baikal-See verstreut leben. Sie geht bis auf den Zerfall des Hunnen-Imperiums im 7. Jahrhundert zurück, der das großbulgarische Königreich mit einem östlichen Teil an der Wolga hervorbrachte. Wolga Bulgaria geriet nach türkischer Herrschaft unter den Einfluss der mongolischen Khans, schließlich fiel es im 16. Jahrhundert durch Eroberung Iwans des Schrecklichen an die Russen. Ein Teil des auch heute noch von Tataren (und Russen sowie den finno-ugrischen Udmurten) besiedelten Gebietes heißt nun Udmurtien, die erste Heimat der Sängerin Zulya Kamalova. In den Liedern Zulyas spiegelt sich das dörfliche Leben der Tataren in der Wolga-Region, die Mischwälder mit ihren wilden Erdbeeren und Pilzen, die wogenden Roggenfelder.

Nachdem Zulya 1991 nach Melbourne emigriert war, wurde sie zur Botschafterin tatarischer Tradition. Dank ihr öffnet sich diese Tradition seit der Jahrtausendwende auch „weltmusikalischen" Einflüssen.

Zum heutigen astronomischen Herbstanfang habe ich das sehnsuchtsvolle Herbstlied „Saginou" von ihrem Album *Aloukie* ausgesucht. Damit gelang ihr der internationale Karrierestart: Dieses genauso clevere wie tiefgründige Werk bekam 1999 den australischen World Music Award. Um die tatarischen Melodien herum spinnen sich Fagott, Akkordeon, Tabla, Flügelhorn und Flöte. Und in diesem Stück gibt es mit den perlenden Umspielungen einer westafrikanischen Kora (5. Mai/10. August/17. Dezember) noch einen zusätzlichen Bonus.

Wenn Sie weitere – spätere – Veröffentlichungen von Zulya erkunden wollen, können Sie auch ganz andere Seiten von ihr kennenlernen: Mit der Band The Children Of The Underground geht sie in ein experimentierfreudiges, manchmal jazziges Songwriting hinein. Zulya Kamalova – eine spannende Frau mit vielen Webfäden um die halbe Welt.

Brodelnde Basarmusik

12. Oktober

Burhan Öçal, Türkei (*1959) & Istanbul Oriental Ensemble
„PAŞA SELIM"
(*Grand Bazaar*, Network Medien 2006)

Heute im Jahr 2006 wurde Orhan Pamuk als erstem türkischen Schriftsteller der Nobelpreis für Literatur zugesprochen. Und so, wie Pamuk die Bosporus-Metropole mit ihrem Gewirr von Lebenslinien literarisch porträtiert, tut Burhan Öçal das in Tönen. Öçal, der „Tausendsassa": Perkussionist, Schlagzeuger, Bandleader, Komponist, Schauspieler, Showmaster. Wie in einem Webschiffchen führte ihn sein Leben hin und her zwischen Istanbul und der Schweiz. Wer ihn interviewt, sollte sich Zeit nehmen: Unter zwei Stunden geht es selten ab.

„Mein Vater besaß in Istanbul ein Kino, in dem Roma als Schuhputzer arbeiteten und Kürbiskerne verkauften", erzählt er. „So bin ich mit ihrer Musik ganz natürlich groß geworden. Außerdem hatte er das erste Jazzquartett der Stadt gegründet, und daher kommt mein Faible für Jazz und Filme aus der Clark-Gable-Ära." Als Jugendlicher bastelt sich Öçal sein Drumset aus Flaschen, Abzügen von Röntgenbildern und Plastiksäcken, später baut er mit verschiedenen Stimmlagen der Rahmentrommel Darbuka ein ganzes „Orchester". Im Jazz- und Fusion-Bereich geht er eine Unmenge von Kollaborationen ein, und er hat das absurde Vorhaben, die Geschichte aller 36 osmanischen Sultane zu vertonen.

Als ich Öçal in den 1990ern ins Jazzhaus Freiburg einlud, entfachte er mit den irrwitzig virtuosen Roma-Musikern seines Istanbul Oriental Ensembles zeitlose 1001-Nacht-Szenarien. Er entführt in einen Harem, geht auf Erkundungstour mit einer Karawane, und am farbenprächtigsten wird es, wenn die Musiker den wuseligen Bazar Kapali Çarşi mit seinen 300.000 Besuchern nachzeichnen.

Öçal: „Da wir rein instrumental arbeiten, musste die Musik allein die Mitteilung machen, dass es hier um etwas Großartiges, Weitläufiges geht, daher habe ich bei einigen Stücken eine Besetzung mit zwölf Streichern gewählt." Im Stück „Paşa Selim" erkennen Mozart-Fans eine Melodie aus dessen *Entführung aus dem Serail* wieder.

Gipfeltreffen mit Streichfiedel

13. Oktober

Nusrat Fateh Ali Khan, Pakistan (1948–1997)/
Ustad Sultan Khan, Indien (1940–2011)
„ALI ALI ALI MAULA ALI ALI, HAQ!"
(*Pukaar – The Echo*, Navras Records 2001)

Heute wurde einer der größten Sänger des Planeten geboren. Der Pakistani Nusrat Fateh Ali Khan hat im Laufe seines kurzen Lebens der Welt offenbart, was eine menschliche Stimme vermag, wenn sie sich von spiritueller Ekstase leiten lässt.

Viele, die sich in den 1980ern und 90ern für das damals geschaffene Prädikat „Weltmusik" interessierten, können sich sicher noch an die explosive Kraft erinnern, die der schwergewichtige Sänger auch auf deutschen Bühnen entfachte. Khan, gefördert von Peter Gabriel (13. Mai) und seinem Real-World-Label, machte den Westen mit dem Genre Qawwali (23. März) bekannt. Er trug diese spirituelle Musik über alle bisherigen Grenzen hinaus, ließ sich auf Teamworks mit den Bands Massive Attack und Pearl Jam ein – nicht immer konnte das Korsett von Popbeats dem Feuersturm seiner Stimme gerecht werden.

Als Nusrat Fateh Ali Khan im August 1997 in London verstarb, wirkte er noch lange nach, in Remix-Projekten, die sich im Drum & Bass, Dub und Techno um seine Musik herum entwickelten. Und dann erschien posthum ein Gipfeltreffen, das ganz anders, nämlich „naturbelassen" war. Mit seinem indischen Kollegen Ustad Sultan Khan, meinem favorisierten Virtuosen auf der indischen Streichfiedel Sarangi, schwingt er sich hier zu höchsten Höhen auf.

Die Duo-Version von „Ali Ali Ali Maula Ali Alia, Haq!" lebt nicht nur von der Verschiedenheit der beiden Stimmen, sondern vor allem vom Wechsel zwischen menschlicher Kehle und den süßen Linien der Sarangi. Die erschreckt mich mit ihrer Nähe zur Klangfarbe eines sehnsüchtig klagenden Menschen schon fast. Diese Komposition zählt zu den Stücken, die zu Ehren von Harat Ali komponiert wurden, des Schwiegersohns des Propheten Mohammed, der von allen Sufis verehrt wird. Eine halbstündige Demonstration purer spiritueller Schönheit, von der ich jedes Mal überwältigt werde.

Zärtlicher Grusel

14. Oktober

Hamlet Gonashvili, Georgien (1928–1985)
„TSTINTSKARO“
(*Hamlet*, JARO 1985)

Wer einmal den Film *Nosferatu* von Werner Herzog gesehen hat, wird eine bestimmte Szene nie mehr vergessen: Die Pest hat Wismar überrollt, und Isabel Adjani irrt als Lucy über einen Platz, auf dem Särge stehen, Leute den Veitstanz vollführen und ihr Henkersmahl nehmen, während die Ratten schon das Zepter übernommen haben. Dazu ertönt ein Chor mit geisterhaften Männerstimmen, der auf mich zumindest – und so ging es wohl auch Herzog bei der Auswahl des Soundtracks – durch und durch gruselig wirkt. Und auch auf Kate Bush (16. Juni), die ihn 1985 in ihren Song „Hello Earth“ einbaute. Am Schluss der Suite *The Ninth Wave* beschreibt dieser Song, wie die Hauptperson zu ertrinken droht und delirierend ins Jenseits hinübergleitet.

Dieser Chor im Film ist ein interessantes Lehrstück dafür, wie unterschiedlich Töne in der Kombination mit Bildern wahrgenommen werden können. Denn da, wo das Lied herstammt, ist es weit vom Grusel entfernt. „Tsintskaro“ heißt es in den georgischen Regionen Kartlien und Karchetien. Sie sind vor allem von religiösen Traditionen geprägt, am heutigen 14. Oktober feiert man in der ehemaligen Hauptstadt Mzcheta das orthodoxe Mzechtoba-Fest. Der Text von „Tsintskaro“ ist von zarter Liebeslyrik geprägt: „Ich wanderte an der Quelle entlang und traf ein schönes Mädchen, das einen Krug auf ihrer Schulter trug. Ich sagte etwas zu ihr, doch sie war empört und ging zur Seite.“

Die Aufnahme dieses Liedes, die in Herzogs Film zu hören ist, stammt vom Vokal Ansambl Gordela aus dem Jahr 1969. Auch Georgiens vokale Nationalikone, Hamlet Gonashvili, der nach einem Sturz vom Apfelbaum früh verstarb, hat eine ganz feinfühlige, zärtliche Version davon aufgenommen. Ich weiß nicht, wie es Ihnen geht: Kaum sind die Gruselbilder von Pest und Ratten verschwunden, hört man dieses Lied mit ganz anderen Ohren, und der kalte Schauer auf dem Rücken verschwindet.

Tränen im Regio-Zug
15. Oktober

Gabriele Muscolino, Italien
„IL RAGAZZO CHE SALIVA SUGLI ALBERI“
(*Gabriele Muscolino*, Visage Music 2021)

„Wenn Männer weinen“ könnte unsere heutige Klangstation benannt sein. Selten habe ich Tränen so schön fließen sehen wie im Video zum heutigen Song, in dem Gabriele Muscolino in der Regionalbahn sanft durch eine winterliche Landschaft schaukelt.

Vor vielen Jahren verschlang ich mit Begeisterung Italo Calvinos Roman *Der Baron auf den Bäumen*, jene unglaubliche Geschichte über einen kindlichen Adligen, der aus Protest gegenüber seinem Vater für den Rest seines Lebens hoch oben in den Bäumen lebt. Und dann, Jahrzehnte später, stieß ich auf diesen Canzone eines Liedermachers aus Bozen: „Il Ragazzo Che Saliva Sugli Alberi“ – „Der Junge, der auf die Bäume kletterte“. Gleich in den ersten Zeilen macht Muscolino klar, dass der berühmte Baum-Baron eine Inspirationsquelle für ihn war.

Muscolino und Band haben die Lieder in einer Südtiroler Bauernstube eingespielt, die mit Zirbelholz ausgekleidet ist. Der holzige, natürliche Sound fängt seine angeraute und doch so empfindsame Stimme auf, sie geht eine wunderbare Synthese mit Geige, Akkordeon, Bouzouki und Cello ein. Dass eine der Harmonikas von einem Mitglied der irischen Supergroup Altan (26. Juli) gedrückt wird, trägt der Musik einen Hauch keltischer Melancholie zu. Sollte man sich dann an dieser hölzern gesättigten Seelenmusik sattgehört haben, wirft man einen Blick auf die Texte, und es tut sich eine zweite Welt auf.

Wie eben in dieser Geschichte über den kletternden Buben, der wohl mal Muscolino selbst gewesen sein könnte: eine von feinen Naturschilderungen durchwirkte Erinnerung eines Mannes an ein Kind, für das der endlose Wald die Welt ist. Und solche Kindheitserinnerungen – zumindest geht es mir ab und an so – kommen gern zurück ins Bewusstsein, wenn man gedankenverloren im Zug sitzt und auf die Landschaft hinausblickt. Vielleicht verdrückt man(n) da auch mal ein paar Tränen. Wie der Fahrgast in diesem stillen, anrührenden Video.

Nostalgisches Ende einer Reise
16. Oktober

Elis Regina, Brasilien (1945–1982)
„VENTO DE MAIO“
(*Elis*, Odeon 1980)

Es macht mir Spaß, bei unseren musikalischen Streifzügen durch die Welt immer ein wenig mit der Auflösung der europäischen Perspektive zu spielen. Wenn ich also am 16. Oktober ein Mai-Lied aus Brasilien hervorkrame, ahnen Sie, dass das mit Frühling gar nichts zu tun hat. Im Mai kehrt dort der Herbst ein, der natürlich lange nicht so schmuddelig ist wie bei uns. Aber er ruft doch mit gewissen Brisen und etwas weniger Hitze, zumindest im Süden, andere Gemütsverfassungen hervor.

Das merken Sie auch ganz deutlich im melancholischen Stück „Vento De Maio“. Geschrieben hat es Lô Borges, der uns zusammen mit Ronaldo Bastos am 21. Januar schon den fast genauso melancholischen „Trem Azul“ geschickt hat. Die Poesie dieser „Clube da Esquina“-Bewegung ist immer etwas träumerisch und kommt mir vor wie aus einem anderen Bewusstseinszustand. Nun ja, auch und gerade in Brasilien war es die Zeit der psychedelischen Experimente.

In „Vento De Maio“ ist die Rede von Sternschnuppen, die auf das Picknick regnen, von Sonnenwind, Seestern und staubigen Schuhen, von einer Reise, die unvermittelt und unwiederbringlich zu Ende geht. Eine Nostalgie, die sich auch in der Lebensphase der Sängerin widerspiegelt, die sich diesen Song wie keine andere zu eigen gemacht hat: die im Januar 1982 viel zu früh verstorbene Elis Regina. Für mich war Elis die größte Sängerin der Siebzigerjahre in Brasilien, von Bossa Nova über Samba bis hin zur großen Pop-Poesie deckte sie ein riesiges Spektrum ab. Egal, welchen Stil sie sang, jedes Lied machte sie mit ihrer strahlenden Stimme zum Erlebnis, riss ihr Publikum in einen Sog hinein mit einer schonungslosen, schön-herben und überschwänglichen Direktheit.

So viel Intensität konnte sie selbst nicht verkraften. „Vento De Maio“ war eine der letzten großen Hymnen in ihrem turbulenten Lebensrad, auch ihre Reise ging unvermittelt und unwiederbringlich zu Ende.

Die erste „Self-Made Woman" Rios

17. Oktober

Meretrio (Brasilien/Österreich)

„ATRAENTE"

(*Choros*, Sessionwork Records 2022)

Der brasilianischen Choro ist Ihnen seit dem Geburtstag von Pixinguinha am 23. April vertraut. Jetzt ist es an der Zeit, für einen zweiten Besuch bei dieser wunderbaren Instrumentalmusik an die Tür zu klopfen.

Vor mehr als 100 Jahren formte der Choro mit Melodien der europäischen Einwanderer und Rhythmen aus Schwarzafrika die Seele der Musik Brasiliens. Wesentlichen Anteil daran hatte eine Frau: Aus gutem Hause stammt sie, heiratet früh einen Marineoffizier, der sie von der Musik fernhalten soll. Das scheitert krachend. Chiquinha Gonzaga heißt die Dame, die mit ihrem starken Willen genauso abstoßend wie verführerisch auf die Macho-Welt wirkt. 1877 greift Gonzaga zur Feder und schreibt ihr erstes Stück „Atraente", bald gefolgt von weiteren Hits. Als eine der ersten „Self-Made Women" Brasiliens geht sie mit eigenem Orchester und Revuetheater in die Geschichte ein. Nicht nur als Musikerin: Sie kämpft auch für Frauenrechte und die Abschaffung der Sklaverei.

„Atraente" habe ich an ihrem Geburtstag (17. Oktober 1847) in einer ganz ungewöhnlichen Fassung herausgesucht: Das Meretrio um den Gitarristen und Posaunisten Emiliano Sampaio hat Stilgrenzen von Jazz über Rock und Funk bis hinein ins Country-Fach gesprengt. Drei Schulfreunde aus São Paulo haben sich da gefunden, die bis heute zusammenspielen, auch wenn zwei von ihnen mittlerweile in Österreich leben.

Während der Pandemie hat das Meretrio in Home-Recording-Sessions den intimen Choro für sich entdeckt. „Für Jazzmusiker ist Choro reizvoll", sagt Sampaio. „Sehr viele Töne, sehr lange Melodien, sehr viele Herausforderungen für die Spieler." Sampaio und Kollegen setzen diese Musik aber nicht in der üblichen Textur mit Ukulele, Mandoline, akustischer Gitarre und Tamburin um, sondern übertragen sie espritvoll auf die Jazzbesetzung, verändern Harmonien und Form der Stücke. Der freigeistigen Chiquinha Gonzaga hätte das gut gefallen.

Geschichten aus dem Breinländ

18. Oktober

Georg Breinschmid, Österreich (*1973)

FLORIAN WILLEITNER, GEORG BREINSCHMID, IGMAR JENNER: „REMINISCENCE“

(*First Strings On Mars*, ACT 2021)

Wer in diesem Buch Wien repräsentieren könnte, darüber habe ich mir lange den Kopf zerbrochen. Auf einmal war es ganz klar: Die Wahl fiel auf einen Musiker, der – ganz wie die Donaumetropole – Einflüsse aus allen Himmelsrichtungen, aus allen Genres aufgesogen hat – und das alles mit einem einzigen, wenn auch zugegebenermaßen sehr großen Instrument.

„Ich bin kein typischer Kontrabassist“, beeilt sich Georg Breinschmid aber gleich zu sagen, als er mich am 18. Oktober 2022 zum Frühstück mit leckeren Nuss- und Mohnbeugeln empfängt. Tatsächlich ist für ihn der Bass auch erst einmal „Flucht-Thema“, damit er aufs Musikgymnasium wechseln kann. Eine klassische Karriere schließt sich an, und man findet ihn in den 1990ern sogar in den Reihen der Wiener Philharmoniker. Dann hört er auf sein Herz, das schlägt mit der Silbe „Jazz“ ganz laut! Und er wechselt die Seiten.

Wie sich das seitdem anhört, lässt sich mit dürren Worten kaum beschreiben. Vom Jazz aus gibt es im „Breinländ“ (zugleich einer seiner CD-Titel) viele Verästelungen zum Wienerlied, zum Balkan, in die Klassik, ins Dada-Fach, ins Kabarett, die er nicht nur als Bassist, sondern als Komponist, Arrangeur, Songwriter und Sänger durchklettert. Dabei ist er genauso ton- wie wortgewaltig: Wenn Breinschmid textet, pulsiert seine Liebe zu Wien besonders originell: Er hat einen Rap auf den Gemeindebezirk Hernals verfasst oder eine skurrile Hymne auf die muffeligen Caféhaus-Kellner geschrieben.

Am liebsten musiziert er dabei in flotten Zweiern und Dreiern. Aus einem solchen habe ich auch ein Stück ausgesucht: First Strings On Mars heißt seine Formation mit den beiden Geigern Florian Willeitner und Igmar Jenner. Bluesig-jazziges Vokabularium tummelt sich hier neben österreichischem Tanzgut und Anklängen an die Neue Musik. Die Melodie von „Reminiscence“ vereint all das, ohne dass man noch sagen könnte, wo was von woher kommt.

Die Worte fließen nach Hause

19. Oktober

Simin Tander, Deutschland (*1980)
„DE KOR ARMAN"/„LARSHA NENGRAHAR TA"
(*Where Water Travels Home*, Jazzhaus Records 2014)

Um eine der großen deutschen Jazzstimmen der Gegenwart geht es heute. Doch das Wort „Jazz" ist eigentlich erheblich zu klein für das Spektrum, über das Simin Tander verfügt. Er ist das Fundament, auf das sie ihre Musik beim Studium in Arnhem und New York gestellt hat, doch davon ausgehend hat sie eine Vokalkunst mit Bausteinen aus freier Improvisation, Fantasiesilben und nahöstlichen Tönen entworfen.

Tander dürfte die einzige Sängerin in Deutschland sein, die in der paschtunischen Sprache singt. Angeeignet hat sie sich das schwierig zu beherrschende Idiom für ihr Album *Where Water Travels Home* – und das nicht aus Lust und Laune heraus. Es war die Sprache ihres Vaters Qudus Tander, afghanischer Journalist und Poet, der früh verstarb. Für Tochter Simin bedeutete das Erlernen des Paschto eine Erforschung ihrer Wurzeln.

Ein herausragendes Stück auf diesem Album ist „De Kor Arman". Als wir über ihr Album sprachen, erzählte mir Simin: „Die Musik hierzu hatte ich in Gedanken an sein Gedicht geschrieben, ohne es je gelesen oder gehört zu haben. Nach langem Suchen fand ein guter Freund meines Vaters in Kanada ein Bündel seiner Lyrik, und darin entdeckte er auch das fragliche Gedicht. Dass es nun wirklich noch perfekt zur Musik passt, ist eine schöne Überraschung."

Ich sehne mich nach Liebe, sei es durch Galgen oder Wahnsinn
Ob die Reise kurz oder lang ist, spielt keine Rolle.
Hey, meine treulose Blume,
ich bin keine Nachtigall, die von einer zur anderen fliegt,
wir beide sind füreinander gemacht."

Die melancholischen Verse, untermalt durch eine klagende Klarinette und die Geräusche einer Straßenszene von Kabul, gehen über in ein weiteres paschtunisches Stück, das neckisch eine Marktszene in der Stadt Nangarhar beschreibt.

Pingpong mit Pygmäen

20. Oktober

Zap Mama (Marie Daulne), Belgien (*1964)
„LOCKLAT AFRICA"
(*Sabsylma*, Columbia 1994)

Ein heißer Sonntagnachmittag in den frühen Neunzigern auf der Rudolstädter Heidecksburg. Sechs Frauen setzen das finale Highlight des Festivals mit jodelnden, glucksenden, kehligen und plaudernden Lauten. Die Welt in einem lautmalerischen Pingpong aus Pygmäengesängen, Gospel, Jazz, spanischen Liedern und Wüstenblues – ganz ohne Instrumente und mit einer grandiosen vielstimmigen Verzahnung: So etwas war 1994 noch ziemlich einzigartig.

Ein paar Jahre später wandelte die Zap-Mama-Chefin Marie Daulne das A-cappella-Format radikal in einen Afro-Soul-Hip-Hop-Act um, der zugleich eine Ich-AG wurde: Das Sagen hatte nun ausschließlich sie. Belanglos wurden die neuen Zap Mama aber trotzdem nicht. Daulne blieb am Puls der Zeit, fing in New York globale Pop-Impulse auf. Sie war eine der Ersten, die den grünen Dschungel mit dem der Straßenschluchten packend verbandelt hat. Eine vermittelnde Rolle zwischen zeitgenössischen Klängen und afrikanischen Traditionen möchte sie spielen. „Ich bin die Björk des Südens!", diktierte sie mir einmal in meinen Notizblock. „Nur, dass ich mich jetzt vom Süden her revanchiere, von meiner Herkunftswarte aus."

Das Zappen zwischen den Welten wurde Marie Daulne, am heutigen Tag in der Demokratischen Republik Kongo geboren, ganz buchstäblich in die Wiege gelegt. Rebellen bringen ihren wallonischen Vater um, denn eine gemischtrassige Ehe gilt als Schande. Mit ihrer Bantu-Mutter entkommt sie in den Regenwald, Pygmäen verstecken sie monatelang. Mithilfe von belgischen Fallschirmjägern gelingt ihnen die Flucht, sie werden nach Brüssel ausgeflogen. Diese Monate im Dschungel haben sich tief eingegraben, immer wieder hört man die typisch jodelnden Gesänge der Pygmäenfrauen in Daulnes Liedern. Am schönsten vielleicht in diesem Stück aus dem zweiten Album von Zap Mama, eingespielt auf dem Zenit der frühen A-cappella-Phase.

Sprechendes Holz

21. Oktober

Ttukunak, Baskenland
„TXALAPARTA IMPROVISATION BUDAPEST"
(video only)

Die Basken haben eine ausgeprägte Affinität zum Holz. Wenn zwei Männer rivalisierend so lange mit der Axt auf einen Baumstamm einschlagen, bis er gespalten ist, nennen sie das „Aizkolaritza". In der Familiensaga *Vacas* des heute geborenen baskischen Regisseurs Julio Medem kann man das wunderbar sehen, aber eigentlich will man gar nicht hinschauen, wenn das Beil immer wieder ganz knapp an den nackten Füßen vorbeisaust. Doch der hölzerne Wettstreit kann auch rhythmisch komplexer und handwerklich filigraner sein. Txalaparta (sprich: tschalaparta) heißt das archaische Xylophon, das dann im Baskenland die musikalische Hauptrolle spielt.

Die Txalaparta besteht aus einer Reihe von zwei Meter langen Holzplanken (es gibt auch Instrumente aus Fels- oder Metalltafeln) verschiedener Dicke, die auf Ständer oder Körbe aufgelegt und mit Stäben geschlagen werden. Schäfern und Bergbauern diente dieses Konstrukt schon in der Zeit des Römischen Reiches zur Übertragung von Botschaften über weite Strecken, vergleichbar den afrikanischen Buschtrommeln. Ob ein Todesfall, ein bevorstehendes Fest oder die Nachricht über eine Belagerung – das Kirsch-, Erlen- oder Kastanienholz sprach über viele Kilometer und Grenzlinien hinweg.

Heutzutage hat es stilistische Grenzen überwunden: Etliche Virtuosen haben diesen praktischen Gebrauchsgegenstand in die Sphäre hoher Volkskunst gehoben, und dabei ist das Txalaparta-Spiel keine Männerdomäne mehr geblieben. Maika und Sara Gómez gelten als aktuelle Koryphäen dieses in Europa einmaligen Instruments. Die Zwillingsschwestern schöpfen aus der baskischen Tradition, betten diese aber in einen neuen Rahmen ein, der mit außergewöhnlicher Improvisationskunst gefüllt wird. Rhythmus und Melodie verbinden sich auf ihren Natur-Xylophonen zu einer eigenen Sprache zwischen Folklore, Jazz und Experimentellem – Archaisches, fit gemacht fürs 21. Jahrhundert.

Bevor der Tango salonfähig wurde

22. Oktober

Melingo, Argentinien (*1957)
„LUCIO EL ANARQUISTA“
(*Corazón & Hueso*, World Village 2011)

„Der nimmt sich Freiheiten heraus wie kein anderer“, staunte Eduardo Makaroff, Gründer der weltweit erfolgreichen Electro-Tango-Band Gotan Project einmal über seinen Landsmann Daniel Melingo. Und er hat recht. Die abgrundtief knarzende Erzählstimme unseres Geburtstagskindes beschwört Ähnlichkeiten mit dem italienischen Brummbass Paolo Conte und dem Kalifornier Tom Waits herauf. Aber Melingo, dem argentinischen Ex-Rocker, sind Vergleiche vollkommen schnuppe.

Seine Verse gleichen kleinen Novellen, seine Musik beschreibt er selbst als „Proto-Tango“. Will heißen: Tango, bevor er im wahrsten Wortsinn „salonfähig“ wurde, von den Hinterhöfen und Bordellen in den Ballsaal ging und seiner urwüchsigen Kraft beraubt wurde. Getreu dem Motto „die Vergangenheit ist die Zukunft“ konfrontiert der Mann aus Buenos Aires das Genre mit den eigenen Wurzeln und fügt weitere hinzu. 2004 wurde er bei uns bekannt, als er mit dem Werk *Santa Milonga* einer schnellen Tanzvariante im Tango-Universum huldigte. Auf den späteren Platten weitete er den Tango zu einem verschrobenen Musiktheater zwischen Pariser Montmartre und argentinischer Pampa.

Den Höhepunkt seiner skurrilen Klangwelten erreichte er wohl mit der Scheibe *Corazón & Hueso*. Hier tremoliert eine griechische Bouzouki zu schaurigem Männerchor, ein Akkordeon – und nicht das argentinische Bandoneón! – tanzt zu einer Ahnung von portugiesischem Fado. Ein munterer Kinderchor grüßt, instrumentale Zwischenspiele werden mit fröhlich-beredter Gitarre und fliegendem Tastenspiel gestaltet. Und zugleich ist dieses Opus immer noch eine Reise durch Argentinien, von den umbrafarbenen Hafenkaschemmen am Rio de la Plata bis ins feuchte Innenleben des Hinterlandes. Dramatischer Höhepunkt: das fast hörspielhafte „Lucio El Anarquista“ mit den cool platzierten Twangs der E-Gitarre, einem beschwörenden, fast schamanischen Gesang und einer geisterhaften, heiseren Geige.

Lichterfest mit dem Morgenjungen

23. Oktober

DJ Cheb i Sabbah (1947–2013)
„NARAJANMA BANDAGE"
(*Krishna Lila*, Six Degrees 2002)

Die Vorstellung, dass alle DJs nur „Knöpfchendreher" sind, hat sich zum Glück schon lange erledigt. Dieser Mann könnte mit dem, was er tut, nicht weiter davon entfernt sein: Serge El Beze hieß er bürgerlich, war US-Amerikaner jüdisch-algerischer Herkunft, doch sein Herzblut war vor allem die indische Musik.

Ein wahrer Kosmopolit: In der algerischen Vielvölkerstadt Constantine groß geworden, siedelt er als Teenager nach Paris über und wirkt dort als einer der ersten Discjockeys überhaupt, anfangs legt er noch Soul-Scheiben auf. Über Zwischenstopps beim Theater landet er in den 1980ern in San Franciscos Bay Area, wo Tanzpartys unter seinem Namen Cheb i Sabbah („Junge des Morgens") Legende werden. Jazzgrößen von Ornette Coleman bis Don Cherry, aber auch der pakistanische Sänger Nusrat Fateh Ali Khan schauen persönlich an seinem Pult vorbei.

Doch es dauert tatsächlich bis zum Ende des Jahrhunderts, bis dieser Mann auch in der Alten Welt als Anstupser einer Clubkultur mit Sounds aus aller Welt einen Namen bekommt. Im Umgang mit indischen Wurzeln setzt unser Mann auf großflächige, atmende Strukturen, die er mit Alltagsgeräuschen vom Subkontinent verwebt. In seinen langen Klangcollagen findet man die Sounds der Straße, Naturklänge, Zeremonien aus hinduistischen Tempeln, dazu echte Sänger und echte Instrumente – so Chebs strenge Maxime! Viel zu früh ist der Pultmeister 2013 an einem Krebsleiden verstorben.

Genießen Sie das Eröffnungsstück aus Cheb i Sabbahs Opus *Krishna Lila*, das sich der religiösen karnatischen Musik widmet. Die betörende Stimme von Baby Sreeram setzt den richtigen Rahmen für das indische Lichterfest Diwali. Jedes Jahr wird es um diese Zeit als Sieg des Lichts über den Schatten gefeiert und hat je nach Gegend verschiedene mythologische Facetten: In Südindien steht es dafür, dass Gott Krishna 16.000 Frauen aus der Gefangenschaft beim Dämon Naraka befreit hat.

Mondnacht auf den Nelkeninseln

24. Oktober

Monica Akihary, Molukken/Niederlande (*1964)
„MARITIRINE"
(*Uwa Í*, Enja Records 2003)

Heute ist Weltgewürztag – könnten Sie sich vorstellen, für Gewürznelken Ihr Leben zu riskieren, und das drei Jahre lang? Vom Seefahrer Ferdinand Magellan haben schon der 27. April und 20. September Geschichten erzählt, die seinen Ruhm nicht mehren. Heute blicken wir nochmals auf diese wahnsinnige Expedition, die nicht zuletzt das Ziel hatte, den Einfluss der Spanier (unter ihrer Flagge segelte der Portugiese Magalhães) in unbekannten Gefilden auszudehnen. Dabei setzten sie vor allem auf die Gewürzinseln Molukken, ein Archipel zwischen Sulawesi und Papua-Neuguinea.

Nach über zwei Jahren schlimmster Entbehrungen, Hungerstod, Meuterei, Übergriffen und dem Verlust ihres Kapitäns, umgebracht auf den Philippinen, ankert die dezimierte Flotte im November 1521 auf dem Vulkan-Eiland Tidore. Nur hier und auf den Nachbarinseln wachsen die begehrten Nelken, im 16. Jahrhundert wertvoller als Gold und Edelsteine. Doch die vier Fürstentümer der Inseln sind zerstritten, die Portugiesen sitzen bereits auf der Insel Ternate gegenüber. Ein Konflikt mit den Spaniern scheint vorprogrammiert. Überhastet beladen sie die Schiffsbäuche mit der kostbaren Fracht und machen sich davon, um nach Hause zu kommen. Wie – und ob! – das gelingt, lässt sich beim Bord-Chronisten Antonio Pigafetta nachlesen.

Wir kümmern uns lieber um die Musik der Molukken, die auf längere Sicht weder portugiesisch noch spanisch blieben, sondern sehr bald holländisch wurden. Das erklärt auch, warum die Molukkin Monica Akihary auf der Kunsthochschule in Amsterdam studierte. Mit ihrem Ehemann hat sie die Band Boi Akih gegründet, die sich der Einbettung der Molukken-Roots in jazzige Töne verschrieben hat: Pionierarbeit. Ihr Anliegen ist es dabei, ihre vom Aussterben bedrohte Muttersprache von der Insel Haruku zu bewahren. „Maritirine" ist ein wunderschönes Lied über Gedanken in einer Mondnacht, kurz vor Tagesanbruch.

Sprechender Eukalyptus
25. Oktober

Ankala, Australien
„CORROBORREE"
(*Didje Blows The Games*, Network Medien 2000)

Am 25. Oktober 2019 um 16 Uhr wurde der Uluru, der heilige Berg der australischen Aborigines, für die Besteigung geschlossen. Lange hatten die Ureinwohner gekämpft gegen die touristische Vereinnahmung des markanten Berges, den wir als Ayers Rock kennen. Ein kleiner Teilerfolg in ihrem langen, mühsamen Ringen darum, sich in der weiß dominierten Gesellschaft eine Stimme zu verschaffen.

Kurioserweise ist ihr Hauptinstrument, das Didgeridoo (in ihren Sprachen anders benannt, zum Beispiel Yidaki), seit Jahrzehnten auf der ganzen Welt bis in alle Fußgängerzonen hinein anerkannt und beliebt. Der von Termiten ausgehöhlte und bemalte Eukalyptus-Ast dürfte mit wahrscheinlich 40.000 Jahren eines der ältesten Instrumente der Welt sein. Es wird mit ausgefeilter Blastechnik und Zirkularatmung gespielt und bei Ritualen eingesetzt, die eng mit dem spirituellen Kontakt zum Land verknüpft sind, ein Wesenskern der Aborigine-Mythologie. Die Nachahmung von Tier- und Naturlauten ist allerdings der Aspekt, der seine weltweite Popularität begründet hat, bis in klassische Kompositionen hinein hat es seinen Weg gefunden.

In der Tradition wird das Spiel auf dem Didgeridoo lediglich mit Klangstäben begleitet. Wie kreativ es sich auch in einen Bandkontext einfügen lässt, hat nicht nur die Aborigine-Rockband Nummer eins, Yothu Yindi, vorgemacht. Auch Mark Atkins und sein Cousin Janawirri Yiparrka als Duo Ankala haben hier unbekannte Pfade ausgekundschaftet. Die beiden Musiker aus dem Aborigine-Volk Yamaji luden auf ihrer zweiten CD fürs Label Network ein regelrechtes World Orchestra ein, um mit Flöte, Akkordeon, Geige, Saxophon, indischer Tabla und Stimme in Kontakt zu treten. Mir hat von diesem Album das Stück „Corroborree" am besten gefallen. Hier versuchen sie, das gleichnamige Initiationsritual der Aborigines in Töne zu fassen – mit zwei Yidakis, Flöte und Tabla.

Mit Inbrunst gegen die Zensur

26. Oktober

Milton Nascimento, Brasilien (*1942)
„SAN VICENTE“
(*Clube Da Esquina*, Odeon 1972)

Amerikanisches Herz
ich erwachte aus einem seltsamen Traum
ein Geschmack von Glas und Schnitt, von Schokolade
im Körper und in der Stadt ein Geschmack von Tod und Leben.

Wer unter Zensur leidet, der greift zu Bildern, die die Staatsmacht nicht verstehen kann, seine lyrisch beschlagenen Fans aber schon. Fernando Brant und Milton Nascimento haben als Teil der „Clube da Esquina“-Bewegung (21. Januar) im brasilianischen Bundesstaat Minas Gerais Anfang der 1970er ihre Alltagsstimmungen unter der brasilianischen Militärdiktatur zu rätselhaften, visionären Versen geformt. Und dabei eine Musik geschaffen, die sakrale Stimmungen, die Folklore der Viehhirten und Elemente aus dem Progressive Rock à la Genesis in sich trägt.

Das Künstlerkollektiv wehrte sich so mit der Kraft der Metaphern und Melodien gegen die Diktatur. „San Vicente“ ist für mich das stärkste Lied von der ersten Platte: In nicht einmal drei inbrünstigen, flehenden Minuten fängt es die ganze Traurigkeit, Resignation und Freiheitssehnsucht ein, die ein sensibler Künstler im Korsett eines menschen- und kunstverachtenden Regimes empfinden muss. Es setzt dieser täglichen Absurdität spirituelle Leuchtkraft entgegen, und das liegt auch an der unvergleichlichen Falsett-Stimme von Milton Nascimento.

Der heute geborene brasilianische Sänger-Poet hat seit den 1960ern eine unglaubliche Karriere hingelegt: Von früher Bossa Nova über lyrische Liedkunst bis zu Teamworks mit fast allen Stars der Popmusik seines Landes und mit internationalen Jazzern wie Wayne Shorter und Herbie Hancock. Gleichzeitig hat er sich in seiner Musik immer für die afro-brasilianische und die indigene Bevölkerung Brasiliens eingesetzt. Ein Gigant mit weitem Herz – und großer Trostkraft für die Seele.

Signierte Schönheit

27. Oktober

Terry Callier, USA (1945–2012)
„DANCING GIRL“
(*What Color Is Love*, MCA Records 1972)

Eine Textzeile im Stück des heutigen Tages nimmt mich immer wieder mit. Nachdem Terry Callier seinen Traum von einem tanzenden Mädchen erzählt hat, das ihn an einen Ort der Freiheit trägt, schwenkt sein Blick auf das Ghetto. Er sieht den Bebop-Saxophonisten Charlie Parker beim Improvisieren. „All those notes won't take the pain away“, singt Callier. Und er hat recht: Du kannst so viele Noten spielen, wie du willst, der Schmerz wird davon nicht weggehen. Aber du kannst mit dem Schmerz sprechen.

Terry Callier hat das in etlichen seiner Songs getan – meistens hat er weniger Noten dazu benötigt als „Bird“. Besonders am Anfang seiner Karriere, als er dem Folk eine seelenvolle Stimme einpflanzte. Später hat sich dieser herzenswarme Bariton zu Soul-Dramen aufgeschwungen, mit irisierenden Streichern, glitzernder Celesta und aufbrausenden Bläsern. „Dancing Girl“ aus dem überirdisch schönen Album *What Color Is Love* ist mit seinen neun Minuten nur noch mit gutem Willen als „Song“ zu fassen, ist Folk-Walzer, Jazz-Impro, orchestraler Soul in einem.

2002 durfte ich Callier in Baden-Baden treffen, als er das Vorprogramm für die Dee Dee Bridgewater bestritt. Und er offenbarte sich mir als glühender Humanist: „Frieden gibt es momentan nur in der menschenlosen Wildnis. Daher müssen Musiker aller Genres, Filmregisseure, Maler zusammenstehen, ihre Überzeugung von Menschlichkeit ausdrücken. Wenn wir das nicht tun, leugnen wir die Möglichkeiten, die ein Künstler hat.“

Abschließend signierte er meine CD, quer über den Körper der Schönheit, die rauchend das Cover ziert. „Schade, hab sie nie kennengelernt“, seufzte er. Und schrieb mir seine Nummer in Chicago auf eine Serviette. Für alle Fälle. Heute kann man Terry Callier nicht mehr anrufen. Am 27. Oktober 2012 hat der sensibelste Folksoul-Barde der Musikgeschichte die Welten gewechselt. Ich denke, er weiß jetzt, welche Farbe die Liebe hat.

Die steinerne Lady spricht

28. Oktober

Sophie Hunger, Schweiz (*1983)
„Z'LIED VOR FREIHEITSSTATUE"
(*The Danger Of Light*, Two Gentlemen 2012)

In den weit mehr als 100 Jahren, die sie auf die Upper Bay hinausblickt, hat die heute 1886 eingeweihte Statue of Liberty so einige Ereignisse gesehen, die mit Freiheit nichts zu tun haben. Und am 20. Januar 2017, als ein Mann mit orangefarbenen Haaren ins Weiße Haus einzog, ging das Bild um die Welt, wie eine dicke Träne über das steinerne Gesicht der alten Dame rollte.

Was in der Freiheitsstatue vor sich gehen könnte, während sie bewegungslos auf ihrer kleinen Insel steht, hat die Schweizerin Sophie Hunger wunderbar in züritüütsche Worte gefasst. Rheumageplagt hat die Statue keinerlei Einfluss mehr auf die Welt. Sie sehnt sich danach, ins Wanken gebracht zu werden, bietet sogar einen Tanz an, wenn sie nur von ihrem Sockel steigen dürfte.

Als ich 2009 eine durchstartende Sophie Hunger traf, sagte sie: „Ich bin eine Feld-Wald-Wiesen-Musikerin und einfach größenwahnsinnig. Dieser Erfolg hätte so eigentlich nicht passieren dürfen." Aber danach lachte sie laut los, wohl wissend, dass sie ihr Licht dabei unter den Scheffel stellte. Heute wissen wir: Hunger ist nicht nur eine der herausragendsten Songschmiedinnen der Schweiz. Polyglott auf Englisch, Französisch, Deutsch und Züritüütsch unterwegs, Bob Dylan genauso anzapfend wie Noise Rock und elektronische Musik, ist sie Kosmopolitin und trotzdem auf eine tief reflektierende Art heimatverbunden. „Bitte, sing mir ein Volkslied, auch wenn es das nicht mehr gibt", so hieß es in ihrem Song „1983". Sophie Hunger hat mit ihrer Liedkunst dafür gesorgt, dass es wieder Volkslieder gibt, die sie für eine globalisierte Welt neu (er)findet.

Man spürt das auch in ihren Konzerten: Andächtig gelauscht wird bei ihr, auch in einem Riesensaal oder *open air*. Öfters hat sie solche Konzerte mit der nachsinnenden „Freiheitsstatue" beschlossen. Mir gefällt die Version mit den Gitarrenlinien von Josh Klinghoffer (Red Hot Chili Peppers!) am besten.

Gefühlvolle Verlobte

29. Oktober

Omara Portuondo, Kuba (*1930)
„NOCHE CUBANA“
(*Mágia Negra*, Velvet 1959)

Heute verneigen wir uns vor einer der letzten großen Diven Lateinamerikas. Die heute im Jahr 1930 geborene Omara Portuondo hat die meisten ihrer männlichen Buena-Vista-Kollegen nicht nur überlebt, sie machte nach der Abschiedstournee des Altherrenvereins auf den Bühnen der Welt hochbetagt weiter.

Unvergesslich bleibt mir, wie sie, schon in ihren Achtzigern, mit sanfter Plauderstimme, tief eingesunken in ein großes Sofa, putzmunter aus ihrem Leben erzählt hat. Als Tochter eines schwarzen Baseballspielers und einer reichen Spanierin war sie Vorurteilen ausgesetzt: ein Skandal, diese gemischtrassige Ehe. Mit ihrer Schwester Haydée tanzte sie als Teen im berühmten Cabaret Tropicana, und bald bekam sie den Beinamen „die Verlobte des Filin“, da sie dieses neue, sehr gefühlvolle Genre in Havanna wie keine andere ausfüllte. Bald feierte ihr Cuarteto D'Aida große Erfolge, sogar Nat King Cole empfing sie. „Ein ganz feiner Kerl“, erinnerte sie sich, „vor allem menschlich habe ich viel von ihm gelernt, denn auch er musste sich ja immer gegen Diskriminierungen behaupten.“

Es folgten Soloaufnahmen, *Mágia Negra* erschien 1959 in den Wirren der Revolution und floppte. Zu gewagt, diese Arrangements mit Orgel, Akkordeon, Xylophon und Rockgitarre. Auf Gesangfestivals sozialistischer Staaten lernte sie die Welt kennen. Politisch aufs Glatteis führen ließ sie sich bei unserem Gespräch nicht: „Jeder Staat wird wie ein Haus geführt, und da hat man sich an die Hausordnung zu halten“, so die Replik auf meine Frage nach dem Sinn eines kommunistischen Systems. Der späte Ruhm, er kam mit dem Buena Vista Social Club, „Silencio“, ihr Duett mit Ibrahim Ferrer bewegte Millionen.

Doch zu ihrem Geburtstag erinnern wir uns mit der romantischen „Noche Cubana“ an die wegweisenden intimen Arrangements von ihrem Solodebüt – und an ein glamouröses Kuba, heute längst von den Häuserfassaden abgeblättert.

Akustisches Minzeblättchen

30. Oktober

MARO, Portugal (*1994)
„HORTELÃ“
(*Hortelã*, Secca Records 2023)

In Brasilien genoss ich oft einen kühlenden Saft mit der Bezeichnung „Abacaxí com Hortelã“. Ananas mit Minze: Darauf muss man erst mal kommen. Das Gleiche gilt für „Abacaxí com Berinjela“, das Gesöff, das es mir noch mehr angetan hatte. Erst am Tag unserer Abreise enthüllte der Fruchtmixer uns, dass ich die ganze Zeit Ananas mit Aubergine getrunken hatte ... Dann doch lieber die Minze, die es ja auch gleich zweimal in der Musik gibt: Mit „mint“ bezeichnet man eine pressfrische, ungespielte Schallplatte, wie sie unter Sammlern gesucht wird, und die „Pfefferminzakkorde“ sind ein geflügeltes Wort im Jazz, wenn ein Chor sanft chromatische Harmonien in den Raum haucht.

Damit kommen wir endlich der heutigen Künstlerin näher. Mariana Brito da Cruz Forjaz Secca hat gut daran getan, sich den professionellen Kurznamen MARO zuzulegen. Die Karriere der Songwriterin und Sängerin wird von Los Angeles aus durchs Management des Jazzmoguls Quincy Jones betreut. Seit sie zwölf ist, schreibt sie Lieder, sie war mit dem britischen Stimmenwunder Jacob Collier auf Tour, sang während der Pandemie mit so ziemlich allen Berühmtheiten bis hin zu Eric Clapton Homevideos unter dem Titel „Itsa me, MARO!“ ein. Und wurde in ganz Europa dann so richtig bekannt, als sie 2022 Portugal mit ihrer Komposition „Saudade“ beim European Song Contest vertrat und einen respektablen Platz neun erreichte.

Ihr Timbre geht kaum mal aus dem Pianissimo heraus, ist manchmal mehr Hauch als Ton. Und da sind wir wieder bei der Minze. Dass MARO ihr neues Werk *Hortelã* genannt hat, passt einfach wunderbar. Sie geht hier in eine äußerste Reduktion, lässt sich nur von den beiden katalanischen Gitarristen Darío Barroso und Pau Figueres begleiten. So stelle ich mir ein akustisches Minzeblättchen vor: ein Hauch von Stimme, als sanfte Einstimmung auf den Herbst mit dem bezwingenden Titelstück.

Riffs unterm Funkelfirmament

31. Oktober

Vieux Farka Touré (*1981) & Khruangbin (Mali/USA)
„DIARABI"
(*Ali*, Dead Oceans 2022)

Man nennt ihn „Vieux", den Alten – doch er hat als junger Heißsporn die Musikszene Malis durcheinandergewirbelt wie kaum ein anderer seiner Landsleute. Sein Vater Ali Farka Touré sah sich in erster Linie als Farmer an den Ufern des Nigers, wurde aber mit Gitarre, charismatischer Stimme und ein paar Akkorden zum Doyen des Wüstenblues, ohne dass er das wollte. Der Sohn hat nie einen Zweifel daran gelassen, dass er das Erbe seines legendären, 2006 verstorbenen Vaters respektiert. Doch er hat den Desert Blues rockig aufgefüllt, ihn vom Sahel in die USA und bis nach Australien getragen. Vieux Farka Touré spielte bei der Fußball-WM in Südafrika für eine Milliarde Fernsehzuschauer, ging Teamworks mit Jazzgitarristen oder Songwritern ein. Für mich weist Tourés aufregendste Kollaboration aber tief hinein nach Texas.

Die Wüste als eine gemeinsame musikalische Verständigungsbasis? Könnte man meinen, wenn man sich anhört, wie gut er mit dem Trio Khruangbin aus Houston harmoniert. Deren Musik ließe sich am ehesten als „psychedelischer Gitarren-Dub" bezeichnen, eine Musik, die ähnliche weite, sphärische Klanglandschaften öffnet wie die des Maliers. Um dem heute geborenen ehrwürdigen Vater Ali Tribut auf Albumlänge zu zollen, genau das richtige Rezept: Denn seine manchmal spröden Originale geben sich hier fülliger, bekommen einen unwiderstehlichen Groove. Was bei Ali eher noch meditativ-versponnen war, wird jetzt tanzbar.

Die verspielten Fünftonskalen der Sahel-Musik tummeln sich in träumerischen Hallräumen, bekommen dann aber von den trockenen Drums her plötzlich auch mal einen knackigen Impuls, das kann regelrecht funky werden. Und besonders reizvoll, wenn die ruppige Gitarre von Vieux sich mit den sanft glimmenden Riffs von Khruangbin-Saitenmeister Mark Speer zu einem ungleichen Paar verzahnt, wie in „Diarabi". Timbuktu trifft Texas unter einem nächtlichen Funkelfirmament.

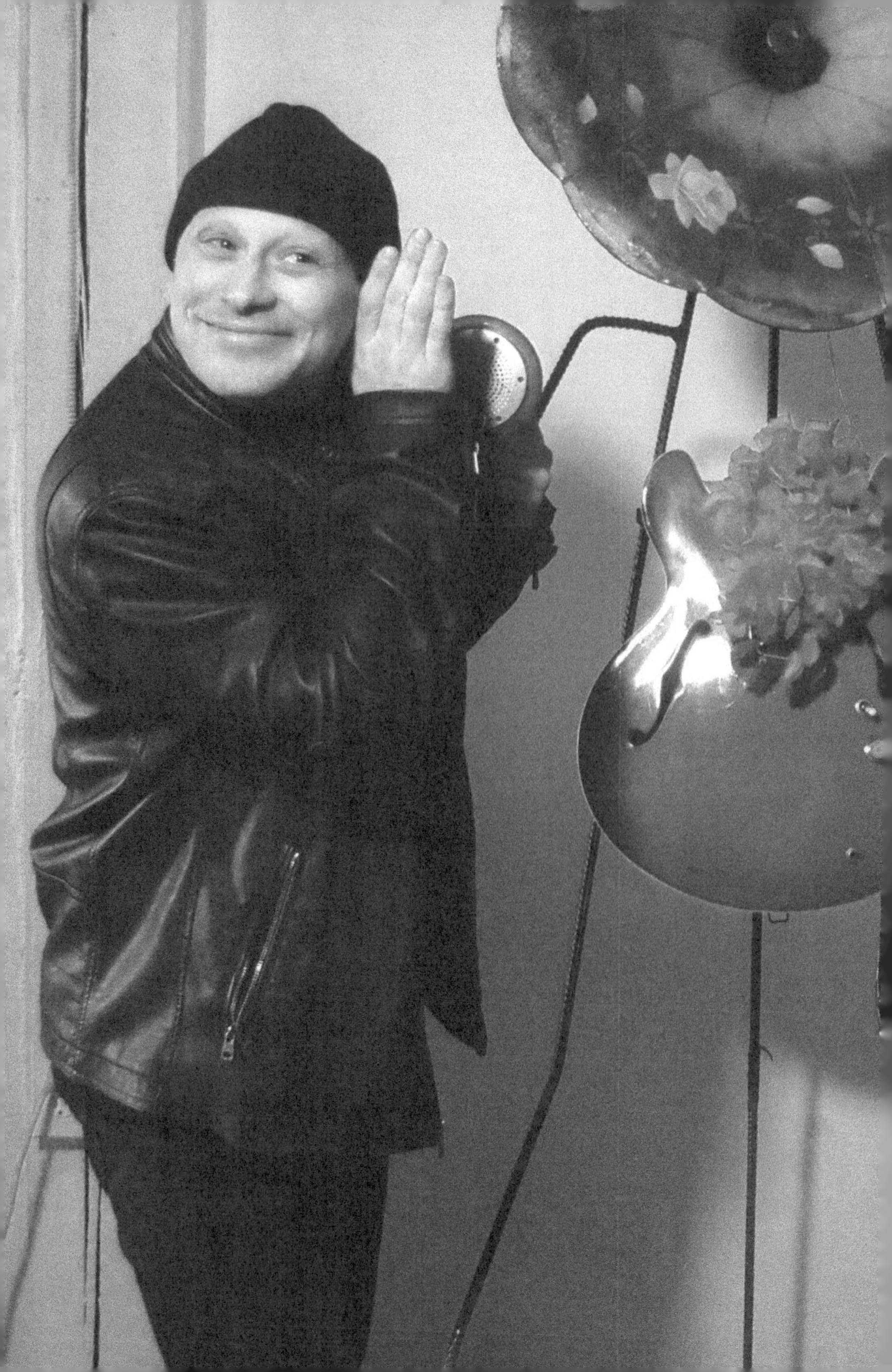

NOVEMBER

Sehnsüchtiges Aromabad

1. November

Karsh Kale, USA/Indien (*1974)
„LONGING“
(*Realize*, Six Degrees 2001)

Musiker, die aus Indien stammen, entwerfen mit Klängen aus anderen Erdteilen neue Visionen: Das ist in unserer Epoche der musikalischen Globalität längst selbstverständlich geworden. Die Kompositionen von Karsh Kale (sprich: körsch kaleh) können als wilde, halbelektronische Achterbahnfahrt zwischen Bombay und der Bronx daherkommen. Sie atmen aber in anderen Momenten auch alle süßen Düfte der indischen Melodien und Instrumente.

Kale hat eine fundierte klassische Ausbildung auf der Trommel Tabla, interessierte sich dann aber bald schon für die elektronische Seite der Perkussion, kombinierte beides in der Formation Tabla Beat Science. Schließlich ging es auf Solo-Pfade: Satter Drum'n'Bass, plakative Monsterbeats, komplex tackernde Tablas, luftig schwirrende Bambusflöten, säuselnde Schalmeien und der obertonreiche Gesang der indischen Geige Sarangi – all das verband Karsh Kale von seinem ersten Album *Realize* an. Obendrauf setzte er eine Gästeliste namhafter indischer Vokalstars. Für mich klingt seine Musik wie ein Aromabad für die Ohren, das aber nie kitschig daherkommt wie eine Filmmusik aus Bollywood, sondern auch immer progressive Popklänge verarbeitet.

Kale sagte mir 2006: „In Indien wird alles von der Popmusik Bollywoods dominiert, es gibt eigentlich keine Musikindustrie, lediglich eine Filmindustrie. Wenn ich nach Indien gehe und mit Musikern vor Ort arbeite, ist es für sie wohltuend, ihre Musik in einem völlig anderen Kontext zu hören. Und sie erkennen, dass ich diese Musik nicht nur als Verzierung benutze, sondern sie auch verstehe.“

Ich möchte Ihnen vorführen, wie unwiderstehlich diese Musik aus zwei Welten ist. Hören Sie sich das finale Stück aus Kales Debüt an: Wie er in „Longing“ mit der Sängerin Lalitya Munshaw über acht Minuten die Unstillbarkeit einer Sehnsucht einfängt, ist schlicht und ergreifend atemberaubend.

Wolkenverhangene Chromatik

2. November

Django Reinhardt, Belgien (1910–1953), Stéphan Grappelli, Frankreich (1908–1997) & Le Quintette Du Hot Club De France
„NUAGES" (TAKE 2)
(*Intégrale Django Reinhardt: The Complete Django Reinhardt*, CD 13, Frémeaux & Associés 1998)

Überspitzt könnte man sagen, dass am 2. November 1928 die Geburtsstunde des europäischen Jazz schlug. An diesem Abend kehrt in einem Vorort von Paris ein 18-jähriger Gitarrist heim zu seiner Frau. Er leuchtet mit einem Kerzenstummel im Wohnwagen herum, die Flamme springt auf Papierblumen über, schon brennt die Behausung lichterloh. Django Reinhardt und seine Frau überleben, er allerdings mit so schweren Verletzungen an der Hand, dass die zum Spielen fortan wohl unbrauchbar ist.

Doch Reinhardt krempelt in wenigen Monaten seine Technik um, ökonomisiert die Arbeit auf den Saiten mit so cleveren Kniffen, dass er das Handicap ausgleichen kann. Sein Tremolo über die ganze Breite des Griffbretts kombiniert er mit einem Auf- und Abgleiten der Greifhand, er erfindet die Oktavparallelen, ebenso die mit dem Handballen abgestoppten Akkordbrechungen, das sogenannte „Sweeping". Und mit Einflüssen aus dem amerikanischen Swing, aus Musette, Flamenco, Anleihen bei Bach, Debussy und Ravel erschafft er den „Gipsy Swing".

Diese erste in Europa gewachsene Jazzsprache wird von den Plattenfirmen zunächst als zu modern abgelehnt. Doch sie findet ihre Blüte schließlich im berühmten Quintett des Hot Club de France, das vor allem vom blinden Verständnis zwischen ihm und dem Geiger Stéphane Grappelli lebt. Die Teamworks des Bohémiens mit diesem distinguierten Violinisten stechen unter seinen rund 750 Aufnahmen aus allen Teamworks heraus.

Bewegte Bilder von Django sind rar, sie können das Mysterium seiner rasenden Zweifingerakrobatik nicht erklären. Doch Django war auch ein Zärtlicher: Sein „Nuages" von 1940 ist eine ruhige Fantasie, sie zeichnet mit wunderbaren Jazzharmonien die Stimmung eines wolkenverhangenen Himmels nach. Von den vielen Versionen ist der mit Grappelli 1946 eingespielte Take für mich der perfekte.

Verse aus der magischen Stadt

3. November

Misagh Joolaee, Iran/Deutschland (*1983)
„DECEIVED HEART“
(*Unknown Nearness*, Pilgrims Of Sound, 2021)

Wie eine Schatztruhe kann man sich das Tonmaterial der klassischen persischen Musik vorstellen. Diese Truhe heißt „Radif“, und in ihr liegen zwölf kleinere Kästchen: Das sind die „Dastgāh“ genannten Skalen mit einer ganz bestimmten Stimmung. Diese Kästchen wiederum sind prall gefüllt mit Perlen, kurzen Melodiefloskeln mit Namen „Guscheh“. Und der Schatz steigt stetig im Wert: Denn jeder Sänger oder Instrumentalist bringt die Schmuckstücke immer wieder anders zum Glitzern, poliert sie mit neuen Ideen der Improvisation.

Zu den spannendsten Persönlichkeiten der jungen iranischen Musiker gehört der in Berlin lebende Stachelgeigen-Virtuose Misagh Joolaee (sprich: misar dschuulai) aus der nördlichen Provinz Mazandaran. Er denkt zwar noch im Radif-System, hat aber die Möglichkeiten auf der Stachelgeige Kamancheh (19. Mai) komplett revolutioniert. Mit nie dagewesenen Zupf- und Schlagtechniken spielt er, bei der westlichen Geige oder beim Flamenco ließ er sich dazu inspirieren. Joolaee ist alles andere als bloßer Akrobat, denn er lässt die Kamancheh auch tief und innig wie eine menschliche Stimme singen. Und wenn er die Notwendigkeit spürt, singt er auch selbst, etwa in „Deceived Heart“ des Poeten Fariduddin Attar, der wohl heute im Jahr 1119 in Neyschabur starb.

„Ich war zweimal als Teenager dort, und es hat einen unglaublichen Eindruck auf mich gemacht“, erzählt Joolaee. „Eine gewisse Spiritualität liegt dort in der Luft, eine Sehnsucht, die dich antreibt, nachzudenken. Ich wollte gar nicht mehr zurückreisen.“ In Attars Versen spiegelt sich diese Sehnsucht im Verlangen nach der Geliebten, das sich vom Sehnen nach dem Göttlichen nicht mehr trennen lässt. „Seine Worte gehen so tief rein“, sagt Joolae. „Ich bin nicht jemand, der viele Lieder schreibt, bin gepolt auf Instrumentalmusik. Aber manchmal stößt du auf Poesie, die schreit nach einer Vertonung, da kannst du nicht anders.“

Gar nicht Minimal in Mali

4. November

Terry Riley (*1935)
„IN C“
(*In C Mali*, Transgressive 2015)

Mit dem Begriff „Minimal Music“ habe ich nie viel anfangen können. In den stilbildenden Werken der 1960er und 70er scheinen doch vielmehr riesige Klangfelder zu schwingen, die sich aus afrikanischen, indischen und indonesischen Musikwelten nähren. Zeit scheint aufgehoben zu sein, wenn sich die Motive unmerklich verschieben, schwebende „Phasen“ erzeugen. Oft umfassen die Ensembles Streicher, Holz- und Blechbläser und jede Menge Perkussionsinstrumente. „Minimal“? Für mich nicht.

Für ihn übrigens auch nicht: Terry Riley, Pionier für diese Art des Komponierens, lag es fern, sich mit dieser Bezeichnung zu schmücken. Riley war zudem einer der Vertreter des Genres, die sich intensiv mit den Klängen jenseits der „westlichen“ Kultur befasst haben. Sein am 4. November 1964 uraufgeführtes Stück „In C“ besteht aus 53 melodischen Zellen, sogenannten Patterns, die in einer festgelegten Abfolge gespielt werden sollen. Wie groß die Musikgruppe der Ausführenden sein soll? Wann ein Pattern gewechselt werden soll? Wie schnell das Ganze über die Bühne gehen soll? Das alles überließ Riley dem feinfühligen Aufeinander-Hören der Musiker.

Von den vielen Aufnahmen der letzten fast 60 Jahren ist mir eine von 2015 besonders ans Herz gewachsen. Sie geht auf eine Idee des Popband-Leaders Damon Albarn zurück, der mit seinem Africa Express viele Teamworks mit Musikern aus Westafrika angestoßen hat. Für seine Version holte er sich neben Stars aus Mali auch André de Ridder (17. Januar) als Pult-Koordinator dazu. Denn der ist nicht nur ein famoser Dirigent und Geiger, sondern auch ein großer Vermittler zwischen klassischer Musik und experimentellem Pop und Jazz. Das Ergebnis ist die swingendste, wärmste und erfrischendste Version des Werks, die ich kenne – bereichert durch das afrikanische Xylophoninstrument Balafon, durch die Stegharfe Kora und Kalebassen als Perkussion.

Perkussive Putscher

5. November

Six Anarchist Drummers, Schweden
„MONEY 4 U HONEY“
(OST *Sound Of Noise*, Magnolia Home Entertainment 2010)

Lübeck im Herbst ist magisch, und Anfang November ist dort traditionsgemäß die Zeit der Nordischen Filmtage. Völlig verschrobene neue Filmproduktionen aus Skandinavien lassen sich da entdecken, und eine Portion Musik ist auch immer dabei. Ich genieße diese Tage, denn ich kann als Musikjournalist ab und zu auch mal Leute aus dem Celluloid-Fach vors Mikro bekommen – und das ist dann richtig aufregend, weg von der Routine.

Dort habe ich nicht nur Mika Kaurismäki anlässlich seines *Honey Baby* (7. Februar) getroffen. Es gab auch ein Wiedersehen mit sechs schwedischen Perkussionisten, die ich schon aus einem YouTube-Video kannte: *Music For One Apartment And Six Drummers* zeigt sechs Schlagwerker, die in eine leere Wohnung eindringen und spontan in der Küche, im Schlafzimmer, auf dem Klo und im Wohnzimmer eine Suite auf Haushaltsgeräten und Mobiliar spielen. Das war ihnen aber nicht genug: Im Jahr 2010 dreht Regisseur Ola Simonsson mit der Gruppe einen abendfüllenden Film namens *Sound Of Noise*. In Lübeck Eröffnungsfilm mit begeistertem Publikum.

Das anarchische Potential der sechs Perkussionisten steigert sich hier ins Unermessliche: Sie musizieren „auf“ einem OP-Saal nebst Patienten, inszenieren als zweiten Satz ihrer musikalischen Stadtsinfonie einen Banküberfall, knöpfen sich dann die Oper vor und am Schluss das Stromnetz der Metropole. „Was wir im Kurzfilm schon etabliert hatten, das war die Verbindung von Musik und Crime. Eine sehr frische Kombination, Musiker als Verbrecher zu sehen“, meint Ola Simonsson. „Man mag über diese Feststellung lachen, aber sie ist wahr: Für Regime und Diktatoren ist es sehr schwierig, einen Song zu töten. Auch beim ANC in Südafrika spielte Musik eine wichtige Rolle, um die Apartheid zu stürzen.“

Gelingt den Percussion-Putschern der Umsturz? Das müssen Sie sich selbst anschauen. Als Vorgeschmack gibt es heute die Sequenz aus dem OP-Saal.

Aus dem Sammeln der Stille

6. November

Oded Tzur, Israel (*1984)
„THE LION TURTLE“
(*Isabela*, ECM 2022)

In diesem Buch gibt es nicht viele Tage, an denen Sie einem Saxophon lauschen können. Das hat damit zu tun, dass dieses wunderbare Instrument und meine seltsamen Gehörgänge nicht füreinander gemacht wurden. Doch heute, am Tag des Saxophons und gleichzeitig dem Todestag seines Erfinders Alphonse Sax, ist es so weit: Wir gehen nach Tel Aviv, Indien und New York gleichzeitig, um einen Virtuosen zu treffen, der eine einmalige Klangfarbe erzeugt.

Als ich im März 2023 Oded Tzurs Instrument im Forum Merzhausen, einem wunderbaren Spielort für Jazz in der Nähe Freiburgs, lausche, höre ich in erster Linie kein Tenorsax. Ich höre einen Gesang, der sich fast aus dem Nichts zu entwickeln scheint, aus dem Innehalten. Wo hat der Israeli diesen Ton bloß her? Tzur hat bei Hariprasad Chaurasia gelernt, dem zweifelsohne größten Meister auf der indischen Bambusflöte Bansuri, und der versteht etwas vom Atmen. Als Schüler dieses großen Flötisten hat er auch eine Menge über das indische Skalensystem, die Ragas, erfahren. „Eine Art, den Raga zu umschreiben, ist, ihn als abstrakte Persönlichkeit zu sehen, die aus Sound gemacht ist. Einige Musiker würden sogar sagen, es ist eine Präsenz, die du zum Leben erwecken musst. In diesem Sinne ist er so viel mehr als eine schlichte Skala aus Tönen.“

In der neuen Heimat New York hat Oded Tzur seinen Jazz durch den indischen Raga belebt. Und mit der Persönlichkeit des Raga, so wie er ihn versteht, gelingt es ihm, seine Kompositionen zu einer Suite zu verbinden. Er wird bei ihm zu einem großen Lied, das nicht enden will, ja, zu einem Gebet der Inbrunst. Und sein Saxophon ist der betende Sänger mit endlosem, weitem Atem. Der überträgt sich auch auf seine Quartett-Mitstreiter Nitai Herskovits (Piano), Petros Klampanis (Bass, 15. Juli) und Johnathan Blake (Drums). Selten habe ich Jazz gehört, der so berührend aus dem Sammeln der Stille erwächst.

Der Weltenbähnler

7. November

Erik West Millette, Kanada (*1968)
„TERMINAL CITY TRAIN“
(*Rail Nomads*, L-Abc 2023)

Instrumente aus aller Welt zieren die Wände, aber da stehen auch eine Modelleisenbahn, Signale, Schrottteile, die an den Gleisen und auf Lok-Friedhöfen rund um die Welt gesammelt wurden: Wer das Laboratorium von Erik West Millette im Montrealer Künstlerviertel Mile End betritt, weiß sofort, wofür das Herz des Frankokanadiers schlägt. Schon Eriks Urgroßvater, in New Orleans noch in die Sklaverei geboren, war Bandleader und Bahnarbeiter. Diese Verbindung hat sich bis zum Urenkel fortgepflanzt: Millette ist heute – mit seiner Band West Trainz – der weltweit verrückteste Eisenbahnmusiker.

Der Bassist hat alle berühmten Strecken der Erde befahren, die Transsib, den Orient-Express, den Sahara-Express von Bamako nach Dakar. Überall fing er mit Mikro Lokschnauben und Waggonrattern ein, pirschte die Gleiskörper auf der Suche nach Schrottteilen für seine Instrumente ab. Und in seinem Kopf entstanden Stücke, in denen diese Sounds den Pulsschlag liefern. Besondere Sympathie hegt er für die Hobos, die blinden Passagiere und Wanderarbeiter. „Immer schon haben sich Menschen an einer Feuerstelle zusammengefunden, um zu kochen, zu trinken und zu erzählen. So wie es später die Hobos gemacht haben, im ‚Hobo Jungle‘. Der ist für mich eine Metapher für den ‚Hobo Sapiens‘!“ Er zwinkert verschmitzt und schaut aus dem Fenster seines Laboratory auf die Strecke der Canadian Pacific Railway, 4500 Kilometer schlängelt die sich quer durch Kanada.

Heute im Jahr 1885 wurde in Vancouver für sie der letzte Schienennagel versenkt – und all den Arbeitern hat Millette das Stück „Terminal City Train“ gewidmet. Die Komposition ist auch eine „Sound-Geographie“ Kanadas: Wer seine Ohren weit aufsperrt, kann ein Boot auf dem Sankt-Lorenz-Strom erlauschen oder ein Wolfsheulen aus British Columbia – und das lyrische Cello von Sheila Hannigan führt dabei anmutig durch diesen nostalgischen Trip.

Bolero mit Dur-Einschub

8. November

Niels Frevert, Deutschland (*1967)
„MORGEN IST EGAL"
(*Paradies der gefälschten Dinge*, Groenland 2014)

In diesem Buch geht es nicht nur um Musik, sondern immer wieder auch um Worte – und um die muss ein Liederschreiber manchmal ringen. „Ich suchte nach Worten für etwas, das nicht an der Straße der Worte lag": Mit dieser Zeile hat der heute geborene Niels Frevert seine Arbeit sehr treffend beschrieben.

Der Hamburger stellt mit der deutschen Sprache etwas an, das wenige können. Seelenvoll, aber nie gefühlig sein. Leichte Ironie im Mundwinkel spielen lassen, ohne sarkastisch zu werden. Fließende Wortgebilde und punktgenau treffende Phrasen schöpfen, die überhaupt nicht verkopft sind: „Schneekugelwirbel". „Achterbahnromanze". „Unser roter Faden hängt an einem seidenen." Und wer sonst wäre in der Lage, ein Lied nach einem Haushaltsgegenstand wie dem „Waschbeckenrand" zu betiteln? Diese kleinen Text-Wunderwerke setzt er dann zu Harmonien, die weit mehr als das klassische Songschema erfüllen.

Ohne die Songs von Niels Freverts Album *Putzlicht* und seine Trosthymne „Immer noch die Musik" hätte ich die Pandemie-Jahre nicht so glimpflich überstanden. Danke, Niels! Ich hatte dich gerade noch rechtzeitig entdecken dürfen, bevor das Übel losging. Du scheinst die schlimme Zeit mit nicht versiegender Poetenkraft überstanden zu haben, auch wenn du dein Post-Corona-Werk in trockener Selbstironie *Pseudopoesie* genannt hast.

Freverts großartigstes Werk bleibt für mich aber *Paradies der gefälschten Dinge* von 2014, auf dem er ein „UFO" überm Hamburger Kirchentag besingt und im „Speisewagen" als Zweiteklasse-Mann einer Ersteklasse-Frau begegnet. Unerreicht unter all seinen Balladen ist die Melancholie von „Morgen ist egal": Sie berührt mich vielleicht deshalb so, weil sie in einer Art Bolero-Rhythmus dahinschwankt. Oder weil sie kurz mal ins Spanische hinüberschwenkt. Oder nein: weil sie einen zum Heulen schönen Einschub in Dur hat.

Rasanter Falterflug

9. November

Talvin Singh, Großbritannien (*1970)
„BUTTERFLY“
(*OK*, Island Records 1998)

Inder und Pakistanis, die größten Volksgruppen der British-Asians, haben in der Kulturgeschichte Großbritanniens immer eine große Rolle gespielt. Musikalisch blieben sie lange unter sich. Noch in den 1980ern und frühen 1990ern fanden die Bhangra-Discos, die sich in London und anderen Metropolen der Insel etablierten, eher unter Ausschluss der Öffentlichkeit statt. Hier feierte nur die Jugend, zu einem Rhythmus, der auf einen Erntetanz aus dem Punjab zurückgeht.

Das ändert sich etwa 1997: Eine Szene von Musikern, DJs und Produzenten keimt auf, die in ihren Stücken indische Vokal- und Instrumentallinien mit den komplexen und mächtigen Rhythmen des Drum & Bass, Dub und Hip-Hop kombiniert. Das spricht plötzlich viele Clubgänger an, auch jenseits der Communities. Die Presse hat dafür schnell das griffige Schlagwort „Asian Underground“, aber dieser Untergrund erreicht bald auch den Mainstream zu einer Zeit, in der indische Klänge auch durch den Erfolg der Bollywood-Filme in Europa gefragt sind.

Vor allem ein Mann namens Talvin Singh trägt mit seinen Nächten im Londoner Anokha Club zur Popularisierung der „Asian Underground“-Sounds bei, die bald von Delhi bis San Francisco hip werden. Singh ist klassisch an der indischen Trommel Tablas ausgebildet. Aber ihn faszinieren auch die Drum & Bass-Rhythmen, die selbst bei 160 Beats in der Minute noch Eleganz verströmen. Also koppelt er beide Welten und tauft seine Erfindung „Tablatronics“.

Wenn ich heute sein Album *OK* höre, das am 9.11.1998 erschien, kommt mir das wie Science Fiction aus der Vergangenheit vor. Denn heute ist der damals so futuristische „Asian Underground“-Sound in Vergessenheit geraten. Doch der grandiose „Butterfly“, der zu Sitarklängen und rasenden Tablas farbenprächtig durch die Gegend flattert, bleibt für mich zeitlos.

Eitler Bruder, arme Schwester

10. November

Viktoria Leléka, Ukraine (*1990)
„SUCHYI DUB“
(*Sonce U Serci*, GLM 2021)

Als im Februar 2022 der russische Machthaber die Ukraine überfallen ließ, wurde uns Mitteleuropäern im Zuge der weltweiten Solidarität nach und nach bewusst, welche musikalischen Schätze das Land zu bieten hat, in allen Genres von Klassik bis Rock. Eine Vielfalt, die wir offenbar erst unter diesen schrecklichen Bedingungen entdecken wollen und vorher sträflich übergangen haben.

Das Geburtstagskind Viktoria Leléka zählt eher nicht zu den Spätentdeckten, sie hatte schon einige Zeit vor dem Angriffskrieg ihren künstlerischen Durchbruch. Nach einem Studium in Kiew komplettierte sie ihre Ausbildung im Jazzfach bei Céline Rudolph (5. Dezember) in Dresden. 2017 gewann sie den „Creole“-Weltmusikpreis, ein Jahr später auch den Jazz-Nachwuchspreis beim Festival in Burghausen. Was ich an ihr schätze, kann ich ganz klar benennen, denn es hat genau mit dieser Balance zwischen den beiden Standbeinen Jazz und Tradition zu tun.

Ich für meinen Teil finde es nicht so spannend, wenn traditionelle Melodien vorgestellt werden, sich dann aber irgendwann in der Jazz-Improvisation komplett verlieren. Bei Leléka nicht: Die Themen aus der ukrainischen Volksmusik stehen klar vor Ohren, werden von ihrer festen, glockenhellen, auch mal geheimnisvoll hauchenden Stimme präsentiert – und danach schlüssig in die Ausflüge der Instrumentalisten eingebunden. In den melodischen und rhythmischen Abwandlungen bleibt der ukrainische Ton immer das wichtigste Spielmaterial, und er gibt auch der Sängerin sämtliche Impulse für ihre Variationen.

Auf ihrem ersten Album *Sonce U Serci* („Sonne im Herzen“) gibt es viele Beispiele dafür. Eines ist die Adaption des Volksliedes „Suchyi Dub“, das sie und ihre drei Begleiter mit einer grandiosen Dramaturgie ausschmücken. Eine bittere Geschichte über einen eitlen Bruder, der die Schwester vertreibt und sie ihrem Schicksal als Magd überlässt.

Walt Disney bei den Roma

11. November

Beáta Palya, Ungarn
„ALL A KAPUN“
(*Adieu Les Complexes*, Naïve 2008)

Ein Spagat zwischen einem US-Jazzstandard und einem Lied mit Motiven der ungarischen Roma? Klingt abenteuerlich, aber unser heutiges Geburtstagskind kriegt das hin – und dass sie Ungarin ist, kommt ihr dabei sicher zugute.

Komponisten wie Béla Bartók oder Zoltán Kodály interessierten sich brennend für die Volksmusik der verschiedenen ungarischen Regionen und die der Nachbarländer, erforschten und katalogisierten sie. Neben dieser „akademischen“ Pflege hatte es bei den Magyaren aber schon über Jahrhunderte eine tolle Institution gegeben, die für die Bewahrung ihrer musikalischen Traditionen sorgte: „Táncház“ heißt sie, wörtlich Tanzhaus, und sie ist eine Zusammenkunft, bei der Tänze und Lieder praktiziert wurden. In den 1970ern kam dieser Brauch durch Musikstudenten in die Städte hinein, die damit auch gegen die Vereinnahmung der Kultur durch den Kommunismus protestierten. Federführend waren die Gruppe Muszikás und ihre Sängerin Márta Sebestyén.

An all das kann eine Künstlerin wie Beáta Palya nahtlos anknüpfen, aber sie setzt noch einen oben drauf. Denn sie hat auch ein Jazz-Training und studierte indische und persische Klassik. Palyas spannende Musik klingt nach clever modernisierter Folklore, sie bezieht jüdische und Roma-Klänge mit ein, schert nach Asien aus oder erkundet, wie sich Standards aus dem Great American Songbook mit ihren Magyaren-Roots koppeln lassen.

Am schönsten gelungen ist das in ihrem Stück „All A Kapun“: Hier verquickt sie den Song „Some Day My Prince Will Come“, 1937 für den Walt-Disney-Zeichentrickfilm *Snow White* komponiert, mit einem Roma-Lied, lässt die Musik in einer magischen Schwebe zwischen Jazz und Folk. In ihrer Textversion allerdings schlagen die Sehnsüchte einen weitaus dramatischeren Ton an als bei den frommen Wünschen von Schneewittchen: Gott wird angefleht, er möge doch ganz dringend ein geeignetes Mannsbild vorbeibringen.

Kantiges vom Fischersohn

12. November

Baaba Maal, Senegal (*1953)
„MBEDA WELLA“
(*Being*, Marathon Artists 2023)

Als Sohn eines einfachen Fischers wird er am 12. November geboren, am Ufer des Senegal-Flusses, wo das Volk der Tukulor lebt. Seine Mutter allerdings ist Songwriterin, und durch ihre Lieder kommt Baaba Maal mit Musik erstmals in Berührung, später auch durch den US-Soul von James Brown und Otis Redding. Am Collège in der Hauptstadt Dakar stürzt er sich dann ins Studium der Musikinstrumente verschiedenster Regionen.

Erste Bühnenerfahrungen macht er im Duo mit dem blinden Sänger Mansour Seck, der aus demselben Dorf stammt. Lehrjahre in Paris schließen sich an. Zurück im Senegal gründet er die Band Daande Lenol und wird rasch zum nationalen Star, das Album *Firin' In Fouta* (1994) beschert ihm Anerkennung in der Weltmusikszene. Seitdem veröffentlicht Baaba Maal alle paar Jahre ein exquisites Afropop-Album, auf dem er die Wurzeln der Tukulor, ihre Sprache Peul und moderne Produktion zu einem packenden Sound verschmilzt. Baaba Maal ist aber nicht nur Musiker. Er nutzt seinen Popularitätsgrad für ein breites Engagement, etwa als Jugendbotschafter in der Entwicklungshilfe der UNO.

Lange habe ich überlegt, was ich aus dem Riesenwerk dieses Mannes herausgreifen kann, habe mich schließlich für einen Song entschieden, den er mit knapp 70 Jahren eingespielt hat: Für die Tanzhymne „Mbeda Walla“ spannt Baaba Maal die kantigen Verbalschläge des mauretanischen Rappers General Paco Lenol ein. Das Stück ist zu finden auf *Being* aus dem Jahr 2023 und ein schönes Beispiel auch dafür, wie die Rhythmen der Sabar-Trommeln zu einer mächtigen Wall Of Sound aufgebaut werden. Baaba Maal schickt den Pop-Exotismus der Weltmusik in die Mottenkiste und entwirft nach mehr als 40 Jahren Karriere nochmals sein eigenes afrofuturistisches Szenario. Für ein Alterswerk mehr als beachtlich!

Mit Augustinus auf der Welle

13. November

Alejandra Ribera, Kanada
„ST. AUGUSTINE"
(*La Boca*, Jazz Village 2013)

Im algerischen Thagaste (heute Souk Ahras) wurde am 13. November des Jahres 354 der heilige Augustinus geboren. An seinem Geburtstag soll es um die schönste Song-Widmung gehen, die dem Religionsphilosophen jemals geschrieben wurde. Zugegebenermaßen: auch die einzige, die ich kenne. „Ich las die Bekenntnisse des Heiligen Augustinus zu einer Zeit, in der ich mich sehr verloren und niedergeschlagen fühlte. Was ich am allernötigsten brauchte, das war der Glaube an etwas, und sei es auch nur an eine imaginäre Burg im Himmel", hat mir Alejandra Ribera an einem windigen Novembertag in Stuttgart erzählt.

Die Kanadierin mit argentinischen und schottischen Wurzeln ist Spezialistin für außergewöhnliche Klänge und Texte. Sie schreibt über kleine Mikroorganismen in einem unterirdischen Antarktis-See, bezieht in ihre Lieder immer wieder subtil Latino-Flair ein, lässt sich von starken Frauen wie der Autorin Virginia Woolf oder der Schauspielerin Tilda Swinton inspirieren. Ein verrücktes, unberechenbares Universum, das sie auf ihrem Album *La Boca* für mich am schönsten eingefangen hat. Sogar Heizkörper, Lampenschirme und Stühle wurden da zu Instrumenten.

Die Klage über die Verlorenheit kommt wie eine Countryballade in äußerster Zeitlupe daher, als wäre die Zeit abhandengekommen. Doch dann holt Ribera uns zurück aus dem Schwebezustand. Durch einen fantastischen Einfall: Ein Tonartenwechsel und eine Klangwelle aus Knackgitarre, Blechbläsern und Riberas hyänenhafter Stimme überrollen einen förmlich, und beim Zurückschwappen geht es dann wiederum in eine andere Tonart. „Es ist wie die Unterströmung einer Welle, die dich von hinten erfasst, dich hochhebt und dich mitnimmt. Vielleicht gerätst du unter die Welle, vielleicht schaffst du es, oben zu bleiben", kommentiert die Künstlerin. Was für Alejandra Ribera auch heißt: Keine Verzweiflung ist ewig, alles wird bald vom Lauf der Zeit weggewaschen.

Schlurfen zwischen den Seen

14. November

Henry Theel, Finnland (1917–1989)

„LILJANKUKKA“

(Various Artists: *Finnischer Tango – Tule Tanssimaan*, Trikont 1998)

Mitte November sollte ich Ihnen eher etwas mit auf den Weg geben, das Ihr Gemüt aufhellt, oder? Aber heute bin ich in melancholischer Stimmung, und auch die muss man eben manchmal ausleben. Sollten Sie also ohnehin tief in einer Herbstdepression versunken sein, überspringen Sie einfach diesen Tag, morgen wird es wieder heiterer. Andererseits: Dann verpassen Sie etwas Besonderes.

Mit dem argentinischen Tango bin ich nie so ganz warm geworden, hatte ich das schon erwähnt? Warum, ist in wenigen Zeilen schwierig zu umreißen. Vielleicht ist er mir einfach zu extrem in seinen Schwankungen von Wehmut und Aggression. Aber unter den vielen weltweiten Tango-Varianten, und es gibt sie ja etwa auch in der Türkei, Russland oder Rumänien, läuft mir der finnische Tango am besten rein.

Dieser runde, dunkle, eher geschlurfte als getanzte Tango mit seiner Nähe zum Schlager ist eine krasse Gegenwelt zu seinem argentinischen Bruder. Er spielt sich kaum in der Stadt ab, sondern auf den Tanzböden der Dörfer. Er erzählt nicht vom Geschlechterkampf, sondern von Sehnsucht, Märchenland und Mondnacht. Eine erste Blütezeit hatte er schon in den 1930ern und 40ern, als sich das finnische Volk in bitteren Kriegsjahren vereint im Leid zum Tango auf den Holzdielen drehte. Vor allem auf den Dörfern zwischen den weitläufigen Seenlandschaften blieb er bis in die 1960er eine feste Größe, lebte dann nach einem vorübergehenden Niedergang in den 1980ern wieder auf.

Einer der großen Interpreten des finnischen Tangos kommt jetzt in Gestalt des heute geborenen Henry Theel: Er hat 1945 das Lied an die „Lilienblume“ eingespielt, ein Stück über unglückliche Liebe mit grandiosem Orchesterschmelz und Pizzicato-Tupfern – und einem Klarinettensolo, das einen so tief und bauchig überfällt, dass man im Nu in die nordische Seele hineinschlüpfen kann.

Goethe würde sich wundern

15. November

Kronos Quartet, USA
„EKITUNDU EKISOOKA“
(*Pieces Of Africa*, Elektra 1992)

„Man hört vier vernünftige Leute sich unterhalten, glaubt, ihren Diskursen etwas abzugewinnen und die Eigentümlichkeiten der Instrumente kennenzulernen.“ Als Johann Wolfgang von Goethe 1829 diesen berühmten Satz über das Streichquartett formulierte, konnte er noch nicht ahnen, dass vier junge Amerikaner im November 1973 begannen, diesen Diskurs zu einer Weltsprache zu formen.

Es gibt kein anderes String Quartet auf diesem Planeten, das mit einer solchen Experimentierlust wie das Kronos Quartet aus San Francisco zu Werke geht. Sie haben weit über 50 CDs und 800 Werke eingespielt, viele davon eigens für sie komponiert. Ihre Arbeit ist stil- und weltumspannend, und vor allem: welterweiternd. Jede noch so fremde Kultur haben sich David Harrington, John Sherba, Hank Dutt und Sunny Yang nicht nur zu eigen gemacht, sie haben ihr individuelle Noten verliehen. „Weißt du, ich fühle mich in jeder Musik der Erde daheim“, hat mir David Harrington mal bei einem frühmorgendlichen Telefonat erklärt. „Musik ist für mich eine Gelegenheit, die Zahl der Orte zu erhöhen, die ich mein Zuhause nennen kann.“

Das erste Mal, dass ich ihrer Musik begegnet bin, war durch ihre CD *Pieces of Africa*. Afrikanische Töne, gespielt von Geigen, Bratsche und Cello: Eine neue Klangdimension öffnete sich für mich. Und danach haben mich die vier aus der Bay Area immer wieder begleitet: von indischer Bollywood-Musik, zur Minimal Music Steve Reichs, von persischen Sufi-Gesängen zum mexikanischen Mariachi (21. Januar) oder feuriger Balkan-Musik.

Goethes Eingangszitat könnte man also abwandeln: Man hört vier vernünftige Leute sich mit der ganzen Welt unterhalten. Hier ein klitzekleiner Ausschnitt aus ihrem Universum mit einer Komposition von Justinian Tamusuza. Er verbeugt sich mit seinem Stück vor der Musik des ugandischen Kiganda-Volkes.

Der Sambesi als Lebensader

16. November

Mokoomba, Simbabwe

„MASANGANGO“

(*Rising Tide*, Zig Zag World 2012)

Wenn man erklären will, wo sie herkommen, sagt man am besten: „von den großen Fällen“. Die wurden heute im Jahr 1855 vom Schotten David Livingstone „entdeckt“ (während sie für die Einwohner der Region natürlich seit Jahrtausenden bekannt waren). Da, wo die imposantesten Kaskaden der Welt, die Victoria Falls, den Sambesi-Fluss in ein tosendes Schauspiel verwandeln, an der Grenze Simbabwes zu Sambia, ist die Heimat der sechs Mitglieder von Mokoomba. „Der Bandname steht für die überschäumende Energie, die der Sambesi uns gibt, er ist unsere Lebensader“, sagt Bassist Abundance Mutori.

Er und seine Mitmusiker stammen aus kleinen Dörfern der Tonga, einer simbabwischen Minderheit. Ihre Rhythmen sind die Basis der Mokoomba-Songs, doch die Band umarmt zugleich viele Stile des südlichen Afrikas. Verantwortlich dafür ist Bandleader und Sänger Mathias Muzaza, der auf seinen Wanderjahren aus allen bereisten Regionen Lieder mitbrachte und die Band 2001 startete. Der Gewinn eines Contests in Malawi ermöglichte Muzaza und seinen Kollegen eine Europatour, schließlich die Produktion eines Debütalbums.

Im aktuellen Mokoomba-Repertoire steckt von allem ein wenig drin: Afrosalsa, Anleihen bei der kongolesischen Rumba (19. Juli) und den Färbungen des Sahel, Fusion-Sound und Reggae. Mal klackernde, mal in höchsten Lagen jubilierende Gitarren bestimmen die Arrangements, ein schiebender Bass, ausgefeilte Rock-Drums, Flöten- und Blechblasakzente, machtvolle Männerchöre. Und mitten in den treibenden Grooves immer die ein wenig kratzbürstige Stimme von Mathias Muzaza. Textlich folgen sie dem bewährten Rezept: Verpacke bittere Botschaften zu sozialen Missständen, der Angst vor dem HI-Virus oder den Belangen der Minderheiten in Simbabwe mit Tanzboden-Energie! Produziert wurde ihr Debüt übrigens von jemand, der ganz woanders zu Hause ist: von der Ivorerin Manou Gallo (31. August).

Édith mit Engelsstimme

17. November

Jeff Buckley, USA (1966–1997)
„JE N'EN CONNAIS PAS LA FIN"
(*Live At Sin-é*, Columbia 1993)

Mit offenen Mündern standen wir vor der Bühne der Straßburger Laiterie, als er im Februar 1995 dort gastierte. Ein charismatischer Sänger und Gitarrist mit dem Aussehen eines jungen Gottes, der nahtlos umschaltete zwischen wundglühendem Indie-Rock, sanften Chanson-Melodien und dem berühmten, geradezu sakralen Cover von Leonard Cohens „Hallelujah". In einer Art frenetischer Ungläubigkeit war das Publikum gefangen, und irgendwann rief ein Typ mit sonorer Stimme „Jeff, c'est superbe" in die Stille. Da musste sogar der so coole Jeff Buckley lachen.

Das Album *Grace* des Geburtstagskindes hat mich zwei Jahre lang nicht losgelassen. Die Intensität seiner Stimme, dieses Zittern, das man sonst eher bei indischen Vokalakrobaten hört, die verzweifelten Herzrausreißer-Texte gruben sich mir tief in die Seele. Ganz gleich, ob er sich in die abgründige Einsamkeit von Nina Simones „Lilac Wine" versenkte, seine Besessenheit von einer schwarzen Frau in „Mojo Pin" rausschrie oder ein Weihnachtslied von Benjamin Britten aufgriff.

Auf der vorangegangenen EP aus dem New Yorker Club Sin-é übertrug er in kreisenden Figuren das gesamte Begleitorchester von Édith Piaf auf seine E-Gitarre. Zum Vergleich können Sie das Original von 1939 antesten, schon das ein Meisterstreich der Chanson-Historie. Buckley aber öffnet mit seiner Stimme für dieses Lied Raum und Zeit ins zärtliche Unendliche.

Wenig mehr als zwei Jahre nach dem legendären Konzert in Strasbourg war die Zeit für Buckley bereits abgelaufen. Wie sein Vater, ebenfalls Ausnahmesongwriter, starb er in einem Alter, in dem das Leben noch vor einem liegt, geriet beim Schwimmen im Mississippi in die Unterströmung eines Schaufelraddampfers. Als die grausame Botschaft aus Memphis am 29. Mai 1997 in unseren Plattenladen hineingetragen wurde, lauschten wir seiner Musik unter Tränen, verzweifelt über diese himmelschreiende Ungerechtigkeit.

Kristallklar oder schnurrend

18. November

Gjermund Larsen, Norwegen (*1981) & Trio
„NOVEMBER“
(*Salmeklang*, Galileo 2017)

Der graue November hat uns. Lassen Sie sich die Laune dadurch nicht verhageln – oder besser: vernebeln. Denn Trost kommt aus Norwegen.

Wenn Sie dieses Buch zwischen den Zeilen gelesen haben, konnten Sie vielleicht merken, dass ich eine große Schwäche für Geigenmusik habe, ein Instrument, mit dem ich selbst über viele Jahre verwachsen war und bin. Gegen Ende meiner klassischen Unterrichtsjahre entdeckte ich die Geigenliteratur Nord- und Westeuropas, und die aus den norwegischen Tälern mit ihrer obertonreichen Hardingfele (Hardangerfiedel) hat es mir bis heute angetan.

In dieser Tradition – oder besser Traditionen, denn jedes Tal hat seine eigene charakteristische Spielweise – finde ich einen Geigenton, der so klar ist wie ein Gebirgsbach, gleichzeitig aber wunderbare Schleifen, Seufzer und Verzierungen besitzt. Ein Timbre, das dämonisch mit schnurrenden Bass-Saiten klingen kann – denn diese Geigenmusik lockt der Sage nach oft auch Trolle an –, aber auch so wehmütig und lieblich klingt, dass es einem ganz nahegeht. Der Geiger, der das alles am schönsten mit zeitgenössischen Elenenten aus Kammermusik, Barock, Bluegrass und instrumentalem Pop wie kein anderer verknüpft, ist nicht nur für mich Gjermund Larsen.

Dass er dabei auf eine eigentlich jazzige Trio-Besetzung zurückgreift, nämlich mit dem Kontrabassisten Sondre Meisfjord und dem Pianisten Andreas Utnem, zeigt, wie universell und zeitlos, wie befreit von Genres die skandinavische Folkmusik im 21. Jahrhundert sein kann. Genug der Lobpreisungen, jetzt genießen Sie einfach sein wunderbar sangliches Stück „November“, vielleicht zu einer heißen Tasse Tee.

Exil-Saga an der Mangrovenküste

19. November

Andy Palacio, Belize (1960–2008)
„WEYU LÁRIGI WEYU"
(*Wátina*, Cumbancha 2006)

Eigentlich sollten zwei große Sklavenschiffe menschlichen Nachschub auf die Zucker- und Baumwollplantagen der Karibikinsel St. Vincent bringen. Doch an diesem Tag Anfang des Jahres 1635 sanken sie vor der Küste des Eilands. Die überlebenden Westafrikaner wurden von den Ureinwohnern der Insel, den Kariben, aufgenommen und vermischten sich mit ihnen. So jedenfalls lautet die beliebteste Theorie vom Ursprung der Garifuna („Menschen, die Yucca essen").

Bis heute konnten die 120.000 Nachfahren ihre Musik und ihre Sprache bewahren, setzten sich gegen die wechselnden Kolonialherren immer erfolgreich zur Wehr. Nach Krieg und Odyssee verschlug es die Garifuna schließlich aufs Festland, nach Honduras, Guatemala, Nicaragua – und auch nach Belize. Die Mangrovenküste des kleinen, erst 1981 unabhängig gewordenen Staates blieb Zentrum ihrer Kultur. Und ihre musikalische Ikone war bis zu seinem viel zu frühen Tod im Jahr 2008 Andy Palacio.

Die Facetten der Klänge in Belize reichen von der Maya-Tradition über spanische bis zu afrikanischen Einflüssen, und Palacio hat sie alle zusammen mit der Garifuna-Überlieferung zu einem modernen Sound geformt. Sein Vermächtnis ist das Album *Wátina*: In einer Hütte am Meeresufer entstanden die Songs, in denen sich seine raue und melancholische Stimme mit swingenden Gitarren, Trommeleinlagen, Chorgesang und Reggae-Anklängen umgibt. Die Texte sind ein Manifest der modernen Garifuna, bitten um Führung auf dem Weg des Volkes in die Zukunft. Eine kraftvolle musikalische Saga des Exils, der Hoffnung und des Selbstbewusstseins.

Den Rhythmus von „Weyu Lárigi Weyu" hat Palacio aus dem Garifuna-Ritual Dügü abgeleitet, einer Heilungszeremonie, die den Zusammenhalt der Familie garantieren soll. In seinen ergreifenden Vocals geht es um Heilung in einer verletzten Welt, zu einer wunderbar sanglichen E-Gitarre. Das passende Stück zum heutigen Garifuna Day auf Belize.

Langsamer Abstieg in die Hölle

20. November

R.wan, Frankreich (*1974)
„TROIS FÉES“
(*Peau Rouge*, Chapter Two 2012)

Durchs heimliche Lauschen von Piratenradios bildete sich Erwan Séguillon alias R.wan schon als Teenager, entdeckte auf diese Weise Hip-Hop und Reggae. Aber diese Stile einfach nachzuahmen, das ist ihm auf die Dauer zu wenig, also peppt er sie mit französischer Akkordeonmusik auf. Das Vehikel dafür ist ab 1998 seine Band Java, benannt nach einem Pariser Modetanz der 1920er. Es sind die *enfants terribles* einer wilden und frechen französischen Musik, die ihre Wurzeln nicht verleugnet.

Nach sechs Jahren wird R.wan der Band-Alltag zu eng. Auf Solopfaden kann er einer „Bastardisierung“ verschiedenster Stile mit noch mehr Freiheiten frönen. Und so trifft in seinen Stücken Spoken Word auf psychedelische Chöre, Bolero auf Surf Rock. „Meine Musik soll immer eine Kreuzung sein“, erklärt er seine Maxime, die er 2012 auf seinem Album *Peau Rouge* am spannendsten umgesetzt hat. Die Widmung an die „Rothaut“ passt prima zu seiner Vision: „Der ‚Indianer‘ steht für denjenigen, der das Gesetz verweigert, damit seine Kultur sich behaupten kann, er symbolisiert den, der sich der Gleichmachung widersetzt“, so R.wan. Die rebellische Kraft ist in buchstäblich jedem Titel spür- und hörbar: In „CRS Melomane“ porträtiert er sich als feingeistigen Jazzliebhaber, der aber bei einer mobilen Schlägertruppe arbeiten muss. Mit Anklängen an den Balkan ist „Papier D'Arménie“ eine Hommage an die betörenden Rauchpapierchen, gleichzeitig wird aber der armenische Genozid angedeutet.

Noch halluzinogener geht es in „Trois Fées“ zu, hier greift er auf einen Text des Schriftstellers Alexandre Kauffmann zurück: „Die drei Feen, die grüne, die weiße und die braune, stehen stellvertretend für Drogen, und in dem Stück zeichne ich nach, wie jemand langsam in die Hölle absteigt.“ Das gelingt ihm mit gruseligen psychedelischen Klängen nebst schauerlichem Frauenchor. Für einen trüben, nebligen Novembertag wie geschaffen …

Garnknäuel der Liebe

21. November

Björk Guđmundsdóttir, Island (*1965)
„UNRAVEL“
(*Homogenic*, One Little Indian 1997)

Björk in einem Buch über die Musik der Welt? Was soll das denn? Aber hallo!

Es gibt kaum eine Popkünstlerin, die sich seit ihren frühen Alben so kreativ und geradezu anarchisch mit verschiedensten Sounds der Welt auseinandergesetzt hat wie das heutige Geburtstagskind. Sie hat mit einem Chor von Inuit-Mädchen gesungen und den Katachaq, den Kelhkopfgesang der Inuit (1. April), in A-cappella-Musik eingebaut. Sie unternahm Teamworks mit dem Kora-Spieler Toumani Diabaté aus Mali (10. August) und den Daumenklavier-Rebellen von Konono No1 (3. Dezember) aus dem Kongo.

Vor allem aber ist Björk immer wieder auf fantastische Art und Weise mit dem Erbe ihrer isländischen Heimat in Dialog getreten, und das sogar über die Musik hinaus: Für die Rhythmen auf *Homogenic* hat sie sich durch die Geräusche von Vulkanen und Geysiren inspirieren lassen. Dieses Album beherbergt auch „Unravel“, bis heute mein Lieblingslied unter all den großartigen Björk-Songs. Hier lehnt sie sich an die Tradition des Rímur an, ursprünglich pathetischer Gesang aus kerniger Männerkehle. Björk hat den Rímur auf ihre unnachahmliche Weise gefiltert und macht daraus eine machtvolle Hymne über die Zerbrechlichkeit der Liebe. Denn der Teufel im Text will den Liebesball aus Garn grinsend stehlen.

Als wir 1998 auf den norwegischen Lofoten-Inseln reisen, ist „Unravel“ unser Soundtrack zu den bizarren Eis- und Schneelandschaften. Und dann drei Jahre später, die erste Live-Begegnung in Stuttgart. Es ist der 11.9.2001. Kurz vor der Abfahrt im Fernsehen die einstürzenden Türme des World Trade Centers, die Tragweite der Ereignisse können wir noch nicht erfassen. Mit brüchiger Stimme widmet Björk ihr Konzert in der Liederhalle ihrem Wohnort Manhattan. Mit dem Inuit-Mädchen-Chor wirkt der Abend wie eine unwirkliche, friedliche Fantasie-Insel, die weit hineinstrahlt in die finstere Zeit, die für die Welt an diesem Tag anbricht.

Schmissige Drachenfrucht
22. November

Mariachi Reyna De Los Angeles, USA/Mexiko
„EL PITAYERO“
(*Mariachi Reyna De Los Angeles*, Smithsonian Folkways 2018)

Heute ist Mariachi-Fest der Heiligen Cäcilia. Die Chance, sich an eine Musik heranzutasten, die mir persönlich lange Zeit großes Kopfzerbrechen bereitet hat. Die Combos mit ihren schnauzbärtigen, Sombrero tragenden Instrumentalisten, schmelzenden Geigen, schmetternden Trompeten und pathetischen Stimmen schienen für mich lange Zeit alle Klischees mexikanischer Kultur zu vereinen. Doch man sollte schon näher hingucken bzw. -horchen.

Hinter den immensen Sombreros verbergen sich diverse Genres, etwa der Huapango in Trioformation (ein Hit dieser Richtung ist „Cucurrucucú Paloma“) oder der Son Jarocho aus dem Staat Vera Cruz. Sie kennen „La Bamba“? Ein Son Jarocho! Damit aber nicht genug: Herzerweichender, leidenschaftlicher Gesang findet sich in der Ranchera, außerdem gibt es in der Mariachi-Familie Bolero, Paso Doble, Corrida … Zu den Trompeten und Geigen kommen gelegentlich Harfen und ein vielfältiger Fuhrpark an Begleitinstrumenten wie die fünfsaitige Vihuela und das bauchig-bassige Guitarrón. Mariachi-Musik ist ein Universum!

Eines Tages entdeckte ich die erste rein weibliche Mariachi-Band, und noch ein paar Türen mehr taten sich auf: Macho-Klischees kontra Frauenpower! Mariachi Reyna De Los Angeles formierten sich 1994 und haben es geschafft, für Promis wie Oprah Winfrey oder die Obamas zu musizieren. In ihrem schmissigen Song „El Pitayero“, einem Son aus der Provinz Jalisco, geht es um einen Obsthändler, der auf dem Markt die Drachenfrucht (Pitaya) feilbietet.

Und was hat es jetzt mit der Heiligen Cäcilia auf sich? Da unsere heutige Combo nur aus Damen besteht, passt es, dass über die Mariachi-Bands auch eine Schutzheilige wacht, oft dargestellt mit einem wichtigen Mariachi-Utensil: der Geige. Sie wird heute verehrt, da sie am 11. November im Jahr 230 n. Chr. hingerichtet wurde. In Mexico City ziehen die Mariachis heute musizierend in die Kirchen ein, um ihr mit einer Messe zu huldigen.

Monster-Tamburin

23. November

Carlinhos Brown, Brasilien (*1962)
„PANDEIRO-DEIRO"
(*Alfgamabetizado*, EMI Odeon 1996)

Von Brasiliens „afrikanischer" Hauptstadt Salvador da Bahia haben wir in den vergangenen Monaten schon einiges gehört. Heute, zu seinem Geburtstag, ist es Zeit, vor einem Mann den Hut zu ziehen, der wie wenige andere Bahianer Grassroots-Arbeit für seine Stadt betrieben hat. Mit Jugendlichen hat Carlinhos Brown schon in den 1980ern im Armenviertel Candeal die Perkussionsschule und -gruppe Timbalada gegründet.

International ist Brown dann in den Neunzigern durchgestartet. Erster Bote war sein fantastisches Album *Alfagamabetizado*, auf dem schon all das zu hören war, was seinen Stil ausmacht: mitreißender Afrosamba und Sambareggae. Grandiose Balladen, die ich von ihrer Qualität mit Beatles-Kompositionen vergleichen würde. Lautmalerische Texte, die die portugiesische Sprache mit Vokabeln aus der rituellen Sprache des Candomblé durchmischen, jener afrobrasilianischen Religion, in der der Kontakt zu den Orixá-Gottheiten im Zentrum steht.

Ich kann mich erinnern, wie Carlinhos Brown beim Stimmen-Festival in Lörrach ein Open-Air-Konzert auf dem Marktplatz gespielt hat und der Presseverantwortliche des Festivals am Ende außer Atem und mit zerrissenem Hemd auf mich zukam: Der Mann hatte sich total verausgabt. Und tatsächlich bleibt einem gar nichts anderes übrig, wenn man Browns Musik live hört. Selbst auf Tonkonserve entwickeln einige seiner Stücke eine solche Wucht, dass einen nichts mehr auf dem heimischen Sofa hält. Zum Beispiel „Pandeiro-deiro", seine Widmung an das kleine brasilianische Tamburin, das hier Unterstützung durch ein massives Aufgebot an Trommeln und einen knackigen Blechbläsersatz bekommt.

Und wer Lust hat, eine ganz andere, zartere Facette von Brown kennenzulernen, kann nach den Aufnahmen Ausschau, die er mit seinen Seelenverwandten Arnaldo Antunes aus São Paulo und Marisa Monte (31. Mai) im Trio Tribalistas eingespielt hat.

Schöne Augen vor der Moschee

24. November

Mani Matter, Schweiz (1936–1972)
„DR SIDI ABDEL ASSAR VO EL HAMA"
(*Ir Ysebahn*, Zytglogge 1973)

Heute im Jahr 1972 kam der Berner Liedermacher Mani Matter mit gerade mal 36 Jahren bei einem Autounfall ums Leben. Es überrascht mich immer wieder aufs Neue, wie ein Mann, der das „Liedlischriibe" nur als eine Nebenbeschäftigung ansah und eigentlich juristischer Angestellter der Stadt Bern war, bis heute eine so gewaltige Nachwirkung auf die Schweizer Musikszene haben kann. Songwriter, Rockmusiker und sogar Rapper verehren ihn, covern bis heute seine kurzen, prägnanten, sprachspielerischen und hintergründigen Berner Chansons.

Was mir Mani Matter neben vielen anderen seiner Charakterzüge sehr sympathisch macht, ist, dass er auf philosophische, ja sogar surreale Art und Weise das Thema Eisenbahn bzw. Schienenfahrzeuge aufgreift. Kein Wunder, er war Eisenbahner-Enkel. Das konnte sich dann in feinen Beobachtungen im Wartesaal des Bahnhofs niederschlagen oder in Betrachtungen über das Sitzen gegen die Fahrtrichtung. Auch seine Miniatur „Ds Nünitram", in der sich die abendliche Straßenbahn auf einen Ausflug in himmlische Sphären begibt, ist grandios.

Um ihn zu ehren, habe ich aber ein anderes Lied ausgesucht, das sich auf der Live-Platte „Ir Ysebahn" findet. Seine sprachspielerisch geschliffene Geschichte über einen arabischen Liebeskranken, dem es die schönen Augen vor der Moschee angetan haben, ist so weit weg von den platten Witzen auf Kosten anderer Kulturen in unserem Jahrhundert, dass sie auch nach 50 Jahren einfach nur liebenswert rüberkommt. Trotzdem: „Kein großer Beitrag zur Lösung der arabischen Frage", kommentierte Matter damals seine Schöpfung trocken und selbstkritisch.

Happy End mit Celesta

25. November

Nick Drake (Großbritannien 1947–1974)
„NORTHERN SKY"
(*Bryter Layter*, Island Records 1971)

Die Melancholie hat er zur Königsdisziplin gemacht, die Empfindsamkeit – oder sollte ich schreiben: Empfindlichkeit? – zur Kardinaltugend. Kaum jemand hat so verletzliche Lieder geschrieben, voll lyrischer Naturbilder und Metaphern, wie Nick Drake.

Drei Klassiker hat der Mann mit der zerbrechlichen Stimme zwischen 1969 und 1972 eingespielt. Sein musikalischer Ersatzvater, der Produzent Joe Boyd (5. August), hat aus der zweiten Scheibe *Bryter Layter* ein Meisterwerk mit orchestralen Einschüben machte. Als Boyd sich aber von ihm abwandte, ging es mit der Psyche des ohnehin labilen Drake abwärts.

Im Herbst 1994 gestaltete ich für Radio Dreyeckland in Freiburg ein vierteiliges Special über Drake und verfiel seinen grandiosesten drei Minuten und fünfundvierzig Sekunden. „Northern Sky" ist eine ruhig strahlende Folkhymne mit federnden Rhythmen zu einem Gitarrenriff. Gebaut aus verschrobenen, offenen Akkorden, die für ihn so typisch waren. Mit seinem fast wie Espenlaub zitternden Gesang. Und mit einer unglaublich rührenden Orgel-Überleitung. Der Clou in diesem glückseligen Liebeslied ist aber die jubilierende Celesta mit ihrem Glockenspielklang. Dieses Lied ist einer von den seltenen Momenten, in denen Nick Drakes Seele sich unbeschwert aufschwingen konnte.

Drei Jahre später dann holte ihn die Schwermut endgültig ein, heute im Jahr 1974 starb er an einer zu hohen Dosis Antidepressiva. Nach seinem Tod wurde er zur Legende, benutzt von einer deutschen Autofirma als Werbespot-Soundtracker, verehrt von Jazzmusikern – und von Hollywood: Die Schlussszene der Filmromanze *Serendipity* ist mit einer Kombination aus David Grays „January Rain" und Drakes „Northern Sky" unterlegt – während John Cusack auf einer Eislaufbahn ein völlig unverhofftes Happy End mit Kate Beckinsale erfahren darf. Das kann sogar nasse Augen machen, wenn man gar nicht auf Liebesfilm-Kitsch steht.

Das großzügigste Vibrato
26. November

Munadjat Yulchieva, Usbekistan (*1960)
„GUNCHA YANGLIK“
(*Uzbekistan: A Haunting Voice*, Network Medien 1997)

Vielleicht haben die Älteren unter Ihnen das als Kind ja auch mal gemacht: eine Single auf den Plattenteller gelegt, ohne „Stern“ in der Mitte, mit extremer Unwucht, sodass der Tonarm in der Rille heftig schwanken musste. Was dabei herauskam, war eine „herumeiernde“ Tonlandschaft wie von einem anderen Planeten. Ähnlich klang für mich anfangs die Musik des heutigen Geburtstagskindes.

Dafür entführe ich Sie in den zentralasiatischen Turkstaat Usbekistan mit seinen sagenhaften Städten Samarkand, Buchara, Taschkent. Bereits im 14. Jahrhundert erzählt der Weltreisende Ibn Batutta (24. Februar) von den kulturellen Reichtümern „Transoxaniens“. Zu seinen musikalischen Schätzen gehören die Lieder aus dem Ferghâna-Tal. Dort wächst Mundajat Yulchieva zu einer Zeit auf, in der die UdSSR-Führung regionale Musik zu pompösen Orchesterspektakeln verzerren lässt. Doch durch ihren Lehrer Shavkat Mirzaev, Virtuose auf der Langhalslaute Rubab, erschließt sie sich die unverfälschte Tradition ihrer Heimat. „Aufstieg zu Gott“, das bedeutet ihr Name „Munadjat“, und um den geht es auch in den Sufi-Liedern, die sie als erste Frau überhaupt singt.

Ihr Begleitensemble klettert mit verschiedenen Lauten (Rubab, Dutar, Tanbur) und Spießgeige (Ghijak), mit Flöte, Psalter und Rahmentrommel empor, von einem ruhigen Anfang zu höchster Ekstase, die „Awj“ genannt wird. Der verschlungene Weg dahin ist die eigentliche Attraktion: die faszinierenden Verzierungen und das wohl großzügigste Vibrato der Welt, das mich zurückdenken lässt an die herumeiernde Single auf meinem Plattenteller.

Der Dichter Hamid Olimjon (1909–1944) hat den Text geschrieben:

Warum bist du wie eine Blütenknospe, warum ist dein Herz nicht offen?
Der Frühling ist da, wo ist dein Duft?
Warum singen deine Nachtigallen nicht?

WM-Aus durch Kehlkopfmuskeln

27. November

The Mystery Of The Bulgarian Voices & Lisa Gerrard, Bulgarien/Australien
„PORA SOTUNDA"
(*BooCheeMish*, Prophecy 2018)

Als ich im Sommer 1994 eine Weltmusik-Sendung bei Radio Dreyeckland gestaltete, spielte ich zum Finale ein Stück der berühmten bulgarischen Frauenstimmen. Ein Kollege öffnete die Studiotür und rief verächtlich: „Na, das passt jetzt ja!" Wenige Minuten zuvor war Deutschland von Bulgarien aus dem WM-Turnier gekickt worden. Haben die magischen Kehlen der Damen mit ein bisschen Vokal-Voodoo nachgeholfen?

Tatsächlich kann sich niemand auf der Welt diesen Stimmen entziehen. Abwechselnd presst einen die schiere Wucht an die Wand, dann fließen bei den innigen, leisen Gesängen die Tränen. Die heutige Chorleiterin Dora Hristova erklärte mir: „Du solltest sehr starke Kehlkopfmuskeln haben und eine große Luftröhre als Resonanzkörper. Nicht jede kann so singen!"

1952 veranlasst die kommunistische Führung Bulgariens die Gründung eines Ensembles fürs staatliche Radio, Chorleiter wird Philip Koutev (heute ist sein Todestag). Die Schätze der verschiedenen Regionen und Traditionen des Landes will man zu repräsentativen Zwecken nutzen. Doch im Falle Bulgariens heben Komponisten wie Stefan Kunev die Folklore auch auf eine kunstvolle Ebene.

Mehr als 20 Jahre später veröffentlicht der Schweizer Musikethnologe Marcel Cellier Aufnahmen aus dem Radioarchiv, und die sagenhaften Stimmen werden weltweit bekannt. Popstars wie Paul Simon oder Frank Zappa verfallen dem Mysterium, 1989 krallt sich Kate Bush (16. Juni) drei Stimmen des Chores, das Trio Bulgarka. Nach dem Zusammenbruch des Ostblocks privatisiert sich ein Teil des Chores, der staatliche Teil musiziert 2018 mit einer weiteren Popdiva, der Australierin Lisa Gerrard. Sie vertraute mir an: „Diese Stimmen sind wie Dudelsäcke! Wenn ich versuche, in Synkopen zu ihren Stimmen zu singen, dann ist das richtig tricky. Es gibt ein paar Songs, die mich schier verrückt machen!" Zu diesen zählt wohl das in einer Fantasiesprache getextete „Pora Sotunda".

Musikalisches Matriarchat

28. November

Noura Mint Seymali, Mauretanien
„GHIZLANE“
(*Arbina*, Glitterbeat 2016)

Einige Töchter und Söhne der Wüste haben in den vergangenen Monaten schon den Weg durch die Dünen gewiesen. Heute, zum Tag seiner Unabhängigkeit, gehen wir nach Mauretanien, ein Land, das zwar hauptsächlich aus Wüste besteht, aber über eine ganz erstaunliche Musiktradition verfügt: den „Azâwân“. In ihm haben die Frauen immer eine herausragende Rolle gespielt.

Die 2011 verstorbene Diva Dimi Mint Abba brachte es sogar zu Popularität über die Landesgrenzen hinaus. Ihre machtvolle Stimme mit den messerscharfen Schleifen und arabesken Vierteltönen stellt mir bei jedem Hören die Nackenhaare auf. Dazu kommt der charaktervolle, verzwirbelte Klang der Ardin, einer zehn- bis sechzehnsaitigen Harfe, deren Spiel allein den Frauen vorbehalten ist.

Dimi Mint Abbas Stieftochter Noura Mint Seymali führt den Azâwân ins 21. Jahrhundert. Sie ist mit einer ähnlich charismatischen Stimme ausgestattet, die sich aber mit den wilden E-Gitarren-Ornamenten ihres Ehemannes Jeiche Ould Chighaly messen muss. Chighaly überträgt das, was früher die traditionelle Laute Tidinit spielte, auf seine verzerrte Saitenarbeit, dreht den Sound mit Wah-Wah-Effekten nochmals zusätzlich durch die Mangel.

Eingebettet ist das Ehepaar in eine vorwärtstreibende, pumpende Rhythmus-Sektion, die jeder Rockband gut zu Gesicht stehen würde. In den Texten, die sie in ihrer Muttersprache, dem arabischen Berberbdialekt Hassania schreibt, gibt sich Noura Mint Seymali spirituell und pragmatisch zugleich: Sie singt von Brustkrebsvorsorge genauso wie von der Beziehung des Menschen zum Schöpfer. Im Song „Ghizlane“ erzählt sie metaphernreich über die Flüchtigkeit unserer Träume – und steigert sich mit der Band dabei in einen schnellen, mitreißenden Strudel hinein.

Ventil für die Verzweiflung

29. November

Tamer Abu Ghazaleh, Palästina/Ägypten (*1985)
„ALAMEH"
(*Thulth*, Eka3 2016)

Am Welttag der Solidarität mit dem palästinensischen Volk möchte ich die Gelegenheit ergreifen, einen der erstaunlichsten Kreativköpfe Palästinas ins Rampenlicht zu holen. „Ich habe mich in ein Insekt verwandelt", singt Tamer Abu Ghazaleh zu hämmernden Elektro-Rhythmen. „Und jedes Mal, wenn dieses Insekt versucht, sich in Sicherheit zu bringen, wird es beleidigt, man zerquetscht es, bricht es entzwei, zündet es an." „Das sind keine Metaphern", stellt der palästinensische Oudspieler, Sänger, Dichter und Komponist klar, „sondern ich teile auf diese Weise meine Gefühle mit. Die Frustration und die Enttäuschung über das, was sich in Ägypten nach dem Arabischen Frühling ereignet hat."

Ein Ventil für die Verzweiflung ist seine Liedkunst, die Ghazaleh vom Kindesalter an entwickelt hat und die tief in seinem palästinensischen Erbe wurzelt. Zwar ist er bereits in Kairo geboren, geht während seiner Schulzeit aber für sechs prägende Jahre nach Palästina. Seine Musik orientiert sich an den Maqamat, den Skalen der klassischen arabischen Musik, genauso wie am westlichen Musiksystem. Erprobt hat er die Kombination in verschiedenen Projekten, und seine aktuelle Band setzt sich ganz international aus Kairoer, Beiruter und Londoner Musikern zusammen.

Ghazalehs Werk *Thulth*, benannt nach einer arabischen Kalligraphie-Variante, ist ein Gesamtkunstwerk, das in einer aufwendigen Grafikgestaltung Fotografie und Malerei verschmilzt. Hier fügt er seine neue Poesie mit Gedichten aus der Vergangenheit zusammen. So singt er zum Beispiel über das Schicksal seines Volkes in „Alameh", mit Lyrik des jungen alexandrinischen Poeten Ramez Farag. „Hier geht es um die Sehnsucht des palästinensischen Volkes – nach dem Recht, sich niederzulassen oder wenigstens ein würdiges Leben im Flüchtlingslager zu führen, eine Sehnsucht, die heute auch von Millionen Syrern, Libyern und Jemeniten erlebt wird."

Siegertyp aus Lissabon

30. November

Salvador Sobral, Portugal (*1989)
„PRESSÁGIO“
(*Paris, Lisboa*, Warner 2019)

Als 2017 die Punktevergabe beim Eurovision Song Contest in die Zielkurve ging, konnte man sich schon mal verwundert Augen und Ohren reiben: Ein zartes Liebeslied, gesungen von einem androgynen Typen mit Falsettstimme, nahm aus diesem überdrehten Zirkus Platz eins mit nach Hause. Nach Portugal, das in den vorangegangenen Jahrzehnten beim ESC immer leer ausgegangen war.

Wenige Monate später musste der Siegertyp Salvador Sobral seine Karriere unterbrechen, für nichts Geringeres als eine Herztransplantation. Die überstand der frischgebackene Held gut und kehrte mit einem Album zurück, das über Portugals Grenzen hinweg der Welt erklärte, warum er den ESC eigentlich nur als „seinen Moment der Prostitution“ sieht: Sobral hat Jazz, lateinamerikanisches Lied, französischen Chanson und englischen Popsong in seinem künstlerischen Gepäck, und er beherrscht das alles mit seiner ungeheuer ausdrucksstarken, feinfühligen Stimme. So, als wohnten verschiedene Persönlichkeiten in ihm, die er je nach Laune ausleben kann.

„Ich habe diesen Ton ja nicht erfunden, ich bin ja nur ein Dieb“, so Sobral. „Während meiner Ausbildung habe ich gelernt, wie ich Caetano Veloso (27. Dezember), die Jazzsängerin Billie Holiday und Sílvia Pérez Cruz (15. Februar/19. Juni/19. August) in einen großen Topf werfe, sie vermische, und dann kam diese Stimme heraus!“ Bei dieser Wandlungsfähigkeit muss man gleich an einen berühmten Landsmann denken, der heute im Jahr 1935 starb: Fernando Pessoa, einen Meister des Spiels mit fiktiven Biografien, der mal unter diesem, mal unter jenem Namen schrieb. Tatsächlich hat sich Sobral von Pessoas Poesie – wie so viele portugiesische Musikerinnen und Musiker – anstecken lassen: In seiner Vertonung des Gedichts „Presságio“ (Vorzeichen, Omen) setzt er die raffinierten Kurzverse, die vom Unsagbaren der Liebe sprechen, in ein tänzerisches Lied mit leichtfüßigem Swing und jazzy Piano um.

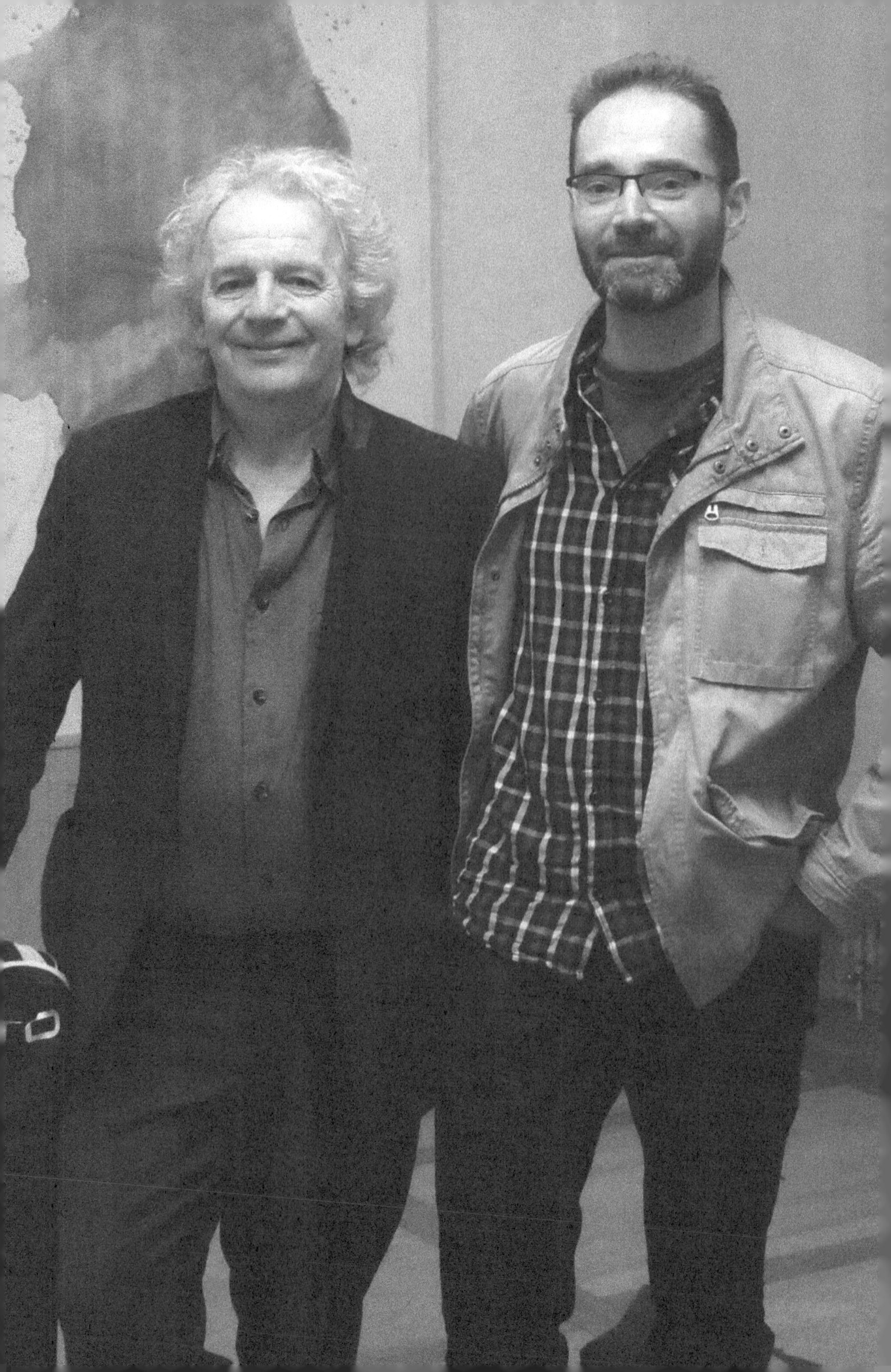

DEZEMBER

Knackige Waffe, geerbt vom Vater

1. Dezember

Femi Kuti, Nigeria (*1962)
„TRUTH DON'T DIE"
(*Shoki Shoki*, Barclay 1998)

Auch wenn die Dezember nicht mehr das sind, was sie früher waren: Ein bisschen hitzige Musik kann zum Winterauftakt nicht schaden. Meine Gedanken gehen zurück zu einem Konzert am 1. Dezember 1999 ins buchstäblich kochende Freiburger Jazzhaus. Der angesagte Star des Afrobeat steht auf der Bühne: Femi Kuti, der sich von seinem Vater Fela (18. Februar) losgesagt hat. Knackiger, vorwärtstreibender sind seine Stücke, haben Hit-Format. Der Gewölbekeller brodelt im Blechbläser-Gewitter und den Antwortchören der Choristinnen.

Im Bannkreis des Vaters steht Femi all die wilden Jahre in Lagos durch, das lebensbedrohliche Katz-und-Maus-Spiel mit der Staatsgewalt, schon als Teenager landet er mit dem Papa im Gefängnis. Mit zwanzig springt er als Leiter der Big Band Egypt '80 ein und führt den familieneigenen Club The Shrine. Er wächst zum charismatischen Frontmann heran und nabelt sich mit seiner eigenen Band, The Positive Force ab. „Ich wollte immer nur den Respekt meines Vaters, und deshalb wollte ich besser werden als er. Das ging natürlich nicht, indem ich mich selbst zu einer Replik mache. Von Anfang an habe ich die Grenzen des Afrobeat niedergerissen", sagt der Bandleader und Saxofonist.

Das gelingt ihm besonders 1998 mit dem Meilenstein *Shoki Shoki.* Ein Werk voller prägnanter Hymnen, die das politische und sexuelle Aufbegehren des Afrobeat noch effektiver transportieren als bei Fela. Lagos, der 20-Millionen-Moloch, ist der Nährstoff für seine wütenden und zynischen Texte. „Immer noch singe ich für bessere Schulen, Krankenhäuser, Straßen, für Elektrizität in meinem Viertel", so Femi Kutis schonungslose Analyse. „Religion spielt eine Hauptrolle bei vielen Problemen in Afrika. Alle rennen in die Kirche und jammern ‚Lieber Gott, gib mir ein besseres Leben.' Dabei sollte jeder da draußen für seine Rechte kämpfen!" Seine Musik steht auch heute noch für genau diesen Kampf in Tönen.

Chorale Naturgewalt

2. Dezember

Högni, Island
„ANDAÐU"
(*Two Trains*, Erased Tapes Records 2017)

Es ist wohl längst offensichtlich: Ich bin verrückt nach den Eisenbahnen der Welt. Zum Tag der Modelleisenbahn stehen wir an den Gleisen des mit großer Sicherheit kürzesten Bahnnetzes des Planeten – mit dazugehörigen Tönen, versteht sich. Im Jahre 1913 wurden zwei Lokomotiven auf Island angelandet, die den Namen Minør und Pionér trugen. Vier Jahre lang waren sie in der Hafengegend von Reykjavik auf einer 2,5 Kilometer langen Strecke zum Transport im Einsatz, wurden danach direkt ausrangiert. Doch bis heute sind sie noch im Freilichtmuseum zu besichtigen.

Für Högni Egilsson sind diese beiden kleinen Dampfrösser ein ganz zentrales Kapitel seiner Karriere, Sinnbild seines Lebens, während einer Phase, in der unterschiedliche Persönlichkeiten in ihm tobten: „Ich kollidierte mit meinem Selbst. An diesem Punkt fühlte ich eine Indifferenz zwischen meiner Persönlichkeit und dem Universellen, das absolute Bewusstsein für die Ohnmacht des Lebens." Den Gemütstumult nutzte Högni, um 2017 die Songs für sein Soloalbum *Two Trains* zu entwerfen.

Ein Psychogramm, das zum Zweikampf der Klänge wird: Auf der einen Seiten stehen elektronische Rhythmen, die auf die Industrie-Ära während des Ersten Weltkriegs Bezug nehmen – jene Zeit, in der Minør und Pionér ihre Arbeit am Hafen verrichteten. Auf der anderen ein machtvoller, irgendwie auch zärtlicher Männerchor. Und der verweist auf den „Rimur", Ausdruck nationaler Identität, er wird als Zwiesprache mit der Natur praktiziert, und nicht zuletzt als Selbsttherapie. Die Texte handeln von Dunkelheit und Frost, von Sturmwolken und Fischgeruch. Die Projektion der Seelenlandschaft auf die elementaren Naturgewalten Islands – das passt prima zu diesen Dezembertagen. Den harten elektronischen Thor-Hammer möchte ich Ihnen ersparen. Deshalb habe ich das eröffnende Chorstück aus diesem Werk ausgesucht.

Wo einst Käpt'n Marlow …

3. Dezember

Kasai All Stars, DR Kongo
„DROWNING GOAT"
(*In The 7th Moon, The Chief Turned Into A Swimming Fish And Ate The Head Of His Enemy By Magic*, Crammed 2008)

Zum Pulsschlag Zentralafrikas möchte ich Sie heute, am Geburtstag des Schriftstellers Joseph Conrad, begleiten. Mit seiner Erzählung *Herz der Finsternis* hat der britische Autor die Gräuel der belgischen Kolonialherren und ihr Scheitern im Kongo als einer der ersten Literaten vor Augen geführt. Dort, wo Kapitän Marlow seinen Dampfer immer tiefer in die Wildnis hineinsteuert, wird heute eine der spannendsten Musikformen Schwarzafrikas gespielt.

Aus den Provinzen um den Kongo- und Kasai-Fluss kommen Klangkünstler in die 16-Millionen-Metropole Kinshasa, die in diesem Jahrtausend eine ganze Bewegung namens „Congotronics" geformt haben. Mit dem geschliffenen Afropop, den wir in Europa über Jahrzehnte so gern auf den Afrika-Festivals hören, hat ihre Musik nichts mehr zu tun. Die traditionellen Rhythmen und Instrumente paaren die Musiker mit jeder Menge selbstgebauter Instrumente aus gefundenen Objekten vom Schrottplatz. Daumenklaviere (hier Likembe genannt) und Xylophone werden an riesige Lautsprecher angeschlossen, darunter liegen die dumpfen Schläge auf der trapezförmigen Trommel Lokombe.

Zu den Hauptakteuren der Congotronics-Bewegung zählen die bis zu 25 Musikerinnen und Musiker starken Kasai All Stars, die sich aus fünf verschiedenen Ethnien, den Songye, Lulua, Tetela, Luba, und Luntu zusammensetzen. In dieser Musik entfaltet sich ein rauschhafter Trip: Die ruppigen Daumenklaviere verzahnen sich mit lehmigen Xylophon-Grooves. Markerschütternde Männerchöre prahlen vor wahren Kathedralen aus kreisenden Gitarren, die man sonst in der süßen Rumba Congolaise (30. Juni/19. Juli) hört. Andere Stücke lassen glauben, sie seien während nächtlicher Rituale eingefangen worden. Das Herz der Finsternis pulsiert hier wild. Im ausgewählten Song „Frowning Goat" vom ersten Album der Band ergreift die Sängerin und Tänzerin Muambuyi mit charismatisch-kratziger Erzählstimme das Mikro.

Gleiten durch die Nacht

4. Dezember

David Enhco, Frankreich (*1967)
„TRAIN DE NUIT“
(*Family Tree*, L'Autre Distribution 2022)

Der 4. Dezember ist ein ganz besonderer Gründungstag, und mit ihm schließe ich an die Eisenbahnmusik von vorgestern an, allerdings in nicht so entlegenen nördlichen Gefilden. 1876 rief der Abenteuer- und eisenbahnverrückte Belgier Georges Nagelmackers (nach einem finanziellen Fehlstart zum zweiten Mal) in Brüssel seine „Compagnie Internationale des Wagon-Lits“ ins Leben, die erste Schlafwagengesellschaft Europas, die bald auch Speisewagen baute. Nagelmakers nutzte das rasch wachsende Eisenbahnnetz auf dem Balkan, um ab 1888 schließlich eine Verbindung bis Konstantinopel anzubieten, den legendären „Orient-Express“.

Musikalisch ranken sich einige Geschichten um diesen Train de Luxe: So nutzten ihn etwa Arturo Toscanini und Jascha Heifetz, und während des Aufenthalts in Wien absolvierte der Geiger angeblich eine psychotherapeutische Sitzung mit Sigmund Freud durchs offene Waggonfenster. Die Geschichte des Zuges aller Züge und seiner zahlreichen Zubringerlinien dauerte bis 2009, aber schon 1977 wurde die Direktverbindung nach Istanbul eingestellt. Als Kind in den Siebzigern sammelte ich eifrig Fahrpläne und musste im Faltblatt „Der Zugbegleiter“ enttäuscht feststellen, dass die Endstation des Orient-Express bereits Bukarest war. Zu dieser Zeit brachte er vor allem unsere „Gastarbeiter“ aus Südosteuropa in ihre Heimat, und er war notorisch unpünktlich.

Wenn das französische Brüderpaar David (Trompete) und Thomas Enhco (Piano) mit seinem Ensemble und den Streichern des Quatuor Voce mit dem „Train De Nuit“ über sechs spannende Minuten zwischen Jazz und leichten orientalischen Anklängen durch die Nacht gleitet, ersetzt das zwar keinen Luxuszug von einst. Aber wir wissen ja spätestens seit Agatha Christie, dass eine solche Reise auch mörderisch ausgehen kann: Also lieber vor der Stereoanlage bleiben und genießen.

Eine Menge Perlen im Hirn

5. Dezember

Céline Rudolph, Deutschland/Frankreich (*1969)
„L'ASCENSEUR POUR L'ÉQUINOXE"
(*Pearls*, Obsessions 2019)

Am 5. Dezember 1957 steht Miles Davis mit seinen vier Mitstreitern im Studio Le Poste Parisien und beendet die Aufnahmen zu einem Soundtrack, der Geschichte machen wird. Dem Trompeter war während eines Gastspiels im Club Saint-Germain der Regisseur Louis Malle vorgestellt worden, und Davis willigte ein, die Musik für dessen Film Noir *L'Ascenseur Pour L'Échafaud* einzuspielen. Ohne vorherige Absprache oder Proben entstehen über lediglich ein paar vorgegebenen harmonischen Abläufen diese heute weltberühmten melancholischen Klänge, die nach wie vor für Jazzmusikerinnen und -musiker eine Quelle der Inspiration sind.

Zum Beispiel für die Sängerin Céline Rudolph. Die Deutsch-Französin hat viele musikalische Heimathäfen. Brasilianische Melodien, afrikanische Rhythmen, französisches Chanson, deutsches Volkslied: Für Rudolph ist die Welt eine bunte Karte, auf die sie ihre Vokaltupfer mit einer geschmeidigen, ausdrucksstarken Stimme aufträgt. Für ihr Album *Pearls* ging sie 2019 nach Brooklyn und holte sich prominente US-Jazzer ins Boot, allen voran den Schlagzeuger Jamire Williams. Das hat ihrer Musik einen neuen Touch gegeben, der vom tropischen Flair hinüber ins Stadtleben führt. „Es geht nicht nur um das Besingen der schönen Seite des Lebens, sondern auch um das Nachdenkliche, Resümierende", erzählte sie mir. „Ich bin unterwegs und erfahre dieses pulsierende, auch wahnsinnig laute Leben von New York um mich herum."

Bei alldem hat Céline Rudolph ihre afrikanischen Kolorierungen, ihre Vorliebe für Fantasiesprachen auf *Pearls* trotzdem nicht aufgegeben. Ein schönes Beispiel dafür ist ihre aufregende Komposition „L'Ascenseur Pour L'Équinoxe": Eine aufregende Synthese aus ihrer eigenen Tonwelt der vielen exotischen Ecken und Kanten mit der urbanen Schwarz-Weiß-Welt und der Coolness des Film Noir, inklusive Zitat aus dem berühmten Miles-Davis-Soundtrack. Erkennen Sie es wieder?

Auferstehung des Schtetl

6. Dezember

Kroke, Polen

„BESSARABIAN HORA/DI SAPOZHKELEKH“

(*Trio*, Oriente 1996)

An einem eindunkelnden Abend Ende 2019 ging ich durch die Gassen des Krakauer Viertels Kazimierz. Unter dem Mantel des schweren Herbstregens bildete ich mir ein, die Bürde zu fühlen, die auf diesem Ort liegt.

Bis zur Zeit der Habsburgermonarchie war hier eines der wichtigsten Zentren für jüdische Kultur in ganz Europa. Am 5. und 6.12.1939 zwangen die Nazis die mehr als 60.000 Einwohner ins Ghetto Podgorze auf der anderen Seite der Weichsel. Die meisten von ihnen wurden in den Folgejahren in KZs umgebracht, ausgenommen die von Oskar Schindler geretteten. Nach dem Ende der Nazi-Barbarei war Kazimierz zunächst dem Verfall preisgegeben. Bis heute wird jüdisches Leben nur noch von hundert verbliebenen Gemeindemitgliedern gepflegt. Die Vergangenheit aber inspiriert mittlerweile viele Künstler, die den Ort regelrecht „trendy“ gemacht haben – bei seiner dunklen Geschichte irgendwie eine zweischneidige Angelegenheit.

Wesentlichen Anteil am musikalischen Aufschwung haben seit 1993 drei Musiker. Mit Geige, Bratsche, Akkordeon und Bass interpretieren Kroke (der jiddische Name von Krakau) jüdische Melodien neu und haben die Musik der Schtetl, die heute landläufig als „Klezmer“ bezeichnet wird, aus dem Exil der Neuen Welt auch wieder nach Osteuropa zurückgebracht. Ihr Repertoire lauschten sie anfangs alten Plattenaufnahmen ab. Nach Erfolgen in Polen entdeckte Steven Spielberg (*Schindlers Liste*) sie für Amerika. Und noch einer hielt große Stücke auf sie: der Geiger Nigel Kennedy spielte mit ihnen eine ganze Platte ein.

Ihre Klangwelt haben Kroke seitdem stetig verfeinert: Arabische und balkanische Färbungen, fast chansonhafte Themen, Barockfärbungen und Vokalexperimente sind hinzugetreten. Ausgesucht habe ich ein Stück von der Debüt-CD: Das dunkle Kreisen der Bratsche in der „Bessarabian Hora“ lässt ahnen, wie tiefgründig und spirituell jüdische Musik des Ostens in früheren Zeiten war.

Tauchgang zur Seele Serbiens

7. Dezember

Braća Teofilovići, Serbien (*1966)
„ŠTO ZASJA NA TAMO GORE“
(*Teofilovići*, Eigenverlag 2016)

Die Länder Ex-Jugoslawiens und die Nachbarstaaten gelten uns als Reich der durchgedrehten Blaskapellen und Abzappel-Musik. Gegen die nichts zu sagen wäre, hätte dieser Balkan-Beatz-Hype das Bild von der Kultur dort nicht ordentlich verzerrt. Deshalb heute ein „Tauchgang“ in die Tiefen des innigen Gesangs.

Nur zwei Männer braucht es, um eine Vokalmusik hervorzubringen, die für mich zu den erstaunlichsten in Europa gehört: Die Zwillinge Ratko und Radisa Teofilović aus Čačak halten diese stillen Traditionen ihrer Heimat und anderer Balkan-Regionen am Leben. Und das in einer schlichten, nackten Form, wie sie während der kommunistischen Zeit weitestgehend unter den Teppich gekehrt wurde – denn damals zählten nur die großen Massenensembles mit einer verflachten Version von Folklore.

Die Brüder starteten in den Neunzigern mit ihrer Erkundung vergessener Lieder, die sie für zweistimmigen unbegleiteten Gesang arrangierten. Dabei arbeiten sie die Seele eines jeden Liedes heraus, seine zeitlose Aussage, seinen universell verständlichen Charakter. Folkmusik fürs Museum? Nichts könnte weiter von der Philosophie der Zwillinge entfernt sein.

Heute haben Ratko und Radisa Teofilović als „Jahrhundertstimmen“ die Welt erobert. Ihr Repertoire reicht über 200 Jahre hinweg, spirituelle, naturverbundene, liebestrunkene oder mit bestimmten Festen verbundene Lieder machen die Vielfalt ihres Klangschatzes aus. „Što Zasja Na Tamo Gore“ könnte man für ein Weihnachts- oder Adventslied halten, denn die beiden Brüder singen hier mit geradezu sakraler Inbrunst. Doch letztendlich geht es um den sehnsüchtigen Blick eines Mädchens in Richtung Prinz:

Was leuchtet da oben? Ist es die Sonne, ist es der Mond, sind es die hellen Sterne?
Nein, weder Sonne noch Mond noch die hellen Sterne, aber Jovans weiße Paläste in den Bergen.

Versenkung über Rios Dächern

8. Dezember

Morelenbaum²/Sakamoto, Brasilien/Japan
„ESTRADA BRANCA"
(*Casa*, Sony 2001)

Nachdem wir das ganze Jahr über schon so viel Musik aus Brasilien gehört haben, ist es nun endlich an der Zeit, den großen Antônio Carlos Jobim zu ehren, der heute im Jahr 1994 gestorben ist. Er gilt als der Vater der Bossa Nova. Doch sein Spektrum geht über die Bossa-Hits, von denen João Gilberto (10. Juli) viele bekannt gemacht hat, hinaus – bis hin zu ausgefeilten Klavierballaden und sinfonischen Tongemälden.

Natürlich hätte ich sein „Girl From Ipanema" auswählen können, aber die Geschichte dieses Songs ist tausendfach erzählt worden. Viel lieber habe ich denjenigen Canção aus seinem riesigen Repertoire ausgesucht, der mir zusammen mit „Inútil Paiagem" (31. März) am liebsten ist. „Estrada Branca" hat keinen typischen Bossa-Nova-Rhythmus, sondern verweist auf Jobims klassischen Hintergrund. Tatsächlich kann man beim Hören dieser zeitlosen romantischen Melodie fast an ein Schubert-Lied denken.

Auch „Estrada Branca" ist das Lied eines Wanderers, der im Mondschein allein eine Straße hinuntergeht und seiner verflossenen Liebe nachtrauert. Im Text von Vinícius de Moraes wiegen sich die Verse zur schlendernden Melodie auf kongeniale Art. So schön ist das wohl nur im Portugiesischen möglich – berauschen Sie sich am Rhythmus dieser sanften Worte.

Einige Jahre nach Jobims Tod begaben sich die Sängerin seiner letzten Band, Paula Morelenbaum, ihr Mann Jacques am Cello und der japanische Pianist Ryuichi Sakamoto (†2023) in sein verlassenes Haus über den Dächern von Rio in Klausur. Drei Koryphäen, die sich mit weiteren prominenten Gästen umgaben, um sich vor dem Geist des Meisters in fast Zen-hafter Stille zu verneigen. Als sie die Casa Jobim wieder verließen, war die Welt reicher um einige traumhafte neue Arrangements seiner Kompositionen, versehen mit einem grandiosen, natürlichen Raumklang – und geadelt von leuchtenden Vocals. Mehr kann man sich von einem Album nicht wünschen.

Ballerina auf Madagassisch
9. Dezember

Paddy Bush, Großbritannien (*1952)
KATE BUSH: „THE RED SHOES“
(*The Red Shoes*, EMI 1993)

Seine viel berühmtere Schwester Kate haben wir bereits am 16. Juni zum Zuge kommen lassen. Aber wer hartgesottene Kate-Bush-Fans fragt, was sie in den Songs der britischen Ausnahmekünstlerin so richtig begeistert, kriegt immer wieder zu hören: diese schrägen Klänge aus Irland, Bulgarien, Mazedonien oder Madagaskar.

All diese spannenden Färbungen wurden durch Bruderherz Paddy eingefädelt, der heute Geburtstag feiert. Schon in den Sechzigern und Siebzigern begeistert er sich für das irische Folk-Revival und für die bulgarischen Frauenstimmen (27. November), als die noch niemand kennt. Er baut verrückte Instrumente aus Filz, sogar aus Wrack-Holz des legendären Transportschiffs Cutty Sark. Und er wird zu einem großen Experten für die Musik Madagaskars mit ihren Röhren- und Kastenzithern (Valiha und Marovany), die er später vor allem auf dem Album *The Red Shoes* einfließen lässt.

2017 war er im schweizerischen Aarau zu Gast, um über diese große madagassische Leidenschaft zu sprechen. Nach dem Vortrag plauderte er zu nächtlicher Teestunde mit mir. „Der Paddy, den du heute siehst, ist wie ein Phönix, der ein paar Mal der Asche entstiegen ist. Ich habe es wiederholt aufgegeben, madagassische Musik selbst zu spielen. Die Rhythmen sind zu unserem europäischen Takt-Verständnis völlig konträr – es stellte sich heraus, dass ich sie all die Jahre falsch verstanden hatte!“

Falsch verstanden oder nicht: Das Titelstück aus *The Red Shoes* ist für mich die schönste Pop-Synthese aus einem Kate-Bush-Song und den madagassischen Tönen ihres Bruders. Inspiriert vom gleichnamigen Filmklassiker (1948) von Michael Powell weben die Bushs hier eine schwebende Atmosphäre mit filigraner Röhrenzither, einer Mandola, einem Musikbogen und Whistles aus dem unerschöpflichen Fundus von Paddy. Vielleicht haben Sie ja jetzt Lust bekommen, Ihre alten Kate-Bush-Alben auf seine versteckten Beiträge durchzulauschen.

Surrealer Menschenfreund

10. Dezember

José Saramago, Portugal (1922–2010)/Luis Pastor, Spanien (*1952)
„PARÁBOLA“
(*Nesta Esquina Do Tempo*, El Ángel Caído 2006)

Zusammen mit einem Musiker steht heute auch ein Schriftsteller in der Widmungszeile des Tages, denn der Portugiese José Saramago zählt zu meinen Lieblingswortkünstlern. Er hat mit fantastischen Romanen wie *Das steinerne Floß*, *Die Stadt der Blinden* oder *Die Reise des Elefanten* die Weltliteratur bereichert.

Ich liebe es, wie er am Anfang seiner Erzählungen eine surreale Situation erfindet, mit der die handelnden Personen dann zurechtkommen müssen. Bei ihm löst sich die iberische Halbinsel mit einem Ruck von Europa und treibt auf den Atlantik hinaus. Von heute auf morgen hören die Menschen auf zu sterben, aber nur in einem bestimmten Land. Oder jemand entdeckt durch Zufall, dass er zwei Identitäten hat. Aber so surreal seine Szenarien auch sein mögen: Aus ihnen spricht immer ein aufrichtiger Humanismus, eine tiefe Sympathie für die kleinen Leute.

Saramago, der am heutigen Tag im Jahr 1998 als erster Portugiese den Nobelpreis für Literatur erhielt (für *Das Memorial*), hat auch Gedichte geschrieben, die leider nur in wenige Sprachen übersetzt wurden. Umso lobenswerter, dass der spanische Sänger Luis Pastor sich an Vertonungen dieser Lyrik versucht hat. Mit dem Doppelalbum *Nesta Esquina Do Tempo* (In dieser Ecke der Zeit) hat Pastor dem Literaten ein sehr lebendiges, von Folk angetupftes Denkmal gesetzt.

Dass diese Platte Übertragungen sowohl auf Portugiesisch als auch Spanisch umfasst, leuchtet ein: Saramago hatte es sich spätestens seit seiner eigenwilligen Interpretation des Neuen Testaments mit dem erzkatholischen Portugal verscherzt, lebte lange Zeit mit seiner Frau Pilar del Rio im selbstgewählten kanarischen Exil. An Pastors Projekt wirkte er selbst noch mit, im Finale ist seine Stimme mit ein paar rezitierten Zeilen zu vernehmen. Ausgesucht habe ich das rätselhafte „Parábola“, das Pastor und seine Gruppe in ein wiegendes, fließendes Arrangement gebettet haben.

Denkmal für zwei Gauner

11. Dezember

La Chicana, Argentinien
„SOPAPA“
(*Tango Agazapado*, Galileo 2003)

Argentinien feiert heute den Tango-Tag, denn heute im Jahre 1890 wurde der berühmteste Tango-Sänger aller Zeiten, Carlos Gardel, geboren. Nichttänzer wie ich staunten Anfang des Jahrtausends plötzlich über ein paar Bands, die auch jenseits der Tanzszene „genießbar“ waren und den Klischees des Tangos eine ganz frische Perspektive entgegensetzten. Die tollste von ihnen war La Chicana, die Gruppe um Sängerin Dolores Solá und Gitarrist und Liederschreiber Acho Estol.

„Für lange Zeit hatte sich der Tango abgeschottet, war zur Inzucht geworden“, sagte Estol damals. „In den Tangoshows von Buenos Aires hörtest du immer dieselben Titel aus den 1930ern oder 40ern oder Astor Piazzolla [1. Juni]. Wir dagegen haben uns den aggressiven Tango vom Anfang des 20. Jahrhunderts vorgenommen, der war kraftgeladen wie Punk-Rock! Und der wurde auch nicht mit Bandoneón und Geigenorchester gespielt, sondern mit jeder Menge Gitarren, Klarinette und Flöten.“

Bei La Chicana ist der Tango kein ausschließliches Buenos-Aires-Phänomen. Sie beziehen die Musik vom Land mit ein, so wie das übrigens auch schon Señor Gardel während seiner Auftritte praktizierte: die Akkordeonmusik Chamamé aus dem heißen Norden etwa oder der bolivianische Taquirari und die Chacarera, einen zackigen Rhythmus aus der Pampa weiter im Süden. Denn die Gauchos, die aus dieser Grassteppe in die Stadt kamen, waren anfangs wesentlich beteiligt an der Ausformung des Tangos.

Auch Lieder von Kurt Weill und Tom Waits finden sich bei La Chicana im Repertoire, denn die sind gar nicht so weit weg vom Kriminellen- und Bordellmilieu, in dem der Tango entstand. Und genau da ist auch „Sopapa“ angesiedelt, eine moderne Geschichte zweier Gauner, Estol beteuert, er habe sie persönlich gekannt. Der eine verschwand während der Militärdiktatur, der andere wurde von der Polizei um die Ecke gebracht. „Halb Wahrheit, halb Fantasie!“, zwinkert Estol.

Pummeliger Namensgeber

12. Dezember

Sergent García, Frankreich/Spanien (*1964)

„JUMPI"

(*Un Poquito Quema'o*, Virgin 1999)

Als meine Schwester in der Grundschule war, streifte sie sich mittags den Schulranzen vom Rücken, setzte sich einen schwarzen Hut auf und durchkämmte als Zorro die Nachbarschaft auf der Suche nach Bösewichten. Im halben Dorf war sie bekannt als „das kleine Mädchen mit dem großen schwarzen Hut". Zorro, der maskierte Rächer der Armen aus Spanisch-Kalifornien: Johnston McCulley erfand ihn 1919, bereits ein Jahr später wurde seine Geschichte erstmals verfilmt, mit dem heute (1939) verstorbenen Douglas Fairbanks in der Hauptrolle. Klar, dass er der Superhero abenteuerlustiger Kinder war. Aber sein Gegenspieler, der tumbe Sergeant García, Vorbild für einen ultra-coolen Musiker? „Wenn jeder Zorro sein möchte, dann bin ich eben Sergent García, der Mann des Volkes. Zorro dagegen ist doch nur ein aristokratischer Landlord", erklärte mir Bruno García mal launig.

Er ist der Erfinder „des Salsamuffin", einer Abwandlung des Raggamuffin, der in den 1990ern überall präsenten Mixtur aus Rap und Reggae, dem García aber spanische Texte und Salsa-Rhythmen verpasst. Die sogenannte Mestizo-Szene steht gerade in Barcelona und Paris in den Startblöcken, dank Manu Chao, der mit „King Of The Bongo" einen Welthit gelandet hat. Mestizo heißt: Die Freiheit, alles zu vermischen, was tanzbar ist. Da fügt sich das Album *Un Poquito Quema'o* gut ein und stürmt die Weltmusik-Charts mit einem atemberaubenden Mix aus Salsa, Hip-Hop, Reggae, Rock und sattem Blechbläser-Satz.

„Unsere Musik verkörpert das kosmopolitische Paris des 21. Jahrhunderts, momentan der wichtigste Kreuzungspunkt zwischen Afrika und Lateinamerika", so García damals selbstbewusst. Auch wenn die Mestizo-Welle heute abgeebbt ist: Diese Musik ist gut gealtert! Zum Überflieger-Titel „Jumpi" kann man immer noch wild herumspringen. Und Bruno García selbst ist auf der Bühne immerhin noch weitaus beweglicher als sein pummeliger Namensgeber.

Lichtpatronin in der Karibik

13. Dezember

Taj Weekes & Adowa, St. Lucia
„LITTLE FIRE“
(*Deidem*, Jatta Records 2008)

Es muss ein fürchterlicher Sturm gewesen sein, in den die französischen Seeleute am 13. Dezember 1502 in der Karibik gerieten. Doch die Schiffbrüchigen strandeten auf einer paradiesischen Insel, die sie nach der Namenspatronin dieses Tages, der Lucia von Syrakus, benannten.

St. Lucia, südlich von Martinique gelegen, trennen mal locker 1000 Kilometer von der jamaikanischen Hauptstadt Kingston, aber auch hierhin hat es der Reggae mit seiner universell verständlichen Tonsprache natürlich geschafft. Mitte Dezember erwähne ich sicherlich nicht das erste Mal, dass ich nicht der glühendste Verehrer des Genres bin. Doch da bei mir Begeisterung für Musik sehr oft über die Stimme läuft, habe ich den wohl berühmtesten Musiker des kleinen St. Lucia tief ins Herz geschlossen. Denn Taj Weekes hat so ein Organ, das man, einmal gehört, nicht mehr vergisst.

Der Rastafari singt mit einer Falsettstimme, die eine Oktave über den meisten Vokalisten seiner Zunft schwebt, und das macht jeden Song, den er mit seiner Band Adowa vorträgt, zum seelenvollen, hymnischen Erlebnis. Weekes ist nicht nur ein toller Musiker, er engagiert sich als glühender Humanist auch in verschiedenen Organisationen für das Wohl von Kindern.

Aus seinem zweiten Album habe ich das hoffnungsvolle Stück „Little Fire“ ausgesucht, in dem er dazu auffordert, gegen Unrecht ein Feuer zu entfachen. Das passt auch zur heiligen Lucia, die tapfer die Folter der Christenverfolger überstand und am heutigen Tag in vielen Lichtzeremonien verehrt wird.

Gipfelsturm mit Stahlpfanne

14. Dezember

Manu Delago, Österreich (*1984)
„PARASOL PEAK"
(*Parasol Peak,* One Little Indian 2018)

Wie eine verbeulte Pfanne mit Deckel ohne Griff, also eher wie ein Wok, so sieht unser heutiger Hauptdarsteller aus. Seine Geschichte startet 1998 mit einer nüchternen Meldung: „Am 14. Dezember meldet die PANArt das von ihr entwickelte ‚Verfahren zur Herstellung von Blechinstrumenten' beim Patentamt an." Das angesprochene „Blechinstrument" der Berner Tüftler Felix Rohner und Sabina Schärer ist das Hang.

Jeder Perkussionist, der etwas auf sich hält, hat das Hang (korrekter Plural: Hanghang!) irgendwann mal ausprobiert, und beim Gang durch Fußgängerzonen egal welcher europäischen Stadt konnte man seinem blechern-glockigen Sound im frühen Millennium nicht entgehen. Die Wurzeln des weltweit wohl vielseitigsten, virtuosesten Meister des Hangs finden sich in Tirol, er ist allerdings schon lange Bewohner des Londoner Stadtdschungels. Manu Delagos Künste sind so gesucht, dass er zum Beispiel fester Mitmusiker von Björk (21. November) und Anoushka Shankar (9. Juni) wurde. 2018 kehrte der Hobbyalpinist aber mit einem besonderen Projekt zurück nach Österreich: „Einerseits geographisch, aber auch im Sinne der musikalischen Instrumente, des Akustischen. Wir haben die Natur bespielt, Bäume und Wasser und Steine, wir haben Eispickel, Wanderstöcke und Helme verwendet."

Man stelle sich vor: Sieben Musiker marschieren bei Sauwetter vom Tal auf einen Berggipfel, fangen während ihres Aufstiegs durch Klettersteige und Gletscher immer wieder ihren Dialog mit der mächtigen Bergwelt ein. Und am anpassungsfähigsten für diese Expedition erwies sich eben das Hang: „Man kann es gut am Rücken tragen, und es blieb bei Kälte im Gegensatz zu den Blasinstrumenten und dem Cello auch bei null Grad gut gestimmt!" Ausgesucht habe ich das triumphale Stück bei der Ankunft am Gipfel. Im beeindruckenden Begleitvideo kauern die Wagemutigen am Gipfelkreuz auf 3000 Metern, während die Wolken um sie herumtanzen.

Zusammenhalt in der Wüste

15. Dezember

Mamar Kassey, Niger
„FOULBE GARI“
(*Alatoumi*, World Village 2001)

Am 15. Dezember 1995 besteigt ein Mann im nigrischen Agadez ein Flugzeug, um zu Friedensverhandlungen zwischen seinem Volk, den Tuareg (8. Januar), und der Regierung des Landes in der Hauptstadt Niamey zu reisen. Unermüdlich hat sich Mano Dayak lange Jahre für die Interessen der Wüstennomaden eingesetzt. Dayak wird nie ankommen: Sein Flugzeug explodiert beim Start, die Ursachen bleiben ungeklärt.

Die Spannungen im Binnenstaat Niger sind bis heute nicht vollständig ausgeräumt, der Konflikt mit den Tuareg flammt immer neu auf. Neben ihnen leben als Minderheiten unter den heute dominierenden Haussa die ebenfalls nomadischen Viehhirten der Peul, die sich mit ihnen um die verknappten Ressourcen und die Rinder Kämpfe lieferten. Schließlich die Songhai, die bereits im 16. Jahrhundert mit ihrem Machthaber Mamar Kassey dieses Gebiet beherrschten.

Einmal mehr ist es die Musik, die die Einheit beschwört in einem Land, das nun auch noch von den nigerianischen Boko Haram terrorisiert wird. Dass der Flötist und Sänger Yacouba Moumouni seine Band nach dem ehemaligen Songhai-Herrscher benannt hat, verweist auf die Bedeutung des Landes in alten Zeiten. Er selbst ist Peul, hat für die Gruppe aber herausragende Musiker der Songhai und Haussa ins Boot geholt. Charakteristisch im Sound von Mamar Kassey ist die Eintracht von E-Gitarre und der traditionellen zwei- und dreisaitigen Lauten Molo und Komsa. Eine ruppige, einsaitige Fiedel namens Godje unterstützt den raugeschmirgelten Sound. Und beim Klang der obertonreichen, rauschhaften Peul-Flöte Seyse könnte selbst Jethro-Tull-Chef Ian Anderson neidisch werden. „Foulbe Gari“ feiert mit dieser Flöte, funky Spießlaute und aufgekratztem Gesang die Ankunft der Peul.

Während das Nachbarland Mali seit den späten Achtzigern Weltmusikstars in Serie produziert hat, sind Yacouba Moumounis Mamar Kassey bis heute eine der wenigen Botschafter der nigrischen Musik in der Welt geblieben.

Dvořák auf der Low Whistle

16. Dezember

Antonín Dvořák, Böhmen (1841–1904)/The Chieftains, Irland
„CHIEFTAINS' LARGO"
(*Largo*, Mercury Records 1998)

Eine Band, die länger bestand als die Rolling Stones oder Status Quo? Die Gruppe, die heute zum Zuge kommt, erfüllt diese Vorgabe spielend.

Der Dudelsackspieler Paddy Moloney formt mit Gleichgesinnten im Irish Folk Revival 1962 die Chieftains, die ab Mitte der 1970er ein Exportartikel für Musik der grünen Insel in die ganze Welt werden. Volksmusik-Themen verbinden sie zu kammermusikalischen Suiten, im Zentrum ihres Klangs stehen neben Harfe, Fiddle und Rahmentrommel immer die Uilleann Pipes, ein Dudelsack, der mit dem Ellbogen (auf Gälisch: uilleann, Aussprache: il-len) gedrückt wird.

Sechs Grammys haben die Jungs nach Hause getragen, sie spielten vor Papst Johannes Paul II. und vor der englischen Königin, musizierten als erste westliche Band an der Chinesischen Mauer. Über Jahrzehnte haben sie Brückenschläge in den Rock, den Country, aber auch in die Klassik gewagt. Und um so einen geht es jetzt, denn heute im Jahr 1893 wurde in der New Yorker Carnegie Hall Antonín Dvořáks „Sinfonie aus der neuen Welt" uraufgeführt. Der 2. Satz ist der berührendste Moment des Werks: Dvořák ließ sich für sein Largo von Henry Longfellows Gedicht „Hiawatha" inspirieren, der in den Versen den Tod seiner Gefährtin Minnehaha beweint. Die Melodie geht auf die typischen Fünftonskalen der Musik der Natives zurück.

Ich habe mich immer gewundert, wie selten diese großartige Melodie in der Popularmusik aufgegriffen wurde. 1998 gab es allerdings dieses Projekt namens *Largo*, das sich die Melodie als Startpunkt für eine musikalische Geschichte der Auswanderung und des jungen Amerikas auserkor und Songs vom US-Bluesmann Taj Mahal bis zur Wave-Pop-Queen Cyndi Lauper drumherum baute. Wenn Paddy Moloney das Thema zur CD-Eröffnung auf der tiefen Flöte, der irischen Low Whistle, spielt, eingebettet in Fiddle und Harfe, dann ist das mindestens genauso zu Tränen rührend wie das Englisch Horn im Original.

Die Kora ist jetzt weiblich

17. Dezember

Sona Jobarteh, Gambia/UK (*1983)
„MUSOLOU“
(*Badinyaa Kumoo*, Eigenverlag 2022)

Aufgewachsen ist sie in England, verwurzelt aber in Gambia, das heute im Jahre 1964 per Beschluss des britischen Parlaments in die Unabhängigkeit entlassen wurde. Mit ihrem zweifachen kulturellen Hintergrund und als erste Frau überhaupt erschließt Sona Jobarteh der 21-saitigen Stegharfe Kora (5. Mai/10. August) neue Klangräume. Es dauerte eine Weile, bis ihr Vater, selbst ein herausragender Koraspieler, sie als Schülerin akzeptiert. Sona lernt schnell, verinnerlicht die jahrhundertealte Tradition, entwickelt sogar einen Zwitter aus Kora und der Spießlaute Ngoni (26. März). 2015 spielt sie schließlich ihr Debütalbum ein, auf dem sie die Tradition in eine zeitgemäße Sprache mit Folk und Akustikpop kleidet.

Neben der Musik engagiert sich die Weltbürgerin für Bildung im kleinsten der afrikanischen Staaten. 2015 gründet sie ihre Gambia Academy Of Music and Culture im Dorf Kartong nahe der senegalesischen Grenze – es ist das erste Kulturzentrum des Landes seiner Art und ermöglicht jungen Menschen eine profunde musikalische Erziehung mit Instrumenten, Gesang, Tanz, Film- und Multimedia-Arbeit. „Du kannst afrikanische Kultur in Europa und Amerika studieren, aber wenn du nach Afrika gehst, dann findest du dafür keine Institution. Das ergibt für mich keinen Sinn!“, begründet sie ihr Engagement.

Das 2022 erschienene Werk *Badinyaa Kumoo* ist Jobartehs Meisterstreich: Ganz im Gegensatz zu vielen Kolleginnen in Westafrika schielt Sona Jobarteh nicht auf eine globale Popfärbung. Und sagt trotzdem Neues mit modernem Sound, lädt Gäste vom Senegalesen Youssou N'Dour bis zum jemenitischen Sänger Ravid Kalahani (3. August) ein. Ein Schaukasten ist das fast achtminütige Eröffnungsstück „Musolou“. Mit seelenvollem Sologesang, Backgroundchören, perkussivem Flechtwerk, sowie Kora- und Balafon-Soloarbeit ist es ein Preislied an die Frauen und ihren Beitrag zur Gesellschaft.

Multikulti über der Baumgrenze

18. Dezember

Christian Zehnder, Schweiz (*1961)
„GEJOMARE"
(*Schmelz*, Traumton Records 2010)

Von all den Schweizer Musikern, die ich im Laufe der letzten Jahrzehnte kennenlernen durfte, hat er mich ganz besonders und immer wieder aufs Neue verblüfft. Geburtstagskind Christian Zehnder ist mehr als ein Sänger: Er ist vokaler Visionär und gewitzter Sprachkünstler, hat die Verklärung der Heimatklänge dekonstruiert und eine neue eidgenössische Klangwelt zwischen Bergen und Industriestandort erschaffen.

Den Obertongesang, den wir in Europa lange Zeit immer nur bei den Mongolen oder Tibetern verorten wollten, hat er von kulturellen Zugehörigkeiten befreit, ihn zu einem universellen Handwerkszeug gemacht. Und ihn mit der Welt der Schweizer Naturtöne, dem Juuz und dem Zäuerli (30. Dezember) verschwistert, die er ebenso globalisiert hat. „Ich habe die Alpen immer schon als etwas Multikulturelles gesehen", sagte mir der einstige Extrembergsteiger einmal. „Sobald man über die Baumgrenze hinausgeht, trifft man ja auf alle möglichen verrückten Leute, die Grenzen überschreiten. Da oben spielen Nationalitäten keine Rolle mehr!"

Das Werk *Schmelz* stellt für mich den Zenit von Zehnders bisherigem Schaffen dar. Hier hat er sich mit einem Jazztrio und der Appenzellerin Barbara Schirmer zusammengetan, die das Schweizer Hackbrett zu einem Avantgarde-Instrument gemacht hat. *Schmelz* ist auch ein tönender Kommentar zur Erderhitzung, die die Alpen jetzt schon besonders hart trifft. Urtümliches Jodeln aus dem Muotatal trifft auf Pygmäengesang, nahöstliche Tonleitern mischen sich unter den Kehlkopfgesang, Alm-Idylle und Salsa-Groove vereinigen sich. Und eine urkomische transalpine Hymne mit grantelndem Gesang wird in einen Tango gewandet. Ich könnte hier jedes Stück empfehlen, aber probieren Sie mal die großartige futuristische Alpenklang-Kulisse von „Gejomare" (hochdeutsch: Gejammer). Im wahrsten Wortsinn: zum „Dahinschmelzen".

James Bond spielt keine Fünftonskalen

19. Dezember

Mulatu Astatke, Äthiopien (*1943)
„THE WAY TO NICE“
(*Mulatu Steps Ahead*, Strut Records 2010)

Erinnern Sie sich noch, wie Bill Murray im Roadmovie *Broken Flowers* quer durch Amerika fährt? Für mich ist es fast unmöglich, diese Bilder im Kopf zu haben, ohne an die Musik zu denken, die Regisseur Jim Jarmusch dazu ausgewählt hat. Diese Musik, die so einzigartig ist auf diesem Planeten, sie stammt von einem Mann namens Mulatu Astatke.

Der Äthiopier kann auf eine schillernde Laufbahn zurückblicken: Eigentlich sollte er Luftfahrtingenieur werden, aber schließlich studiert er am Trinity College in London Musik und findet in der Jazzszene sein Instrument, das Vibraphon. Als erster Afrikaner überhaupt schreibt er sich am Berklee College of Music bei Boston ein und erschafft den „Ethio Jazz“: Das ist eine Musik, in der sich die für unsere Ohren etwas unheimlich klingenden Skalen aus fünf Tönen mit Jazz-Improvisation, Funk und Latin-Sound verbinden.

Zurück in der Heimat wird Astatke zu einer der Hauptfiguren des „Swinging Addis“, der Nachtclub-Szene von Addis Abeba, und er erforscht die Musik der äthiopischen Regionen. Als Kaiser Haile Selassie 1974 durch die Kommunisten gestürzt wird, überdauert er die harten Zeiten unter Diktator Mengistu, wird schließlich in den Neunzigern von einer neuen Hörergeneration entdeckt – und auch von Jim Jarmusch.

„Jarmusch gestand mir, er sei ein Fan meiner Musik und ob er denn meine Musik in seinem nächsten Film einsetzen dürfe“, erzählt Astatke. „Ich sagte: ‚Keine Einwände, nur zu!‘ Seitdem kommt auch Kinopublikum zu meinen Konzerten.“ Und seitdem versuchen junge Bands auf allen Erdteilen, Ethio Jazz nachzuspielen, holen Astatke als Gast. Um einen Einblick in sein Universum zu bekommen, habe ich „The Way To Nice“ rausgepickt. Finden Sie nicht auch, dass hier Monty Normans James-Bond-Thema herumgeistert? Mulatu Astatke entgegnete meiner Vermutung mit Entrüstung: „My friend, James Bond hat niemals Fünftonmusik gespielt!“

Metaphern der Entwurzelung

20. Dezember

Grèn Sémé, La Réunion

„HORS SOL“

(*Hors Sol*, Washi Washa 2016)

Heute im Jahr 1848 wurden auf der Insel La Réunion die Sklaven in die Freiheit entlassen. Man vergisst sie leicht, diese relativ kleine Insel im Indischen Ozean, wenn man von der Vielfalt der frankophonen Kultur spricht. La Réunion zählt als Überbleibsel aus der Kolonialgeschichte zu „La France d'Outre-Mer“, ist also Tausende Kilometer entfernt von Europa und trotzdem ein Teil Frankreichs.

Für die Kultur der Réunion ist das von nachrangiger Bedeutung, denn sie ist afrikanisch und kreolisch geprägt. Prägend sind zwei Rhythmen: Der ausgelassene Sechserrhythmus Sega, der in einem Paartanz mit leicht erotischen Zügen umgesetzt wird. Und die Maloya: Sie leitet sich aus den Klagegesängen der Sklaven ab, ist von Frage-Antwort-Spielen bestimmt und gilt als der „Blues“ der Réunion. Diese Einflüsse zu nehmen, sie poetisch zu filtern und dann noch mit Rock, Chanson und Hip-Hop zu kombinieren, das ist eine spannende Herausforderung. Der Songschreiber Carlo de Secco hat sie mit seiner Band Grèn Sémé bewältigt und nennt seinen Stil „Maloya Évolutif“.

In „Hors Sol“, dem Titelstück vom gleichnamigen Album singen sie – begleitet durch ein eindrückliches Video – über die Entfremdung des Menschen von der Natur und vom Leben selbst. Von den Auswüchsen einer modernen Landwirtschaft, vom Einebnen der Gärten zu Rasen, von Bäumen, die nur als schmückender Saum an Straßen funktionieren, vom Zwang der ständigen Hygiene. De Secco findet so auch Metaphern für die Entwurzelung von Menschen auf dem Hintergrund der großen Tragik der Flüchtenden unserer Tage. Ein unglaublich starker Song, der jahrhundertealte Rhythmen als Basis ganz aktueller Verse nutzt.

Dunkler Pfeil der Sehnsucht

21. Dezember

Constantinople (Kanada/Iran) feat. Ghalia Benali (Tunesien)
„MORGHE BĀGHE MALAKOUT/YA MOUNIR“
(*In The Footsteps of Rumi*, Glossa 2022)

Als der islamische Mystiker Rumi (30. September) 1273 starb, war das für ihn eine Heimkehr zu Gott. An seiner letzten Wirkungsstätte, im anatolischen Konya, zelebrieren die Derwische des Mevlevi-Ordens diese Heimkehr seit Jahrhunderten sehr eindrücklich mit dem Drehtanz Sema. Durch die Drehbewegung wird der Körper zu einer Spindel, die die Verbindung zwischen der Erde und dem Kosmos, die Vereinigung mit Gott herstellt. Heute wird der mystischen Vereinigung mit dem Höchsten in ganz verschiedenen musikalischen Formen nachgespürt, etwa im Teamwork einer tunesischen Sängerin und Musikern im kanadischen Exil.

Dass sie sich Constantinople genannt haben, obwohl sie am Sankt-Lorenz-Strom leben, ist auf den ersten Blick verwirrend. Denn wie Montréal es *heute* ist, war Konstantinopel seinerzeit Drehscheibe der Begegnung von Völkern und Kulturen. Traditionen von Andalusien bis Anatolien, vom jüdischen Schtetl bis zur iberischen Romanze, von Korsika bis Persien bündelt die Gruppe zu einer neuen Vision. Um die beiden persischstämmigen Gründer, den Lautenisten und Sänger Kiya sowie den Bruder Ziya Tabassian, scharen sich zu diesem Zweck immer wieder neue Gäste, etwa die heute geborene Sängerin und Autorin Ghalia Benali.

Ihre Stimme trifft die Hörenden wie ein dunkler Pfeil der Sehnsucht. Benalis Timbre ist tief, resolut und machtvoll, und es ist ein Erlebnis, wie diese so erdige Stimme auf die feingliedrige Vokalkunst von Kiya Tabassian trifft. Mit Langhalslaute, Kastenzither, Stachelgeigen, Oud und Perkussion webt das Ensemble feine Fäden um Rumis metaphysische Poesie:

Ich bin ein Vogel aus dem Paradies, nicht vom Reich der Erde bin ich,
für ein paar Tage gefangen in meinem Käfig aus Fleisch und Knochen.
Die duftende Morgenbrise bringt Kunde von der Vereinigung
Mit Freude und mit Gesang werde ich diesen Käfig, diesen irdischen Thron verlassen.

Die Hoffnung auf den Morgen

22. Dezember

Kioomars Musayyebi, Iran/Deutschland (*1977)
„LETZTE NACHT“
(*A Voice Keeps Calling Me*, Pilgrims Of Sound 2021)

Sofern Sie auf der Nordhalbkugel leben, haben Sie gerade die längste Nacht des Jahres hinter oder vor sich. Daher dachte ich mir, dass ich Ihnen heute ein ungewöhnliches Nachtlied serviere. Es stammt vom iranischen Musiker Kioomars Musayyebi, der seit einigen Jahren in Essen sein neues Zuhause gefunden hat. Er zählt zu den jungen Musikern außereuropäischer Herkunft, die die deutsche Szene mit persischen Färbungen bereichern.

Musayyebi wächst in Teheran auf, lernt das persische Hackbrett Santur, dieses wunderbar filigrane Instrument mit 78 Saiten, bei einem der ganz Großen: dem heute noch von allen Iranern verehrten Faramarz Payvar. Doch über den Tellerrand der persischen Kultur zu schauen, das ist dort schwierig. Daher kommt er 2011 nach Deutschland und erprobt, wie seine Wurzeln zusammen mit Jazz, arabischer und Alter Musik klingen.

Um diese ganze Bandbreite auf einem einzigen Album unterzubringen, hat er auf *A Voice Keeps Calling Me* acht Stücke für verschiedene Besetzungen mit Streichern, Blas- und Zupfinstrumenten versammelt. Die Melodien seien wie Stimmen, die ihn rufen, daher auch der Titel des Albums, den er einem Gedicht des iranischen Dichters Sohrab Sepehri (1928–1980) entlehnt hat. Vom großen Poeten der iranischen Moderne lässt er sich in allen Lebens- und Gemütslagen inspirieren.

Mir gefällt am besten sein Stück „Letzte Nacht“, mit dunkler Flöte und der schnurrenden irakischen Kniegeige Djoze, das wunderbar dunkle Klangfarben erzeugt. „Die Nächte reden mit mir, nachts kann ich gut denken und mich wohlfühlen“, sagt Musayyebi. „Jede Nacht könnte auch die letzte sein: Vielleicht sehen wir uns morgen nicht mehr. Aber wir haben die Hoffnung, dass der Morgen kommt und alles wieder von neuem beginnen kann.“

Schwarzwald-Meditation

23. Dezember

Oscar Peterson, Kanada (1925–2007)
„LITTLE GIRL BLUE"
(*Exclusively For My Friends – My Favourite Instrument*, MPS 1968)

Viele Minusgrade hat es, als ich 2017 vor dem Canadian Centre of Arts in Ottawa stehe und seinem Pianospiel lausche – oder vielmehr dem seines Denkmals, das dort in der Eiseskälte steht. Oscar Peterson muss gewaltig frieren, denke ich mir, und meine Erinnerung geht zurück an eine ähnlich kalte Szenerie. Die spielte sich fünf Jahre früher im Schwarzwaldort Villingen ab.

Ich folgte einer Einladung, um über die Wiederbelebung der MPS-Studios zu berichten: Anfang der 1960er hat sich Hans-Georg Brunner-Schwer (HGBS) über dem Wohnzimmer seiner Villa ein Studio eingerichtet, ausgestattet mit der damals besten Aufnahmetechnik. Und genau damit lockt der Pianobegeisterte Oscar Peterson in den Schwarzwald: Direkt nach einem Gastspiel in Zürich überwindet der Kanadier in seiner Limousine die Berge und wird mit seinem Bassisten Ray Brown und Drummer Ed Thigpen ins Wohnzimmer an den Steinway-Flügel geleitet, wo schon erwartungsvolle Gäste auf den Star hinfiebern. „Bis morgens um vier lauschte ich diesen Klängen, die Beatles wollte ich von da an nicht mehr hören!", erzählt mir der HGBS-Sohn Matthias Brunner-Schwer, immer noch berührt von seinem Erlebnis als Schuljunge.

Piano-Gigant Peterson hört sich den Mitschnitt des nächtlichen Privatkonzerts an und ist genauso begeistert: So direkt und unverfälscht hat er den Sound seines Pianos auf Tonkonserve noch nie vernommen. Petersons Enthusiasmus besiegelt eine lange Freundschaft mit dem Haus Brunner-Schwer, die ganzen 1960er hindurch kommt er immer wieder zu Aufnahmen in den Black Forest.

In kaum einem anderen Stück zeigt er sich so selbstvergessen wie in „Little Girl Blue", einer Solo-Meditation, die für mich eine tiefnächtliche Stimmung heraufbeschwört. Eine wunderbare, stille Einstimmung aufs Weihnachtsfest. Der kanadische Tasten-Star, mitten im Schwarzwald an seinem Lieblingsklavier, so fantastisch nah aufgenommen, als säße er direkt neben uns.

Saiten-Navigator

24. Dezember

Renaud Garcia-Fons, Frankreich (*1962)
„HACIA COMPOSTELA“
(*Solo – The Marcevol Concert*, Enja Records 2012)

Man kann ihn sich als einen Steuermann vorstellen, mit seinem fünfsaitigen Kontrabass am Bug einer wendigen Karavelle, durch musikalische Gefilde und Jahrhunderte navigierend. Nicht umsonst heißt eine seiner Platten *Navigatore*. Dank Renaud Garcia-Fons hat sich der Kontrabass im Jazz und der Musique du Monde seit den 1990ern von seiner Rolle als Begleiter emanzipiert. Er ist nicht mehr Fundamentleger und Rhythmusgeber, von ihm geht jetzt ungeheure gestalterische Kraft aus.

Die Spielphilosophie des franko-katalanischen Geburtstagskindes ist es, Geographien und Epochen miteinander zu verbinden, Klänge des Mittelmeers und des Nahen Ostens mit der Alten Musik und Barock, Jazz mit Klassik. „Main dans la main“, nennt er seine Verzahnungs- und Verschränkungstechnik, Hand in Hand gehen die Stile und Orte bei ihm. In einem Moment geleitet er uns in eine einsame Sahara-Oase, im nächsten stehen wir mitten im Trubel der Ramblas, Barcelonas Hauptschlagader. Tanzten wir gerade noch einen Fandango, ertönen kurz danach schon Sequenzen wie aus einem barocken Concerto Grosso. Die Atmosphäre eines osmanischen Palastes und die Inspiration durch eine Farce von Molière verweben sich spielerisch.

Und immer im Mittelpunkt: sein fünfsaitiger Bass aus der Werkstatt des Instrumentenbauers Jean Auray, gezupft und vor allem gestrichen. Auf ihm klettert er in irrwitzig hohe Lagen, die manch ein Cellist nicht erreicht, ihn lässt er tönen wie eine Flamenco-Gitarre oder eine arabische Laute, ihm entlockt er rauchige, schwebende Obertonmelodien und galoppierendes Staccato. Den schönsten Einstieg in sein Werk bietet das Solokonzert, das er auf CD und DVD in Marcevol, einer alten Priorei in den Pyrenäen, aufgenommen hat. Da lässt sich seine technische Virtuosität, aber auch tiefe, kontemplative Liebe zum Bass staunend erlauschen. Eine wunderschöne Heiligabend-Musik: tiefsinnig, beglückend und beseelt.

Spirit In The Dark

25. Dezember

Jan Sandström, Schweden (*1954)
„ES IST EIN ROS ENTSPRUNGEN"/
„DET ÄR EN ROS UTSPRUNGEN"
(Harvestehuder Kammerchor: *Es kommt Ein Schiff, Geladen*, Arte Nova 2000)

Fröhliche Weihnachten! Zum Fest verlassen wir einmal die üblichen Gleise der globalen Musik, denn heute ist Zeit für eines der schönsten Weihnachtslieder aus der deutschen Tradition, das erstmals 1599 in Speyer in einem Gesangsbuch niedergeschrieben wurde: „Es ist ein Ros entsprungen". Zehn Jahre später hat der Komponist Michael Praetorius das Lied vierstimmig ausgearbeitet, in einem lichtvollen Chorsatz, der auch heute noch sehr beliebt ist.

Die heute üblichen drei Strophen lassen sich in knapp vier Minuten gemächlich singen. Der schwedische Komponist Jan Sandström, einer der bekannten Vertreter der Moderne in seiner Heimat, macht mit dem Praetorius-Satz aber etwas ganz Unglaubliches: Er verlangsamt das Tempo so radikal, dass eine einzige Strophe über fünf Minuten dauert. Und nicht nur das: Er bettet den Chor, der diese Zeitlupenfassung singt, in einen zweiten Chor mit gesummten und textlosen Liegetönen. Oft wird das so aufgeführt, dass beide Chöre mit Kerzen in zwei Kreisen umeinanderstehen.

Die Wirkung ist großartig: als ob das Kirchenlied in einen geheimnisvollen Kokon aus Licht eingesponnen ist, so zumindest empfinde ich das. Als würde da wirklich aus dem Dunkel heraus etwas Strahlendes geboren werden. Für mich ist Sandströms Geistesblitz eine wunderbare Umsetzung des Textes, in dem der Lichtbringer mitten im kalten Winter aus einer zarten Wurzel erwächst. Wenn alle Stimmen gegen Ende innehalten und auf das Wort „Winter" dieser unglaubliche Wechsel der Tonart kommt, habe ich jedes Mal mehrere Schichten von Gänsehaut.

Die schönste Lesart, die ich kenne, stammt vom Harvestehuder Kammerchor, der auch außergewöhnliche Versionen anderer Advents- und Weihnachtslieder im Gepäck hat. Es gibt sie nur auf CD, doch im Netz finden Sie jede Menge anderer Versionen, die nah an die Magie der ersten heranreichen.

Basler Weihnachts-Fans

26. Dezember

Hirundo Maris, Katalonien/Norwegen
„EL DESEMBRE CONGELAT"
(*Silent Night*, Sony 2018)

Wer bei Arianna Savall und Petter Udland Johansen in die gute Stube tritt, weiß sofort, welche Töne hier das Sagen haben. Ihr Basler Wohnzimmer zieren Harfen aller Couleur, dazwischen tummeln sich norwegische Fiedeln. Man fühlt sich sofort zu Hause bei diesem Paar, sie die Tochter des renommierten Musikforschers Jordi Savall (24. Februar), er einer der führenden Violinisten des europäischen Nordens. In ihrem Ensemble Hirundo Maris bringen sie verschiedene Volkskulturen mit Alter Musik und Barock in neuen Arrangements und eigenen Kompositionen zusammen. Und sie sind beide Weihnachts-Fans.

„Diese Jahreszeit fasziniert uns", sagt Arianna Savall, „denn jetzt ist die Musik wichtiger als zu jeder anderen Saison. Sie hat die Kraft, die Dunkelheit zu kompensieren, die Einsamkeit und Depression zu vertreiben, unter der viele jetzt leiden. Und die Geschichte von der Ankunft des neuen Lichts ist ja älter als das Christentum: Sie wurde schon im ägyptischen Isis-Kult gefeiert, in Rom, während der Raunächte der Germanen und Kelten."

Die besondere Farbe von Hirundo Maris kommt durch Savalls barocke Tripelharfe und die diatonische Renaissanceharfe, durch Johansens Hardangerfiedel und die Mandoline. Dudelsäcke, Flöten, Schalmeien und das Renaissance-Blasinstrument Zink, für das man einen großen Atem braucht, ergänzen die instrumentale Palette. „Wir wollen die verschiedenen Weihnachtstraditionen Europas zeigen, die tänzerischen Farben aus dem romanischen Raum, die mehr Feuer haben, und auch das Nordisch-Melancholische, das langsam ist und oft in Moll steht", so Johansen.

Der Text des katalanischen Weihnachtslieds „El Desembre Congelat" ist dem deutschen „Es ist ein Ros entsprungen" ziemlich verwandt: Er spielt darauf an, dass mitten in der Winternacht die Knospe einer wunderschönen, erlösenden Rose schon auf den Frühling wartet. Arianna Savall gestaltet es mit ihrem Sopran sehr lichtvoll.

Tropische Collage
27. Dezember

Caetano Veloso, Brasilien (*1942)
„TROPICÁLIA"
(*Caetano Veloso*, Philips 1968)

Ziemlich fassungslos bin ich, als ich im Oktober 2023 in der Elbphilharmonie Hamburg sitze: Da steht eine brasilianische Legende auf der Bühne, mit 81 noch die Spannkraft und den Charme eines 60-Jährigen versprühend. Er spult keine Best-of-Revue ab, sondern präsentiert mit einer blutjungen Band neue Songs mit krachiger Percussion, lärmender E-Gitarre und beißenden Texten gegen den Technikglauben und Ex-Präsidenten Bolsonaro. Wow!

Caetano Veloso hat mehr als ein halbes Jahrhundert lang Musikgeschichte geschrieben, gesegnet mit einer geschmeidigen androgynen Stimme, unerschrocken, wenn es um die Auseinandersetzung mit den Mächtigen geht. Seine Karriere beginnt der Bahianer in einer explosiven Zeit: Mitte der Sechziger reagieren die Künstler auf die Militärdiktatur mit der Tropicalismo-Bewegung. Sie vermischen brasilianische Tradition mit Rockmusik, Bossa mit den Beatles, schreiben aufrührerische Poesie. Caetano Veloso und Gilberto Gil (26. Juni) gehören zu den Hauptakteuren, werden vom Regime am 27. Dezember 1968 für Monate ins Gefängnis gesteckt, dann ins Londoner Exil abgeschoben.

Als Veloso zurückkehrt, mischt er weiterhin die Música Popular Brasileira auf. Kitzelt das konservative Rollenverständnis, bekennt sich zu bisexuellen Neigungen. Spielt meisterhaft auf der Klaviatur der Stile, auf Indio-, Afro- und Psychedelia-Elementen. Seine stärksten Texte sind philosophisch: etwa „Terra", eine kosmische Betrachtung des Heimatplaneten, oder „Oração Ao Tempo", eine Verbeugung vor dem Phänomen Zeit.

Heute möchte ich an seine Anfänge erinnern, mit dem Wimmelbild „Tropicália". Es verquickt züngelnde Streicher, bedrohliche Fanfaren, Rhythmen des Nordostens und einen ansteckenden Ohrwurm-Refrain. Ein Patchwork aus Bossa, Karneval, Urwald, Modernismus, Reichtum, Armut und Machtmissbrauch: Diese fantastische Hymne auf die brasilianische Vielfalt war 1968 ihrer Zeit meilenweit voraus.

Nicht an Märchen interessiert

28. Dezember

Cristina Branco, Portugal (*1972)
„MAU FEITÍO"
(*Eva*, O-tone Music 2020)

Übers Jahr verteilt haben sich immer wieder spannende Facetten aus der portugiesischen Musikkultur aufgefächert. Vielleicht konnte ich zeigen, dass die nicht nur aus Fado besteht. Cristina Branco, die heute Geburtstag feiert, soll am Schluss stehen. Sie verkörpert für mich die überzeugendste Synthese aus vielem, wofür ein weltoffenes Portugal im 21. Jahrhundert steht.

Früh schon formt sie parallel zum Fado ein persönliches Songwriting, singt Lieder der Kanadierin Joni Mitchell, brasilianische Klassiker und Tango. „Ich bin nicht an Märchen interessiert, sondern an der Realität, an Dingen, die ich selbst erfahren habe. Meine Alben bekamen deshalb immer mehr biographische Züge. Aber von mir selbst so viel zu zeigen, davor fürchtete ich mich manchmal auch ein bisschen", hat sie mir bei einem unserer Gespräche gestanden.

Branco hat zur Überwindung dieser Furcht einen Trick gefunden: Sie lässt sich Texte und Musik von jungen Autorinnen und Autoren schreiben, die eine ausgesprochen weibliche Seite haben und die ihr die Themen auf den Leib schneidern. Dafür lädt sie ganz bewusst Literaten ein, die nicht aus dem Mutterland Portugal, sondern auch aus Angola oder von den Kapverden stammen. „Es wird immer offensichtlicher, dass afrikanische Autoren einen enormen Einfluss auf die portugiesische Musik haben", sagt Branco.

Ihre Trilogie *Menina*, *Branco* und *Eva* ist textlich geprägt von dieser weiblichen Perspektive, sie setzt sie mit einem Jazzquartett um, in dem nur noch die portugiesische Gitarre (16. Februar) auf den Fado hindeutet. Davon abgesehen ist es einfach zeitlos gutes Songwriting. Wie etwa in „Mau Feitío", wo sich das Arrangement zu einer atemberaubenden Klimax emporschraubt, um eine getriebene, schlaflose Person zu zeichnen. Geschrieben hat es der extravagante Sänger und Komponist Filipe Sambado. Geht es nach Cristina Branco, ist die Zukunft der Musik Portugals gesichert.

Hymnische Durchflutung
29. Dezember

Florian Fricke, Deutschland (1944–2001)
„SINGET, DENN DER GESANG VERTREIBT DIE WÖLFE"
(OST *Herz Aus Glas*, Brain 1977)

Mit dem deutschen „Krautrock" tue ich mich schwer. Eine Band allerdings, die dem Genre vielleicht etwas zu Unrecht zugeschlagen wird, hat mich immer fasziniert. Ich begegnete ihr als Verehrer des Filmschaffens von Werner Herzog (14. Oktober), der bei mir seit Jahrzehnten unangefochten auf Platz 1 der deutschen Regisseure steht. Seine Filme aus der Klaus-Kinski-Phase mag ich nicht so sehr wegen Kinski, sondern wegen der grandiosen Soundtracks von Popol Vuh. Die Münchner Band, die sich nach einer zentralen Schrift der Quiché-Maya Guatemalas benannt hat, lieferte die Musikspur zu den Klassikern *Aguirre*, *Nosferatu* und *Fitzcarraldo*, und Bandleader Florian Fricke wurde zum „Leib und Magen"-Komponist Herzogs.

Großartig, wie der heute im Jahr 2001 verstorbene Fricke zwischen schauerlichen Chören, folkrockigen Gitarren-Meditationen, die auch mal an den frühen Mike Oldfield erinnern, und indischen Einflüssen hin- und herschaltet. Dabei unterstützt er die Wucht der herzogschen Bilder, schafft aber im Ohr der Zuschauenden noch eine Parallelwelt. Zu den unbekannteren Filmen Herzogs in dieser Phase zählt *Herz aus Glas* – zudem ist dieser Streifen Kinski-freie Zone! Für die hypnotische Geschichte eines Rubinglas-Bläsers und eines Hellsehers in einem bayrischen Dorf haben Fricke und seine Band einen Soundtrack von hymnisch-psychedelischer Durchflutung geschrieben, der auch hin und wieder indisch eingefärbt ist. „Singet, denn der Gesang vertreibt die Wölfe" ist mein Lieblingsstück daraus.

Schön, schö-wüescht und wüescht

30. Dezember

Noldi Alder, Schweiz (*1953)
„CHLAUSE ZÄUERLI“
(OST *Heimatklänge*, Traumton 2007)

Vergessen Sie alles über den freundlichen Herrn mit der Bischofsmütze, dem roten Mantel und dem langen weißen Bart. Denn hier kommen die „Silvesterchläuse“ aus dem Appenzeller Hinter- und Mittelland, ein Nikolaus-Brauch, der sich seit dem 17. Jahrhundert gehalten hat.

Wie ihr Name schon sagt, sind diese Gestalten am 31. Dezember (oder falls dieser ein Sonntag ist, am 30.) von Haus zu Haus unterwegs und wünschen ein gutes neues Jahr. Der Kirche war das furchterregende Treiben der Chläuse zu wild, darum ließ sie es vom 6. Dezember auf die Jahreswende schieben. Die „schönen“ Chläuse tragen riesige Hüte mit Szenen aus dem bäuerlichen Leben. Doch dann gibt es noch die Kategorie „schö-wüescht“ mit etwas wilderen Hüten und Masken. Und schließlich „wüescht“: Diesen furchterregenden Gesellen mit ihrer sehr naturnahen bis geisterhaften Maskierung will man eher nicht im Dunkeln begegnen.

Der urtümlich anmutende Brauch wird umso archaischer, wenn man den akustischen Begleiterscheinungen lauscht. Mit Guten-Wünsche-Aufsagen ist es da nicht getan: Unterbrochen von Glocken, Schellen und einer strengen Choreographie stimmen die Chläuse die „Zäuerli“ an, kehlige, feierliche Naturton-Gesänge ohne Text, für die die Bezeichnung „Jodeln“ extrem verniedlichend wäre. Einem der großen Traditionspfleger und -erneuerer des Schweizer Naturtongesangs, Noldi Alder, können Sie im Film *Heimatklänge* von Stefan Schwietert bei einem „Chlause Zäuerli“ zuhören.

Bleibt noch zu ergänzen: Seit der Umstellung vom julianischen auf den gregorianischen Kalender im Jahr 1582 konnte man sich nicht darauf einigen, den alten Termin zu streichen. Und so sind die Silvesterchläuse nach der Jahreswende auch nochmals am 13. Januar *on the road.* Hat vielleicht auch damit zu tun, dass sie nach getaner Arbeit noch gern und lange durch die Wirtshäuser ziehen …

Seemannsgarn am Ende der Welt

31. Dezember

June Tabor, England (*1947)
„FINISTERRE"
(*Ashore*, Topic Records 2010)

Zum Jahresende haben wir auch das Ende der Welt erreicht. Bereits die Römer glaubten, dass an der nordwestlichsten Spitze der iberischen Halbinsel, dem galicischen Cabo Fisterra, die Welt aufhöre. Natürlich regt so ein markanter Felsen mit dem weiten atlantischen Ozean vor seinen Klippen die Fantasie der Künstler an. In diesem Fall hat der englische Folkrockmusiker Ian Telfer von der Oysterband einen wehmütigen Song geschrieben – von Überfahrten in die Karibik, der ewigen Suche nach Gold und mondbeschienenen Nächten, in denen man sich Seemannsgarn erzählt.

Es gibt keine bessere Stimme für so einen *song of the sea* als den dunklen, majestätischen Alt von June Tabor, die heute Geburtstag hat. Sie begann bereits in den 1970ern mit ihrer Kollegin Maddy Prior im Duo Silly Sisters das Folk-Revival Großbritanniens weiblich aufzumischen. Heute ist sie die große alte Dame des Britfolks, und ihr Doppelalbum *Ashore*, das ich des schönen warmen Klanges wegen in der weißen Vinyl-Ausgabe ans Herz lege, beherbergt eine atemberaubende Abfolge von Meeresliedern. Tabor interpretiert sie mit aktuellen Koryphäen des neuen Folk, die mit diatonischem Akkordeon, Geige, Bratsche, Kontrabass und Piano eine fast klassische, sehr noble Atmosphäre schaffen.

„The tale we told each other has an end", heißt es im Text dieser großartigen maritimen Ballade: Auch die Geschichten, die ich Ihnen erzählt habe, finden hier ihren Ausklang. „Finisterre" mochte zwar als Ende der Welt gelten. Heute wissen wir, dass man von dort zu neuen Ufern aufbrechen kann. Und an diesen neuen Ufern warten wiederum grandiose Entdeckungen im unerschöpflichen Reich der globalen Klänge. Eine neue Weltreise für die Ohren …

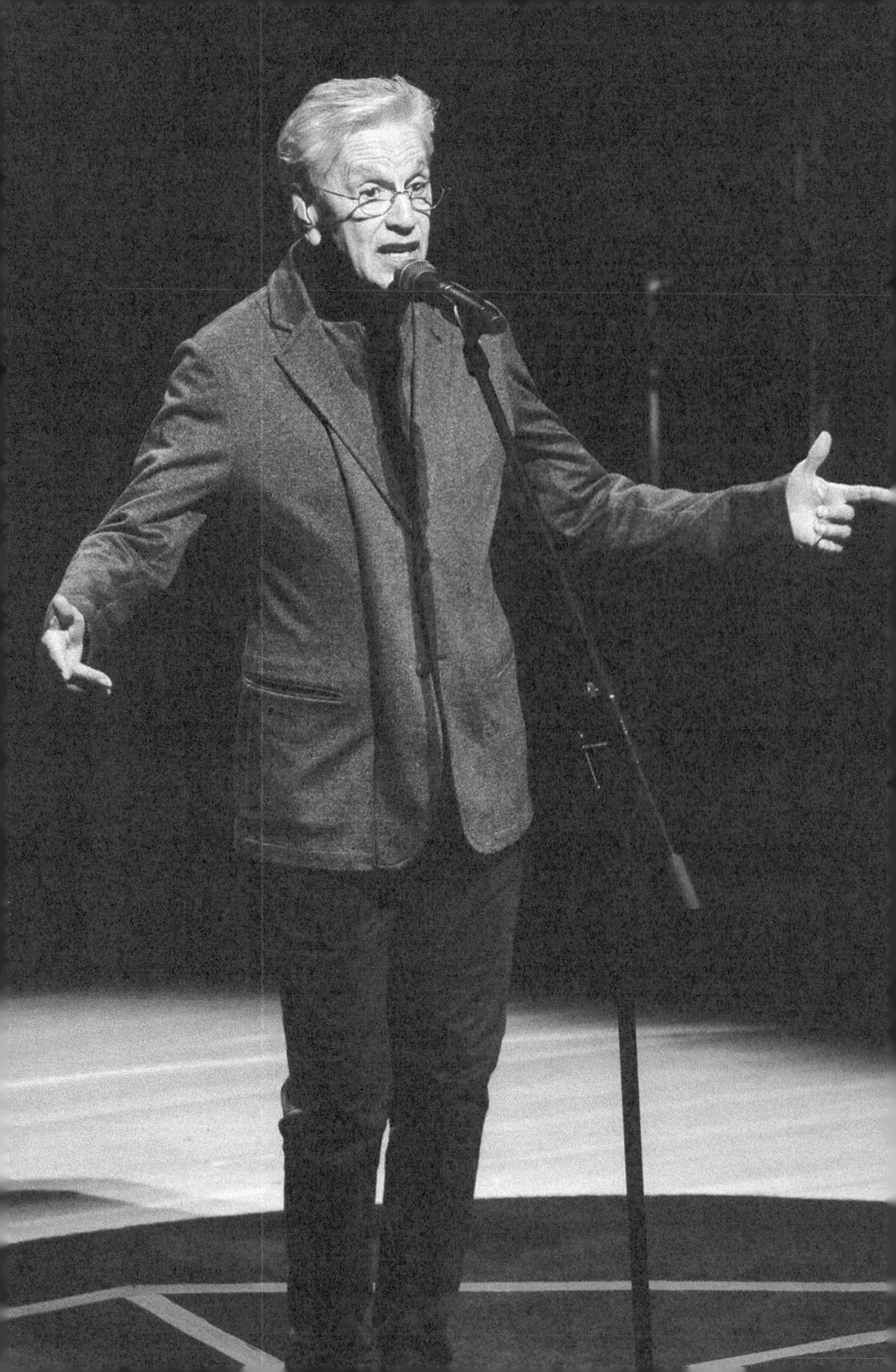

Danke

Man muss es heute schon ausdrücklich erwähnen: Dieses Buch wurde ohne die Hilfe von Künstlicher Intelligenz geschrieben. Vielmehr bin ich sehr vielen Menschen aus Fleisch und Blut dankbar: Ohne all die Musikerinnen und Musiker, die ich seit meinem ersten Interview im Jahr 1992 treffen oder über Zoom und Telefon sprechen durfte, gäbe es diese Weltreise für die Ohren nicht. Ihnen danke ich an allererster Stelle. Besonders nennen möchte ich Lena Afonso, Misagh Joolaee und Erik West Millette.

Einige Menschen, die mich darin bestärkt haben, die „Musik der Welt" zu vermitteln, möchte ich herausheben. Denn das ist nicht selbstverständlich in einer Zeit, in der Rundfunkdirektorinnen und -direktoren dieser Sparte immer dickere Steine in den Weg legen und Hörerinnen und Hörer chronisch unterschätzen. Doch es geht eben auch anders: Daher insbesondere Dank an das ganze Team von „Jazz & World aktuell" bei SRF 2 Kultur und Bettina Winkler von der SWR 2 „Musikstunde". Zwei Zeitschriften haben mir über die ganze Strecke ebenfalls viel ermöglicht: Danke an Axel Stinshoff und Uli Lemke von *Jazz thing & Blue Rhythm* und an die Redaktion des *Folker*. Genauso dankbar bin ich der Kulturredaktion der *Badischen Zeitung*, die über 25 Jahre lang immer offen war für meine „Orchideenthemen".

Prägend war für mich das Rudolstadt Festival, das seit 1991 als einmaliges Event in Europa Jahr für Jahr aufregende Klänge zu uns holt. Ebenso Hut ab vor allen Konzertveranstaltern, Labels und Promotern, insbesondere den kleinen Clubs und unabhängigen Firmen, die weiterhin gewährleisten, dass sich diese Musik gegen den Mainstream behauptet.

Monika Koch vom Hannibal Verlag danke ich ganz herzlich, dass sie an die Idee des Buches geglaubt und beherzt den Weg dafür freigemacht hat, Dr. Matthias Auer für fachkundiges und anregendes Lektorat, Thomas Auer für ebensolche Layout-Expertise, Michael Bergmeister für die espritreiche graphische Begleitung.

Herbert, Marlies und Ruth haben mir immerwährende familiäre Unterstützung angedeihen lassen, und über Jahre hinweg hat Nancy mich liebevoll und geduldig durch die schräge *världens musik* begleitet. Für seine beratende journalistische Kollegialität und Freundschaft danke ich Thomas Steiner. Ein Geschenk von Ingo Eisenbeiß hat mich auf die Idee dieses Kalenderbuchs gebracht: danke, Ingo! Für Übersetzungshilfen aus dem Arabischen, Korsischen und Serbischen danke ich Hend Ammann, Jean-Claude Acquaviva und Ratko Teofilović. Und nicht zuletzt, *in alphabetical order*: Andreas, Christopher, Gina, Heinz-Peter, Jens, Jürgen, Marqs, Natália, Oli, Renate, Susanne, Wolfgang und all den anderen Wegstreckenbegleiterinnen und -begleitern der letzten 30 Jahre für spannenden Austausch in *listening sessions* und bei Konzertbesuchen mit „unsicherem Ausgang".

Am Wegesrand (Anmerkungen)

YouTube-Links zu den allermeisten der 366 Musikstücke, zu Internet-Präsenzen der Künstlerinnen und Künstler sowie viele weitere Verlinkungen zu Musik, Genres, Instrumenten und Online-Artikeln finden sich unter der Rubrik „Ohren auf Weltreise" auf der Website greenbeltofsound.de

Sofern nicht anders bezeichnet, stammen alle Interviews aus Artikeln, Radiosendungen oder sonstigen Veröffentlichungen des Autors

JANUAR

2

- Übertragung ins Deutsche durch den Autor aus der auf tranarts.com wiedergegebenen Textfassung

3

- „Schuld war nur der Bossa Nova": Manuelas Hit aus dem Jahre 1963 ist tatsächlich schuld daran, dass wir im Deutschen DER Bossa Nova (und DIE Samba!) sagen. Im Portugiesischen sind die Geschlechterverhältnisse umgekehrt. Für die folgenden 363 Tage gilt daher: der Samba und die Bossa Nova. Nebenbei bemerkt: Manuelas Stückchen war ohnehin ein Twist!
- Eine Version von „Dorme Profundo" mit noch intensiverem „Schlafzimmerblick" gibt es von der Sängerin Márcia auf dem Album *Eu E A Brisa* (Companhia Brasileira De Discos 1968)

4

- Interview mit Awa Ly für die Badische Zeitung, erschienen am 20.3.2020

5

- Gespräch mit Rokia Traoré für Jazz thing, Ausgabe 99 (Juni–August 2013)

6

- Interview mit Alan Stivell veröffentlicht in Blue Rhythm, Ausgabe 7 (Sommer 1998)

7

- Interview mit Rhiannon Giddens für das Magazin Folker, Ausgabe 3/2015

11

- Gespräch mit Nive Nielsen für das Magazin Folker, erschienen in der Ausgabe 6/2016

12

- Zur Vertiefung in die Straßenkultur Rara und die haitische Form des Voodoo sind bei Soul Jazz Records 2010 u. a. erschienen: *Spirits Of Live: Haitian Vodou* (CD, 2005), *Rara In Haiti* (CD, 2010), *Kanaval – Vodou, Politics And Revolution On The Streets of Haiti* (Buch, 2010) sowie der Dokumentarfilm von Leah Gordon: *Iron In The Soul* (DVD, 2015)

13

- Die Mitschnitte von Aretha Franklins Gospelkonzerten unter der Regie von Sydney Pollack sind 2019 posthum als Dokumentarfilm *Amazing Grace* (Weltkino Filmverleih) erschienen. Die Aufnahmen für *Amazing Grace* bilden auch die Finalsequenz des Biopics *Respect* von Liesl Tommy aus dem Jahr 2021

14

- Gespräch mit Emel Mathlouthi für WDR Funkhaus Europa, ausgestrahlt im April 2012

15

- Bericht des Autors zum Ice Music Festival, erschienen in der Frankfurter Rundschau am 13.1.2009 unter dem Titel „Ganz in Weiß"
- Gespräch mit Matthieu Saglio für SRF 2 Kultur, ausgestrahlt in der Sendung „Jazz & World aktuell" am 28.4.2020

17

- Das Konzert fand in der von André de Ridder neu etablierten Reihe „Phil.Club" statt
- André de Ridder im Interview, gesendet am 21.1.2023 auf SRF 2 Kultur in der Sendung „Musikmagazin"

20

- Auch in die Rockmusik hat es die Shamisen geschafft, etwa im Titel „Just Get Through This Night" auf dem Album *Kilroy Was Here* (1983) der amerikanischen Softrock-Band Styx

22

- Lizz Wright im Interview für die Badische Zeitung, erschienen am 12.7.2012

23

- Gespräch mit Simphiwe Dana für WDR Funkhaus Europa, August 2010

26

- Sahra Halgan erzählt ihre Geschichte in der Graphic Novel *Somaliland* (Jarjille Éditions, 2020)

27

- Bejarano, Ester mit Hellen, Sascha: *Nie Schweigen* (Bonifatius 2022)
- Lasker-Wallfisch, Anita: *Ihr sollt die Wahrheit erben. Die Cellistin von Auschwitz* (Rowohlt 1997)
- Newman, Richard mit Kirtley, Karen: *Alma Rosé. Wien 1906 – Auschwitz 1944* (Weidle Verlag 2003)

28
– Interview mit Dina El Wedidi für qantara.de, erschienen am 16.11.2018

30
– Gaye Su Akyol im Begleitschreiben zur CD

31
– Das fragliche Stück der Black Eyed Peas ist „Magic“ und verwendet das Bassriff von „Aldeia De Ogum“
– Interviews während eines Besuchs des Autors bei Joyce Moreno mit dem Fotografen Marqs Kurz in Rio de Janeiro am 23.9.2005, erschienen in Blue Rhythm, Ausgabe 29 (Herbst 2005), und über Zoom für Jazz thing, Ausgabe 146 (September/Oktober 2022). Dort auch noch mehr Hintergründe über die Sessions mit Claus Ogerman und was mit den Aufnahmen danach geschah

FEBRUAR

1
– Zur Biografie von Miriam Makeba: Makeba, Miriam und Hall, James: *Makeba: My Story* (Bloomsbury Publishing 1988), Erskine, Kathryn und Palmer, Charly: *Mama Africa! How Miriam Makeba Spread Hope With Her Song* (Farrar, Straus & Giroux Inc. 2017)

2
– Eine umfassende Einführung in die Welt der Orixás in deutscher Sprache: Plöger, Tilo: *Die Götter von Ifá* (tredition 2016)

3
– Boghanim, Hanna & Bouffard, Elodie (Hrsg.): *D'Oum Kalthoum à Dalida* (SKIRA PARIS 2021)
– Cormack, Raphael: *Midnight in Cairo: The Divas of Egypt's Roaring '20s* (W.W.Norton & Company 2022)

5
– Ein neues Buch, das hilft, die unzähligen Strömungen des Sufismus zu überblicken und seine Vorstellungen einzuordnen: Brehmer, Marian: *Sich den Durst aneignen. Reise in die Welt der Sufis* (Corso 2023)
– Khan, Hazrat Inayat: *Musik und kosmische Harmonie aus mystischer Sicht* (Verlag Heilbronn, 6. Auflage 2013)
– Deutsche Übersetzung des Ghazal 257 auf Grundlage der englischen Fassung von Jeffrey R. Osborne in *Divan-i Kabir Vol. IV*

6
– Neueres Standardwerk über die Sámi: Kent, Neil: *The Sámi Peoples of the North. A Social and Cultural History* (Hurst & Co. 2014)

7
– Die Skripte zu meiner fünfteiligen „SWR 2 Musikstunde“ über Orpheus (*Orpheus – Sänger, Magier und Prophet*), die 2022 ausgestrahlt wurde, lassen sich auf der SWR 2-Seite nachlesen

- Interview mit Mika Kaurismäki für Blue Rhythm, erschienen in der Ausgabe 31 (Sommer 2006)
- Ich empfehle die beiden Dokumentarfilme *Moro No Brasil* (2002) und *Brasileirinho* (2005), in denen Kaurismäki tief in die brasilianische Musikgeschichte eintaucht

9
- Das Label Bear Family hat 2014 eine umfassende „7 CD und DVD"-Box zur weltweiten Geschichte des Calypso herausgebracht: *Calypso Craze 1956–57 And Beyond*
- Kleiner launiger Nachtrag: Als ich 2014 für eine Tageszeitung über den Calypso schrieb und auch anmerkte, dass er mit Homers Nymphe nichts zu tun habe, machte das Rechtschreibprogramm der Zeitung aus der Nymphe eine Nichte. Darauf trudelten etliche Leserbriefe ein, gespickt mit süffisanten Kommentaren über die neu entdeckten Verwandtschaftsverhältnisse des antiken Ependichters, dessen Existenz ja nicht einmal gesichert ist …

11
- Schöne Beispiele für Waulking Songs hat der Folkloreforscher Alan Lomax in den 1950ern gesammelt, sie sind erschienen auf: *Gaelic Songs of Scotland: Women at Work In The Western Isles* (Rounder Records)

12
- Eine gute Einführung in die Welt der Gnawa bietet der Dokumentarfilm von Jacques Willemont: *Gnawa Music And Beyond*

13
- Interview mit Mayra Andrade ausgestrahlt auf SRF 2 Kultur in der Sendung „Jazz & World aktuell" am 12.3.2019

14
- Rabih Lahoud im Gespräch für qantara.de: „Ein Zaun wird zu Wasser", erschienen online am 3.3.2020
- Übersetzung des arabischen Textes aus dem Booklet der CD *Irade*

15
- Interview mit Sílvia Pérez Cruz in Zürich am 29.8.2017, ausgestrahlt auf SRF 2 Kultur in der Sendung „Jazz & World aktuell" am 12.9.2017

16
- Dank an Wolfgang Meyering für seinen luziden Artikel über die Cistern-Familie im Programmheft zum TFF Rudolstadt 2016, S. 128-137
- Film über Carlos Paredes: *Movimentos Perpetuos* von Edgar Pêra aus dem Jahre 2006

- Weitere Aufnahmen zum Einstieg in die Klangwelt der Guitarra Portuguesa: António Chainho: *Guitarradas* (Aquila 1975), Pedro Caldeira Cabral: Variações (Network Medien 1992)

17
- Wer tief in die faszinierende Welt des kambodschanischen Kassetten-Pop einstiegen will: *Cambodian Cassette Archives: Khmer Folk & Pop Music Vol.1* (Sublime Frequencies 2004)

18
- Unter den etlichen Filmen über Fela Kuti empfehle ich *Music Is The Weapon* aus dem Jahr 1982 von Stéphane Tchalgadjieff und Jean-Jacques Flori, erschienen auf Wrasse, begleitet von einer Best-of-Doppel-CD

19
- Zum Muqâm: Das Wort entspricht dem arabischen Maqām (siehe Anmerkung vom 29. November), der uigurische Muqâm baut ebenso auf einem modalen Skalensystem auf, Tonleitern, die nicht unserer heutigen westlichen Dur-Moll-Dualität mit Ganz- und Halbtönen folgen, sondern durch andersartige Intervalle bestimmt sind
- Die Berichte über die Menschenrechtsverletzungen gegenüber den Uiguren sind ohne Zahl. Eine der deutschsprachigen Quellen: „Exklusiv: Neue Beweise für Chinas willkürliche Unterdrückung der Uiguren" von William Yang und Sandra Petersmann (17.2.2020), abrufbar auf der Seite der Deutschen Welle

20
- Standardwerk über die Historie des Bluegrass: Ledgin, Stephanie P.: *Homegrown Music. Discovering Bluegrass* (University of Illinois Press 2006)

22
- Gespräche mit Leyla McCalla für die Zeitschriften Folker (4/2016) und Jazz thing, Ausgabe 144 (Juni–August 2022)

23
- Zur Stilunterscheidung von Salsa, Son, Mambo und Bolero vgl. im Standardwerk: Orovio, Helio: *Cuban Music from A to Z* (Duke University Press Books, 2004)

24
- Eine Auswahl an Literatur zu Ibn Battutas Reisen: Follath, Erich: *Jenseits aller Grenzen* (Deutsche Verlags Anstalt 2016), Leicht, Hans D. (Hrsg.): *Ibn Battuta – Reisen ans Ende der Welt* (Edition Erdmann 2016), Ibn Battuta, übersetzt von Ralf Elger: *Die Wunder des Morgenlandes* (C.H. Beck 2010)
- Übersetzung nach der englischen Übertragung von George Sawa auf shira.net

25
- Zum Flamenco im Allgemeinen und den Palos bietet folgendes Werk einen guten Einstieg: Leblon, Bernhard: *Flamenco*, mit einem Vorwort von Paco de Lucía (Palmyra 2001)
- Zitat von Paco de Lucía nach dem Nachruf der Deutschen Welle, erschienen am 26.2.2014
- Artikel zu Paco de Lucías Konzert im Stadtcasino Basel, erschienen in der Schweizer Tageswoche online am 20.11.2012

26
- Interview mit Ian Fisher für die Badische Zeitung, erschienen am 10.2.2016
- In seinem Film *New Offenburg* hat Johannes Suhm (*Der Baader-Meinhof-Komplex*), ebenfalls ein Ortenauer, die badischen Auswanderer nach Missouri porträtiert. Ursprünglich sollte Tocotronic-Frontmann Dirk von Lowtzow als Alt-Offenburger den Soundtrack beisteuern, doch wie geschaffen für die Geschichte ist die Musik von Ian Fisher

27
- Zum Konflikt in der Westsahara: Karioh, Azzadine: *Westsaharakonflikt. Autonomie als Sieg der Vernunft* (tredition 2015).
- Zum Stand des Konflikts nach der Aufkündigung des Waffenstillstandes 2021 gibt es den Artikel „Der doppelte Kampf der Sahrausi" im österreichischen Südwind-Magazin (suedwind-magazin.at)
- Etwas älteres CD-Buch mit einer Übersicht über verschiedene Sahraui-Künstler: *Sahraui – The Music Of The Western Sahara*, Nubenegra 1998. Die spanische Plattenfirma Nubebegra hat 2008 auch den online verfügbaren Dokumentarfilm *The Voice Of Sahara* über Mariem Hassan produziert
- Interview mit Aziza Brahim für Folker, erschienen in der Ausgabe 1/2020

29
- Interview mit Susheela Raman in Mulhouse/F für das Magazin Folker, Ausgabe 5/2003

MÄRZ

1
- Der Live-Eindruck bezieht sich auf das Konzert von Aynur beim Jazzfestival Freiburg am 23.9.2022
- Um Aynur erstmalig kennenzulernen (sowie die ganze Szene Istanbuls auf ihrem kreativen Höhepunkt), empfielt sich ihr Porträt im Film „Crossing The Bridge" von Fatih Akin aus dem Jahr 2005

2
- Ein Dokumentarfilm über die Kuwaiti Brothers namens „Iraq & Roll" ist verfügbar auf YouTube bzw. Vimeo
- Ein schönes Beispiel für die kuwaitische Sawt-Musik findet sich auf der CD des Ensemble Al-Umayri: *The Sawt in Kuwait*, erschienen 2004 auf dem Label des Institut Du Monde Arabe

3
- Basics, um in die Arbeit von Joachim Ernst Berendt nach seinen Verdiensten als „Jazzpapst" einzutauchen: *Die Welt ist Klang (Nada Brahma)* (4CD-Box, Network Medien 1988), *Vom Hören der Welt* (4 CD-Box, Network Medien 1988)

5
- Interview mit Chiwoniso für WDR Funkhaus Europa, ausgestrahlt im September 2008

6
- Interview mit Ebo Taylor im Music Department der University of Legon am 7.9.2010 für Jazz thing, erschienen in der Ausgabe 86 (November 2010–Januar 2011)
- Zur Geschichte von Highlife und Palmwine Music in englischer Sprache: Plageman, Nate: *Highlife Saturday Night. Popular Music And Social Change In Urban Ghana* (Indiana University Press 2013)
- Zur speziellen Geschichte des Highlife in Deutschland empfehle ich die DVD *Who Is Highlife?* (Matzka-Kiener-Filmproduktion 2010)

7
- Zur Geschichte der Métis: Andersen, Chris: *Metis. Race, Recognition, and the Struggle for Indigenous Peoplehood* (University Of British Columbia Press 2014)
- Interview mit Genevìeve Toupin ausgestrahlt in der Sendung „Das bunte Einhorn“ auf NDR Info, 2.7.2017

8
- Interviews mit Oumou Sangaré am 11.3.1997 im Jazzhaus Freiburg und für das Magazin Jazz thing, Ausgabe 135 (September/Oktober 2020)

11
- Interview mit Tania Saleh für WDR 3 Soundworld, ausgestrahlt am 3.2.2015
- Deutsche Übersetzung des Autors nach der englischen Fassung im CD-Booklet

12
- Hugh Masekela zitiert nach der Lectures-Sektion der Seite redbullacademy.com

13
- Interview von Theresa Beyer mit Yemi Alade am 13.3.2015, veröffentlicht in: Beyer, Theresa/Burkhalter, Thomas/Liechti, Hannes (Hrsg.): *Seismographic Sounds – Visions Of A New World* (Norient Books 2016)

15
- Weitere Hintergründe zur Entstehung des Songs liefert die Website zum 2021 erschienenen Film *The Beatles In India* (thebeatlesinindia.com), außerdem: Shumsky, Susan: *The Inner Light – How India Influenced The Beatles*, Permuted Platinum 2022
- Deutsche Übersetzung aus dem *Tao Te King*, Abschnitt 47 von Richard Wilhelm (dtv C.H. Beck, Reihe „Kleine Bibliothek der Weltweisheit“ 7, 4. Auflage 2008)

16
- Savina Yannatou im Gespräch für das Magazin Blue Rhythm, erschienen in Ausgabe 22 (Sommer 2017)

17
- Interview mit Iarla Ó Lionáird für die Zeitschrift Folker, erschienen in der Ausgabe 03/2014
- Eindrucksvolles Buch über Irlands berühmtesten Sean-Nós-Sänger zur lebendigen Vertiefung in das Thema: Williams, Sean & Ó Laoire, Lillis: *Bright Star of The West: Joe Heaney, Irish Song Man* (Oxoford University Press; Reprint Edition 2016)

18
- Interview mit Mari Boine am 18.3.2002, erschienen in Blue Rhythm, Ausgabe 19 (Sommer 2002)
- Wissenschaftliches Werk über den Joik: Lüderwaldt, Andreas: *Joiken aus Norwegen* (Veröffentlichungen aus dem Übersee-Museum Bremen 1976)

19
- Tschaikowski stellte die Orchestersuiten noch vor der Uraufführung des eigentlichen Balletts im Dezember 1892 vor

– Kacirek im Gespräch für das Magazin Jazz thing, Ausgabe 93 (April/Mai 2012)

21
– Interview mit Hussein Zahawy beim Rudolstadt Festival für qantara.de, erschienen online am 30.8.2017

22
– „The Lass Of Aughrim" wurde durch den amerikanischen Liedersammler Francis James Child (1825–1896) bekannt: *The English And Scottish Popular Ballads* (5 Volumes) (neu herausgegeben von Forgotten Books 2007)

23
– Zum Qawwali siehe auch Nusrat Fateh Ali Khan am 13. Oktober

25
– Interview mit René Lacaille für Blue Rhythm, erschienen in Ausgabe 19 (Sommer 2002)
– Zum Weiterlesen über die Musik dieser Region im Indischen Ozean: Wergin, Carsten: *Kréol Blouz: Musikalische Inszenierungen von Identität und Kultur* (Böhlau 2010)
– Zum Weiterhören in Bob Brozmans riesigem Veröffentlichungskatalog z. B. die CD des Bob Brozman Orchestras: *Lumière* (Riverboat 2007)

26

– Bassekou Kouyaté im Interview für das Magazin Jazz thing, Ausgabe 81 (November 2009–Januar 2010)

27
– Interview mit Il Gran Teatro Amaro im Herbst 1995 für Radio Dreyeckland Freiburg

28
– Zum Vergleich mit Katie Meluas Version empfehle ich aus Rachmaninoffs *All-Night Vigil op.37* das 5. Stück „Nyne Otpushchayeshi" mit den Corydon Singers unter der Leitung von Matthew Best, erschienen bei Hyperion

29
– Mein Lieblingsbuch von Jorge Amado: *Das Verschwinden der heiligen Barbara* (Piper 1992)

30
– Das Interview mit Gianmaria Testa ist erschienen in der Badischen Zeitung vom 27.5.2013

31
– Zum Staatsstreich und zur Militärdiktatur in Brasilien siehe z. B. König, Hans-Joachim: *Geschichte Brasiliens* (Reclam 2014), S. 275-350
– Über die Bossa Nova gibt es ein Standardwerk, das akribisch recherchiert ist, sich gleichzeitig aber wie ein Abenteuerroman liest: Castro, Ruy: *Bossa Nova. Die Geschichte der brasilianischen Musik* (Hannibal 2006)
– Deutsche Übersetzung des Autors nach dem portugiesischen Liedtext im CD-Booklet

APRIL

1
- Zur Unterscheidung von First Nations, Métis und Inuit: Braune, Gerd: *Indigene Völker in Kanada. Der schwierige Weg zur Verständigung* (Ch. Links Verlag 2020), Susemihl, Geneviève: *Das indigene Kanada. First Nations, Inuit und Métis: Geschichte – Kulturen – Tourismus* (360° grad medien 2023)

2
- Interview mit Just A Band für WDR Funkhaus Europa, ausgestrahlt im Dezember 2012

3
- Zum Ghazal: siehe Anmerkungen zum 7. Mai

4
- Interview mit Waldemar Bastos für die Deutsche Welle, gesendet im Juni 2004
- Die Pitanga ist auch als Surinamkirsche bekannt und gehört zu den „myrtenartigen" Gewächsen

5
- Interview mit Hanitra Rasoanaivo für die Badische Zeitung im April 2001
- Um eine ganze andere Facette der heute leider nicht mehr existierenden Band Tarika kennenzulernen, bietet sich das Album *D* an: Hier horchen die Musiker der Tanz- und Popmusik Madagaskars nach
- Zu den Verwandtschaften der Musikkulturen im Indischen Ozean siehe auch 8. Juni

6
- Interview mit Bahur Ghazi im Jazzhaus Freiburg, 22.1.2018

7
- Yehudi Menuhin zitiert aus dem Nachruf von The Telegraph, Ausgabe 12.12.2012
- Einen guten Einstieg ins System der Ragas in der hindustanischen Musik bietet Danielou, Alain: *Einführung in die indische Musik* (Heinrichshofen Bücher 1996). Wer dazu auch gern gleich Beispiele hört: Bor, Joep: *The Raga Guide – A Survey of 74 Hindustani Ragas* (Nimbus Records 1992)
- Neueres Standardwerk über die Sitar: Vedabala, Samidha: *Sitar Music: The Dynamics of Structure and Its Playing Techniques* (Wizard Publisher 2021)
- Ravi Shankar über sich selbst: Shankar, Ravi: *My Music, My Life* (Mandala Publishing 2007)

8
- Mein Artikel in der Badischen Zeitung zum Cachaíto-Konzert erschien am 10. April 2001

9
- Neue Publikation zur mongolischen Musik inklusive Obertongesang: Post, Jennifer C./Yoon, Sunmin/D'Evelyn, Charotte (Hrsg.): *Mongolian Sound Worlds* (University of Illinois Press 2022), eine deutsche Quelle zum Obertongesang der Region bietet der Bildband *Terra Incognita – Tuva* von Ulrich Balß (JARO Medien 2020)

11
- Interview mit Marco Mezquida für SRF 2 Kultur, ausgestrahlt in der Sendung „Jazz & World aktuell" am 17.11.2020
- Für seine zweite Violinsonate schrieb Ravel ausdrücklich einen „Blues", Einspielungs-Tipp ist die Version mit dem Violinisten Renaud Capuçon und dem Pianisten Frank Braley (Pdg Classics 2013)
- Zum Vergleich die Referenzaufnahme der Orchesterfassung von *Le Tombeau De Couperin* mit Pierre Boulez und den New Yorker Philharmonikern, erschienen 1973 auf CBS

12
- Zu Al-Fārābī: Touma, Habib Hassan: *Die Musik der Araber* (Heinrichshofen Bücher 1975)

13
- *Kalevala – Das finnische Epos des Elias Lönnrot* (Reclam 1985)
- Eine empfohlene Orchesterversion von „Lemminkäinens Return" ist die Einspielung des Helsinki Philharmonic Orchestra unter Leif Segerstam von 1995 (erschienen auf Ondine)

14
- Originalaufnahme der burundischen Trommler auf dem Ocora-Album OCR 40 (letzter Track)
- Analyse von *The Hissing Of Summer Lawns* von Jeanette Leech auf der Seite thisisdig.com

16
- Interview mit Bobby McFerrin für die Badische Zeitung, erschienen am 1.7.2009

18
- Oum im Gespräch für NDR Info, Radio Globo, ausgestrahlt am 15.8.2015

19
- Interview mit Sa Dingding im April 2008 für das Magazin Blue Rhythm, Ausgabe 37 (Sommer 2008)

20
- Interview mit Gérald Toto anlässlich der zweiten Toto-Bona-Lokua-Veröffentlichung *Bondeko* im Jahr 2017 für Jazz thing, Ausgabe 122 (Februar/März 2018)
- Eine beispielhafte Einführung in die Musik der kamerunischen Baka-Pygmäen auf der CD: *Heart Of The Forest – The Music Of The Baka Forest People Of Southeast Cameroon* (Hannibal 1993)

21
- Über die Solowerke hinaus empfehle ich als Querschnitt durch Sandy Dennys Werk die CD-Box *The Best Of Sandy Denny* auf Island Records

23
- Wer sich in die Geschichte des Choros und seiner Instrumente vertiefen will (und der portugiesischen Sprache mächtig ist): Cazes, Henrique: *Choro – Do Quintal Ao Municipal* (Editora 34 1998). Auf Deutsch das Choro-Kapitel in McGowan, Chris/Ricardo Pessanha: *The Brazilian Sound*, (Hannibal 1991, S. 183-219)

- Der finnische Regisseur Mika Kaurismäki hat 2005 den wunderbaren Choro-Film *Brasileirinho* veröffentlicht
- SWR 2 Kultur strahlte 2021 meine Sendereihe über den Choro in der Reihe „Die Musikstunde" aus, die Skripte hierzu sind auf der SWR 2-Webpräsenz einsehbar

24
- Umfassendes Werk über die Duduk und ihren Bezug zu Armenien: Nercessian, Andy: *The Duduk and National Identity in Armenia* (Scarecore Press, 2001)
- Weiterführende Saz-Literatur: de Zeeuw, Hans: *The Turkish Long-Necked Lute Saz or Bağlama* (Archaeopress 2020)

25
- Zur Nelkenrevolution und ihrer Vorgeschichte empfehle ich dieses vorzügliche Büchlein: Nake, Dieter: *Die Nelkenrevolution in Portugal 1974/75* (PapyRossa 2017)
- Hintergründe zu José Afonso: Martins, Alexandre: *Der portugiesische Dichter und Liedermacher José Afonso* (1929–1987). Studien zur portugiesischsprachigen Welt/Schriftenreihe des Portugiesisch-Brasilianischen Instituts der Universität zu Köln (Verlag Dr. Kovač 2013)
- Interview mit Helena Afonso in Berlin am 13.9.2022 für SRF 2 Kultur, ausgestrahlt in der Sendung „SRF 2 Passage" vom 13.1.2023

27
- Der Magellan-Schlager stammt von Yoyoy Villame, ursprünglich erschienen auf *Kinabuhing Bol-Anon* (Kinampay Records 1971)
- Die Umstände von Magellans Tod lebendig erzählt vom Bordchronisten Antonio Pigafetta: *Magellans Weltumsegelung 1519–1522* (Horst Erdmann Verlag 1968). Zu weiterer Magellan-Literatur siehe 20. September

28
- Geschichte der Entstehung von „Tanga" erzählt von Jack O'Neill im Booklet zur CD-Box *I Am Cuba* (Blue Jackel 1997)
- *Ü*ber die Weiterentwicklung des Mambo zum Salsa: McMains, Juliet: *Spinning Mambo Into Salsa*, (Oxford University Press 2015)

30
- Interview mit Tony Allen in Paris für das Magazin Blue Rhythm, Ausgabe 40 (Sommer 2009)

MAI

1
- „Freedom" ist erschienen auf der CD *Anyone With A Heart* (ACT 2014)

2
- Um Schroers Nachfolger im Geiste, Jaron Freeman-Fox kennenzulernen, ist folgendes Werk eine gute Option: *Jaron Freeman-Fox & The Opposite Of Everything* (Jaron Freeman-Fox Music 2013)

5
- Zur Geschichte der Griots im Mali-Reich ein empfehlenswertes Buch in englischer und französischer Ausgabe: Hale, Thomas. A.: *Griots And Griottes. Masters Of Words and Music* (Indiana University Press 2007), außerdem: Charry, Eric: *Mande Music* (The University of Chicago Press 2000)
- Eines der wenigen Bücher über das Griot-Instrument: Hill, Rivey: *The Kora* (ohne Verlag, 2019)

6
- Interview mit Kimmo Pohjonen für das Magazin Blue Rhythm, erschienen in Ausgabe 21 (Frühjahr 2003)
- Dokumentarfilm über Pohjonen: *Soundbreaker*, Regie Kimmo Koskela, W-film 2014

7
- Zur aktuellen Situation und Musik Afghanistans siehe auch den 30. August, zur Zensur insbesondere: Baily, John S.: *Can You Stop the Birds Singing? The Censorship of Music in Afghanistan* (Freemuse 2001)
- Zur poetischen und musikalischen Form des Ghazal in seinen Ausprägungen zwischen arabischem, persischem, afghanischem und pakistanischem Raum siehe den Begleittext zur CD *Ghazals Afghans* von Martina A. Catella

8
- Homestory mit Erika Stucky, erschienen in Blue Rhythm 35 (Herbst 2007), Fotos: Axel Görger
- Erläuterungen zum Zäuerli und Juutz siehe auch 30. Dezember

9
- Abel Selaocoe im Interview, erschienen in Jazz thing, Ausgabe 145 (Juli–September 2022)

10
- Zum Raga-System siehe auch 7. April

11
- Interview mit Buika für das Magazin Jazz thing, erschienen in Ausgabe 101 (November 2013–Januar 2014)
- Das Chavela-Vargas-Tributalbum: *El Último Trago* (Casa Limón 2009)

13
- Berühmtestes frühes Fairlight-Beispiel bei Kate Bush ist das Gläsergeklirre im Hit „Babooshka", erschienen auf dem Album *Never For Ever* (EMI 1980)
- Hören Sie zum Vergleich die viel später entstandene Orchesterversion, zu finden auf dem Album *New Blood* (Real World 2011)

14
- Tutuola, Amos: *My Life In The Bush Of Ghosts* (Faber & Faber 1954), deutsche Übersetzung: *Mein Leben Im Busch der Geister* (Alexander Verlag 1991)
- Das „Eierkopf"-Zitat stammt vom Rezensenten Simon Reynolds in der Zeitschrift Uncut vom April 2006, S. 119

15
- Lula Pena im Interview für SRF 2 Kultur, ausgestrahlt in der Sendung „Jazz & World aktuell“ am 24. Juli 2018
- „Navegar É Preciso“, Gedicht von Fernando Pessoa, enthalten zum Beispiel in Arrais, Rafael (Hrsg.): *Navegar É Preciso – Uma Seleção Dos Textos Místicos De Fernando Pessoa* (Textos Para Reflexão 2019)

16
- Interview mit Neila Tazi Abdi beim Gnawa-Festival Essaouira im Mai 2015 für Jazz thing, Ausgabe 110 (September/Oktober 2015)

17
- Konzert bei der Baloise Session, Messe Basel am 2.11.2018
- Interview mit Maria Gadú für WDR Funkhaus Europa am 2. Februar 2014 in Köln

18
- Zu meinem Erlebnis mit Mahlers Komponierhäuschen in Toblach siehe auf dem Blog greenbeltofsound.de den Artikel „Schön scheitern in Dobbiaco“
- Andreas Schett im Interview für das Magazin Folker, erschienen in der Ausgabe 6/2017

19
- Für alle Liebhaber der persischen Streichlaute sei das von Bernhard Hanneken zusammengestellte CD-Buch mit opulenten Hintergrundinformationen empfohlen: *Magic Kamancheh – Die Streichlauten 1: Asien*, (4 CDs+DVD, NoEthno 2014)

20
- Zum Bandoneón siehe auch 12. August
- Dino Saluzzi im Interview mit Wolf Kampmann für Jazz thing, Ausgabe 136 (November 2020–Januar 2021)

22
- Interview mit Matyas Wolter im Februar 2018, erschienen in der Zeitschrift Folker, Ausgabe 6/2018

23
- Ein wunderbares Buch über Leon Africanus: Maalouf, Amin: *Der Geograph des Papstes* (Insel Taschenbuch 2012). Sein historischer Reisebericht: *Beschreibung Afrikas*, herausgegeben von Karl Schubarth-Engelschall (VEB F.A. Brockhaus 1984)
- Interview mit 3MA für SRF 2 Kultur, ausgestrahlt in der Sendung „Jazz & World aktuell“ am 24. April 2018

25
- Die verwendeten Samples stammen aus den Stücken „Belldog“ und „Old Land“ vom Album *After The Heat* von Eno, Moebius, Roedelius (Sky Records 1978)
- *Layla, Tochter der Wüste* (1937), Regie Bahiga Hafez

26
- Zu den Sufis vergleiche auch Anmerkungen vom 5. Februar

27

– Interview mit Etta Scollo bei Jazzhaus Records Freiburg, 1.12.2022
– Salvatore Quasimodo: *Gedichte 1920–1965* (Dietrich'sche Verlagsbuchhandlung 2010)

28

– Zu „La Bamba" sie den Eintrag auf meinem Blog greenbeltofsound.de: „Der westlichste Plattenladen Europas"

29

– Interview mit Mercan Dede am 18.12.2004 in Istanbul, erschienen in Blue Rhythm, Ausgabe 27 (Frühjahr 2005)

30

– Germán López im Interview auf dem Rudolstadt Festival 2016, erschienen in der Zeitschrift Folker, Ausgabe 6/2016

31

– Marisa Monte in Gesprächen für Jazz thing, erschienen in Ausgabe 92 (Februar/März 2011) und in Ausgabe 140 (September/Oktober 2021)

JUNI

1

– Boulangers Zitat aus dem Artikel „Astor Piazzolla. Der Schöpfer des Tango Nuevo" von Eckhard Weber im Archiv der Zeitschrift Matices auf matices-magazin.de
– Die Ähnlichkeiten zu Vivaldi beziehen sich auf den wunderbaren Mittelsatz des „Winters" mit seinen gezupften Begleitfiguren

2

– Standardwerk über die Historie des TEE: Maurice Mertens/Jean-Pierre Malaspina: *Die Geschichte des Trans Europ Express* (alba 2009)
– Das Kraftwerk-Original befindet sich auf dem gleichnamigen Album, das 1977 auf Kling Klang veröffentlicht wurde

3

– Zur Biografie von Bob Marley: White, Timothy: *Bob Marley – Catch A Fire* (Hannibal 2000)

4

– Interview mit Susana Baca für das Magazin Jazz thing, erschienen in Ausgabe 141 (November 2021–Januar 2022)

5

– CD-Empfehlung aus dem Katalog des Danish String Quartets: *Wood Works* (Dacapo Records 2014)

6

– Im Archiv des 2019 eingestellten englischen Magazin Frootsmag (zuvor fROOTS und noch früher Folk Roots) ist das Protokoll der denkwürdigen Versammlung wiedergegeben, während der der Marketingbegriff „World Music" geprägt wurde: frootsmag.com, Suchebgriff „Empress Of Russia"

8
- Interviews mit Bao Bao Chen und Tim Cole für „SRF 2 Passage": „Das Drehbuch schrieb der Ozean", ausgestrahlt am 18.10.2019

9
- Anoushka Shankar im Interview für ihr Programm „Zeitinsel" im Konzerthaus Dortmund 17.–20.4.2013
- Shankars vom Flamenco beeinflusstes Album trägt den Titel *Traveller* und ist 2011 bei der Deutschen Grammophon erschienen

10
- Interview mit der Bedouin Jerry Can Band auf der Messe „Bab El Med" in Marseille im April 2008 für das Online-Portal qantara.de

11
- Interview mit Joy Denalane für die Badische Zeitung, Ausgabe 11.3.2017

12
- Interview mit den BLK JKS von Eddie Houghton im Fader, Ausgabe 52 (1.10.2008)
- Zum Weiterhören der Geschichte des Mbaqanga: *Next Stop … Soweto* Vol.1 & 2 (Strut 2010)

14
- „Weißt du, ich will mich schleichen" stammt aus Rilkes frühem Gedichtband *Advent*, erschienen 1897

15
- Griegs Original op.12 zum Beispiel gespielt von Håkon Austbø, erschienen auf der 3CD-Box *Lyrische Stücke* (Brilliant Classics 2001)

16
- Empfehlenswerte Kate-Bush-Biografie in englischer Sprache: Thomson, Graeme: *Under The Ivy – The Life & Music Of Kate Bush* (Omnibus Press 2012, revised & updated version)
- Monolog-Text der Molly Bloom in Joyce, James: *Ulysses* (edition suhrkamp 1981, S. 940-1015), Übersetzung von Hans Wollschläger
- Eine stilisierte, mit mitteleuropäischen Instrumenten gespielte Version des „Nevestinsko Oro" vom Alte-Musik-Ensemble Oni Wytars auf der CD *On The Way To Bethlehem* (Naxos 1995)
- Neue Version von „The Sensual World" als „Flower Of The Mountain" auf dem Kate-Bush-Album *Director's Cut* (Fish People 2011)

18
- Zu den Griots siehe 5. Mai
- Zum Sean Nós siehe auch 17. März

19
- Die Version von Pedro Infante z. B. auf *Recuerdos De Oro* (Orfeon 1994)
- Lola Beltráns Interpretation auf ihrem gleichnamigen Album von 1973, erschienen auf Peerless
- Caetano Velosos Neufassung ist auf dem Soundtrack zu *Hable Con Ella* zu hören (Milan 2002)
- Zu guter Letzt empfehle ich noch eine weitere Live-Version von Sílvia Pérez Cruz, dieses Mal zusammen mit dem Gitarristen Mário Mas, Sie finden sie auf YouTube

20
- Der Bürgerkrieg von Sierra Leone wird in *Blood Diamonds* (2006) von Edward Zwick aus Hollywood-Perspektive dargestellt

21
- Guter Überblick über die Musik der Natives und First Nations in den 1970ern: *Native North America Vol. 1 – Aboriginal Folk, Rock and Country 1966–1985* (Light In The Attic Records 2014)
- Übersetzung des Textes durch den Autor, gemäß der Original-Lyrics im Titelstück des Albums *We Are The Halluci-Nation*
- Zu den Indigenen Kanadas vergleiche den 1. April

22
- Geoffrey Oryema zitiert nach: face2faceafrica.com/article/geoffrey-oryema

23
- Wissenschaftliches Werk über die schwedische Polska: Nilsson, Mats: *The Swedish Polska* (Svenskt visarkiv/Musikverket 2017)

24
- Das Label Bear Family hat die frühe Diskografie von Tau Moe auf der CD *Classic Recordings 1929–1949* aufgearbeitet
- Standardwerk zur Geschichte der Steelgitarre: Stone, Robert L.: *Sacred Steel: Inside an African American Steel Guitar Tradition* (University of Illinois Press, Urbana 2010)

25
- Interviews mit Anna Ferrer und David Coll am 21. und 22. April 2023 in Barcelona und Girona für die Sendung „Passage" in SRF 2 Kultur, ausgestrahlt im Dezember 2023

26
- Zum Forró siehe das Kapitel „Kurs Nordnordost" (S. 161-183) in: McGowan, Chris/Ricardo Pessanha: *The Brazilian Sound* (Hannibal 1991)
- Interview mit Gilberto Gil für das Magazin Jazz thing, veröffentlicht in der Ausgabe 85 (September/Oktober 2010)

27
- Janto Djassi im Interview für das Magazin Jazz thing, Ausgabe 136 (November 2020–Januar 2021)

28
– Meine Beschreibung bezieht sich auf die Aufführung in der Freiburger Martinskirche in der Nacht vom 9. auf den 10.7.2022.

29
– Interview mit Dobet Gnahoré für das Magazin Jazz thing, Ausgabe 84 (Juni–August 2010)

JULI

1
– Elke Rogge im Interview am 20.12.1994 im Jazzhaus Freiburg, zitiert in: Franzen, Stefan: *Studien zu zeitgenössischen Mischformen deutscher Volks- und Popularmusik*, Magisterarbeit vorgelegt zur Erlangung der Würde des Magister Artium der Philosophischen Fakultäten der Albert-Ludwig-Universität zu Freiburg i.Br., WS 1995/1996, Musikwissenschaft

2
– Peter Solowka im Interview für den Folk-Michel, Ausgabe 6/93

3
– Eine Version von „Tuss Ola" in volksmusikalischerer Form kann man auf der CD der Gruppe Atterljomen, *Tonar I Tre* (ta:lik 2019), hören

4
– Interview mit Värttinä für das Magazin Blue Rhythm, erschienen in der Ausgabe 4 (Sommer 1997)

5
– Goethes Schwärmen über Samarkand im Buch Suleika in: *West-östlicher Diwan* (dtv 2016), Grillparzer in: *Der Traum ein Leben* (Holzinger 2013)
– Mehr zu Usbekistan und anderen ehemaligen zentralasiatischen Sowjetrepubliken: Fatland, Erika: *Sowjetistan* (Suhrkamp 2020)
– Textübersetzung des Autors nach der englischen Fassung im CD-Booklet

6
– Shooglenifty im Gespräch für die Sendung Interkontinentale Musik auf Radio Dreyeckland Freiburg, Sommer 1996

7
– Interview mit Michelle Shocked auf dem Tanz- und Folkfest Rudolstadt, 7. Juli 1995
– Shockeds Stellungnahme zur umstrittenen Äußerung „God hates fags" bei einem Konzert in San Francisco im Interview mit Piers Morgan auf CNN am 2.4.2013

10
– Literaturhinweise zur Bossa Nova siehe 31. Mai
– Über den Mythos João Gilberto gibt es ein fantastisches Buch des deutschen Autors Marc Fischer: *Hobalala – Auf der Suche nach João Gilberto* (Rogner & Bernhard 2011), sowie den Dokumentarfilm *Wo bist du, João Gilberto?* von Georges Gachot

11
- Cheb Mami im Gespräch mit Sebastian Bargon und Stefan Franzen für den SWR im Dezember 1998
- Einen Überblick über die Geschichte des Raï gibt es in: Tenaille, Frank: *Die Musik des Raï* (Palmyra 2003)

13
- Vilser, Hermann & Ingrid Grünwald: *Caterina Valente Diskografie 1954–2000* (Hannibal 2001)
- Die Version von Doris Day auf *Latin For Lovers* (CBS 1965), Nat King Coles Interpretation auf *Cole Español* (Capitol Records 1958)

14
- Interview mit Angélique Kidjo für das Programmheft der Philharmonie Luxemburg am 22.5.2019

17
- Gespräch mit Neneh Cherry für die Tageswoche Basel, erschienen am 18.7.2012

18
- Ein filmisches Porträt der Cumbia-Szene hat Stefan Schwietert in seinem Film *El Acordeón Del Diablo* (arte edition 2000) gezeichnet
- Zum Einhören in die Champeta-Szene mit Beispielen aus dem Zeitraum zwischen 1975 und 1991: *Palenque Palenque: Champeta, Criolla & Afro Roots In Colombia* (Soundways 2010)

19
- Literatur zur Rumba Congolaise: Stewart, Gary: *Rumba On The River: A History Of The Popular Music Of The Two Congos* (Verso Books 2003)

20
- Caetano Velosos „Lua, Lua, Lua, Lua" auf dem Album *Jóia* (Philips 1975)
- Übersetzung des Textes aus dem Spanischen durch den Autor

22
- Zur Literatur von und über Ibn Battuta siehe 24. Februar

24
- Interview beim Festival Montréal en Lumière (montrealenlumiere.com) im Februar 2017, gesendet auf NDR Info in der Sendung Radio Globo, „Das bunte Einhorn", 2.7.2017
- MacLennan, Hugh: *Two Solitudes* (The New Canadian Library Edition 2003) – leider existiert keine deutsche Übersetzung

28
- Zu den verschiedenen Flamencoformen (Palos) wie Soleá, Bulería oder Zambra gibt Bernard Leblon in seinem Buch *Flamenco* im Palmyra-Verlag eine kurze Einführung

29
- Kazantzakis, Nikos: *Alexis Sorbas: Abenteuer auf Kreta* (Anaconda 2008)

- Eine opulent illustrierte Biografie (Buch, DVD und 2CDs) finden Interessierte in: Kutulas, Asteris: *Mikis Theodorakis – ein Leben in Bildern* (Schott 2010)
- Theodorakis zitiert aus seinem von Asteris Kutulas herausgegebenem Buch *Meine Stellung in der Musikszene* (Verlag Röderberg 1987, S.68)

30
- Yousra Mansour im Interview für die Badische Zeitung, Ausgabe 12.6.2020

31
- Zu den Griots und Griottes siehe Hinweis am 5. Mai
- Diawara im Gespräch für das Magazin Jazz thing, Ausgabe 90 (September/Oktober 2011)
- *Mali Blues* ist ein Film des deutschen Dokumentarfilmers Lutz Gregor aus dem Jahr 2016, erschienen als DVD auf good!movies 2017

AUGUST

1
- Ruedi Häusermann auf dem Festival Alpentöne in Altdorf, Sommer 2013
- Andreas Gabriel im Interview für SRF 2 Kultur, ausgestrahlt in der Sendung „Jazz & World aktuell" am 3.12.2019

5
- Joe Boyd hat die früheren Jahre seines Lebens selbst sehr kurzweilig niedergeschrieben: *White Bicycles: Musik in den 1960er Jahren* (Kunstmann 2007)
- Boyd im Gespräch für die Badische Zeitung Freiburg, erschienen in der Ausgabe vom 7.4.2018

6
- Ruy Castro erzählt die Geschichte von den „Afro Sambas"-Sessions in seinem Bossa-Nova-Buch, siehe Hinweise am 31. März
- Baden Powells Auftritt fand in Berlin im Rahmen der Weltmusikmesse WOMEX 1999 statt

7
- Während ein umfassendes Buch, das alle Stile Kolumbiens abdeckt, wohl noch aussteht, featurt das Online-Magazin soundsandcolours.com viele lesenswerte Artikel über historische und vor allem aktuelle Musikphänomene des Landes, außerdem bietet die CD-Reihe *The Afrosound Of Colombia* von Vampisoul in drei Volumes (2010, 2014, 2022) eine recht gute Auswahl der Musik aus den 1960ern und 70ern
- Eine „klassische" Version von „La Piragua" auf *Historia Musical De … Gabriel Romero* (Discos Fuentes 2003)

8
- Aus dem Korsischen ins Französische hat mir Jean-Claude Acquaviva den Text übertragen

9

- Eine Auswahl von Darwischs Gedichten in deutscher Übersetzung: *Weniger Rosen* (Verlag Hans Schiler 2016)
- Übersetzung zitiert nach Taufiq, Suleiman: *Neue arabische Lyrik* (dtv 2004)
- Die Version von Anouar Brahem ist zu finden auf seiner CD *The Astounding Eyes of Rita* (ECM 2009)

10

- Interview mit Toumani Diabaté auf dem Karlsruher Zeltival, 7.8.2006
- Das historische Mande-Reich umfasste Gebiete des heutigen Mali, Senegal, Gambia, Guinea, der Elfenbeinküste, Burkina Faso, Niger, Mauretanien und Nigeria
- Zu den Griots siehe Literaturempfehlungen am 5. Mai
- Kooperation mit Björk im Song „Hope“ auf ihrem Album *Volta* (One Little Indian 2007)

11

- Interview mit Blitz The Ambassador für Jazz thing, erschienen in der Ausgabe 104 (Juni–August 2014)

12

- Zur Geschichte des Bandoneóns: *Heinrich Band. Bandoneon. Die Reise eines Instruments aus dem niederrheinischen Krefeld in die Welt* (Klartext-Verlag 2020) oder in einem Hörbuch: Karthe, Jürgen & Sylvie Kürsten: *Tango Amoratado – Vom Erzgebirge nach Buenos Aires* (Goldmund Hörbücher 2018)
- Zum Tango in der Alten Welt gibt es eine exzellente CD-Reihe beim Berliner Label Oriente Musik („Old World Tangos“ mit Musik z. B. aus Rumänien, Polen und der Türkei)

14

- Eine sehr persönliche, genauso fachkundige wie unterhaltsame Geschichte der Band hat Walter Heger geschrieben: *Fairport Convention: Drei Jahrzehnte richtungsweisender Folkrock* (Star Cluster Music 1999)

15

- Interview mit Hong Ok und ADG 7-Performance in den KEXP Studios am 5.11.2021, auf YouTube verfügbar
- Eine profunde Erklärung der koreanischen Instrumente findet sich auf der Seite des National Gugak Centers, Koreas Institut zur Bewahrung und Weiterentwicklung der traditionellen Musik (gugak.go.kr)

17

- Interview mit Ed Motta für das Magazin Jazz thing, Ausgabe 112 (Februar/März 2016)
- Das Genre Yachtrock lässt sich auf der Sampler-Serie *Too Slow To Disco* des Labels How Do You Are entdecken, die bis 2022 bereits vier Volumes umfasste

18

- Schöne Beispiele für die Palmwine Music finden sich auf dem Sampler *Ghana Popular Music 1931–1957 – From Palmwine Music To Dance Band Highlife* (Arion 2001)

19
- Lorca, Federico García: *Dichter In New York – Poeta En Nueva York* (Bibliothek Suhrkamp 2000, zweisprachige Ausgabe)
- „Take This Waltz", erschienen auf Cohens CD *I'm Your Man* (Sony 1988)
- Morentes Version ist auf dem Album *Omega* (El Europeo Música 1996)
- Eine weitere Version des Walzers von Pérez Cruz mit dem experimentelleren Gitarristen Raül Fernández „Refree" Miró erschien auf ihrem gemeinsamen Album *Granada* (Universal Spain 2014)

20
- Carminho im Interview für das Programmheft des Stimmen-Festivals Lörrach 2014

21
- Interview mit Lukas Kranzelbinder für die Sendung „JazzFacts" im Deutschlandfunk, ausgestrahlt am 3.9.2020

22
- Hossein Alizadeh im Gespräch für die Philharmonie Köln, März 2015

23
- Interview mit Souad Massi für die Beilage „Ticket" der Badischen Zeitung, erschienen im Januar/Februar 2006

24
- Zu der La-Sape-Bewegung: Zaidi, Tariq: *Sapeurs. Ladies And Gentlemen Of The Congo* (Kehrer 2020)

27
- Interview mit Marialy Pacheco für das Magazin Jazz thing, erschienen in der Ausgabe 146 (November 2022–Januar 2023)

28
- „Perfect", erschienen auf Fairground Attractions Album *The First Of A Million Kisses* (RCA 1988)
- Burns-Tributalbum: *Eddi Reader Sings The Songs Of Robert Burns* (Reveal Records 2003)
- Interview mit Eddi Reader im Juni 2014 für das Magazin Folker, erschienen in der Ausgabe 1/2015

29
- Das Wort „Heimatt", im Badischen ein doppelsinniges Wortspiel zwischen „Heimat" und „Heuwiese", hat der badisch-andalusische Lyriker und Schriftsteller José F.A. Oliver geprägt: *Heimatt – Frühe Gedichte* (Schiler & Lücke 2015)
- Deutsche Textübersetzung aus dem CD-Booklet

30
- Sadiqa Madadgar über Smartphone auf Fragen des Autors im Oktober 2021, ausgestrahlt in der Sendung „Passage" von SRF 2 Kultur: „Stimmen gegen das Trauma", abrufbar auf der Internetpräsenz von SRF 2 Kultur

– Vor ihrem Afghanistan-Projekt hatten sich Yazdani und Rochholl schon den iranischen Frauenstimmen gewidmet, danach denen Kurdistans. Umfängliches Material zu *The Female Voice Of Afghanistan* und den anderen beiden Projekten ist auf dem YouTube-Kanal von CrossGeneration Media verfügbar

31
– Interview mit Manou Gallo beim Festival Afro-Pfingsten Winterthur/CH, Juni 2003, erschienen in Blue Rhythm, Ausgabe 23 (Herbst 2003)

SEPTEMBER

1
– Boris Vians „Le Déserteur“ ist erschienen auf *Boris Vian* (Philips 1972)
– „Le Dormeur Du Val“ in der Version von Yves Montand u. a. auf der Compilation *Montand* (Columbia 1995), Serge Reggiani auf *Serge Reggiani* (Polydor 2010)
– Die anderen „La Colombe“-Versionen: Judy Collins: *In My Life* (Elektra 1966), Joan Baez: *Joan* (Vanguad 1967)

2
– Einen Überblick über die reiche Blütezeit der äthiopischen Popmusik bietet die *Éthiopiques*-Serie, die seit 1997 auf Buda Musique erscheint und mittlerweile über 30 Kapitel umfasst
– Den wohl besten Einblick in die Herrscherzeit von Haile Selassie bietet das Buch von Ryszard Kapuścinski: *König der Könige – eine Parabel der Macht* (Piper 2009)

3
– *Gadjo Dilo* (1999) von Tony Gatlif, in den Hauptrollen Romain Duris und Rona Hartner
– Dokumentation über Taraf de Haidouks: *Nul N'est Prophète Dans Son Pays* von Elsa Dahmani (Divano Productions/Crammed Discs 2001)

4
– *Lambarena – Bach To Africa* (Sony Classical 1994)

5
– Für die goldene Voyager-Platte hat die NASA eine eigene Website eingerichtet: voyger.jpl.nasa.gov/golden-records/
– Eine kurze Einführung in die javanesische Gamelanmusik auf Deutsch: Abt, Otto: *Gamelan aus Java – zum Verständnis der Musik* (Books On Demand 2005)

6
– Zum Highlife und seinen Spielarten siehe Anmerkungen vom 6. März, zur Palmwine Music auch 18. August
– Interview mit John Collins Anfang September 2010, erschienen u. a. in der Zeitschrift Uptown Strut, Ausgabe 07 (Frühjahr 2011). Die Zeitschrift erschien ab 2008 in neun Ausgaben und wurde 2011 eingestellt
– Aus den zahleichen Schriften von John Collins empfehle ich zwei seiner neueren Veröffentlichungen: *Highlife Giants – West African Dance Band Pioneers* (Cassava Republic Press 2017) und *Highlife Time 3* (Dakpabli & Associates 2018)

7
- Das zweite empfohlene Album ist *Seprewa Kasa* (World Music Network 2008)

8
- M3nsa: das „3" ist hier keine Zahl, sondern ein spiegelverkehrtes Spiel mit dem Buchstaben „Ɛ", das in der ghanaischen Sprache Twi ein Vokal ist
- Interview mit Wanlov The Kubolor auf dem Afrika Festival Würzburg für WDR Funkhaus Europa, Juni 2011

9
- Interview mit Lila Downs im Juni 2002 für Blue Rhythm, Ausgabe 20 (Herbst 2002)
- Übersetzung des Gedichtes nach dem Original im CD-Booklet

10
- Krause, Anna Bianca: *Apropos – Yma Sumac* (Verlag Neue Kritik 2000)

11
- Gespräch mit Maarja Nuut für die Zeitschrift Folker, erschienen in der Ausgabe 3/2018

12
- Interview mit Mário Lúcio für das Magazin akustik gitarre, Ausgabe 1/2008
- Mendy, Peter Karibe: *Amílcar Cabral: A Nationalist And Pan-Africanist Revolutionary* (Ohio University Press, Athens 2019)

13
- Gespräch mit Blick Bassy für das Magazin Jazz thing, Ausgabe 128 (April/Mai 2019)
- Zum Weiterlesen über Um Nyobès Freiheitskampf auf Französisch: Meyomesse, Enoh: *Le Carnet Politique De Ruben Um Nyobè* (Edk Books 2016)

14
- Ein historischer Abriss der Geschichte des Rembetiko: Petropoulos, Elias: *Rebetiko – Die Musik der städtischen Subkultur Griechenlands* (Palmyra 2002)
- Lesenswerte Geschichten, die zur Zeit des zusammenfallenden Osmanischen Reiches spielen: De Bernières, Louis: *Birds Without Wings* (Vintage 2005), Venesis, Ilias: *Äolische Erde* (Insel 2001)

16
- Interview mit Golnar Shahyar für SRF 2 Kultur, Beitrag gesendet in der Sendung „Jazz & World aktuell" am 4.4.2023
- „The Mad Fiddler" in Pessoa, Fernando: *Poesia Inglesa* (Livros Horizonte 1995)

17
- Interview mit Jake für Jazz thing in London, September 2014
- Das Theremin ist beispielsweise durch die Bernhard-Herrmann-Soundtracks zu den Filmen von Alfred Hitchcock bekannt geworden
- Zum Weiterhören: das Teamwork mit dem Filmemacher und Blaxploitation-Poeten Melvin van Peebles: *The Last Transmission* (Now Again Records 2014)

18
– Alma im Interview beim Rudolstadt Festival im Juli 2018, erschienen im Magazin Folker, Ausgabe 2/2018.

19
– Gespräch mit Yumi Ito für u. a. die Porträtsendung „Weltbürgerin aus Basel“ im Deutschlandfunk Kultur, 10.3.2022

20
– Textübersetzung des Autors aus dem portugiesischen Original
– Folgende Bücher über Magellan und seine Expedition möchte ich empfehlen: Jostmann, Christian: *Magellan oder Die erste Umsegelung der Erde* (C.H. Beck 2019), Schrott, Raoul: *Eine Geschichte des Windes* (Hanser 2019), Zweig, Stefan: *Magellan* (Fischer 2017) sowie den Band des Bordchronisten Antonio Pigafetta, auf den bereits am 27. April verwiesen wurde

21
– Die Auflösung zur Anfangsmelodie: Tony Renis: „Quando, Quando, Quando“ (La Voce Del Padrone 1962)

22
– Interview mit Rüdiger Oppermann, erschienen in der Badischen Zeitung am 1.7.2016
– Das Klangwelten-Festival fand bis 2018 statt, in zwei CD-Büchern ist das 25-jährige Schaffen eingefangen: *Klangwelten – 20 Jahre Dialog der Kulturen* (Klangwelten Records 2006), *Klangwelten – 25 Jahre Dialog der Kulturen* (Klangwelten Records 2011)

23
– Juliette Grécos Autobiografie: *Jujube* (Stock 1982), auf Deutsch: *Ich bin, die ich bin* (Knaur 1982) in einer neueren Ausgabe: *So bin ich eben* (Edition Elke Heidenreich 2012)
– Die beste CD-Kompilation von Gréco-Chansons der Jahre 1951–1977 ist 1990 auf Philips als *Je Suis Come Je Suis* in 6 Volumes erschienen

24
– Politische Hintergründe zur Unabhängigkeit von Guinea-Bissau: Davidson, Basil: *Die Befreiung Guineas. Aspekte einer Afrikanischen Revolution. Mit einem Vorwort von Amilcar Cabral* (März Verlag 1969)

26
– Empfehlenswerte Triakel-CD: *Sånger Från 63° N* (Westpark 2004)

27
– Deutsche Übersetzung des Autors nach dem Textabdruck im CD-Booklet

28
– Besuch des Autors in de Fallas Haus am 24.10.2017, museomanueldefalla.com

30
– Einführung ins Leben und Werk von Rumi: Schimmel, Annemarie: *Meister der Spiritualität – Rumi*, (Herder Spektrum 2001)

– Deutsche Übersetzung durch den Autor auf der Grundlage der französischen Übersetzung aus dem Persischen von Fariba Hachtroudi im CD-Booklet

OKTOBER

1
– Interview mit Levon Eskenian für das Magazin Folker, erschienen in der Ausgabe 01/2015
– Zwei empfehlenswerte Bücher, um in Gurdjieffs Welt einzutauchen: De Hartmann, Thomas und Olga: *Our Life With Mr. Gurdjieff* (Arkana Book 1964), Peters, Fritz: *Eine Kindheit mit Gurdjieff* (Inselwelt Verlag 1980)
– Die Version der De Hartmannschen Transkription für Klavier auf der CD: *Music For The Piano, Volume 1: Asian Song And Rhythms* (WERGO 1997)

2
– Sting: *The Soul Cages* (A&M Records 1990), Tickell spielt zum Beispiel im Eröffnungsstück „Island Of Souls“
– Das Winteralbum von Sting: *If On A Winter's Night …* (Deutsche Grammophon 2009)

4
– Die „Lambada“-Version von Kjarkas auf *Canto A La Mujer De Mi Pueblo* (Lauro Records 1982)
– Über Luzmila Carpios Beziehung zu den Vögeln hat Pablo Mensi 2020 den Dokumentarfilm *Luzmila Y Los Pájaros* gedreht

5
– Interview mit Mor Karbasi, erschienen in der Zeitschrift Folker, Ausgabe 3/2014

6
– Für Leserinnen und Leser, die Portugiesisch beherrschen, bietet dieses Buch einen schönen, reich bebilderten Zugang: Dacosta, Fernando: *Amália – A Ressurreição* (Casa Das Letras 2017)

9
– Interview mit Efrén López für das Magazin Folker, erschienen in der Ausgabe 1/2003

10
– Interview mit Chopper Reedz für die Badische Zeitung, erschienen am 16. Juli 2014

12
– Pamuk, Orhan: *Istanbul – Erinnerungen an eine Stadt* (Fischer 2008)
– Interview mit Burhan Öçal, erschienen auf qantara.de am 14.9.2006

13
– Zur Vita von Nusrat Fateh Ali Khan: Baud, Pierre-Alain: *Nusrat: The Voice Of Faith* (Harper Collins India 2015)

14
- Kate Bushs „Hello Earth“ befindet sich auf ihrem Album *Hounds Of Love* (EMI 1985), der Komponist Michael Berkeley arrangierte im Auftrag des Dirigenten Richard Hickox den Chor für diese Version

15
- Calvino, Italo: *Der Baron auf den Bäumen* (dtv 1986)

16
- Sehenswertes Biopic über Elis Regina, die von Andreia Horta verkörpert wird: *Elis* (Cleopatra Studios 2018)

17
- Gespräch mit Emiliano Sampaio für den Deutschlandfunk, gesendet in den „JazzFacts“ am 8.4.2021

18
- Frühstück mit Georg Breinschmid für die „JazzFacts“ im Deutschlandfunk, ausgestrahlt am 22.6.2023

19
- Simin Tander im Gespräch für qantara.de, erschienen am 16.8.2014
- Übersetzung des Liedtextes durch den Autor nach der englischen Übertragung im CD-Booklet

20
- Interview mit Marie Daulne für das Magazin Blue Rhythm, Ausgabe 36 (Frühjahr 2008)
- Einen Eindruck von der Musik der Pygmäen (in diesem Fall aber nicht aus dem Kongo, sondern aus dem Südosten Kameruns) auf dem Album: *Heart Of The Forest – The Music Of The Baka Forest People Of Southeast Cameroon* (Hannibal 1993)

22
- Das argentinisch-französisch-schweizerische Gotan Project war zwischen 1999 und 2010 eine der wichtigsten Formationen bei der Etablierung des Genres Tango Electronico
- *Santa Milonga* ist 2004 auf Naïve Records erschienen

24
- Zur Magellan-Literatur siehe 20. September

25
- Umfassendes Buch zum Phänomen Didgeridoo: Lindner, David u. a.: *Das Didgeridoo-Phänomen – Von der Urzeit zur Moderne* (Traumzeit Verlag 2003)

26
- Zum Clube da Esquina: Perrone, Charles A.: *Masters Of Contemporary Brazilian Song 1965–1985* (University Of Texas 1989), Kapitel 4, McGowan, Chris & Pessanha, Ricardo: *The Brazilian Sound*, (Hannibal 1991), S. 125-143, Schreiner, Claus: *Música Popular Brasileira* (Verlag Tropical Music, überarbeitete Ausgabe 1985), S.274-284
- Textübersetzung aus dem portugiesischen Original durch den Autor

27
- Interview mit Terry Callier für die Badische Zeitung, erschienen am 4.5.2002

28
- Gespräch mit Sophie Hunger im Volkshaus Basel für WDR Funkhaus Europa, ausgestrahlt am 28.2.2009
- „Train People" gibt es in einer Bühnenversion im Dokumentarfilm des Regisseurs Jeremiah zu sehen, der die Live-CD *The Rules Of Fire* (Two Gentlemen 2013) begleitet

29
- Interview mit Omara Portuondo für eine Folge aus der Sendung „Musik der Welt" namens „Zeitreise durch Kuba" auf SRF 2 Kultur, ausgestrahlt am 20.2.2015
- Zum Filin und anderen kubanischen Genres: Orovio, Helio: *Cuban Music From A To Z* (Duke University Press Books 2004)

NOVEMBER

1
- Interview mit Karsh Kale für Blue Rhythm, erschienen in der Ausgabe 31 (Sommer 2006)

2
- Standardwerk zur Vita Reinhardts: Delaunay, Charles: *Django Reinhardt* (Ashley Mark Publishing 1981, englische Ausgabe), als Comic: Rubio, Salva & Efa: *Django, Hand On Fire* (NBM Publishing 2022)

3
- Für eine Einführung in die klassische persische Musik gibt es nach meinem Kenntnisstand nur ein hilfreiches Buch in deutscher Sprache: Kanani, Nasser: *Traditionelle persische Kunstmusik: Geschichte, Musikinstrumente, Struktur, Ausführung, Charakteristika* (Gardoon Verlag, Berlin 2012, 2. Auflage)
- Attar-Ausgabe auf Deutsch: *Vogelgespräche und andere klassische Texte*, vorgestellt von Annemarie Schimmel (C.H. Beck Verlag München 2014, 2. Auflage)
- Gespräch mit Misagh Joolaee für qantara.de, veröffentlicht am 21.6.2021

4
- Zum Vergleich die Ersteinspielung mit Beteiligung des Komponisten: *In C* (Columbia Masterworks 1968, neu aufgelegt beim selben Label 2012)

6

- Oded Tzur zitiert nach der Presseinformation von ECM zum Album *Isabela*

7
- Interview mit Erik West Millette am 28.2.2017 in Montréal, das Porträt über Millette und seine Band wurde in der SRF 2 Kultur-Sendung „Passage" als „Der Weltenbähnler" vom 29.1.2021 gesendet

– Die kanadische Eisenbahngeschichte ist in zwei epischen Bänden von Pierre Berton erzählt worden: *The National Dream* (McClelland and Stewart, 1970) und *The Last Spike* (McClelland and Stewart 1971)

9
– Eine Geschichte des Asian Underground und seiner Vorläufer: Bakrania, Falu: *Bhangra And Asian Underground* (Duke University Press 2013)
– Ein Beispiel für Talvin Singhs Beschäftigung mit klassischer indischer Musik ist sein Album mit dem Sitarspieler Niladri Kumar: *Together* (World Village 2011)

11
– Die Erstversion von „Some Day My Prince Will Come“ wird von Adriana Caselotti gesungen und ist auf *Snow White And The Seven Dwarfs* (BMG 1988, Reissue) zu hören

13
– Augustinus: *Die Bekenntnisse* (Reclam 1989)
– Interview mit Alejandra Ribera am 30.11.2015 in Stuttgart,ausgestrahlt auf SRF 2 Kultur am 20.5.2016 in der Sendung „Von Montreal über drei Kontinente“

14
– Hintergrund-Infos zum finnischen Tango im Booklet der von Trikont herausgegebenen CD oder noch ausführlicher in: Kukkonen, Pirjo: *Tango Nostalgia. The Language Of Love And Longing: Finnish Culture In Tango Lyrics Discourses – A Contrastive Semiotic And Cultural Approach To The Tango*, (Helsinki University Press 2021)
– Sehr sehenswert und witzig ist der 2014 veröffentlichte Dokumentarfilm *Mittsommernachtstango* von Viviane Blumenschein, in dem argentinische Tangomusiker nach Finnland reisen

15
– Goethe formulierte sein Aperçu über das Streichquartett 1829 in einem Brief an den Musikpädagogen und Komponisten Carl Friedrich Zelter
– Interview mit Dave Harrington für das Magazin Jazz thing, Ausgabe 120 (September/Oktober 2017)
– Steve Reich: *Different Trains*, in der Version des Kronos Quartets erschienen 1989 auf Elektra

16
– Bassist Abundance Mutori zitiert nach der Presseinfo der Plattenfirma

17
– Benjamin Brittens *Corpus Christi Carol* im Original zum Beispiel in einer Version mit Dame Janet Baker und dem Pianisten Gerald Moore auf *A Pageant Of English Song* (His Master's Voice 1967) und bei Buckley auf *Grace* (Columbia 1994)
– Das Piaf-Original auf *Édith Piaf 1939–1942* (Polygram)

18
– Um fast musikethnologisch einzutauchen in die verschiedenen Skalen und Klangfarben der Hardingfele und in die Sagen, die sich um dieses Instrument ranken, gibt es kein besseres Album als *Fire Of The Amazons* von Hallvard T. Bjørgum und seinem Vater Torleiv H. Bjørgum, erschienen 1992 bei Sylvartun Folkemusikk

20
- Interview mit Erwan Séguillon für WDR Funkhaus Europa, ausgestrahlt am 20.2.2012

21
- Die Cembalo-Version von „Unravel" wurde in der BBC-Doku *The South Bank Show* 1997 gezeigt
- Unter den zahllosen Büchern über Björk möchte ich eines herausheben, denn hier werden die Songs vom ersten Album bis *Vespertine* schön gewürdigt: Gittins, Ian: *Human Behaviour – Die Story zu jedem Song* (rockbuch verlag 2003)

22
- Standardwerk zum Mariachi (leider nur auf Spanisch verfügbar): Jauregui, Jesús: *El Mariachi* (Santillana USA Publishing 2008)
- Woher das Wort „Mariachi" kommt, ist bis heute nicht geklärt: Möglicherweise haben die Franzosen ihren Abdruck mit dem Wort „marriage" hinterlassen, genauso wahrscheinlich ist aber, dass es aus der indigenen Sprache Nahuatl stammt – dort bezeichnet es einen rituellen Tanz

23
- Zum Candomblé siehe auch 2. Februar
- Das Trio Tribalistas hat in den letzten zwanzig Jahren nur zwei, dafür aber sagenhafte Platten veröffentlicht: *Tribalistas* (Phonomotor Records 2002) und *Tribalistas* (Phonomotor Records 2017)

24
- Matter für Eisenbahnfreunde zum Weiterhören: „Ds Lied vo de Bahnhöf", „Ir Ysebahn", „Ds Nünitram", alle versammelt auf der Kompilation *I han es Zündhöltzli azündt* (Zytglooge 2003)
- Der Text von „Sidi …" beispielsweise abrufbar auf genius.com

26
- Mehr über Munadjat Yulchieva sowie über den Reichtum der musikalischen Traditionen Zentralasiens in: Levin, Theodore: *The Hundred Thousand Fools Of God* (Indiana University Press 1996)
- Text zitiert nach dem Begleitbooklet der Network-CD

27
- Über Cellier gibt es den schönen Film *Balkan Melodie* des deutschen Regisseurs Stefan Schwietert aus dem Jahr 2013
- Kate Bushs Teamworks mit dem Trio Bulgarka finden sich auf ihren Alben *The Sensual World* (EMI 1989) und *The Red Shoes* (EMI 1993)

29
- Tamer Abu Ghazaleh im schriftlichen Interview für das Online-Magazin qantara.de, veröffentlicht am 27.10.2016
- Das System der Maqamat (Einzahl: Maqām) beruht auf Tonleitern mit Mikrointervallen und umfasst auch Merkmale wie typische Melodiezüge, Tonebenen und Gefühlslagen. Ein Standardwerk hierzu: Touma, Habib Hassan: *Die Musik der Araber* (Internationales Institut für vergleichende Musikstudien, Verlag der Heinrichshofen-Bücher 1975)

30

- Salvador Sobrals ESC-Siegertitel heißt „Amor Pelos Dois“ und wurde von seiner Schwester Luisa geschrieben
- Interview mit Salvador Sobral für MDR Kultur, ausgestrahlt am 1.4.2019

DEZEMBER

1

- Interview mit Femi Kuti für Blue Rhythm, erschienen in Ausgabe 38 (Herbst 2008)
- Zur Geschichte des Afrobeats siehe 18. Februar und 30. April und die dortigen Anmerkungen

2

- Wer mit einem CD-Buch tiefer in den isländischen Rímur eintauchen möchte: Andersen, Steindór & Hilmarsson, Hilmar Örn: *Stafnbúi* (12 Tónar 2013), siehe außerdem den Eintrag zu Björk am 21. November

3

- Conrad, Joseph: *Herz der Finsternis*, deutsch von Fritz Lorch (Diogenes 1977)
- Filmisch verewigt sind die Kasai All Stars in *Félicité* von Alain Gomis (Grandfilm 2017)

4

- Über die Geschichte Georges Nagelmackers hat Gerhard J. Rekel ein schönes Buch veröffentlicht: *Monsieur Orient-Express* (Kremayr & Scheriau, Wien 2022)

5

- Das Miles-Davis-Original: *L'Ascenseur Pour L'Échafaud* (Fontana 1958)
- Interview mit Céline Rudolph für SRF 2 Kultur, ausgestrahlt in der Sendung „Jazz & World aktuell“ am 23. Juli 2019

6

- Ein guter Abriss zum Phänomen „Klezmer“ als CD-Buch: Susan Bauer: *Von der Khupe zum Klezkamp – Klezmer-Musik in New York* (piranha 1999)
- Das Kroke-Album mit Nigel Kennedy: *East Meets West* (EMI 2003)
- Interview mit Jerzy Bawol am 7.2.2003 in Offenburg im Rahmen eines Kroke-Konzerts

7

- Die Übersetzung aus dem Serbischen hat mir Ratko Teofilović zugesandt

8

- Cabral, Sergio: *Antônio Carlos Jobim – Uma Biografia* (Lazuli 2016, in portugiesischer Sprache)
- Weitere Bossa-Nova-Literatur siehe Anmerkungen zum 10. Juli bzw. 31. März

9

- Das komplette Interview mit Paddy Bush in zwei Teilen auf meinem Blog greenbeltofsound.de unter „Ein Zither-Gott und königliches Theater“ sowie „Schmuse-Instrumente und ein Phönix“

– Einen Einblick in Rakotozafys Marovany-Sound bietet das Album *Valiha Malaza = Famous Valiha* (Globestyle 1988)

10
– Die neue Edition der Romane von José Saramago in deutscher Sprache erscheint im Verlag Atlantik
– „Parábola“ stammt aus der Gedichtsammlung *Provavelmente Alegria* (Camino O Campo De Palavra 1970)
– Gedichte von José Saramago auf Deutsch: *Über die Liebe und das Meer*, übertragen von Niki Graça (Hoffmann und Campe 2011)

11
– Interview mit Acho Estol für die Zeitschrift Tangodanza, erschienen in der Ausgabe 21 (Januar/Februar/März 2005)
– Um in Chamamé und Chacarera reinzuschnuppern, bieten sich die Alben des ukrainisch-argentinischen Akkordeonisten Chango Spasiuk an, z. B. *Tarefero De Mis Pagos* (piranha 2005)

12
– Johnston McCulley: *Zorro. Der Originalroman* (Originaltitel: *The Curse of Capistrano*), deutsch von Carsten Mayer (Anaconda, Köln 2006)
– Interview mit Bruno García für das englische Magazin fROOTS, Ausgabe Mai 2003

14
– Vorgeschichte, Physik und Familie des Hang auf hanghang.info
– Interview mit Manu Delago für die Sendung „Jazz & World aktuell“ auf SRF 2 Kultur, ausgestrahlt am 9.10.2018

15
– Mano Dayaks Autobiografie: *Geboren mit Sand in den Augen* (Zürich 1997)
– Zur nigrischen Geschichte siehe den Begleittext zur ersten Mamar-Kassey-CD *Denké-denké* (erschienen bei daqui, 1999) von François Bensignor

16
– Zu Seán Ó Riada: Ó Canainn, Tomás: *Seán Ó Riada: His Life And Work* (The Collins Press 2004)
– Geschichte des irischen Dudelsacks: Harper, Colin & McSherry, John: *The Wheels Of The World: 300 Years Of Irish Uilleann Pipers* (Outline Press Ltd. 2015)
– Longfellow, Henry Wadsworth: *The Song Of Hiawatha And Other Poems* (Reader's Digest 1989)
– Dvořáks Originalversion zum Beispiel mit dem Israel Philharmonic Orchestra unter Leonard Bernstein (Deutsche Grammophon 1989)

17
– Sona Jobarteh im Interview mit dem Musso Media House, auf YouTube am 22.10.2022

18
- Gern verweise ich auch auf Christian Zehnders Erforschungen des Echos auf seiner Seite new-space-mountain.ch und auf die „SRF 2 Passage" unter dem Titel „Von der Suche nach Widerhall" (abrufbar auf der Internetpräsenz von SRF 2 Kultur)

19
- Astatke im Gespräch für das Magazin Jazz thing, erschienen in Ausgabe 83 (April/Mai 2010)

- Norman wurde bei der Komposition des Bond-Themas auch nicht etwa von äthiopischer, sondern von indischer Musik inspiriert, wie er 2014 in der BBC-Sendung *The One Show* verriet

20
- Zu Sega und Maloya siehe auch den Eintrag zu René Lacaille und Bob Brozman am 25. März

21
- Zu den Derwischen und der Funktion ihres Drehtanzes Sema siehe unter anderem: D'Albert, Yan: *Sufi – Weg des Herzens und der Heilung* (Lüchow 2008)
- Auszugsweise Übersetzung des Rumi-Textes nach der englischen Fassung im CD-Booklet durch den Autor

22
- Gespräch mit Kioomars Musayyebi für das Iran Journal, erschienen online am 28.12.2021

23
- Beim Besuch des Autors in den MPS-Studios Villingen am 22.2.2012

24
- Die CD *Navigatore* ist ebenfalls auf Enja im Jahre 2001 erschienen

25
- Der Originalsatz von Michael Praetorius zum Beispiel bei Chanticleer: *Sing We Christmas* (Teldec Classics 1995)

26
- Interview mit Savall und Johansen, erschienen am 6.12.2019 in der Badischen Zeitung

27
- Velosos Standardwerk über seine frühen Tropicalismo-Jahre, *Verdade Tropical*, ist auf Englisch übersetzt worden: *Tropical Truth: A Story Of Music And Revolution In Brazil* (Da Capo Press 2003)

28
- Interviews mit Cristina Branco für das Magazin Jazz thing, erschienen in den Ausgaben 117 (Februar/März 2017) und 137 (Februar/März 2021)

29
– Zum heiligen Buch der Maya: Cordan, Wolfgang (Hrsg.): *Popol Vuh: Das Buch des Rates. Mythos und Geschichte der Maya* (Diederichs 1995)

30
– Bendix, Regina: *Silvesterkläuse in Urnäsch* (VGS Verlagsgemeinschaft St. Gallen und Museum für Appenzeller Brauchtum, Urnäsch 1984)

Fotonachweise

(alle Fotos vom Autor, mit Ausnahme der anderweitig bezeichneten)

S. 14: Awa Ly, Mensagarten Freiburg, 18.7.2020

S. 48 und Buchrückseite: Sílvia Pérez Cruz, Theaterspektakel Zürich, 29.8.2017

S. 80: Ebo Taylor, University of Legon, Accra (Ghana), 7.9.2010

S. 114: Tony Allen, Le Festival Gnaoua et Musiques du monde, Essaouira (Marokko), 16.5.2015

S. 148: Lula Pena, Rudolstadt Festival, 6.7.2018

S. 182 und Buchrückseite: Debashish Bhattacharya, Festival des Musiques Sacrées du Monde, Fès (Marokko), 25.5.2015

S. 216 und Buchrückseite: Fatoumata Diawara, Rudolstadt Festival, 8.7.2018

S. 250: Eddi Reader, Rudolstadt Festival, 4.7.2014

S. 284: Ross Daly, Festival Tamburi Mundi Freiburg, August 2019, © Ellen Schmauss

S. 318: Mural Amália Rodrigues, Lissabon, Mai 2018

S. 352: Erik West Millette, Montréal, 28.2.2017

S. 386: Paddy Bush und der Autor, Forum Schlossplatz Aarau, 21.9.2017

S. 420: Caetano Veloso, Elbphilharmonie Hamburg 4.10.2023, © Daniel Dittus